Aurel Percă
Arhiepiscop Mitropolit de București

LIBRO DE ORACIONES
3a edición Ruah

Nihil obstat:

Censor: Padre Gabriel Daniel Popa

miembro del colegio de consultores en la Arquidiócesis de Bucarest

No. 559 el 8 de diciembre de 2021

Imprimatur:

+ Aurel Percă

Arzobispo Metropolitano de Bucarest

LIBRO DE ORACIONES

✠ LIBRO DE ORACIONES ✠

"Venid a Mí todos los que estáis
cansados y agobiados, Yo os aliviaré.
Tomad sobre vosotros mi yugo y
aprended de Mí, que soy manso
y humilde de corazón; hallaréis
descanso para vuestras almas.
Porque mi yugo es suave y mi carga
ligera."
(Mateo 11,28-30)

INTRODUCCIÓN

 # Papa Francisco nos anima

Sed Evangelizadores llenos de Espíritu Santo [1]

Exhortación Apostólica
La Alegría del Evangelio
24 de noviembre 2013,
Solemnidad de Jesucristo, Rey del Universo,
primero de mi Pontificado.

Evangelizadores con Espíritu quiere decir evangelizadores que se abren sin temor a la acción del Espíritu Santo. En Pentecostés, el Espíritu hace salir de sí mismos a los Apóstoles y los transforma en anunciadores de las grandezas de Dios, que cada uno comienza a entender en su propia lengua. El Espíritu Santo, además, infunde la fuerza para anunciar la novedad del Evangelio con audacia (parresía), en voz alta y en todo tiempo y lugar, incluso a contracorriente. Invoquémoslo hoy, bien apoyados en la oración, sin la cual toda acción corre el riesgo de quedarse vacía y el anuncio finalmente carece de alma. Jesús quiere evangelizadores que anuncien la Buena Noticia no sólo con palabras sino sobre todo con una vida que se ha transfigurado en la presencia de Dios.[2]

Cuando se dice que algo tiene «espíritu», esto suele indicar unos móviles interiores que impulsan, motivan, alientan y dan sentido a la acción personal y comunitaria. **Una evangelización con espíritu es muy diferente de un conjunto de tareas vividas como una obligación pesada que simplemente se tolera, o se sobrelleva como algo que contradice las propias inclinaciones y deseos. ¡Cómo quisiera encontrar las palabras para alentar una etapa evangelizadora más fervorosa, alegre, generosa, audaz, llena de amor hasta el fin y de vida contagiosa! Pero sé que ninguna motivación será suficiente si no arde en los corazones el fuego del Espíritu.** En definitiva, **una evangelización con espíritu es una evangelización con Espíritu Santo, ya que Él es el alma de la Iglesia evángelizadora…** Invoco una vez más al Espíritu Santo; le ruego que

---

[1] cfr. Papa Francisco, Exhortación Apostólica *Alegría del Evangelio*, capítulo 5, n. 259-280
[2] cfr. Papa Francisco, Exhortación Apostólica *Alegría del Evangelio*, n. 259-280

venga a renovar, a sacudir, a impulsar a la Iglesia en una audaz salida fuera de sí para evángelizar a todos los pueblos. [3]

Motivaciones para un renovado impulso misionero

Evangelizadores con Espíritu quiere decir evangelizadores que oran y trabajan. Desde el punto de vista de la evangelización, no sirven ni las propuestas místicas sin un fuerte compromiso social y misionero, ni los discursos y praxis sociales o pastorales sin una espiritualidad que transforme el corazón… porque mutilan el Evangelio. Siempre hace falta cultivar un espacio interior que otorgue sentido cristiano al compromiso y a la actividad. **Sin momentos detenidos de adoración, de encuentro orante con la Palabra, de diálogo sincero con el Señor, las tareas fácilmente se vacían de sentido, nos debilitamos por el cansancio y las dificultades, y el fervor se apaga.** La Iglesia necesita imperiosamente el pulmón de la oración y **me alegra enormemente que se multipliquen en todas las instituciones eclesiales los grupos de oración, de intercesión, de lectura orante de la Palabra, las adoraciones perpetuas de la Eucaristía.** Al mismo tiempo, «**se debe rechazar la tentación de una espiritualidad oculta e individualista, que poco tiene que ver con las exigencias de la caridad y con la lógica de la Encarnación**». [4]

Hay quienes se consuelan diciendo que hoy es más difícil; sin embargo, reconozcamos que las circunstancias del Imperio romano no eran favorables al anuncio del Evangelio, ni a la lucha por la justicia, ni a la defensa de la dignidad humana. **En todos los momentos de la historia están presentes la debilidad humana, la búsqueda enfermiza de sí mismo, el egoísmo cómodo y, en definitiva, la concupiscencia que nos acecha a todos…** Viene del límite humano más que de las circunstancias. Entonces, **no digamos que hoy es más difícil; es distinto.** Pero aprendamos de los santos que nos han precedido y enfrentaron las dificultades propias de su época. Para ello, os propongo que nos detengamos

---

[3] cfr. Papa Francisco, Exhortación Apostólica *Alegría del Evangelio*, n. 261
[4] cfr. Papa Francisco, Exhortación Apostólica *Alegría del Evangelio*, n. 262

a recuperar algunas motivaciones que nos ayuden a imitarlos hoy. [5]

A. *El encuentro personal con el amor de Jesús que nos salva*

La primera motivación para evangelizar es el amor de Jesús que hemos recibido, esa experiencia de ser salvados por Él que nos mueve a amarlo siempre más. Pero ¿qué amor es ese que no siente la necesidad de hablar del ser amado, de mostrarlo, de hacerlo conocer? Si no sentimos el intenso deseo de comunicarlo, necesitamos detenernos en oración para pedirle a Él que vuelva a cautivarnos. Nos hace falta clamar cada día, pedir su gracia para que nos abra el corazón frío y sacuda nuestra vida tibia y superficial. Puestos ante Él con el corazón abierto, dejando que Él nos contemple, reconocemos esa mirada de amor que descubrió Natanael el día que Jesús se hizo presente y le dijo: «Cuando estabas debajo de la higuera, te vi» (*Jn* 1,48). ¡Qué dulce es estar frente a un crucifijo, o de rodillas delante del Santísimo, y simplemente ser ante sus ojos! ¡Cuánto bien nos hace dejar que Él vuelva a tocar nuestra existencia y nos lance a comunicar su vida nueva! Entonces, lo que ocurre es que, en definitiva, «lo que hemos visto y oído es lo que anunciamos» (1 *Jn* 1,3). **La mejor motivación para decidirse a comunicar el Evangelio es contemplarlo con amor, es detenerse en sus páginas y leerlo con el corazón.** Si lo abordamos de esa manera, su belleza nos asombra, vuelve a cautivarnos una y otra vez. Para eso urge recobrar un espíritu contemplativo, que nos permita redescubrir cada día que somos depositarios de un bien que humaniza, que ayuda a llevar una vida nueva. No hay nada mejor para transmitir a los demás. [6]

Toda la vida de Jesús, su forma de tratar a los pobres, sus gestos, su coherencia, su generosidad cotidiana y sencilla, y finalmente su entrega total, todo es precioso y le habla a la propia vida. Cada vez que uno vuelve a descu-

---

[5] cfr. Papa Francisco, Exhortación Apostólica *Alegría del Evangelio*, n. 263
[6] cfr. Papa Francisco, Exhortación Apostólica *Alegría del Evangelio*, n. 264

brirlo, se convence de que eso mismo es lo que los demás necesitan, aunque no lo reconozcan: «**Lo que vosotros adoráis sin conocer es lo que os vengo a anunciar**» (Hch 17,23). A veces perdemos el entusiasmo por la misión al olvidar que el Evangelio *responde a las necesidades más profundas* de las personas, porque **todos hemos sido creados para lo que el Evangelio nos propone: la amistad con Jesús y el amor fraterno.** Cuando se logra expresar adecuadamente y con belleza el contenido esencial del Evangelio, seguramente ese mensaje hablará a las búsquedas más hondas de los corazones: Juan Pablo II [7] decía: «*El misionero está convencido de que existe ya en las personas y en los pueblos, por la acción del Espíritu, una espera, aunque sea inconsciente, por conocer la verdad sobre Dios, sobre el hombre, sobre el camino que lleva a la liberación del pecado y de la muerte. El entusiasmo por anunciar a Cristo deriva de la convicción de responder a esta esperanza*»[8] El entusiasmo evangelizador se **fundamenta en el …tesoro de vida y de amor que es lo que no puede engañar, el mensaje que no puede manipular ni desilusionar.** Es una respuesta que cae en lo más hondo del ser humano y que puede sostenerlo y elevarlo. Es la verdad que no pasa de moda porque es capaz de penetrar allí donde nada más puede llegar. **Nuestra tristeza infinita sólo se cura con un infinito amor.**

No se puede perseverar en una evangelización fervorosa si uno no sigue convencido, por experiencia propia, de que no es lo mismo haber conocido a Jesús que no conocerlo, no es lo mismo caminar con Él que caminar a tientas, no es lo mismo poder escucharlo que ignorar su Palabra, no es lo mismo poder contemplarlo, adorarlo, descansar en Él, que no poder hacerlo. No es lo mismo tratar de construir el mundo con su Evangelio que hacerlo sólo con la propia razón. Sabemos bien que la vida con Él se vuelve mucho más plena y que con Él es más fácil encontrarle un sentido a todo. Por eso evangelizamos. **El verdadero misionero, que nunca deja de ser discípulo, sabe que Jesús camina con él, habla con él, respira con él, trabaja con él. Percibe a Jesús vivo con él en medio de la tarea misionera. Si uno no lo descubre a Él**

---

[7] Juan Pablo II, Carta enc. *Redemptoris missio* (7 diciembre 1990), 45 *ASS* 83 (1991), 292
[8] cfr. Papa Francisco, Exhortación Apostólica *Alegría del Evangelio*, n. 265

presente en el corazón mismo de la entrega misionera, pronto pierde el entusiasmo y deja de estar seguro de lo que transmite, le falta fuerza y pasión. Y una persona que no está convencida, entusiasmada, segura, enamorada, no convence a nadie. [9]

Unidos a Jesús, buscamos lo que Él busca, amamos lo que Él ama. En definitiva, lo que buscamos es la gloria del Padre; vivimos y actuamos «para alabanza de la gloria de su gracia» (*Ef* 1,6). Si queremos entregarnos a fondo y con constancia, tenemos que ir más allá de cualquier otra motivación. **Éste es el móvil definitivo, el más profundo, el más grande, la razón y el sentido final de todo lo demás.** Se trata de **la gloria del Padre que Jesús buscó durante toda su existencia.** Él es el Hijo eternamente feliz con todo su ser «hacia el seno del Padre» (*Jn* 1,18). Si **somos misioneros, es ante todo porque Jesús nos ha dicho: «La gloria de mi Padre consiste en que deis fruto abundante»** (*Jn* 15,8). **Más allá de que nos convenga o no, nos interese o no, nos sirva o no, más allá de los límites pequeños de nuestros deseos, nuestra comprensión y nuestras motivaciones, evángelizamos para la mayor gloria del Padre que nos ama.** [10]

B. *El gusto espiritual de ser pueblo*

La Palabra de Dios también nos invita a reconocer que **somos pueblo**: «Vosotros, que en otro tiempo no erais pueblo, ahora sois pueblo de Dios» (1 *Pe* 2,10). Para ser evangelizadores de alma también hace falta **desarrollar el gusto espiritual de estar cerca de la vida de la gente, hasta el punto de descubrir que eso es fuente de un gozo superior.** La misión es una pasión por Jesús pero, al mismo tiempo, una pasión por su pueblo. Cuando nos detenemos ante Jesús crucificado, reconocemos todo su amor que nos dignifica y nos sostiene, pero allí mismo, si no somos ciegos, empezamos a percibir que esa mirada de Jesús se amplía y se dirige llena de cariño y de ardor hacia todo su pueblo. Así redescubrimos que Él **nos quiere tomar como instrumentos para**

---

[9] cfr. Papa Francisco, Exhortación Apostólica *Alegría del Evangelio*, n. 266
[10] cfr. Papa Francisco, Exhortación Apostólica *Alegría del Evangelio*, n. 267

llegar cada vez más cerca de su pueblo amado. Nos toma de en medio del pueblo y nos envía al pueblo, de tal modo que nuestra identidad no se entiende sin esta pertenencia. [11]

Jesús mismo es el modelo de esta opción evangelizadora que nos introduce en el corazón del pueblo. ¡Qué bien nos hace mirarlo cercano a todos! Si hablaba con alguien, miraba sus ojos con una profunda atención amorosa: «Jesús lo miró con cariño» (*Mc* 10,21). **Lo vemos accesible cuando se acerca al ciego del camino** (cf. *Mc* 10,46-52) **y cuando come y bebe con los pecadores** (cf. *Mc* 2,16), sin importarle que lo traten de comilón y borracho (cf. *Mt* 11,19). **Lo vemos disponible cuando deja que una mujer prostituta unja sus pies** (cf. *Lc* 7,36-50) **o cuando recibe de noche a Nicodemo** (cf. *Jn* 3,1-15). **La entrega de Jesús en la cruz no es más que la culminación de ese estilo que marcó toda su existencia.** Cautivados por ese modelo, deseamos integrarnos a fondo en la sociedad, compartimos la vida con todos, escuchamos sus inquietudes, colaboramos material y espiritualmente con ellos en sus necesidades, nos alegramos con los que están alegres, lloramos con los que lloran y nos comprometemos en la construcción de un mundo nuevo, codo a codo con los demás. Pero no por obligación, no como un peso que nos desgasta, sino como una **opción personal** que nos llena de alegría y nos otorga **identidad**. [12]

A veces sentimos **la tentación de ser cristianos manteniendo una prudente distancia de las llagas del Señor. Pero Jesús quiere que toquemos la miseria humana, que toquemos la carne sufriente de los demás.** Espera que renunciemos a buscar esos cobertizos personales o comunitarios que nos permiten mantenernos a distancia del nudo de la tormenta humana, para que **aceptemos de verdad entrar en contacto con la existencia concreta de los otros y conozcamos la fuerza de la ternura.** Cuando lo hacemos, la vida siempre se nos complica maravillosamente y vivimos la intensa experiencia de ser pueblo, la experiencia de pertenecer a un pueblo. [13] Es verdad que, **en nuestra relación**

---

[11] cfr. Papa Francisco, Exhortación Apostólica *Alegría del Evangelio*, n. 268

[12] cfr. Papa Francisco, Exhortación Apostólica *Alegría del Evangelio*, n. 269

[13] cfr. Papa Francisco, Exhortación Apostólica *Alegría del Evangelio*, n. 270

con el mundo, se nos invita a dar razón de nuestra esperanza, pero no como enemigos que señalan y condenan. Se nos advierte muy claramente: «**Hacedlo con dulzura y respeto**» (*1 Pe* 3,16), y «en lo posible y en cuanto de vosotros dependa, en paz con todos los hombres» (*Rm* 12,18). También se nos exhorta a tratar **de vencer «el mal con el bien»** (*Rm* 12,21), sin **cansarnos «de hacer el bien»** (*Ga* 6,9) **y sin pretender aparecer como superiores, sino «considerando a los demás como superiores a uno mismo»** (*Flp* 2,3). De hecho, los Apóstoles del Señor gozaban de «la simpatía de todo el pueblo» (*Hch* 2,47; 4,21.33; 5,13). Queda claro que **Jesucristo no nos quiere príncipes que miran despectivamente, sino hombres y mujeres de pueblo.** Ésta no es la opinión de un Papa ni una opción pastoral entre otras posibles; son indicaciones de la Palabra de Dios tan claras, directas y contundentes que no necesitan interpretaciones que les quiten fuerza interpelante. Vivámoslas «sine glossa», sin comentarios. De ese modo, experimentaremos **el gozo misionero de compartir la vida con el pueblo fiel a Dios tratando de encender el fuego en el corazón del mundo.**[14]

El amor a la gente es una fuerza espiritual que facilita el encuentro pleno con Dios hasta el punto de que quien no ama al hermano «camina en las **tinieblas**» (*1 Jn* 2,11), «**permanece en la muerte**» (*1 Jn* 3,14) y «**no ha conocido a Dios**» (*1 Jn* 4,8). Benedicto XVI ha dicho que «**cerrar los ojos ante el prójimo nos convierte también en ciegos ante Dios**»,[15] y que **el amor es en el fondo la única luz que «ilumina constantemente a un mundo oscuro y nos da la fuerza para vivir y actuar»**[16]. Por lo tanto, cuando vivimos la mística de acercarnos a los demás y de buscar su bien, **ampliamos nuestro interior para recibir los más hermosos regalos del Señor. Cada vez que nos encontramos con un ser humano en el amor, quedamos capacitados para descubrir algo nuevo de Dios.** Cada vez que se nos abren los ojos para reconocer al otro, se nos ilumina más la fe para reconocer a Dios. Como consecuencia de esto, **si queremos cre-**

---

[14] cfr. Papa Francisco, Exhortación Apostólica *Alegría del Evangelio*, n. 271

[15] Benedicto XVI, Carta enc. *Deus caritas est* (25 diciembre 2005), 16 *ASS* 98 (2006), 230

[16] *Ibíd.*, 39: *ASS* 98 (2006), 250

+ LIBRO DE ORACIONES +

cer en la vida espiritual, no podemos dejar de ser misioneros. **La tarea evangelizadora enriquece la mente y el corazón, nos abre horizontes espirituales, nos hace más sensibles para reconocer la acción del Espíritu, nos saca de nuestros esquemas espirituales limitados.** Simultáneamente, un misionero entregado experimenta el gusto de ser un manantial, que desborda y refresca a los demás. **Sólo puede ser misionero alguien que se sienta bien buscando el bien de los demás, deseando la felicidad de los otros. Esa apertura** del corazón es fuente de felicidad, porque «**hay más alegría en dar que en recibir**» (*Hch* 20,35). **Uno no vive mejor si escapa de los demás, si se esconde, si se niega a compartir, si se resiste a dar, si se encierra en la comodidad. Eso no es más que un lento suicidio.**[17]

La misión en el corazón del pueblo no es una parte de mi vida, o un adorno que me puedo quitar; no es un apéndice o un momento más de la existencia. Es algo que yo no puedo arrancar de mi ser si no quiero destruirme. Yo soy una misión en esta tierra, y para eso estoy en este mundo. Hay que reconocerse a sí mismo como **marcado a fuego por esa misión de iluminar, bendecir, vivificar, levantar, sanar, liberar. Allí aparece la enfermera de alma, el docente de alma, el político de alma, esos que han decidido a fondo ser con los demás y para los demás. Pero si uno separa la tarea por una parte y la propia privacidad por otra, todo se vuelve gris y estará permanentemente buscando reconocimientos o defendiendo sus propias necesidades. Dejará de ser pueblo.**[18]

Para compartir la vida con la gente y entregarnos generosamente, necesitamos reconocer también que cada persona es digna de nuestra entrega. No por su aspecto físico, por sus capacidades, por su lenguaje, por su mentalidad o por las satisfacciones que nos brinde, sino **porque es obra de Dios, criatura suya. Él la creó a su imagen, y refleja algo de su gloria. Todo ser humano es objeto de la ternura infinita del Señor, y Él mismo habita en su vida. Jesucristo dio su preciosa sangre en la cruz por esa persona.** Más allá de toda apariencia, **cada uno es inmensamente sagrado y merece nuestro cariño y nuestra entrega.** Por ello, si logro ayudar a una sola persona a vivir mejor, eso ya justifica la entrega

---

[17] cfr. Papa Francisco, Exhortación Apostólica *Alegría del Evangelio*, n. 272
[18] cfr. Papa Francisco, Exhortación Apostólica *Alegría del Evangelio*, n. 273

de mi vida. Es lindo ser pueblo fiel de Dios. **¡Y alcanzamos plenitud cuando rompemos las paredes y el corazón se nos llena de rostros y de nombres!** [19]

C. *La acción misteriosa del Resucitado y de Su Espíritu*

La falta de espiritualidad profunda se traduce en el pesimismo, el fatalismo, la desconfianza. Algunas personas no se entregan a la misión, pues creen que nada puede cambiar y entonces para ellos es inútil esforzarse. Piensan así: «¿Para qué me voy a privar de mis comodidades y placeres si no voy a ver ningún resultado importante?». Con esa actitud se vuelve imposible ser misioneros. **Tal actitud es precisamente una excusa maligna para quedarse encerrados en la comodidad, la flojera, la tristeza insatisfecha, el vacío egoísta. Se trata de una actitud autodestructiva porque «el hombre no puede vivir sin esperanza: su vida, condenada a la insignificancia, se volvería insoportable»**[211]. Si pensamos que las cosas no van a cambiar, recordemos que Jesucristo ha triunfado sobre el pecado y la muerte y está lleno de poder. **Jesucristo verdaderamente vive.** De otro modo, «**si Cristo no resucitó, nuestra predicación está vacía**» (1 Co 15,14). El Evangelio nos relata que cuando los primeros discípulos salieron a predicar, «*el Señor colaboraba con ellos y confirmaba la Palabra*» (*Mc* 16,20). Eso también sucede hoy. Se nos invita a descubrirlo, a vivirlo. **Cristo resucitado y glorioso es la fuente profunda de nuestra esperanza, y no nos faltará su ayuda para cumplir la misión que nos encomienda.**[20] **Su resurrección no es algo del pasado; entraña una fuerza de vida que ha penetrado el mundo. Donde parece que todo ha muerto, por todas partes vuelven a aparecer los brotes de la resurrección. Es una fuerza imparable.** Verdad que muchas veces parece que Dios no existiera: vemos injusticias, maldades, indiferencias y crueldades que no ceden. Pero también es cierto que en medio de la oscuridad siempre comienza a brotar algo nuevo, que tarde o temprano produce un fruto. En un campo arrasado vuelve a aparecer la vida, tozuda e invencible. Habrá muchas cosas negras,

---

[19] cfr. Papa Francisco, Exhortación Apostólica *Alegría del Evangelio*, n. 274
[20] cfr. Papa Francisco, Exhortación Apostólica *Alegría del Evangelio*, n. 275

pero el bien siempre tiende a volver a brotar y a difundirse. **Cada día en el mundo renace la belleza, que resucita transformada a través de las tormentas de la historia. Los valores tienden siempre a reaparecer de nuevas maneras, y de hecho el ser humano ha renacido muchas veces de lo que parecía irreversible. Ésa es la fuerza de la resurrección y cada evángelizador es un instrumento de ese dinamismo.**[21]

Todos sabemos por experiencia que a veces una tarea no brinda las satisfacciones que desearíamos, los frutos son reducidos y los cambios son lentos, y uno tiene la tentación de cansarse. Sin embargo, **no es lo mismo cuando uno, por cansancio, baja momentáneamente los brazos que cuando los baja definitivamente dominado por un descontento crónico, por una acedia que le seca el alma.** Puede suceder que el corazón se canse de luchar porque en definitiva se busca a sí mismo en un carrerismo sediento de reconocimientos, aplausos, premios, puestos; entonces, uno no baja los brazos, pero ya no tiene garra, le falta resurrección. Así, el Evangelio, que es el mensaje más hermoso que tiene este mundo, queda sepultado debajo de muchas excusas.[22]

La fe es también creerle a Él, creer que es verdad que nos ama, que vive, que es capaz de intervenir misteriosamente, que no nos abandona, que saca bien del mal con su poder y con su infinita creatividad. Es creer que Él marcha victorioso en la historia «en unión con los suyos, los llamados, los elegidos y los fieles» (*Ap* 17,14). **Creámosle al Evangelio que dice que el Reino de Dios ya está presente en el mundo, y está desarrollándose aquí y allá, de diversas maneras: como la semilla pequeña que puede llegar a convertirse en un gran árbol** (cf. *Mt* 13,31-32), **como el puñado de levadura, que fermenta una gran masa** (cf. *Mt* 13,33), **y como la buena semilla que crece en medio de la cizaña** (cf. *Mt* 13,24-30), **y siempre puede sorprendernos gratamente.** Ahí está, viene otra vez, lucha por florecer de nuevo. **La resurrección de Cristo provoca por todas partes gérmenes de ese mundo nuevo; y aunque se los corte, vuelven a surgir, porque la resurrección del Señor ya ha penetrado la trama oculta de**

---

[21] cfr. Papa Francisco, Exhortación Apostólica *Alegría del Evangelio*, n. 276
[22] cfr. Papa Francisco, Exhortación Apostólica *Alegría del Evangelio*, n. 277

esta historia, porque Jesús no ha resucitado en vano. ¡No nos quedemos al margen de esa marcha de la esperanza viva![23]

Como no siempre vemos esos brotes, nos hace falta una certeza interior y es la convicción de que Dios puede actuar en cualquier circunstancia, también en medio de aparentes fracasos, porque «llevamos este tesoro en recipientes de barro» (2 *Co* 4,7). Esta certeza es lo que se llama «sentido de misterio». Es saber con certeza que quien se ofrece y se entrega a Dios por amor seguramente será fecundo (cf. *Jn* 15,5). Tal fecundidad es muchas veces invisible, inaferrable, no puede ser contabilizada. Uno sabe bien que su vida dará frutos, pero sin pretender saber cómo, ni dónde, ni cuándo. Tiene la seguridad de que no se pierde ninguno de sus trabajos realizados con amor, no se pierde ninguna de sus preocupaciones sinceras por los demás, no se pierde ningún acto de amor a Dios, no se pierde ningún cansancio generoso, no se pierde ninguna dolorosa paciencia. Todo eso da vueltas por el mundo como una fuerza de vida. A veces nos parece que nuestra tarea no ha logrado ningún resultado, pero la misión no es un negocio ni un proyecto empresarial, no es tampoco una organización humanitaria, no es un espectáculo para contar cuánta gente asistió gracias a nuestra propaganda; es algo mucho más profundo, que escapa a toda medida. Quizás el Señor toma nuestra entrega para derramar bendiciones en otro lugar del mundo donde nosotros nunca iremos. El Espíritu Santo obra como quiere, cuando quiere y donde quiere; nosotros nos entregamos pero sin pretender ver resultados llamativos. Sólo sabemos que nuestra entrega es necesaria. Aprendamos a descansar en la ternura de los brazos del Padre en medio de la entrega creativa y generosa. Sigamos adelante, démoslo todo, pero dejemos que sea Él quien haga fecundos nuestros esfuerzos como a Él le parezca.[24]

Para mantener vivo el ardor misionero hace falta una decidida confianza en el Espíritu Santo, porque Él «viene en ayuda de nuestra debilidad» (*Rm* 8,26). Pero esa confianza generosa tiene que alimentarse y para eso necesitamos invocarlo constantemente. Él puede sanar todo lo que nos debilita en el empeño

---

[23] cfr. Papa Francisco, Exhortación Apostólica *Alegría del Evangelio*, n. 278
[24] cfr. Papa Francisco, Exhortación Apostólica *Alegría del Evangelio*, n. 279

misionero. **Es verdad que esta confianza en lo invisible puede producirnos cierto vértigo: es como sumergirse en un mar donde no sabemos qué vamos a encontrar.** Yo mismo lo experimenté tantas veces. **Pero no hay mayor libertad que la de dejarse llevar por el Espíritu, renunciar a calcularlo y controlarlo todo, y permitir que Él nos ilumine, nos guíe, nos oriente, nos impulse hacia donde Él quiera. Él sabe bien lo que hace falta en cada época y en cada momento. ¡Esto se llama ser misteriosamente fecundos!**[25]

Conclusión: La fuerza misionera de la intercesión

Hay una forma de oración que nos estimula particularmente a la entrega Evangelizadora y nos motiva a buscar el bien de los demás: **es la intercesión.** San Pablo: «**En todas mis oraciones siempre pido con alegría por todos vosotros [...] porque os llevo dentro de mi corazón**» (*Flp* 1,4.7). Así descubrimos que interceder no nos aparta de la verdadera contemplación, porque la contemplación que deja fuera a los demás es un engaño.[26] Esta actitud se convierte también en agradecimiento a Dios por los demás: «**Ante todo, doy gracias a mi Dios por medio de Jesucristo por todos vosotros**» (*Rm* 1,8). Es un agradecimiento constante: «**Doy gracias a Dios sin cesar por todos vosotros a causa de la gracia de Dios que os ha sido otorgada en Cristo Jesús**» (1 *Co* 1,4); «**Doy gracias a mi Dios todas las veces que me acuerdo de vosotros**» (*Flp* 1,3). **No es una mirada incrédula, negativa y desesperanzada, sino una mirada espiritual, de profunda fe, que reconoce lo que Dios mismo hace en ellos.** Al mismo tiempo, es la gratitud que brota de un corazón verdaderamente atento a los demás. De esa forma, **cuando un evangelizador sale de la oración, el corazón se le ha vuelto más generoso, se ha liberado de la conciencia aislada y está deseoso de hacer el bien y de compartir la vida con los demás.**[27]

La intercesión es como «levadura» en el seno de la Trinidad. Es un adentrarnos en el Padre y descubrir nuevas dimensiones que iluminan las situaciones

---

[25] cfr. Papa Francisco, Exhortación Apostólica *Alegría del Evangelio*, n. 280
[26] cfr. Papa Francisco, Exhortación Apostólica *Alegría del Evangelio*, n. 281

concretas y las cambian. Podemos decir que el corazón de Dios se conmueve por la intercesión, pero en realidad Él siempre nos gana de mano, y lo que posibilitamos con nuestra intercesión es que su poder, su amor y su lealtad se manifiesten con mayor nitidez en el pueblo.[28]

Con María avanzamos confiados hacia esta promesa, y le decimos:

Virgen y Madre María, tú que, movida por el Espíritu,
Acogiste al Verbo de la vida en la profundidad de tu humilde fe,
Totalmente entregada al Eterno, ayúdanos a decir nuestro «sí»
ante la urgencia, más imperiosa que nunca, de hacer resonar la Buena Noticia de Jesús.
Tú, llena de la presencia de Cristo, llevaste la alegría a Juan el Bautista, haciéndolo exultar en el seno de su madre.
Tú, estremecida de gozo, cantaste las maravillas del Señor.
Tú, que estuviste plantada ante la cruz con una fe inquebrantable
y recibiste el alegre consuelo de la resurrección, recogiste a los discípulos en la espera del Espíritu para que naciera la Iglesia evángelizadora.
Consíguenos ahora un nuevo ardor de resucitados para llevar a todos el Evangelio de la vida que vence a la muerte.
Danos la santa audacia de buscar nuevos caminos para que llegue a todos
el don de la belleza que no se apaga.
Tú, Virgen de la escucha y la contemplación, madre del amor, esposa de las bodas eternas, intercede por la Iglesia, de la cual eres el icono purísimo,
para que ella nunca se encierre ni se detenga en su pasión por instaurar el Reino.
Estrella de la nueva evangelización, ayúdanos a resplandecer en el testimonio de la comunión, del servicio, de la fe ardiente y generosa,
de la justicia y el amor a los pobres, para que la alegría del Evangelio llegue hasta los confines de la tierra y ninguna periferia se prive de su luz.
Madre del Evangelio viviente, manantial de alegría para los pequeños, ruega por nosotros. Amén. Aleluya.

---

[27] cfr. Papa Francisco, Exhortación Apostólica *Alegría del Evangelio*, n. 281
[28] cfr. Papa Francisco, Exhortación Apostólica *Alegría del Evangelio*, n. 282

Amoris Laetitia «*La alegría del amor*»

Síntesis
Exhortación Apostólica Post Sinodal del Papa Francisco, 19 de marzo de 2016. Resumen

Introducción

La alegría del amor nos muestra con una mirada esperanzadora la importancia que tiene para el mundo actual la familia y el matrimonio. La exhortación con la que Papa Francisco cierra el recorrido de dos Sínodos dedicados a la familia.

I. Capítulo primero
El amor, símbolo de las realidades íntimas de Dios

Con un recorrido por toda la Sagrada Escritura comenzando por el libro del Génesis (Adán y Eva) hasta llegar al Apocalipsis (Bodas de la esposa y el Cordero) nos hace un recorrido de los diversos textos bíblicos que hablan de la familia y el amor como fuerza que ayuda a superar toda crisis y sufrimiento. "La Biblia está poblada de familias, de generaciones, de historias de amor y de crisis familiares". La "pareja que ama y genera la vida es la verdadera "escultura" viviente —no aquella de piedra u oro que el Decálogo prohíbe—, capaz de manifestar al Dios creador y salvador. Por eso **el amor fecundo llega a ser el símbolo de las realidades íntimas de Dios**".

II. Capítulo segundo
Individualismo y disminución demográfica

Analiza el contexto actual y la situación de luces y sombras que vive la familia en nuestra sociedad y cómo se hace necesario humanizar el amor familiar, vencer principalmente el individualismo que tanto daño le hace a la realidad de las familias hoy. Los "desafíos" de las familias: existe el peligro "que representa un individualismo exasperado" que hace que prevalezca, "en ciertos casos, la idea de un sujeto que se construye según sus propios deseos asumidos con carácter absoluto". Francisco da la **alarma sobre la disminución demográfica, debido "a una mentalidad antinatalista y promovido por las políticas mundiales de salud reproductiva"**, y recuerda que **"la Iglesia rechaza con todas sus fuerzas las intervenciones coercitivas del Estado en favor de la anticoncepción, la esterilización e incluso del aborto"**. Todas ellas medidas "inaceptables incluso en lugares con alta tasa de natalidad", pero animadas por los políticos incluso en los países en donde nacen pocos niños.

1. La casa
Papa Francisco escribe que "la falta de una vivienda digna o adecuada suele llevar a postergar la formalización de una relación". **Una "familia y un hogar son dos cosas que se reclaman mutuamente"**. Por este motivo, **"tenemos que insistir en los derechos de la familia, y no sólo en los derechos individuales. La familia es un bien del cual la sociedad no puede prescindir, pero necesita ser protegida"**.

2. Explotación infantil
La explotación sexual de los niños y niñas constituye **"una de las realidades más escandalosas y perversas de la sociedad actual"**. Hay niños "de la calle" en las sociedades que sufren violencia, la guerra o la presencia del crimen organizado. **"El abuso sexual de los niños se torna todavía más escandaloso —denuncia Francisco— cuando ocurre en los lugares donde

deben ser protegidos, particularmente en las familias y en las escuelas y en las comunidades e instituciones cristianas".

3. Miseria, eutanasia, el suicidio asistido, drogodependencia
Entre las "graves amenazas" para las familias en todo el mundo, el Papa cita la eutanasia y el suicidio asistido. Y después reflexiona sobre la situación de las **"familias sumidas en la miseria, castigadas de tantas maneras, donde los límites de la vida se viven de forma lacerante"**. También se refiere a la **"plaga"** de la drogodependencia, **"que hace sufrir a muchas familias, y no pocas veces termina destruyéndolas. Algo semejante ocurre con el alcoholismo, el juego y otras adicciones"**.

4. No debilitar la familia
Debilitar la familia no "favorece a la sociedad", sino que **"perjudica la maduración de las personas, el cultivo de los valores comunitarios y el desarrollo ético de las ciudades y de los pueblos"**. Francisco indica que "ya no se advierte con claridad que sólo la unión exclusiva e indisoluble entre un varón y una mujer cumple una función social plena". Mientras que **"las uniones de hecho o entre personas del mismo sexo, por ejemplo, no pueden equipararse sin más al matrimonio. Ninguna unión precaria o cerrada a la comunicación de la vida nos asegura el futuro de la sociedad"**.

5. No al alquiler de úteros, infibulación, violencia
En el párrafo 54, el Papa habla sobre los derechos de las mujeres, e indica que es inaceptable "la vergonzosa violencia que a veces se ejerce sobre las mujeres, el maltrato familiar y distintas formas de esclavitud que no constituyen una muestra de fuerza masculina sino una cobarde degradación". La **"violencia verbal, física y sexual que se ejerce contra las mujeres en algunos matrimonios contradice la naturaleza misma de la unión conyugal"**. Francisco también se refiere a la infibulación, la "grave mutilación genital de la mujer en algunas culturas, pero también en la desigualdad del acceso a puestos de trabajo dignos y a los lugares donde se toman las decisiones".

Y recuerda la práctica del **"alquiler de vientres o la instrumentalización y mercantilización del cuerpo femenino en la actual cultura mediática".**

6. El pensamiento único de la ideología "gender"
Unas cuantas líneas del documento están dedicadas al **"gender", ideología que "niega la diferencia y la reciprocidad natural de hombre y de mujer",** presenta **"una sociedad sin diferencias de sexo, y vacía el fundamento antropológico de la familia. Esta ideología lleva a proyectos educativos y directrices legislativas que promueven una identidad personal y una intimidad afectiva radicalmente desvinculadas de la diversidad biológica entre hombre y mujer".** Francisco dice que es "inquietante que algunas ideologías de este tipo, que pretenden responder a ciertas aspiraciones a veces comprensibles, procuren imponerse como un pensamiento único que determine incluso la educación de los niños".

7. No a la manipulación del acto generativo
También se expresa preocupación por la "posibilidad de manipular el acto generativo", independientemente de "la relación sexual entre hombre y mujer. De este modo, la vida humana, así como la paternidad y la maternidad, se han convertido en realidades componibles y descomponibles, sujetas principalmente a los deseos de los individuos o de las parejas". **"No caigamos —advierte el Papa— en el pecado de pretender sustituir al Creador".**

III. Capítulo tercero
La mirada puesta en Jesús: Vocación de la familia

Este breve capítulo recoge una síntesis de la enseñanza de la Iglesia sobre el sacramento del matrimonio y la familia. Recuerda el Papa Francisco el siempre actual Evangelio de la Familia.

Educar a los hijos, "derecho primario" de los padres
El sacramento del matrimonio **"no es una convención social"**, sino un

"don para la santificación y la salvación de los esposos", una verdadera "vocación". Por lo tanto, "la decisión de casarse y de crear una familia debe ser fruto de un discernimiento vocacional". El amor conyugal está abierto a la fecundidad. Y "la educación integral de los hijos" es "obligación gravísima, a la vez que derecho primario de los padres", y que "nadie debería pretender quitarles".

IV. Capítulo cuarto
El amor en el matrimonio

Muestra toda la grandeza que tiene el amor como luz o fuego que mantiene viva a la familia: **servicio, paciencia, perdón, alegría, confianza, saber esperar, diálogo, fortaleza y en continuo crecimiento.**

1. Instrucciones sobre el amor

El Papa propone una paráfrasis del Himno a la caridad de San Pablo, sacando de él indicaciones concretas para los esposos. «**Podría tener fe como para mover montañas; si no tengo amor, no soy nada. Podría repartir en limosnas todo lo que tengo y aun dejarme quemar vivo; si no tengo amor, de nada me sirve**» (1 Co 13,2-3). Los invita a la **"paciencia" recíproca**, sin pretender que "las relaciones sean celestiales o que las personas sean perfectas", y sin colocarse siempre a uno mismo "en el centro". Los invita a **ser benévolos y a "donarse sobreabudantemente sin medir, sin reclamar pagos, por el solo gusto de dar y de servir"**. Los invita a **no ser envidiosos, a no enorgullecerse o "agrandarse"**, porque **"quien ama, evita hablar demasiado de sí mismo", a no volverse "arrogantes e insoportables", a ser humildes y a "volverse amables", a no destacar "defectos y errores ajenos"**. Los invita a nunca acabar el día "sin hacer la paz en familia", a perdonar sin rencores, a hablar bien recíprocamente, tratando de **"mostrar el lado bueno del cónyuge más allá de sus debilidades y errores"**, a tener confianza en el otro sin controlarlo, dejando "espacios de autonomía".

E invita también a "contemplar" al cónyuge, recordando que "las alegrías más intensas de la vida brotan cuando se puede provocar la felicidad de los demás".

2. Mensaje a los jóvenes

El Papa dice a los jóvenes que debido a la **"seriedad"** del **"compromiso público de amor"**, el matrimonio **"no puede ser una decisión apresurada"**, pero tampoco hay que dejarla pasar "indefinidamente". Comprometerse con otra persona exclusiva y definitivamente "siempre tiene una cuota de riesgo y de osada apuesta". **Hay que "darse tiempo" y saber escuchar al cónyuge, dejar que hable antes de "comenzar a dar opiniones o consejos".** "Muchas discusiones en la pareja no son por cuestiones muy graves". A veces se trata de cosas pequeñas, **"poco trascendentes, pero lo que altera los ánimos es el modo de decirlas o la actitud que se asume en el diálogo"**.

3. Sexualidad, "regalo maravilloso"

Deseos, sentimientos, emociones, "ocupan un lugar importante en el matrimonio". Francisco, citando a **Benedicto XVI**, explica que la enseñanza oficial de la Iglesia **"no ha rechazado el eros como tal, sino que declaró guerra a su desviación"**, que lo **"deshumaniza"**. Dios mismo **"creó la sexualidad, que es un regalo maravilloso para sus criaturas"**. Juan Pablo II rechazó la idea de que la enseñanza de la Iglesia implique "una negación del valor del sexo humano", o que simplemente lo tolere "por la necesidad misma de la procreación". La necesidad sexual de los esposos no es "objeto de desprecio". Pero, **"no podemos ignorar que muchas veces la sexualidad se despersonaliza y también se llena de patologías"**, convirtiéndose "cada vez más en ocasión e instrumento de afirmación del propio yo y de satisfacción egoísta de los propios deseos e instintos". Por ello, el Papa insiste en que **"un acto conyugal impuesto al cónyuge sin considerar su situación actual y sus legítimos deseos, no es un verdadero acto de amor"**. Debe ser rechazada, por lo tanto, **"toda forma de sometimiento sexual"**.

V. Capítulo quinto
Amor que se vuelve fecundo

El amor siempre da vida. Por eso, el amor conyugal no se agota dentro de la pareja. Es la frase que sintetiza este capítulo de este valioso documento para la pastoral familiar.

1. Acoger la vida
La familia es el ámbito **"no sólo de la generación sino de la acogida de la vida"**. El Papa escribe que "si un niño llega al mundo en circunstancias no deseadas, los padres, u otros miembros de la familia, deben hacer todo lo posible por aceptarlo como don de Dios". Las familias numerosas "una alegría para la Iglesia", aunque esto no quiere decir olvidar una "sana advertencia" de Juan Pablo II: **"la paternidad responsable no es procreación ilimitada"**. Francisco recuerda que es importante que "el niño se sienta esperado". **"Se ama a un hijo porque es hijo, no porque es hermoso o porque es de una o de otra manera; no, ¡porque es hijo! No porque piensa como yo o encarna mis deseos". El Papa se dirige a todas las mujeres embarazadas: "Ese niño merece tu alegría. No permitas que los miedos, las preocupaciones, los comentarios ajenos o los problemas apaguen esa felicidad de ser instrumento de Dios para traer una nueva vida al mundo"**.

2. La presencia de una madre
En el documento se dice que es "plenamente legítimo" y "deseable" que las mujeres estudien, trabajen, desarrollen las propias capacidades y los propios objetivos. Pero, al mismo tiempo, **"no podemos ignorar la necesidad que tienen los niños de la presencia materna, especialmente en los primeros meses de vida"**. La disminución de la presencia materna, **"con sus cualidades femeninas es un riesgo grave para nuestra tierra". "Valoro el feminismo cuando no pretende la uniformidad ni la negación de la maternidad"**.

3. Los padres ausentes- o los niños huérfanos con padres vivos

El problema de nuestros días parece ser la "ausencia" de los padres. A veces el padre está "tan concentrado en sí mismo y en su trabajo, y a veces en sus propias realizaciones individuales, que olvida incluso a la familia. Y deja solos a los pequeños y a los jóvenes". La presencia paterna "se ve afectada también por el tiempo cada vez mayor que se dedica a los medios de comunicación y a la tecnología de la distracción". Pero pedir que el padre esté presente "no es lo mismo que decir controlador. Porque los padres demasiado controladores anulan a los hijos".

4. Sí a las adopciones

La adopción "es un camino para realizar la maternidad y la paternidad de una manera muy generosa". El Papa escribe: "es importante insistir en que la legislación pueda facilitar los trámites de adopción". La familia "no debe pensar en sí misma como un recinto llamado a protegerse de la sociedad", ni concebirse como asilada de todo lo demás. "Dios ha confiado a la familia el proyecto de hacer 'doméstico' el mundo, para que todos lleguen a sentir a cada ser humano como un hermano". Y esto implica también el compromiso hacia los pobres y quienes sufren. **El pequeño núcleo familiar "no debería aislarse de la familia ampliada, donde están los padres, los tíos, los primos, e incluso los vecinos. En esa familia grande puede haber algunos necesitados de ayuda, o al menos de compañía y de gestos de afecto, o puede haber grandes sufrimientos que necesitan un consuelo"**.

5. Hacer que los ancianos se sientan en casa
"Debemos despertar el sentido colectivo de gratitud, de aprecio, de hospitalidad, que hagan sentir al anciano parte viva de su comunidad". Francisco observó que "la atención a los ancianos "habla de la calidad de una civilización". El documento contiene también una invitación a no considerar como "competidores" o "invasores" a los suegros, a las suegras ni a los demás parientes del cónyuge.

6. Sí a la "Humanae vitae"
Francisco pide volver a descubrir la encíclica de Pablo VI y la "*Familiaris consortio*" de Papa Wojtyla, "para contrarrestar una mentalidad a menudo hostil a la vida".

VI. *Capítulo sexto*
Algunas perspectivas pastorales

Sin agotar todas las iniciativas de las iglesias locales, se mencionan algunos desafíos pastorales: seguir anunciando el siempre perenne Evangelio de la familia con nuevo ardor misionero, una renovada pastoral familiar que llegue al corazón de las personas y con una labor pastoral cercana que ilumine todas las situaciones difíciles y complejas de las familias actuales.

1. Familias "sujetos activos" de la pastoral
Papa Francisco pide "**un esfuerzo evangelizador y catequístico dirigido a la familia**", además de una "**conversión misionera**" de toda la Iglesia, para que no se quede "**en un anuncio meramente teórico y desvinculado de los problemas reales de las personas**". La pastoral familiar "**debe hacer experimentar que el Evangelio de la familia responde a las expectativas más profundas de la persona humana**". Se insiste también en la necesidad de una mayor formación interdisciplinaria y no solo doctrinal de los seminaristas, para ocuparse de los complejos problemas de las familias de hoy.

2. La preparación para el matrimonio

El Papa insiste mucho en la exigencia de preparar mejor a los novios para el matrimonio, con una mayor participación de toda la comunidad. Cada Iglesia local debe elegir cómo hacerlo. **"Se trata de una suerte de "iniciación" al sacramento del matrimonio que les aporte los elementos necesarios para poder recibirlo con las mejores disposiciones y comenzar con cierta solidez la vida familiar"**. Pero no hay que olvidar "los valiosos recursos de la pastoral popular", como, por ejemplo, el día de San Valentín, que "que en algunos países es mejor aprovechado por los comerciantes que por la creatividad de los pastores". **El recorrido de preparación también debe dar la posibilidad de "reconocer incompatibilidades o riesgos. De este modo se puede llegar a advertir que no es razonable apostar por esa relación, para no exponerse a un fracaso previsible que tendrá consecuencias muy dolorosas"**.

3. "Demasiado concentrados en los preparativos"

"La preparación La preparación próxima al matrimonio tiende a concentrarse en las invitaciones, los vestidos, la fiesta y los innumerables detalles que consumen tanto el presupuesto como las energías y la alegría. Los novios llegan agobiados y agotados al matrimonio". Queridos novios: "Tengan la valentía de ser diferentes, no se dejen devorar por la sociedad del consumo y de la apariencia". Además, el matrimonio debe ser asumido como "un camino de maduración", sin tener expectativas demasiado elevadas sobre la vida conyugal.

4. Consejos a los jóvenes esposos

El Papa sugiere algunos **"rituales cotidianos"**. "Es bueno darse siempre un beso por la mañana, bendecirse todas las noches, esperar al otro y recibirlo cuando llega, tener alguna salida juntos, compartir tareas domésticas". Y también es bueno interrumpir **"la rutina con la fiesta, no perder la capacidad de celebrar en familia, de alegrarse y de festejar las experiencias lindas"**.

5. Las crisis se arreglan
Con la "ayuda adecuada y con la acción de reconciliación de la gracia, un gran porcentaje de crisis matrimoniales se superan de manera satisfactoria". **"Saber perdonar y sentirse perdonados es una experiencia fundamental en la vida familiar"**. Y por ello es necesaria **"la generosa colaboración de familiares y amigos, y a veces incluso de ayuda externa y profesional"**.

6. Nunca usar a los hijos como "rehenes"
Francisco pide a los padres separados "¡nunca, nunca, nunca tomar al hijo como rehén!". Si se separaron **"por muchas dificultades y motivos, la vida les ha dado esta prueba, pero que no sean los hijos quienes carguen el peso de esta separación, que no sean usados como rehenes contra el otro cónyuge"**. Los hijos deben crecer **"escuchando que la mamá habla bien del papá, aunque no estén juntos, y que el papá habla bien de la mamá"**. El Papa afirma que el divorcio es "un mal", y define "alarmante" el aumento de los divorcios.

7. La homosexualidad en familia
La experiencia de tener en su seno personas con tendencias homosexuales es una experiencia **"nada fácil ni para los padres ni para sus hijos"**. El Papa insiste en que "toda persona, independientemente de su tendencia sexual, ha de ser respetada en su dignidad y acogida con respeto, procurando evitar todo signo de discriminación injusta". Todos están en un proceso de sanación y por ello, se trata de **"asegurar un respetuoso acompañamiento, con el de que aquellos que manifiestan una tendencia homosexual puedan contar con la ayuda necesaria para comprender y realizar plenamente la voluntad de Dios en su vida"**. Y vuelve a insistir en que no se pueden comparar las uniones entre homosexuales con los matrimonios.

8. El "aguijón" de la muerte
El Papa recuerda la importancia de acompañar a las familias afectadas por un luto, afirmando que **"hay que ayudar a descubrir que quienes hemos perdido un ser querido todavía tenemos una misión que cumplir, y que**

no nos hace bien querer prolongar el sufrimiento".

VII. *Capítulo séptimo*
Fortalecer la educación de los hijos

Los padres siempre inciden en el desarrollo moral de sus hijos, para bien o para mal. Por consiguiente, lo más adecuado es que acepten esta función inevitable y la realicen de un modo consciente, entusiasta, razonable y apropiado. Es una misión indelegable y que se debe rescatar.

1.¿Quién guía a nuestros hijos?
Francisco invita a preguntarse **"quiénes se ocupan de darles diversión"**, quiénes **"entran en sus habitaciones a través de las pantallas"**, a quiénes los confiamos **"en su tiempo libre"**. Siempre hay que vigilar. Los padres deben prepararlos para afrontar "riesgos, por ejemplo, de agresiones, de abuso o de drogadicción". Pero, **si un padre "está obsesionado por saber dónde está su hijo y por controlar todos sus movimientos, sólo buscará dominar su espacio"**, no lo educará ni lo **"preparará para afrontar los desafíos"**. Por el contrario, hay que **poner en marcha "procesos de maduración de su libertad, de capacitación, de crecimiento integral, de cultivo de la auténtica autonomía"**.

2. ¿Cómo educar?
La formación moral debería llevarse a cabo "intuitivamente", para que el "hijo pueda llegar a descubrir por sí mismo la importancia de determinados valores, principios y normas, en lugar de imponérselos como verdades irrefutables". En el mundo de hoy, "en el que reinan la ansiedad y la prisa tecnológica, una tarea importantísima de las familias es educar para **la capacidad de esperar**. No se trata de prohibir a los chicos que jueguen con los dispositivos electrónicos, sino de encontrar la forma de generar en ellos la capacidad de diferenciar las diversas lógicas y de no aplicar la velocidad digital a todos los ámbitos de la vida".

3. El peligro del "autismo tecnológico"

Los medios electrónicos a veces **"alejan en lugar de acercar, como cuando en la hora de la comida cada uno está concentrado en su teléfono móvil, o** como cuando uno de los cónyuges se queda dormido esperando al otro, que pasa horas entretenido con algún dispositivo electrónico". No hay que ignorar **"los riesgos de las nuevas formas de comunicación para los niños y adolescentes, que a veces los convierten en abúlicos, desconectados del mundo real. Este 'autismo tecnológico' los expone más fácilmente a los manejos de quienes buscan entrar en su intimidad con intereses egoístas"**. La exhortación dice sí a la educación sexual, que tenga "un sano pudor", y también a una educación que acostumbre a los niños a comprender que **también los hombres pueden (y deben) hacer las tareas domésticas**. Para concluir, es indispensable que **"los hijos vean de una manera concreta que para sus padres la oración es realmente importante"**.

VIII. *Capítulo octavo*
Acompañar, discernir e integrar la fragilidad

Aunque la Iglesia entiende que toda ruptura del vínculo matrimonial va contra la voluntad de Dios, también es consciente de la fragilidad de muchos de sus hijos. Por este capítulo nos orienta a tener una mirada de amor y una actitud de misericordia pastoral con estas situaciones complejas en la vida matrimonial.

IX. *Capítulo noveno*
Espiritualidad matrimonial y familiar

La espiritualidad del amor familiar está hecha de miles de gestos reales y concretos. En esa variedad de dones y de encuentros que maduran la comunión, Dios tiene su morada. Esa entrega asocia a la vez lo humano y lo divino porque está llena del amor de Dios. En definitiva, la espiritualidad matrimonial es una espiritualidad del vínculo habitado por el amor divino.

Conclusión
Oración a la Sagrada familia

Jesús, María y José en vosotros contemplamos el esplendor del verdadero amor, a vosotros, confiados, nos dirigimos.

Santa Familia de Nazaret, haz también de nuestras familias lugar de comunión y cenáculo de oración, auténticas escuelas del Evangelio y pequeñas iglesias domésticas.

Santa Familia de Nazaret, que nunca más haya en las familias episodios de violencia, de cerrazón y división; que quien haya sido herido o escandalizado sea pronto consolado y curado.

Santa Familia de Nazaret, haz tomar conciencia a todos del carácter sagrado e inviolable de la familia, de su belleza en el proyecto de Dios. Jesús, María y José, escuchad, acoged nuestra súplica. Amén.

Laudato Si'
Sobre el Cuidado de la Casa Común Resumen

Introducción:

En *Laudato Si'* El Papa Francisco se dirige a "todos los habitantes de este planeta" (3) y subraya la encíclica. El Papa Francisco: "Pone su visión en continuidad con sus predecesores (3-6) y en harmonía con pensadores no católicos o seculares. (7-9)

"Muestra como *Laudato Si'* es animado por el espíritu de San Francisco de Assisi, patrón santo de aquellos que promueven la ecología, y pone énfasis en la importancia de estas raíces espirituales. **"Si nos acercamos a la naturaleza y al ambiente sin esta apertura al estupor y a la maravilla, si ya no hablamos el lenguaje de la fraternidad y de la belleza en nuestra relación con el mundo, nuestras actitudes serán las del dominador, del consumidor o del mero explotador de recursos, incapaz de poner un límite a sus intereses inmediatos. En cambio, si nos sentimos íntimamente unidos a todo lo que existe, la sobriedad y el cuidado brotarán de modo espontáneo."** (11)

» **Hace un llamado urgente a todas las personas "un nuevo diálogo sobre el modo como estamos construyendo el futuro del planeta."** (14)

Capítulo 1:
Lo que esta pasando en nuestro hogar común

El Papa Francisco identifica los apremiantes problemas ecológicos modernos: La contaminacion del medio ambiente y el cambio climatico (20- 26); El tema del agua (27-31); La pérdida de biodiversidad (32-42); Disminución de la calidad de vida humana y la destrucción de la sociedad (43-47); y la desigualdad global (48-52).

Cambio climático

Con respecto al cambio climático, el Papa Francisco:
- » Enfatiza que el clima es un bien común, de todos y para todos. Hay un consenso científico muy consistente que indica que nos encontramos ante un preocupante calentamiento del sistema climático debido principalmente a actividad humana. (23)
- » Subraya que el cambio climático es un problema global con graves dimensiones ambientales, sociales, económicas, distributivas y políticas, y plantea uno de los principales desafíos actuales para la humanidad. Los peores impactos probablemente recaerán en las próximas décadas sobre los países en desarrollo y los pobres. (25)
- » Reconoce que se ha vuelto urgente e imperioso el desarrollo de políticas para que la emisión de gases altamente contaminantes sea reducida drásticamente, por ejemplo, reemplazando la utilización de combustibles fósiles y desarrollando fuentes de energía renovable. (26)
- » Reta a aquellos que, en la cara de la degradación ecológica, culparían el crecimiento de la población y no el consumismo selectivo y extremo. (50)
- » Reconoce que existe una "deuda ecológica" entre países del norte y del sur "relacionada con desequilibrios comerciales con consecuencias en el ámbito ecológico, así como con el uso desproporcionado de los recursos naturales llevado a cabo históricamente por algunos países." (51)
- » Llama la atención la debilidad de la reacción política internacional. Hay demasiados intereses particulares y muy fácilmente el interés económico llega a prevalecer sobre el bien común y a manipular la información para no ver afectados sus proyectos. (54)

Capítulo 2:
El Evangelio de la Creación

El Papa Francisco relata las creencias cristianas que:
- » Dios creó todo con bondad intrínseca. (65, 69)
- » Todos los seres humanos son creados únicos y llamados a ejercer un gobierno responsable sobre la creación en nombre del Creador. (67-68)
- » Toda creación es un misterio, la diversidad y la unidad que reflejan y meditan al Creador (76-92)
- » El derecho a la propiedad privada no es "absoluta ni inviolable" pero "subordinado... a la destinación universal de bienes" (93).
- » "El destino de toda creación está ligado con el misterio de Cristo" (99)

Quizás lo más fundamental, el Papa subraya que el daño al medio ambiente es causado por el pecado entendido como relaciones rotas "con Dios, con el prójimo y con la misma tierra" (66). Estas relaciones se rompen en parte, porque los seres humanos "presumen tomar el lugar de Dios y se niegan a reconocer nuestras limitaciones como creaturas" - una dinámica que nos llevaa confundir el mandato de Dios para los seres humanos de "tener dominio" sobre la creación (Génesis 1:28) como una licencia de explotación en vez de una vocación para "cultivar y cuidar de" el regalo de la creación de Dios (Génesis 2:15; Ibid.)

Capítulo 3:
Raíz Humana de la Crisis Ecológica

Inspirado por fe cristiana, el Papa Francisco se refiere a "las raíces humanas de la crisis ecológica" Específicamente:
- » Critica "el antropocentrismo" – la creencia que los seres humanos son radicalmente separados y por encima de el mundo natural y no-humano. (115-118)
- » Señala que el antropocentrismo devalúa la creación y lleva al

"relativismo practico", el cual valúa la creación solo hasta el punto de utilidad para los seres humanos. (118, 122)
- » Critica el "paradigma tecnocrático" que "asume todo desarrollo tecnológico en función del rédito, sin prestar atención a eventuales consecuencias negativas para el ser humano. Las finanzas ahogan a la economía real." (109)
- » Afirma la enseñanza tradicional Católica que dice que "el mercado por sí mismo no garantiza el desarrollo humano integral y la inclusión social" Y debe ser regulada cuando falla en proteger y promover el bien común. (Ibid.)
- » Reitera la interconexión de toda la creación y, por lo tanto, conecta el cuidado de la creación a la protección de la vida y la dignidad humana-especialmente en cuanto al aborto, la pobreza, los minusválidos y las pruebas en embriones humanos vivos. (117, 120, 137)

Capítulo 4:
Una Ecología Integral

El Papa Francisco presenta y considera el concepto de una ecología integral la cual:
- » Afirma (y esto aparece en todas partes) que " No está de más insistir en que todo está conectado. (138)
- » Esto, dice , es cierto de toda la creación, humanidad incluida junto con todos los aspectos de la vida humana: academia, economía, gobierno, cultura y cada parte de la vida cotidiana. (139-155)
- » Reitera que el cuidado de la creación está íntimamente relacionada con la promoción de una opción preferencial para los pobres ya los que menos tienen son los más perjudicados por la degradación ecológica. (158)
- » Afirma que a la luz de la degradación ecológica y el cambio climático, la justicia y la solidaridad, es decir, el compromiso con el bien común, tiene que ser entendido como "intergeneracional." (159)

Capítulo 5:
Algunas Líneas de Orientación y Acción

El quinto capítulo trata sobre la Doctrina Social Católica de subsidiariedad, que enseña que todo reto debe ser en el nivel más bajo posible- pero el mas alto necesario- nivel de sociedad necesario para proteger y promover el bien común. El Papa Francisco afirma que:

» "La tecnología basada en combustibles fósiles muy contaminantes – sobre todo el carbón, pero aun el petróleo y, en menor medida, el gas – necesita ser reemplazada progresivamente y sin demora." (165)
» "Mientras no haya un amplio desarrollo de energías renovables, que debería estar ya en marcha, es legítimo optar por la alternativa menos perjudicial o acudir a soluciones transitorias." (Ibid)
» El cambio a energía barata y renovable debería ser acelerado con, "bonos de carbono puede dar lugar a una nueva forma de especulación, y no servir para reducir la emisión global de gases contaminantes. (171)
» Dado que los efectos del cambio climático se harán sentir durante mucho tiempo, aun cuando ahora se tomen medidas estrictas, algunos países con escasos recursos necesitarán ayuda para adaptarse a efectos que ya se están produciendo y que afectan sus economías. (170)

El Papa Francisco dice que "hay responsabilidades comunes pero diferenciadas" entre naciones y cita a los obispos bolivianos que dicen que "los países que se han beneficiado por un alto grado de industrialización, a costa de una enorme emisión de gases invernaderos, tienen mayor responsabilidad en aportar a la solución de los problemas que han causado" (170)

El Papa Francisco pide un dialogo en el que los marginalizados estan especialmente habilitados para participar (183) y subraya el "principio precautorio" que "permite la protección de los más débiles, que disponen de pocos medios para defenderse y para aportar pruebas irrefutables.

"Si la información objetiva lleva a prever un daño grave e irreversible, aunque no haya una comprobación indiscutible, cualquier proyecto debería detenerse o modificarse." (186)

Capítulo 6:
Educación y Espiritualidad Ecológica.

El Papa Francisco:
- » Hace un llamado para conversaciones "personales o comunales" que sean de temas lejanos del consumismo y el "egoísmo común" e invita a las personas a vivir estilos de vida animados por virtudes ecológicas, es decir, buenos hábitos que deben ser desarrollados en todas las personas, secular y de fe. (202-215)
- » Llama la atención a que "los movimientos de consumidores logran que dejen de adquirirse ciertos productos y así se vuelven efectivos para modificar el comportamiento de las empresas, forzándolas a considerar el impacto ambiental y los patrones de producción." (206)
- » Sostiene que la "educación ecológica"- que debería proporcionar información y tratar de formar hábitos - debe ocurrir en todas partes en la sociedad: " En la escuela, la familia, los medios de comunicación, la catequesis... instituciones políticas y varios otros grupos sociales... y todas comunidades cristianas." (213-214)
- » Recuerda a los cristianos que los sacramentos y los domingos son esenciales para formar la relación correcta con la creación. (233-237)
- » Reflexiona sobre la relación de la trinidad, José y María a la creación, y concluye con "una oración por nuestra tierra" y una oración cristiana con la creación." (238-246)

Oración por nuestra tierra

Dios omnipotente,
que estás presente en todo el universo
y en la más pequeña de tus criaturas,
Tú, que rodeas con tu ternura todo lo que existe,
derrama en nosotros la fuerza de tu amor
para que cuidemos la vida y la belleza.
Inúndanos de paz, para que vivamos como hermanos y hermanas
sin dañar a nadie.
Dios de los pobres,
ayúdanos a rescatar
a los abandonados y olvidados de esta tierra
que tanto valen a tus ojos.
Sana nuestras vidas,
para que seamos protectores del mundo
y no depredadores,
para que sembremos hermosura
y no contaminación y destrucción.
Toca los corazones
de los que buscan sólo beneficios
a costa de los pobres y de la tierra.
Enséñanos a descubrir el valor de cada cosa,
a contemplar admirados,
a reconocer que estamos profundamente unidos
con todas las criaturas
en nuestro camino hacia tu luz infinita.
Gracias porque estás con nosotros todos los días.
Aliéntanos, por favor, en nuestra lucha
por la justicia, el amor y la paz.

Oración cristiana con la creación

Te alabamos, Padre, con todas tus criaturas,
que salieron de tu mano poderosa.
Son tuyas,
y están llenas de tu presencia y de tu ternura.
Alabado seas.
Hijo de Dios, Jesús,
por ti fueron creadas todas las cosas.
Te formaste en el seno materno de María,

te hiciste parte de esta tierra,
y miraste este mundo con ojos humanos.
Hoy estás vivo en cada criatura
con tu gloria de resucitado.
Alabado seas.
Espíritu Santo, que con tu luz
orientas este mundo hacia el amor del Padre
y acompañas el gemido de la creación,
tú vives también en nuestros corazones
para impulsarnos al bien.
Alabado seas.
Señor Uno y Trino,
comunidad preciosa de amor infinito,
enséñanos a contemplarte
en la belleza del universo,
donde todo nos habla de ti.
Despierta nuestra alabanza y nuestra gratitud
por cada ser que has creado.
Danos la gracia de sentirnos íntimamente unidos
con todo lo que existe.

Dios de amor,
muéstranos nuestro lugar en este mundo
como instrumentos de tu cariño
por todos los seres de esta tierra,
porque ninguno de ellos está olvidado ante ti.
Ilumina a los dueños del poder y del dinero
para que se guarden del pecado de la indiferencia,
amen el bien común, promuevan a los débiles,
y cuiden este mundo que habitamos.
Los pobres y la tierra están clamando:
Señor, tómanos a nosotros con tu poder y tu luz,
para proteger toda vida,
para preparar un futuro mejor,
para que venga tu Reino
de justicia, de paz, de amor y de hermosura.
Alabado seas.
Amén.

Dado en Roma, junto a San Pedro, el 24 de mayo, Solemnidad de Pentecostés, del año 2015, tercero de mi Pontificado.

Fratelli tutti
Síntesis

"Mirada general a la llamada del Papa Francisco"

Introducción

Inspirado por San Francisco de Asís, el Papa Francisco nos entrega Fratelli tutti, una propuesta de una forma de vida con sabor a Evangelio que consiste en amar al otro como hermano, aunque esté lejos. Es un llamado a ser fraternidad abierta (FT 1), a reconocer y amar a cada persona con un amor sin fronteras, que va al encuentro y es capaz de superar toda distancia y tentación de disputas, imposiciones y sometimientos (FT 3).

***Fratelli tutti* no es un resumen de la doctrina sobre el amor fraterno, sino una insistencia en su dimensión universal** (FT 6).

El COVID-19 interrumpió al Papa en su redacción. Esta pandemia dejó al descubierto nuestras falsas seguridades, evidenció nuestra incapacidad de actuar conjuntamente, nuestra fragmentación (FT 7).

Frente a las diversas formas de eliminar o de ignorar a otros, Fratelli tutti es una invitación a reaccionar con un nuevo sueño de fraternidad y amistad social (FT 6).

El Santo Padre anhela que en esta época que nos toca vivir, reconociendo la dignidad de cada persona humana, podamos hacer entre todos un deseo mundial de hermandad (FT 8).

Capítulo 1
Las sombras de un mundo cerrado

El primer capítulo nos presenta las sombras de un mundo cerrado que desfavorecen el desarrollo de la fraternidad universal (FT 9) y que se expanden por el mundo; son las circunstancias que dejan heridos al lado del camino, puestos fuera, desechados. Las sombras hunden a la humanidad en confusión, soledad y vacío.

Entre otras, los sueños de una Europa unida y de la integración latinoamericana aparecen rotos (FT 10), surgen nacionalismos cerrados, crece el egoísmo y la pérdida de sentido social (FT 1 1). Expresiones como "abrirse al mundo" han sido cooptadas por la economía y las finanzas. **Se impone una cultura que unifica al mundo pero divide a las personas y a las naciones.** Las personas cumplen roles de consumidores y espectadores; la sociedad globalizada nos hace más cercanos, pero no más hermanos. Estamos más solos que nunca (FT 12).

La conciencia histórica se hunde en las sombras, la libertad humana pretende construir todo desde cero, somos invitados a consumir sin límites y a vivir un individualismo sin contenidos que ignora y desprecia la historia (FT 13).

Se extienden nuevas formas de colonización cultural; los pueblos que enajenan su tradición tolerarán que se les arrebate el alma, su fisonomía espiritual y su consistencia moral (FT 14).

En las sombras de este mundo cada vez más cerrado se vacían de contenido y se manipulan las grandes palabras como democracia, libertad, justicia y unidad (FT 14). Sembrar desesperanza, desconfianza; exasperar, exacerbar y polarizar son las estrategias para dominar y avanzar, negar el derecho a existir y opinar, lo cual ayuda a dominar y avanzar. La política se convierte en marketing (FT 15).

Partes de la humanidad parecen sacrificables en beneficio de algunos que se consideran dignos de vivir sin límites. Despilfarrar y descartar a quienes son considerados todavía no útiles o ya no productivos son características de esta cultura del descarte (FT 18) que reina en las sombras del mundo cerrado.

La desigualdad de derechos (FT 22) y las nuevas formas de esclavitud (FT 24) siguen vigentes. Vivimos una "tercera guerra mundial en etapas" (FT 25), no hay horizontes que nos congreguen (FT 26), reaparecen conflictos y miedos que se expresan en la creación de muros para evitar el encuentro (FT 27). Hay un deterioro de la ética y un debilitamiento de los valores espirituales y del sentido de responsabilidad; crece la sensación de frustración, soledad y desesperación (FT 29).

Somos víctimas del engaño de creer que somos todopoderosos y de olvidar que estamos en la misma barca (FT 30). La ausencia de humanidad se expresa con claridad en las fronteras, ante la realidad de miles que escapan de la guerra, la persecución, las catástrofes naturales y la búsqueda de oportunidades para ellos y sus familias; al mismo tiempo, los regímenes políticos buscan evitar a toda costa la llegada de personas migrantes (FT 37). Los migrantes son considerados no suficientemente dignos (FT 39).

Ante todo lo anterior tenemos la tentación del aislamiento y la cerrazón en uno mismo o en los propios intereses; esto jamás será el camino para devolver esperanza y obrar una renovación. El camino es la cercanía y la cultura del encuentro (FT 30).

La pandemia del COVID-19 ha dejado al descubierto que tenemos una pertenencia de hermanos (FT 32); estamos llamados a repensar nuestros **modo de vida, relaciones, organización de nuestras sociedades y sobre todo nuestra existencia** (FT 33).

Tenemos la ilusión de estar más comunicados, parecen acortarse las distancias al grado que deja de existir el derecho a la intimidad. En el mundo digital, el respeto al otro se hace pedazos, se nos permite ignorar, mantenernos lejos e invadir su vida sin pudor (FT 42).

De entre las sombras surgen movimientos digitales de odio y destrucción (FT 43), se vive la agresividad sin pudor (FT 44) y proliferan la mentira y la manipulación; los fanatismos destructivos son protagonizados incluso por personas religiosas y medios católicos (FT 46).

Pero a pesar de las sombras densas, hay que hacernos eco de tantos caminos de esperanza: Dios sigue derramando en la humanidad semillas de bien (FT 54).

El Papa nos recuerda que el bien, el amor, la justicia y la solidaridad no se alcanzan de una vez para siempre; sino que serán conquistados cada día (FT 11).

El Santo Padre nos llama a la esperanza. **Hay en los hombres y mujeres sed, aspiración de plenitud, de vida, de tocar lo grande, lo que llena el corazón y eleva el espíritu hacia cosas grandes como la verdad, la bondad, la belleza, la justicia y el amor. La esperanza es capaz de mirar más allá de la comodidad, seguridades y compensaciones que nos encierran, para abrirse a grandes ideales** (FT 55).

Capítulo 2
Un extraño en el camino

Hay un extraño en el camino, herido y puesto fuera por las sombras de un mundo cerrado. Ante esta realidad hay dos actitudes que podemos tener: seguir de largo o detenerse. Incluirlo o excluirlo definirá el tipo de persona o proyecto político, social y religioso que somos.

El Papa nos presenta **la parábola del buen samaritano** como luz ante las sombras (FT 56). Hay un trasfondo en la parábola: ***¿Dónde está tu hermano?*** (Gn 4,9). Dios cuestiona todo tipo de determinismo o fatalismo que pretenda justificar la indiferencia. Nos habilita para crear una cultura en la que cuidemos unos de otros (FT 57), porque todos tenemos un mismo Creador, y en ello se sostienen nuestros derechos.

Estamos motivados y llamados a ampliar el corazón de manera que no se excluya al extranjero, es una llamada al amor fraterno, que se extiende en el Nuevo Testamento (FT 61). Al amor no le importa si el hermano herido es de aquí o de allá, el amor rompe cadenas y tiende puentes, permite construir una gran familia en donde todos podamos sentirnos en casa, sabe de compasión y dignidad (FT 62).

En la parábola está el "abandonado", el herido tirado en el camino; varios no se detienen ante él. Solo uno se detuvo, le regaló cercanía, lo curó con sus propias manos, puso dinero en su bolsillo y se ocupó de él, le ofreció su tiempo (FT 63).

La sociedad enferma tiene la tentación de desatenderse de los demás, de mirar para el costado, pasar de lado e ignorar. El sentimiento le perturba, le molesta, no quiere perder el tiempo a causa de problemas ajenos. Se construye de espaldas al dolor (FT 65).

El Papa Francisco nos llama a la vocación de ciudadanos del propio país y del mundo entero (FT 66). A ser constructores de un nuevo vínculo social, a darnos cuenta de que la existencia de cada uno está ligada a la de los demás: **la vida no es tiempo que pasa, sino tiempo de encuentro** (FT 6 6). **Estamos llamados a reconstruir este mundo que nos duele, a rehacer una comunidad a partir de hombres y mujeres que hacen propia la fragilidad de los demás, que no permiten la exclusión, se hacen prójimo, levantan y rehabilitan al caído para que el bien sea común** (FT 67).

Incluir o excluir al herido al costado del camino define todos los proyectos económicos, políticos, sociales y religiosos (FT 69).

La historia del buen samaritano se repite; son visibles la desidia social y política, las disputas internas e internacionales y los saqueos que dejan heridos al lado del camino. Hoy podemos recomenzar: el Papa Francisco nos llama **a ser parte activa en la rehabilitación y el auxilio de las sociedades heridas (FT 77); hay que alimentar lo bueno y ponernos al servicio del bien** (FT 77). Solo es posible comenzar desde abajo y de a uno, pugnar por lo más concreto y local (FT 78).

Las dificultades son la oportunidad para crecer y no la excusa para la tristeza (FT 78); estamos llamados a convocar y a encontrarnos en un "nosotros" que sea más fuerte que la suma de pequeñas individualidades. *"El todo es más que la parte, y también es más que la mera suma de ellas"* (FT 78). La reconciliación nos resucitará y nos hará perder el miedo (FT 78).

Finalmente, **Jesús transforma el planteamiento de preguntarnos quiénes son los cercanos a nosotros, es decir nuestros *"prójimos"*: nos llama a volvernos nosotros cercanos, prójimo de todos, incluso de los que están lejos (FT 81). Se trata de una capacidad de amor universal capaz de traspasar prejuicios, barreras históricas o culturales, intereses mezquinos** (FT 83).

Es importante que incluyamos en la catequesis y la predicación, de un modo directo y claro, el sentido social de la existencia, la dimensión fraterna de la espiritualidad, la convicción sobre la inalienable dignidad de cada persona y las motivaciones para amar y acoger a todos (FT 86). Solo así podremos pensar y gestar un mundo abierto, erradicando las sombras del mundo cerrado.

Capítulo 3
Pensar y gestar un mundo abierto

Dios es amor universal, y en tanto ser parte de ese amor y compartirlo, estamos llamados a la fraternidad universal, que es apertura. No hay "*otros*" ni "*ellos*", sólo hay "*nosotros*". Un ser humano solo puede desarrollarse y encontrar su plenitud en la entrega sincera de sí a los demás. No podrá reconocer a su fondo su propia verdad si no es en el encuentro con los otros. Nadie puede experimentar el valor de vivir sin rostros concretos a quien amar (FT 87).

La vida subsiste donde hay vínculo, comunión, fraternidad; será más fuerte que la muerte cuando se construya sobre relaciones verdaderas y lazos de fidelidad (FT 87). **Toda relación sana y verdadera nos abre a los otros, no podemos reducir la vida a nosotros mismos o a nuestro pequeño grupo** (FT 89).

La hospitalidad es un modo concreto de apertura y de encuentro (FT 90). La altura espiritual de una vida humana está marcada por el amor, el criterio para la decisión definitiva sobre la valoración de una vida humana. **El mayor peligro es no amar** (FT 92). El amor es algo más que acciones benéficas; estas brotan de una unión que inclina más hacia el otro considerándolo valioso, digno, grato y bello. Solo esta forma de relacionarnos hace posible la amistad social que no excluye a nadie y la fraternidad abierta a todos (FT 94). Vemos sembrada la vocación de formar una comunidad compuesta de hermanos que se acogen recíprocamente y se preocupan los unos por los otros (FT 96).

La apertura universal no es geográfica sino existencial: es la capacidad cotidiana de ampliar mi círculo, de llegar a las periferias, a aquello que no siento parte de mi mundo de intereses, aunque estén cerca de mí. Cada hermano sufriente, abandonado e ignorado por mi sociedad es un forastero existencial (FT 97). Hay hermanos tratados como "*exiliados ocultos*", personas con discapacidad que existen sin pertenecer y sin participar; hay muchos a los que se les impide tener "*ciudadanía plena*" (FT 98).

El amor que se extiende más allá de las fronteras tiene su base en la "amistad social", condición de posibilidad para una apertura universal (FT 99). El futuro no es monocromático: **nuestra familia humana necesita aprender a vivir juntos en armonía y paz, sin necesidad de tener que ser todos igualitos** (FT 100).

Quienes se organizan impidiendo toda presencia extraña que perturbe su identidad y organización grupal excluyen la posibilidad de volverse prójimo; solo se puede ser "socio", es decir asociado por determinados intereses (102).

La fraternidad no es sólo resultado de condiciones de respeto a las libertades individuales, ni de cierta equidad administrada (FT 103). Tampoco se logra defendiendo en abstracto que todos los seres humanos son iguales, sino **que es resultado de un cultivo consciente y pedagógico de la fraternidad** (FT 104).

Para caminar hacia la amistad social y la fraternidad universal, es necesario reconocer cuánto vale un ser humano, siempre y en toda circunstancia (FT 106); **todo ser humano es valioso y tiene el derecho a vivir con dignidad y a desarrollarse integralmente**. Ese derecho básico no puede ser negado por ningún país (FT 107).

Para lograr esto, el Papa Francisco nos llama a promover el bien, para nosotros y para toda la humanidad: caminar hacia un crecimiento genuino e integral (FT 113). Es un llamado a la solidaridad, a pensar y actuar en términos de comunidad, de prioridad de la vida de todos sobre la apropiación de los bienes por parte de algunos. **Solidaridad es luchar contra las causas estructurales de la pobreza, la desigualdad, la falta de trabajo, de tierra y de vivienda, la negación de derechos sociales y laborales** (FT 116). Todos los derechos sobre los bienes necesarios para la realización integral de las personas, incluido el de la propiedad privada y cualquier otro, no debe estorbar, sino facilitar su realización (FT 120).

Nadie debe quedar excluido (FT 121), el desarrollo tiene que asegurar los derechos humanos, personales y sociales, económicos y políticos, incluidos los derechos de las naciones y los pueblos (FT 122). **La actividad empresarial tendrá que orientarse al desarrollo de las demás personas y a la superación de la miseria** (FT 123) .

Solo tendremos paz cuando se asegure tierra, techo y trabajo para todos (127). Y la paz será duradera solo desde una ética global de solidaridad y cooperación al servicio de la familia humana (FT 127).

Capítulo 4
Un corazón abierto al mundo entero

Vivimos una amistad social, buscamos un bien moral, una ética social porque nos sabemos parte de una fraternidad universal. Estamos llamados al encuentro, la solidaridad y la gratuidad.

La afirmación de que todos los seres humanos somos hermanos nos obliga a asumir nuevas perspectivas y desarrollar nuevas reacciones (FT 1 28). Cuando el prójimo es una persona migrante se agregan desafíos complejos. **Mientras no haya avances en la línea de evitar migraciones innecesarias y para ello crear en los países de origen mejores condiciones para el propio desarrollo integral, nos corresponde respetar el derecho de todo ser humano de encontrar un lugar en donde pueda satisfacer sus necesidades básicas y desarrollarse** (FT 129). **Nos esforzamos por acoger, proteger, promover e integrar.** Para ello es indispensable incrementar y simplificar visados, los programas de patrocinio, corredores humanitarios, ofrecer alojamiento, garantizar seguridad, acceso a servicios básicos, asistencia consular, entre otras cosas (FT 130).

La llegada de personas diferentes se convierte en don cuando las acogemos de corazón, cuando se les permite seguir siendo ellas mismas (FT 134).

La gratuidad es la capacidad de hacer cosas porque son buenas en sí mismas, sin esperar ningún resultado exitoso, ni nada a cambio (FT 139). **Solo una cultura social y política que incorpore la acogida gratuita podrá tener futuro** (FT 141).

Hay que tener una sana tensión entre lo global y lo local; hace falta lo global para no caer en la mezquindad cotidiana y lo local para tener los pies en la tierra (FT 142). No es posible ser sanamente local sin una sincera apertura a lo universal, sin dejarse interpelar por lo que sucede en otras partes, sin enriquecerse por otras culturas (FT 1 46). Toda cultura sana es abierta y acogedora (146). **El mundo crece y se llena de belleza gracias a las síntesis que se producen entre culturas abiertas** (FT 148). El ser humano es el ser fronterizo que no tiene ninguna frontera (FT 150).

Capítulo 5
La mejor política

La mejor política es para el bien común y universal, política para y con el pueblo, es decir, popular, con caridad social, que busca la dignidad humana; y puede ser ejecutada por hombres y mujeres con amor político que integran la economía a un proyecto político social, cultural y popular.

Para hacer posible el desarrollo de una comunidad mundial, capaz de realizar la fraternidad a partir de los pueblos y naciones que vivan la amistad social, hace falta la mejor política. **Una política al servicio del verdadero bien común** (FT 154). Esta política se aleja de un populismo que surge cuando el líder político instrumentaliza la cultura del pueblo, con un signo ideológico al servicio de su proyecto personal y su perpetuación en el poder (FT 159). **Lo verdaderamente popular es lo que promueve el bien del pueblo, se asegura de que todos tengan la posibilidad de hacer brotar las semillas que Dios ha puesto en cada uno** (FT 162).

Ayudar a los pobres debe permitirles una vida digna a través del trabajo; no existe peor pobreza que la que priva del trabajo y de la dignidad (FT 162).

La caridad se expresa en el encuentro persona a persona, cuando llega al hermano lejano e incluso ignorado. Es necesario **fomentar además una mística de la fraternidad**, una organización mundial más eficiente para ayudar a resolver los problemas acuciantes de los abandonados que sufren y mueren en los países pobres (FT 165).

La tarea educativa, **el desarrollo de hábitos solidarios**, la capacidad de pensar la vida humana más integralmente, la hondura espiritual hacen falta para dar calidad a las relaciones humanas (FT 167). Necesitamos una política que tenga en el centro la dignidad humana y sobre este pilar construir estructuras sociales alternativas (FT 168).

Hace falta pensar en la **inclusión de los movimientos populares**, que anime las estructuras gubernamentales con ese torrente de energía que surge de la incorporación de los excluidos en la construcción del destino común. Hay que superar la idea de políticas sociales hacia los pobres pero sin los pobres (FT 169).

Es necesaria una reforma tanto de la Organización de las Naciones Unidas como de la arquitectura económica y financiera internacional, para que se dé una concreción real al concepto de familia de naciones. La justicia es indispensable para obtener la fraternidad universal (FT 173).

La política no debe someterse a la economía y esta no debe someterse a los dictámenes y al paradigma eficientista de la tecnocracia (FT 177). La grandeza política se muestra cuando se obra por grandes principios y pensando en el bien común a largo plazo (FT 178).

El Papa Francisco nos llama hacia **un orden social y político cuya alma sea la caridad social**. Nos convoca a rehabilitar la política como una de las formas más preciosas de la caridad, porque busca el bien común (FT 180). Esta caridad política supone un sentido social que nos lleva a buscar el bien de todas las personas (FT 182). A partir del "amor social" es posible avanzar hacia una civilización del amor a la que todos podamos sentirnos convocados (FT 183). Es una fuerza capaz de suscitar vías nuevas para afrontar los problemas del mundo y renovar profundamente las estructuras, organizaciones sociales y ordenamientos jurídicos (FT 183).

La caridad necesita la luz de la verdad, la luz de la razón y de la fe (FT 185).

Los políticos están llamados a preocuparse de la fragilidad de los pueblos y de las personas (FT 188). El político es un hacedor, un constructor con grandes objetivos, con mirada amplia, realista y pragmática, aún más allá de su propio país (FT 188). Está llamado a renuncias que hagan posible el encuentro y busca la confluencia en algunos temas (FT 190).

También en la política hay lugar para la ternura, es el amor que se hace cercano y concreto. Es un movimiento que procede del corazón y que han recorrido los hombres y las mujeres más valientes y fuertes (FT 194).

Las preguntas de un político deben ser: "¿Cuánto amor puse en mi trabajo, en qué hice avanzar al pueblo, qué marca dejé en la vida de la sociedad, qué lazos reales construí, qué fuerzas positivas desaté, cuánta paz social sembré, qué provoqué en el lugar que se me encomendó?" (FT 197).

Capítulo 6
Diálogo y amistad social

El diálogo respeta, consensa y busca la verdad; el diálogo da lugar a la cultura del encuentro, es decir, el encuentro se vuelve estilo de vida, pasión y deseo. **Quien dialoga es amable, reconoce y respeta al otro.**

Acercarse, expresarse, escucharse, mirarse, conocerse, tratar de comprenderse, buscar puntos de contacto; todo eso se resume en el verbo "dialogar" (FT 198).

Un país crece cuando sus diversas riquezas culturales dialogan de manera constructiva: la cultura popular, la universitaria, la juvenil, la artística, la tecnológica, la cultura económica, la cultura de la familia y de los medios de comunicación (FT 199).

El auténtico diálogo social supone la capacidad de respetar el punto de vista del otro aceptando la posibilidad de que encierre algunas convicciones o intereses legítimos (FT 203).

Para que una sociedad tenga futuro es necesario que haya asumido un sentido de respeto hacia la verdad de la dignidad humana, a la cual nos sometemos. Una sociedad es noble y respetable también por su cultivo de la búsqueda de la verdad y por su apego a las verdades más fundamentales (FT 207) Al relativismo se suma el riesgo de que el poderoso o el más hábil termine imponiendo una supuesta verdad (FT 209).

En una sociedad pluralista, el diálogo es el camino más adecuado para llegar a reconocer aquello que debe ser siempre afirmado y respetado, y que está más allá del consenso circunstancial. Hay algunos valores permanentes que otorgan solidez y estabilidad a una ética social (FT 211).

Hay que respetar en toda situación la dignidad ajena, porque en los demás hay un valor que supera las cosas materiales y las circunstancias, y que exige que se les trate de otra manera (FT 213).

La vida es el arte del encuentro. Reiteradas veces el papa Francisco nos ha invitado a construir una cultura del encuentro que vaya más allá de las dialécticas que enfrentamos. **Se trata de un estilo de vida tendiente a conformar un poliedro, que representa una sociedad donde las diferencias conviven completándose, enriqueciéndose e iluminándose recíprocamente, aunque esto implique discusiones y prevenciones. Esto implica incluir a las periferias** (FT 215).

La palabra "cultura" indica algo que ha penetrado en el pueblo, en sus convicciones más entrañables y en su estilo de vida. **"Cultura del encuentro" significa que como pueblo nos apasiona intentar encontrarnos, buscar puntos de contacto, tender puentes, proyectar algo que incluya a todos.** Esto se ha convertido en deseo y en estilo de vida. El sujeto de esta cultura es el pueblo (FT 216).

El *gusto* de reconocer al otro implica el hábito de reconocerle al otro el derecho de ser él mismo y de ser diferente (FT 218). Un pacto social realista e inclusivo debe ser también un "**pacto cultural**", que respete y asuma las diversas cosmovisiones, culturas o estilos de vida que coexisten en la sociedad (FT 219). Un pacto cultural supone renunciar a entender la identidad de un lugar de manera monolítica, y exige respetar la diversidad ofreciéndole caminos de promoción y de integración social (FT 220). Este pacto también implica aceptar la posibilidad de ceder algo por el bien común (FT 2 21).

Capítulo 7
Caminos de reencuentro

Hay que curar las heridas y restablecer la paz. Necesitamos audacia (FT 225) y verdad; los que han estado enfrentados conversan desde la verdad, clara y desnuda (FT 226). Solo desde la verdad histórica de los hechos podrán las personas hacer el esfuerzo perseverante y largo de comprenderse mutuamente y de intentar una nueva síntesis para el bien de todos (FT 226).

La verdad es compañera inseparable de la justicia y la misericordia. Esenciales para construir la paz (FT 227). El camino hacia la paz no implica homogeneizar la sociedad, pero sí nos permite trabajar juntos. Puede unir a muchos en pos de búsquedas comunes. Es necesario tratar de **identificar los problemas que atraviesa una sociedad para aceptar la existencia de diferentes maneras de mirar las dificultades y de resolverlas.** Nunca se debe encasillar al otro por lo que pudo decir o hacer, sino que debe ser considerado por la promesa que lleva dentro de él, promesa que deja siempre un resquicio de esperanza (FT 228).

La verdadera reconciliación se alcanza de manera proactiva (FT 229). El esfuerzo duro por superar lo que nos divide sin perder la identidad de cada uno supone que en todos permanezca vivo un básico sentimiento de pertenencia (FT 230).

No hay punto final en la construcción de la paz social de un país, sino que es "una tarea que no da tregua y que exige el compromiso de todos" (FT 232). Quienes pretenden pacificar una sociedad no deben olvidar que **la inequidad y la falta de un desarrollo humano integral no permiten generar paz** (FT 235). Si hay que volver a empezar, siempre será desde los últimos (FT 235).

Algunos prefieren no hablar de reconciliación porque entienden que el conflicto, la violencia y las rupturas son parte del funcionamiento normal de una sociedad (FT 236). Pero el perdón y la reconciliación son temas acentuados en el cristianismo y otras religiones (FT 237). **Jesús nunca invitó a fomentar la violencia o la intolerancia.** Él mismo condenaba abiertamente el uso de la fuerza para imponerse a los demás (FT 2 38). Tampoco se trata de proponer un perdón renunciando a los propios derechos ante un poderoso corrupto, ante un criminal o ante alguien que degrada nuestra dignidad (FT 241). No es tarea fácil superar el amargo legado de injusticias, hostilidad y desconfianza que dejó el conflicto. Esto solo se puede conseguir venciendo el mal con el bien (FT 2 43).

La reconciliación no escapa del conflicto sino que se logra "en" el conflicto, superándolo a través del diálogo y de la negociación transparente, sincera y paciente (FT 244).

A quien sufrió mucho de manera injusta y cruel no se le debe exigir una especie de "perdón social" (FT 2 46). La reconciliación es un hecho personal y nadie puede imponerla al conjunto de una sociedad, aun cuando deba promoverla (FT 246). **No es posible decretar una "reconciliación general"** (FT 246). **Nunca se debe proponer el olvido** (FT 246). **No se avanza sin memoria** (249). **Los que perdonan no olvidan, pero renuncian a ser poseídos por la misma fuerza destructiva que los ha perjudicado** (FT 251). No se trata de impunidad; la justicia se busca por amor a la justicia misma, por respeto a las víctimas y prevenir nuevos crímenes y preservar el bien común (FT 252).

La guerra es la negación de todos los derechos y una dramática agresión al ambiente. Si se quiere un verdadero desarrollo humano integral para todos, se debe continuar incansablemente con la tarea de evitar la guerra entre las naciones y los pueblos (FT 257). No podemos pensar en la guerra como solución; es muy difícil sostener los criterios racionales madurados en otros siglos para hablar de una posible "guerra justa". **¡Nunca más la guerra!** (FT 258).

El objetivo último de la eliminación total de las armas nucleares se convierte tanto en un desafío como en un imperativo moral y humanitario (FT 262). **La pena de muerte es inadecuada en el ámbito moral y ya no es necesaria en el ámbito penal** (FT 263). Es inadmisible; la Iglesia se compromete con determinación para proponer que sea abolida en todo el mundo (FT 263). La cadena perpetua es una pena de muerte oculta" (FT 268).

Capítulo 8
Las religiones al servicio de la fraternidad en el mundo

Las distintas religiones, a partir de la valoración de cada persona humana como criatura llamada a ser hija de Dios, ofrecen un aporte valioso para la construcción de la fraternidad y para la defensa de la justicia en la sociedad. **El diálogo entre religiones tiene el objetivo de establecer amistad, paz, armonía y compartir valores y experiencias morales y espirituales en un espíritu de verdad y amor** (FT 271).

Compartimos un fundamento último: Apertura al Padre de todos. Solo en conciencia de hijos que no son huérfanos podemos vivir en paz entre nosotros. La razón, por sí sola, es capaz de aceptar la igualdad entre los hombres y de establecer una convivencia cívica entre ellos, pero no consigue fundar la hermandad" (FT 272).

La dignidad trascendente de la persona humana, imagen visible de Dios invisible y, precisamente por esto, sujeto natural de derechos que nadie puede violar (273). Hacer presente a Dios es un bien para nuestras sociedades, **buscar a Dios con corazón sincero nos ayuda a reconocernos compañeros de camino, verdaderamente hermanos** (FT 274).

La Iglesia respeta la autonomía de la política, pero no debe quedarse al margen en la construcción de un mundo mejor ni dejar de despertar las fuerzas espirituales que fecunden la vida social. Los ministros religiosos no deben hacer política partidaria, pero no deben renunciar a la dimensión política de la existencia que implica la atención al bien común y la preocupación por el desarrollo humano integral (FT 276).

La identidad cristiana

La Iglesia valora la acción de Dios en las demás religiones, y "no rechaza nada de lo que en estas religiones hay de santo y verdadero". Pero los cristianos no podemos esconder que si la música del Evangelio deja de vibrar en nuestras entrañas, habremos perdido la alegría que brota de la compasión, la ternura que nace de la confianza, la capacidad de reconciliación que encuentra su fuente en sabernos siempre perdonados-enviados. Para nosotros, ese manantial de dignidad humana y de fraternidad está en el Evangelio de Jesucristo. De él surge para el pensamiento cristiano y para la acción de la Iglesia el primado que se da a la relación, al encuentro con el misterio sagrado del otro, a la comunión universal con la humanidad entera como vocación de todos (FT 277).

Nuestra Iglesia está llamada a encarnarse en todos los rincones. Presente durante siglos en cada lugar de la tierra –eso significa "católica"– la Iglesia puede comprender desde su experiencia de gracia y de pecado la belleza de la invitación al amor universal. Porque "todo lo que es humano tiene que ver con nosotros. Dondequiera que se reúnen los pueblos para establecer los derechos y deberes del hombre, nos sentimos honrados cuando nos permiten sentarnos junto a ellos". Para muchos cristianos, este camino de fraternidad tiene también una Madre, llamada María. Ella recibió ante la Cruz esta maternidad universal y está atenta no solo a Jesús sino también "al resto de sus hijos". Ella, con el poder del Resucitado, quiere parir un mundo nuevo, donde todos seamos hermanos, donde haya lugar para cada descartado de nuestras sociedades, donde resplandezcan la justicia y la paz (FT 278).

Los cristianos pedimos que, en los países donde somos minoría, se nos garantice la libertad, así como nosotros la favorecemos para quienes no son cristianos allí donde ellos son minoría. Las cosas que tenemos en común son tantas y tan importantes que es posible encontrar un modo de **convivencia serena, ordenada y pacífica,** acogiendo las diferencias y con la alegría de ser hermanos en cuanto hijos de un único Dios" (FT 279).

Pedimos a Dios que afiance la unidad dentro de la Iglesia, unidad que se enriquece con diferencias que se reconcilian por la acción del Espíritu Santo. Falta todavía la contribución profética y espiritual de la unidad entre todos los cristianos (FT 280).

Entre las religiones es posible un camino de paz. El punto de partida debe ser la mirada de Dios. Porque "Dios no mira con los ojos, Dios mira con el corazón (FT 281).

Los creyentes nos vemos desafiados **a volver a nuestras fuentes para concentrarnos en lo esencial: la adoración a Dios y el amor al prójimo,** de manera que algunos aspectos de nuestras doctrinas, fuera de su contexto, no terminen alimentando formas de desprecio, odio, xenofobia, negación del otro. La violencia no encuentra fundamento en las convicciones religiosas fundamentales sino en sus deformaciones (FT 282).

El culto a Dios sincero y humilde "no lleva a la discriminación, al odio y la violencia, sino al respeto de la sacralidad de la vida, al respeto de la dignidad y la libertad de los demás, y al compromiso amoroso por todos". Las convicciones religiosas sobre el sentido sagrado de la vida humana nos permiten **"reconocer los valores fundamentales de nuestra humanidad común, los valores en virtud de los cuales podemos y debemos colaborar, construir y dialogar, perdonar y crecer, permitiendo que el conjunto de las voces forme un noble y armónico canto, en vez del griterío fanático del odio"** (FT 283).

Los *líderes* religiosos estamos llamados a ser auténticos «dialogantes», a trabajar en la construcción de la paz no como intermediarios, sino como auténticos mediadores. **Cada uno de nosotros está llamado a ser un artesano de la paz, uniendo y no dividiendo, extinguiendo el odio y no conservándolo, abriendo las sendas del diálogo y no levantando nuevos muros** (FT 284).

Llamamiento

Dios, el Omnipotente, no necesita ser defendido por nadie y no desea que su nombre sea usado para aterrorizar a la gente. Por ello quiero retomar aquí el llamamiento de paz, justicia y fraternidad que hicimos juntos: (FT 285).

En el nombre de Dios que ha creado todos los seres humanos iguales *en los derechos, en los deberes y en la dignidad, y los ha llamado a convivir como hermanos entre ellos, para poblar la tierra y difundir en ella los valores del bien, la caridad y la paz.*

En el nombre de la inocente alma humana que Dios ha prohibido matar, *afirmando que quien mata a una persona es como si hubiese matado a toda la humanidad y quien salva a una es como si hubiese salvado a la humanidad entera.*

En el nombre de los pobres, de los desdichados, de los necesitados y de los marginados que Dios ha ordenado socorrer *como un deber requerido a todos los hombres y en modo particular a cada hombre acaudalado y acomodado.*

En el nombre de los huérfanos, de las viudas, de los refugiados y de los exiliados de sus casas y de sus pueblos; de todas las víctimas de las guerras, las persecuciones y las injusticias; de los débiles, *de cuantos viven en el miedo, de los prisioneros de guerra y de los torturados en cualquier parte del mundo, sin distinción alguna.*

En el nombre de los pueblos que han perdido la seguridad, la paz y la convivencia común, siendo víctimas de la destrucción, de la ruina y de las guerras.

En nombre de la « fraternidad humana » que abraza a todos los hombres, los une y los hace iguales.

En el nombre de esta fraternidad golpeada por las políticas de integrismo y división y por los sistemas de ganancia insaciable y las tendencias ideológicas odiosas, que manipulan las acciones y los destinos de los hombres.

En el nombre de la libertad, que Dios ha dado a todos los seres humanos, creándolos libres y distinguiéndolos con ella.

En el nombre de la justicia y de la misericordia, fundamentos de la prosperidad y quicios de la fe.

En el nombre de todas las personas de buena voluntad, presentes en cada rincón de la tierra.

En el nombre de Dios y de todo esto asumimos la cultura del diálogo como camino; la colaboración común como conducta; el conocimiento recíproco como método y criterio.

Carlos de Foucauld, fue orientando su sueño de una entrega total a Dios hacia una identificación con los últimos, abandonados en lo profundo del desierto africano. En ese contexto expresaba sus deseos de sentir a cualquier ser humano como un hermano, y pedía a un amigo: "***Ruegue a Dios para que yo sea realmente el hermano de todos***". Quería ser, en definitiva, "*el hermano universal*". Pero solo identificándose con los últimos llegó a ser hermano de todos. Que Dios inspire ese sueño en cada uno de nosotros. Amén (FT 287).

Introducción

+ LIBRO DE ORACIONES +

Año de la fe por el Papa Francisco

Este año de la fe que transitamos es también la oportunidad que Dios nos regala para crecer y madurar en el encuentro con el Señor que se hace visible en el rostro sufriente de tantos chicos sin futuro, en la manos temblorosas de los ancianos olvidados y en las rodillas vacilantes de tantas familias que siguen poniéndole el pecho a la vida sin encontrar quien los sostenga.

Carta del cardenal Jorge Mario Bergoglio, arzobispo de Buenos Aires al inicio de la Cuaresma 2013

La fe es una gracia, un regalo de Dios. La fe solo crece y se fortalece creyendo; en un abandono continuo en las manos de un amor que se experimenta siempre como más grande porque tiene su origen en Dios.

Carta del cardenal Jorge Mario Bergoglio, arzobispo de Buenos Aires por el Año de la Fe (1 de octubre de 2012)

Iniciar este año de la fe es una nueva llamada a ahondar en nuestra vida esa fe recibida. Profesar la fe con la boca implica vivirla en el corazón y mostrarla con las obras: un testimonio y un compromiso público. El discípulo de Cristo, hijo de la Iglesia, no puede pensar nunca que creer es un hecho privado. Desafío importante y fuerte para cada día, persuadidos de que el que comenzó en ustedes la buena obra la perfeccionará hasta el día, de Jesucristo. (Fil.1:6) Mirando nuestra realidad, como discípulos misioneros, nos preguntamos: ¿a qué nos desafía cruzar el umbral de la fe?

Cruzar el umbral de la fe nos desafía a descubrir que si bien hoy parece que reina la muerte en sus variadas formas y que la historia se rige por la ley del más fuerte o astuto y si el odio y la ambición funcionan como motores de tantas luchas humanas, también estamos absolutamente convencidos de que esa triste realidad puede cambiar y debe cambiar, decididamente porque "si Dios está con nosotros ¿quién podrá contra nosotros? (Rom. 8:31,37)

Cruzar el umbral de la fe supone no sentir vergüenza de tener un corazón de niño que, porque todavía cree en los imposibles, puede vivir en la esperanza: lo único capaz de dar sentido y transformar la historia. Es pedir sin cesar, orar sin desfallecer y adorar para que se nos transfigure la mirada.

Cruzar el umbral de la fe nos lleva a implorar para cada uno "los mismos sentimientos de Cristo Jesús" (Flp. 2,5) experimentando así una manera nueva de pensar, de comunicarnos, de mirarnos, de respetarnos, de estar en familia, de plantearnos el futuro, de vivir el amor, y la vocación.

Cruzar el umbral de la fe es actuar, confiar en la fuerza del Espíritu Santo presente en la Iglesia y que también se manifiesta en los signos de los tiempos, es acompañar el constante movimiento de la vida y de la historia sin caer en el derrotismo paralizante de que todo tiempo pasado fue mejor; es urgencia por pensar de nuevo, aportar de nuevo, crear de nuevo, amasando la vida con "la nueva levadura de la justicia y la santidad". (1 Cor 5:8)

Cruzar el umbral de la fe implica tener ojos de asombro y un corazón no perezosamente acostumbrado, capaz de reconocer que cada vez que una mujer da a luz se sigue apostando a la vida y al futuro, que cuando cuidamos la inocencia de los chicos garantizamos la verdad de un mañana y cuando mimamos la vida entregada de un anciano hacemos un acto de justicia y acariciamos nuestras raíces.

Cruzar el umbral de la fe es el trabajo vivido con dignidad y vocación de servicio, con la abnegación del que vuelve una y otra vez a empezar sin aflojarle a la vida, como si

todo lo ya hecho fuera sólo un paso en el camino hacia el reino, plenitud de vida. Es la silenciosa espera después de la siembra cotidiana, contemplar el fruto recogido dando gracias al Señor porque es bueno y pidiendo que no abandone la obra de sus manos. (Sal 137)

Cruzar el umbral de la fe exige luchar por la libertad y la convivencia aunque el entorno claudique, en la certeza de que el Señor nos pide practicar el derecho, amar la bondad, y caminar humildemente con nuestro Dios. (Miqueas 6:8)

Cruzar el umbral de la fe entraña la permanente conversión de nuestras actitudes, los modos y los tonos con los que vivimos; reformular y no emparchar o barnizar, dar la nueva forma que imprime Jesucristo a aquello que es tocado por su mano y su Evangelio de vida, animarnos a hacer algo inédito por la sociedad y por la Iglesia; porque "El que está en Cristo es una nueva criatura". (2 Cor 5,17-21)

Cruzar el umbral de la fe nos lleva a perdonar y saber arrancar una sonrisa, es acercarse a todo aquel que vive en la periferia existencial y llamarlo por su nombre, es cuidar las fragilidades de los más débiles y sostener sus rodillas vacilantes con la certeza de que lo que hacemos por el más pequeño de nuestros hermanos al mismo Jesús lo estamos haciendo. (Mt. 25, 40)

Cruzar el umbral de la fe supone celebrar la vida, dejarnos transformar porque nos hemos hecho uno con Jesús en la mesa de la eucaristía celebrada en comunidad, y de allí estar con las manos y el corazón ocupados trabajando en el gran proyecto del Reino: todo lo demás nos será dado por añadidura. (Mt. 6.33)

Cruzar el umbral de la fe es vivir en el espíritu del Concilio y de Aparecida, Iglesia de puertas abiertas no sólo para recibir sino fundamentalmente para salir y llenar de Evangelio la calle y la vida de los hombres de nuestros tiempo.

Cruzar el umbral de la fe para nuestra Iglesia Arquidiocesana, supone sentirnos confirmados en la Misión de ser una Iglesia que vive, reza y trabaja en clave misionera.

Cruzar el umbral de la fe es, en definitiva, aceptar la novedad de la vida del Resucitado en nuestra pobre carne para hacerla signo de la vida nueva.

La experiencia de la Fe nos ubica en experiencia del Espíritu signada por la capacidad de ponerse en camino... No hay nada más opuesto al Espíritu que instalarse, encerrarse. Cuando no se transita por la puerta de la fe, la puerta se cierra, la Iglesia se encierra, el corazón se repliega y el miedo y el mal Espíritu "avinagran" la Buena Noticia. Cuando el Crisma de la fe se reseca y se pone rancio ya no es Evángelizador, ya no contagia sino que ha perdido su fragancia, constituyéndose muchas veces en causa de escándalo y de alejamiento para muchos.

Carta del cardenal Jorge Mario Bergoglio, arzobispo de Buenos Aires. 1 de octubre de 2012. Fiesta de Santa Teresita del Niño Jesús.

El que cree es receptor de aquella bienaventuranza que atraviesa todo el Evangelio y que resuena a lo largo de la historia, ya en labios de Isabel: "Feliz de ti por haber creído", ya dirigida por el mismo Jesús a Tomás: "Felices los que creen sin haber visto".

Carta del cardenal Jorge Mario Bergoglio, arzobispo de Buenos Aires, a los Catequistas de la Arquidiócesis (21 de agosto de 2012)

Homilía en la Misa del Corpus Christi

La Eucaristía es la vida de la Iglesia, es nuestra vida. Pensemos en la comunión que nos une con Jesús al recibir su cuerpo y su sangre. Pensemos en su sacrificio redentor porque lo que comemos es su "Carne entregada por nosotros" y lo que bebemos es su "Sangre derramada para el perdón de los pecados."

Introducción

Reflexiones del Santo Padre sobre la Eucaristía

Dice el señor en el Evangelio: "Les aseguro que si no comen mi carne y no beben mi sangre no tienen vida en ustedes". Y, en el Oficio de Lecturas del Corpus, hay una antífona muy hermosa que nos puede ayudar a meditar esta frase del Señor es de San Agustín y dice así: "Coman el vínculo que los mantiene unidos, no sea que se disgreguen; beban el precio de su redención, no sea que se desvaloricen" (Sermón 228 B).

Fíjense lo que dice San Agustín: el Cuerpo de Cristo es el vínculo que nos mantiene unidos, la Sangre de Cristo, el precio que pagó para salvarnos, es el signo de lo valioso que somos. Por eso: comamos el Pan de Vida que nos mantiene unidos como hermanos, como Iglesia, como pueblo fiel de Dios. Bebamos la Sangre con la que el Señor nos mostró cuánto nos quiere. Y así mantengámonos en comunión con Jesucristo, no sea que nos disgreguemos, no sea que nos desvaloricemos, que nos despreciemos.
Esta invitación también señala un hecho real de nuestros corazones porque cuando una persona o una sociedad sufren la disgregación y la desvalorización, seguro que en el fondo de su corazón les falta paz y alegría, más bien anida la tristeza. La desunión y el menosprecio son hijos de la tristeza.

La tristeza, es un mal propio del espíritu del mundo, y el remedio es la alegría. Esa alegría que sólo el Espíritu de Jesús da y que da de manera tal que nada ni nadie nos la puede quitar.

Jesús alegra el corazón de las personas: ése fue el anuncio de los ángeles a los pastores: "No teman, porque les anuncio una gran alegría, que lo será para todo el pueblo: les ha nacido hoy, en la ciudad de David, un salvador, que es el Cristo Señor; y esto les servirá de señal: encontrarán un niño envuelto en pañales y acostado en un pesebre" (Lc 2:10-12).

La salvación que trae Jesús consiste en el perdón de los pecados, pero no es un perdón acotado hasta ahí no más, va más allá: se trata de la alegría del perdón, porque "habrá más alegría en el cielo por un solo pecador que se convierta que por 99 justos que no tengan necesidad de conversión" (Lc 15:7). El perdón no termina en el olvido ni en la reparación sino en el derroche de amor de la fiesta que el Padre Misericordioso hace para recibir a su hijo que regresa.

Y las relaciones sociales que brotan de esta alegría son relaciones de justicia y de paz; no de una justicia vengativa del ojo por ojo que aplaca el odio pero deja el alma vacía y muerta e impide seguir caminando por la vida. La justicia del Reino brota de un corazón que ha sabido "recibir al Señor con alegría" como Zaqueo y desde esa plenitud decide devolver lo robado y compensar a todo aquél con el que ha sido injusto.

La presencia de Jesús siempre contagia alegría. Si miramos la alegría que se apodera de los discípulos al ver al Señor Resucitado vemos que es tan grande que "les impedía

creer" y entonces el Señor les pide algo de comer (Lc 24:41): centra esa alegría en la comunión de la mesa, en el compartir. El Papa tiene una reflexión muy linda y dice que Lucas utiliza una palabra especial para hablar de cómo Jesús resucitado congrega a los suyos: los junta "comiendo con ellos la sal".

Introducción

En el Antiguo Testamento juntarse a comer en común pan y sal, o también sólo sal, sirve para sellar sólidas alianzas (Nm 18:19). La sal es garantía de durabilidad. El comer la sal de Jesús Resucitado es signo de la Vida incorruptible que nos trae. Esa sal de la Vida, esa sal que es pan consagrado compartido en la Eucaristía es símbolo de la alegría de la Resurrección. Los cristianos compartimos la "Sal de la Vida" del Resucitado y esa sal impide que nos corrompamos, impide que nos disgreguemos y que nos desvaloricemos. Pero si la sal pierde su sabor ¿con qué se la volverá a salar?

¡La alegría del Evangelio, la alegría del perdón, la alegría de la justicia, la alegría de ser comensales del Resucitado! Cuando dejamos que el Espíritu nos reúna junto a la mesa del altar, su alegría cala hondo en nuestro corazón y los frutos de la unidad y del aprecio entre hermanos brotan espontáneamente y de mil maneras creativas.

¡Comamos el Pan de Vida: es nuestro vínculo de unión, comámoslo, no sea que nos disolvamos, que nos desvinculemos… Bebamos la Sangre de Cristo que es nuestro precio, no sea que nos desvaloricemos, nos depreciemos!

¡Qué hermosa manera de sentir y gustar la Eucaristía! La sangre de Cristo, la que derramó por nosotros, nos hace ver cuánto valemos. Como porteños, a veces nos valoramos mal, primero nos creemos los mejores del mundo y luego pasamos a despreciarnos, a sentir que en este país no se puede, y así vamos de un lado a otro. La sangre de Cristo nos da la verdadera autoestima, la autoestima en la fe: valemos mucho a los ojos de Jesucristo. No porque seamos más o menos que otros pueblos, sino que valemos porque hemos sido y somos muy amados.

También es una tentación muy nuestra la de desunirnos, la de hacer internas de todo tipo, la de cortarnos solos... Pero a la vez late fuerte en nuestro corazón un anhelo muy grande de unión, el deseo de ser un solo pueblo, abierto a todas las razas y a todos los hombres de buena voluntad. La unidad se enraiza en nuestro corazón y cuando la cultivamos con el diálogo, con la justicia y la solidaridad, es fuente de mucha alegría. La Eucaristía es fuente de unidad. Comamos este Pan, no sea que nos disgreguemos, que nos anarquicemos, que vivamos enfrentados en mil grupitos distintos.

Le pedimos a María que nos guarde de las plagas de la dispersión y del desprecio: son frutos agrios de corazones tristes. Le pedimos a nuestra Madre, Causa de nuestra alegría, como dice una de sus Letanías más lindas, que nos haga saborear el Pan de la Alianza, el Cuerpo de su Hijo, para que nos mantenga unidos en la fe, cohesionados en la fidelidad, unificados en una misma esperanza. Le pedimos a nuestra Madre que le recuerde a Jesús las veces que "no tenemos vino", para que la alegría de Caná inunde los corazones de nuestra ciudad haciéndonos sentir cuánto valemos, cuán preciosos somos a los ojos de Dios que no dudó en pagar el precio altísimo de su Sangre derramada para salvarnos de todas las tristezas, de todos los males y ser así, para los que lo amamos, fuente de perenne alegría.

Buenos Aires, 25 de junio de 2011   Cardenal Jorge Mario Bergoglio s.j.

Capítulo I

CONOCIMIENTOS BÁSICOS CRISTIANOS

Conocimientos básicos cristianos

Mandamientos de la Ley de Dios

1º Amarás a Dios sobre todas las cosas.
2º No tomarás el nombre de Dios en vano.
3º Santificarás las fiestas.
4º Honrarás a tu padre y a tu madre.
5º No matarás.
6º No cometerás actos impuros.
7º No robarás.
8º No dirás falso testimonio ni mentirás.
9º No consentirás pensamientos ni deseos impuros.
10º No codiciarás los bienes ajenos.

Estos diez mandamientos se encierran en dos:
1ºAmarás a Dios sobre todas las cosas
2ºAmarás al prójimo como a ti mismo.

Mandamientos de la Santa Madre Iglesia

1º Oír Misa entera todos los domingos y fiestas de precepto.
2º Confesar los pecados mortales al menos una vez al año, en peligro de muerte y si se ha de comulgar.
3º Comulgar por Pascua de Resurrección.
4º Ayunar y no comer carne cuando lo manda la Santa Madre Iglesia.
5º Ayudar a la Iglesia en sus necesidades .

Las Bienaventuranzas

Bienaventurados los pobres de espíritu, porque de ellos es el Reino de los cielos.
Bienaventurados los mansos, porque ellos poseerán en herencia la tierra.
Bienaventurados los que lloran, porque ellos serán con solados.
Bienaventurados los que tienen hambre y sed de justicia, porque ellos quedarán saciados.
Bienaventurados los misericordiosos, porque ellos alcanzarán misericordia.
Bienaventurados los limpios de corazón, porque ellos verán a Dios.
Bienaventurados los que buscan la paz, porque ellos serán llamados hijos de Dios.
Bienaventurados los perseguidos por causa de la justicia, porque de ellos es el Reino de los cielos.

Los Sacramentos

Bautismo
Confesión
Eucaristía
Confirmación
Matrimonio
Orden Sacerdotal
Unción de enfermos.

Los 7 Dones del Espíritu Santo

Sabiduría
Inteligencia
Consejo
Fortaleza
Ciencia
Piedad
Temor a Dios.

Frutos del Espíritu Santo

Caridad, Gozo, Paz, Paciencia, Longanimidad, Bondad, Benignidad, Mansedumbre, Fidelidad, Modestia, Continencia, Castidad.

Las 3 Virtudes Teologales

Fe, Esperanza y Caridad.

Las 4 Virtudes Cardinales

Prudencia, Justicia, Fortaleza y Templanza.

Las 14 Obras de la Misericordia

CORPORALES:
1° Visitar y cuidar a los enfermos.
2° Dar de comer al hambriento.
3° Dar de beber al sediento.
4° Dar posada al peregrino.
5° Vestir al desnudo .
6° Redimir al cautivo.
7° Enterrar a los muertos.

ESPIRITUALES:
1° Enseñar al que no sabe.
2° Dar buen consejo al que lo necesita.
3° Corregir al que yerra.
4° Perdonar las injurias.
5° Consolar al triste.
6° Sufrir con paciencia los defectos del prójimo.
7° Rogar a Dios por vivos y difuntos.

Los 7 Pecados Capitales

1. Lujuria
2. Ira
3. Avaricia
4. Envidia
5. Pereza
6. Soberbia
7. Gula.

Capítulo II

ORACIONES

A: Oraciones Básicas

Señal de la Cruz

Por la señal de la Santa Cruz, de nuestros enemigos, líbranos Señor Dios nuestro. En el nombre del Padre y del Hijo y del Espíritu Santo. Amén.

Padre Nuestro

Padre nuestro, que estás en el cielo, santificado sea tu Nombre; venga a nosotros tu reino; hágase tu voluntad en la tierra como en el cielo. Danos hoy nuestro pan de cada día; perdona nuestras ofensas, como también nosotros perdonamos a los que nos ofenden; no nos dejes caer en la tentación, y líbranos del mal.
Amén

Ave María

Dios te salve María, llena eres de gracia, el Señor es contigo; bendita tú eres entre todas las mujeres, y bendito es el fruto de tu vientre, Jesús.
Santa María, Madre de Dios, ruega por nosotros, pecadores, ahora y en la hora de nuestra muerte.
Amén

Gloria

Gloria al Padre, y al Hijo, y al Espíritu Santo. Como era en el principio, ahora y siempre, por los siglos de los siglos.
Amén

Gloria (Misa)

Gloria a Dios en el cielo, y en la tierra paz a los hombres que ama el Señor.
Por tu inmensa gloria te alabamos, te bendecimos, te adoramos, te glorificamos, te damos gracias, Señor Dios, Rey celestial, Dios Padre Todopoderoso Señor, Hijo único, Jesucristo. Señor Dios, Cordero de Dios, Hijo del Padre;
tú que quitas el pecado del mundo, ten piedad de nosotros;
tú que quitas el pecado del mundo, atiende nuestra súplica; tú que estás sentado a la derecha del Padre, ten piedad de nosotros; porque sólo tú eres Santo, sólo tú Señor, sólo tú Altísimo Jesucristo, con el Espíritu Santo en la gloria de Dios Padre.
Amén.

Credo de los Apóstoles

Creo en Dios, Padre Todopoderoso Creador del cielo y de la tierra. Creo en Jesucristo, su único Hijo, nuestro Señor, que fue concebido por obra y gracia del Espíritu Santo. Nació de Santa María Virgen, padeció bajo el poder de Poncio Pilato, fue crucificado, muerto y sepultado, descendió a los infiernos, al tercer día resucitó de entre los muertos, subió a los cielos y está sentado a la derecha de Dios, Padre todopoderoso.

Desde allí ha de venir a juzgar a vivos y muertos. Creo en el Espíritu Santo, la Santa Iglesia católica, la comunión de los santos, el perdón de los pecados, la resurrección de la carne y la vida eterna.
Amén.

Credo de Nicea

Creo en un solo Dios, Padre Todopoderoso, Creador del cielo y de la tierra, de todo lo visible y lo invisible.

Creo en un solo Señor, Jesucristo, Hijo único de Dios, nacido del Padre antes de todos los siglos: Dios de Dios, Luz de Luz, Dios verdadero de Dios verdadero, engendrado, no creado, de la misma naturaleza del Padre, por quien todo fue hecho; que por nosotros los hombres, y por nuestra salvación bajó del cielo, y por obra del Espíritu Santo se encarnó de María, la Virgen, y se hizo hombre; y por nuestra causa fue crucificado en tiempos de Poncio Pilato; padeció y fue sepultado, y resucitó al tercer día, según las Escrituras, y subió al cielo, y está sentado a la derecha del Padre; y

de nuevo vendrá con gloria para juzgar a vivos y muertos, y su reino no tendrá fin.
Creo en el Espíritu Santo, Señor y dador de vida,
que procede del Padre y del Hijo, que con el Padre y el Hijo recibe una misma adoración y gloria, y que habló por los profetas.
Creo en la Iglesia, que es una, santa, católica y apostólica.
Confieso que hay un solo bautismo para el perdón de los pecados.
Espero la resurrección de los muertos y la vida del mundo futuro.
Amén.

Ángelus
(Se puede rezar en la mañana, medio día y por la noche)

V: El Ángel del Señor anunció a María.
R: Y concibió por obra y gracia del Espíritu Santo.
Dios te salve, María...
V: He aquí la esclava del Señor.
R: Hágase en mí según tu palabra.
Dios te salve, María...
V: Y el Verbo de Dios se hizo Carne.
R: Y habitó entre nosotros. Dios te salve, María...
V: Ruega por nosotros, Santa Madre de Dios.
R: Para que seamos dignos de alcanzar las promesas de Jesucristo.
Oremos:
Infunde, Señor, tu gracia en nuestras almas, para que, los que hemos conocido, por el anuncio del Ángel, la Encarnación de tu Hijo Jescristo, lleguemos por los Méritos de su Pasión y su Cruz, a la gloria de la Resurrección. Por Jesucristo nuestro Señor.
R: Amén.

Regina Caeli
(Se reza en el tiempo de Pascua)

V: Reina del cielo, alégrate. Aleluya.
R: Porque el Señor, a quien has merecido llevar; Aleluya.
V: Ha resucitado, según su palabra; Aleluya.
R: Ruega al Señor por nosotros. Aleluya.
V: Gózate y alégrate, Virgen María; Aleluya.
R: Porque verdaderamente ha resucitado el Señor; Aleluya.
Oremos: Oh Dios que por la resurrección de tu Hijo, nuestro Señor Jesucristo, has llenado el mundo de

alegría, concédenos, por intercesión de su Madre, la Virgen María, llegar a alcanzar el gozo eterno. Por nuestro Señor Jesucristo.
R: Amén.

María Madre de Gracia

María, Madre de Gracia, Madre de Misericordia, en la vida y en la muerte ampáranos Señora Nuestra. Amén.

Oración de Fátima

¡Oh, Jesús mío!
Perdona nuestros pecados, líbranos del fuego del infierno, lleva al cielo todas las almas, especialmente las más necesitadas de tu Divina Misericordia. Amén.

Oración de la Parroquia

Dios Todopoderoso y Eterno, que nos iluminas y fortaleces con la Palabra de tu Hijo amado, nuestro Señor Jesucristo, te pedimos que protejas a nuestras familias, a nuestros jóvenes y niños, y a los enfermos para poder servirte con fe y entusiasmo todos los días de nuestra vida.
Te pedimos que envíes tu Espíritu Santo a nuestros corazones, derramando el don de proclamar con coraje lo que aprendemos en la Eucaristía y vivirlo con fe, siguiendo los pasos de nuestra Madre Virgen María Santísima del Calvario. Te lo pedimos por Jesucristo nuestro Señor.
Amén.

Oraciones del Rosario

(Se inicia, haciendo la Señal de la Cruz y diciendo: "Dios mío, ven en mi auxilio. Señor, date prisa en socorrerme. Gloria al Padre..." Se anuncia en cada decena el "misterio", por ejemplo, en el primer misterio "La Encarnación del Hijo del Dios". Después de una breve pausa de reflexión, se rezan: un Padre nuestro, diez Avemarías y un Gloria. A cada decena del rosario se puede añadir una invocación. Al final del rosario se recita la Letanía Lauretana, u otras oraciones marianas.)

I. Misterios gozosos (lunes y sábados)
1. La Encarnación del Hijo de Dios.
2. La Visitación de Nuestra Señora a su prima Santa Isabel.
3. El Nacimiento del Hijo de Dios.
4. La Presentación de Jesús en el Templo.
5. El Niño Jesús perdido y hallado en el Templo.

II. Misterios luminosos (jueves)
1. El Bautismo del Señor en el Jordán.
2. La Autorrevelación de Jesús en las bodas de Caná.
3. El Anuncio del Reino de Dios invitando a la conversión.
4. La Transfiguración.
5. La Institución de la Eucaristía.

III. Misterios dolorosos (martes y viernes)
1. La oración de Jesús en el Huerto Getsemaní.
2. La Flagelación del Señor.
3. La Coronación de espinas.
4. Jesús con la Cruz a cuestas camino del Calvario.
5. La Crucifixión y Muerte de Nuestro Señor.

IV. Misterios gloriosos (miércoles y domingos)
1. La Resurrección del Hijo de Dios.
2. La Ascensión del Señor a los Cielos.
3. La Venida del Espíritu Santo sobre los Apóstoles.
4. La Asunción de Nuestra Señora a los Cielos.
5. La Coronación de la Santísima Virgen como Reina de Cielos y Tierra.

Letanía Lauretana

Señor, ten piedad
Cristo, ten piedad
Señor, ten piedad.
Cristo, óyenos.
Cristo, escúchanos.
Dios, Padre celestial,
ten piedad de nosotros.
Dios, Hijo, Redentor del mundo,
Dios, Espíritu Santo,
Santísima Trinidad, un solo Dios,
Santa María,
ruega por nosotros.
Santa Madre de Dios,
Santa Virgen de las Vírgenes,
Madre de Cristo,
Madre de la Iglesia,
Madre de Misericordia,
Madre de la divina gracia,
Madre de la Esperanza,
Madre purísima,
Madre castísima,
Madre siempre Virgen,
Madre Inmaculada,
Madre amable,
Madre admirable,
Madre del buen consejo,
Madre del Creador,
Madre del Salvador,
Virgen prudentísima,
Virgen digna de veneración,
Virgen digna de alabanza,
Virgen poderosa,
Virgen clemente,
Virgen fiel,
Espejo de justicia,
Trono de la sabiduría,
Causa de nuestra alegría,
Vaso espiritual,
Vaso digno de honor,
Vaso de insigne devoción,
Rosa mística,
Torre de David,
Torre de marfil,
Casa de oro,
Arca de la Alianza,
Puerta del cielo,
Estrella de la mañana,
Salud de los enfermos,
Refugio de los pecadores,
Consoladora de los afligidos,
Auxilio de los cristianos,
Reina de los Ángeles,
Reina de los Patriarcas,
Reina de los Profetas,
Reina de los Apóstoles,
Reina de los Mártires,
Reina de los Confesores,
Reina de las Vírgenes,
Reina de todos los Santos,
Reina concebida sin pecado original,

Reina asunta a los Cielos,
Reina del Santísimo Rosario,
Reina de la familia,
Reina de la paz.
Cordero de Dios, que quitas el pecado del mundo,
perdónanos, Señor.
Cordero de Dios, que quitas el pecado del mundo,
escúchanos, Señor.
Cordero de Dios, que quitas el pecado del mundo,
ten misericordia de nosotros.

V. Ruega por nosotros, Santa Madre de Dios.
R. Para que seamos dignos de las promesas de Cristo.
Oremos: Te rogamos nos concedas, Señor Dios nuestro, gozar de continua salud de alma y cuerpo, y por la gloriosa intercesión de la bienaventurada siempre Virgen María, vernos libres de las tristezas de la vida presente y disfrutar de las alegrías eternas.
Por Cristo nuestro Señor.
R. Amén

Salve

Dios te salve, Reina y Madre de misericordia, vida, dulzura y esperanza nuestra; Dios te salve. A Ti llamamos los desterrados hijos de Eva; a Ti suspiramos, gimiendo y llorando, en este valle de lágrimas. Ea, pues, Señora, abogada nuestra, vuelve a nosotros esos tus ojos misericordiosos; y, después de este destierro, muéstranos a Jesús, fruto bendito de tu vientre. ¡Oh clementísima!, ¡Oh piadosa!, ¡Oh dulce siempre Virgen María!
V. Ruega por nosotros, Santa Madre de Dios.

R. Para que seamos dignos de alcanzar las promesas de Nuestro Señor Jesucristo. Amén.
Oremos: Oh Dios, cuyo Hijo por medio de su vida, muerte y resurrección, nos otorgó los premios de la vida eterna, te rogamos que venerando humildemente los misterios del Rosario de la Santísima Virgen María, imitemos lo que contienen y consigamos lo que nos prometen. Por Jesucristo, nuestro Señor.
R. Amén.

Yo Confieso

Yo confieso ante Dios Todopoderoso, y ante ustedes hermanos que he pecado mucho de pensamiento, palabra, obra y omisión. Por mi culpa, por mi culpa, por mi gran culpa. Por eso ruego a Santa María siempre Virgen, a los ángeles, a los santos y a ustedes hermanos, que intercedan por mí ante Dios, Nuestro Señor.
Amén.

Acto de Fe

Creo en Dios Padre; creo en Dios Hijo; creo en Dios Espíritu Santo; creo en la Santísima Trinidad; creo en mi Señor Jesucristo, Dios y Hombre verdadero.

Acto de Esperanza

Señor Dios mío, espero por tu gracia la remisión de todos mis pecados; y después de esta vida, alcanzar la eterna felicidad, porque lo prometiste Tú que eres infinitamente poderoso, fiel, benigno y lleno de misericordia. Quiero vivir y morir en esta esperanza. Amén.

Acto de Caridad

Amo a Dios Padre; amo a Dios Hijo; amo a Dios Espíritu Santo; amo a la Santísima Trinidad; amo a mi Señor Jesucristo, Dios y Hombre verdadero; amo a María santísima, Madre de Dios y Madre nuestra, y amo a mi prójimo como a mí mismo.

Descanso eterno

V: Dale Señor el descanso eterno.
R: Brille para él la luz perpetua:
V: Descanse en paz.
R: Amén.

Comunión Espiritual

Venid Jesús mío a mi corazón para fortalecerlo, a mi alma para santificarla, a mi entendimiento para iluminarlo y a mi voluntad para fijarla; venid Señor, venid, disponed de mí como queráis y haz que se cumpla siempre en mí Tu Santísima Voluntad. Amén.

Octavario por la Unidad de los Cristianos
(se reza del 18 al 25 de Enero)

Palabras del Evangelio
"Porque hemos visto aparecer su Estrella en el Oriente y venimos a adorarlo" Mateo 2:2.

El tema para la Semana de Oración por la Unidad de los Cristianos para 2022 fue seleccionado por el Consejo de Iglesias de Oriente Medio y tiene sus orígenes en las Iglesias del Líbano. El poder de la oración en solidaridad con los sufren es una demonstración de la unidad de los cristianos y un signo de comunión. El tema bíblico tomado del Segundo capitulo del Evangelio de San Mateo, es la Epifanía. Cada ano la Iglesia recuerda la visita de los Reyes Magos a Belén, resaltando la invitación de Dios a toda la humanidad a una nueva alianza en la Encarnación de Cristo.

Oración
Oh, Señor, Dios Padre nuestro, que enviaste la Estrella para guiar a los Reyes Magos al encuentro de tu Unigénito; aumenta en nosotros la esperanza en ti y haznos tomar conciencia de que tu caminas siempre a nuestro lado, cuidando de nosotros. Enséñanos a ser fieles al rumbo que nos marca el Espíritu Santo, por extraño que pueda parecernos, para que así podamos alcanzar la unidad en Jesucristo, luz del mundo. Haz que nuestros ojos se abran a tu espíritu, y reaviva nuestra fe, para que confesemos que Jesús es Señor, y así lo adoremos y nos llenemos de una inmensa alegría. Como los Magos en Belén. Te lo pedimos en el nombre de tu Hijo Jesucristo. Amen.

Oración por las Vocaciones

Jesús que sientes compasión al ver la multitud que está como ovejas sin pastor, suscita en nuestra Iglesia, una nueva primavera de vocaciones.

Padre Bueno, en Cristo tu Hijo nos revelas tu amor, nos abrazas como a tus hijos y nos ofreces la posibilidad de descubrir, en Tu Voluntad, los rasgos de nuestro verdadero rostro.

Padre Santo, Tú nos llama a ser santos como Tú eres santo. Te pedimos nunca falten a tu Iglesia ministros y apóstoles santos que, con la palabra y con los sacramentos, preparen el camino para el encuentro contigo.

Padre Misericordioso, da a la humanidad extraviada, hombres y mujeres, que, con el testimonio de una vida transfigurada, a imagen de tu Hijo, caminen alegremente con todos los demás hermanos y hermanas hacia la Patria Celestial.

Padre lleno de bondad, con la voz de tu Espíritu Santo, y confiando en la materna intercesión de María, te pedimos ardientemente: manda a tu Iglesia sacerdotes, que sean testimonios valientes de Tu infinita bondad. ¡Amén!

Te pedimos que envíes:
Sacerdotes según tu corazón que nos alimenten con el Pan de Tu Palabra y en la mesa de Tu Cuerpo y de Tu Sangre; Conságralos porque así, por su santidad, sean testigos de Tu Reino; laicos que, en medio del mundo, den testimonio de Ti con su vida y su palabra.

Buen Pastor, fortalece a los que elegiste; y ayúdalos a creer en el amor y santidad para que respondan plenamente a Tu llamada.

Aumenta el número de tus adoradores en el Santísimo Sacramento del Altar.

Oración de los Jóvenes

Señor Jesús, que has llamado a quien has querido, llama a muchos de nosotros a trabajar por ti, a trabajar contigo.

Tú que has iluminado con tu Palabra a los que has llamado, ilumínanos con el don de la fe en ti, Tú que nos has acogido en las dificultades, ayúdanos a vivir nuestras dificultades de jóvenes de hoy.

Y si llamas a alguno de nosotros para consagrarnos todo a ti, que tu amor aliente esta vocación desde el comienzo y la haga crecer y perseverar hasta el fin.

Así sea.

Oración por los Sacerdotes

"Señor Jesús, Pastor Supremo del rebaño, te rogamos que por el inmenso amor y misericordia de Tu Sagrado Corazón, atiendas todas las necesidades de tus sacerdotes.

Te pedimos que retomes en Tu Corazón todos aquellos sacerdotes que se han alejado de tu camino, que enciendas de nuevo el deseo de santidad en los corazones de aquellos sacerdotes que han caído en la tibieza, y que continúes otorgando a tus sacerdotes fervientes el deseo de una mayor santidad.

Unidos a tu Corazón y el Corazón de María, te pedimos que envíes esta petición a Tu Padre celestial en la unidad del Espíritu Santo." Amén.

Vía-Crucis

Este Vía Crucis está inspirado en las meditaciones y oraciones del Cardenal Joseph Ratzinger del Vía Crucis del Viernes Santo de 2005.

Primera Estación
(Jesús es condenado a muerte)

V/. Te adoramos, Cristo, y te bendecimos.
R/. Porque con tu Santa Cruz redimiste al mundo.

Lectura del Evangelio según San Mateo 27, 22-23.26
Pilato les preguntó: «¿Y qué hago con Jesús, llamado el Mesías?» Contestaron todos: «¡Que lo crucifiquen!» Pilato insistió: «Pues ¿qué mal ha hecho?» Pero ellos gritaban más fuerte:
«¡Que lo crucifiquen!» Entonces les soltó a Barrabás; y a Jesús, después de azotarlo, lo entregó para que lo crucificaran.

Meditación

Pilato sabe que este condenado es inocente y por eso busca el modo de liberarlo. Al final prefiere su posición personal, su propio interés, al derecho. Así, la justicia es pisoteada por miedo a la prepotencia de la mentalidad dominante. La sutil voz de la conciencia es sofocada por el grito de la muchedumbre. La indecisión, el respeto humano dan fuerza al mal.

Oración

Señor, has sido condenado a muerte porque el miedo al «qué dirán» ha sofocado la voz de la conciencia. Los inocentes son maltratados, condenados y asesinados. Cuántas veces hemos preferido también nosotros el éxito a la verdad, nuestra reputación a la justicia. Da fuerza en nuestra vida a la sutil voz de la conciencia, a Tu voz. Que tu mirada penetre en nuestras almas y nos indique el camino en nuestra vida. Danos también a nosotros de nuevo la gracia de la conversión.

Intención

Por el Papa, los obispos, los sacerdotes, los misioneros, los monjes, las monjas, las personas consagradas, las familias misioneras y todos los responsables de la transmisión de la fe en Cristo.

Todos: PADRE NUESTRO

Por vuestra Pasión sagrada, adorable Redentor, salvad el alma apenada de este pobre pecador.	Considera, alma perdida, que en este camino triste dieron sentencia de muerte al Redentor de la vida.

R/ Ten piedad de nosotros, Señor. Ten piedad de nuestros pecados.

Segunda Estación
(Jesús con la Cruz a cuestas)

V/. Te adoramos, Cristo, y te bendecimos.
R/. Porque con tu Santa Cruz redimiste al mundo.

Lectura del Evangelio según San Mateo 27, 27-31
Los soldados del gobernador se llevaron a Jesús al pretorio y reunieron alrededor de Él a toda la compañía: lo desnudaron y le pusieron un manto de color púrpura y trenzando una corona de espinas se la ciñeron a la cabeza y le pusieron una caña en la mano derecha. Y doblando ante Él la rodilla, se burlaban de Él diciendo: «¡Salve Rey de los judíos!». Luego le escupían, le quitaban la caña y le golpeaban con ella en la cabeza. Y terminada la burla, le quitaron el manto, le pusieron su ropa y lo llevaron a crucificar.

Meditación

Jesús, con la corona del sufrimiento, es el verdadero Rey. El precio de la justicia es el sufrimiento en este mundo. Jesús no reina por medio de la violencia, sino a través del amor que sufre por nosotros y con nosotros. Lleva sobre sí la cruz, nuestra cruz, el peso de ser hombres, el peso del mundo.

Así nos muestra cómo encontrar el camino para la vida eterna. Muchas veces los signos de poder ostentados por los potentes de este mundo, sus ceremonias y palabras, son un insulto a la verdad, a la justicia y a la dignidad del hombre.

Oración

Señor, ayúdanos a reconocer tu rostro en los humillados y marginados, y también a no desanimarnos ante las burlas del mundo cuando se ridiculiza la obediencia a Tu Voluntad. Danos fuerza para aceptar la cruz, sin rechazarla; para no lamentarnos ni dejar que nuestros corazones se abatan ante las dificultades de la vida. Anímanos a recorrer el camino del amor y, aceptando sus exigencias, alcanzar la verdadera alegría, paz y armonía.

Intención

Por las todas los catequistas, por todos los que transmiten la fe.

> Todos: PADRE NUESTRO
>
> Por vuestra Pasión sagrada,
> adorable Redentor
> salvad el alma apenada
> de este pobre pecador.
>
> Advierte lo que le cuestas,
> hombre ingrato a tu Creador,
> pues por ser tu Redentor
> cargó con la Cruz a cuestas.

R/ Ten piedad de nosotros, Señor. Ten piedad de nuestros pecados.

Tercera Estación
(Jesús cae por primera vez)

V/. Te adoramos, Cristo, y te bendecimos.
R/. Porque con tu Santa Cruz redimiste al mundo.

Lectura del libro del profeta Isaías 53, 4-6
Él, soportó nuestros sufrimientos y aguantó nuestros dolores; nosotros lo estimamos leproso, herido de Dios y humillado, traspasado por nuestras rebeliones, triturado por nuestros crímenes. Nuestro castigo saludable vino sobre Él, sus cicatrices nos curaron. Todos errábamos como ovejas, cada uno siguiendo su camino, y el Señor cargó sobre Él todos nuestros crímenes.

Meditación

Muchas veces nosotros los hombres en vez de ser imagen de Dios, ridiculizamos al Creador. Nuestro orgullo y soberbia nos induce a ser sólo nosotros mismos, sin necesidad del amor eterno y aspirando a ser los únicos artífices de nuestra vida; de hacernos dioses, nuestros propios creadores y jueces, nos hundimos y terminamos por autodestruirnos. La soberbia lleva a transformar al hombre en una especie de mercancía, que puede ser comprada y vendida. Jesús acepta su humillación voluntariamente para liberarnos de nuestro orgullo. Así con su humillación nos ayuda a ver que sólo vamos a encontrar nuestra verdadera grandeza, humillándonos y dirigiéndonos hacia Dios y los hermanos oprimidos.

Oración

Señor, el peso de nuestra soberbia te derriba. Pero Tú has querido venir a socorrernos. Señor, ayúdanos porque hemos caído. Ayúdanos a renunciar a nuestra soberbia destructiva y, aprendiendo de tu humildad, a levantarnos de nuevo.

Intención

Por todos los matrimonios, por las familias rotas o en crisis, por las víctimas del aborto, por las personas dominadas por el orgullo, la soberbia, por el amor y la unión de las familias, por la paz y la felicidad en las familias.

Todos: PADRE NUESTRO

Por vuestra Pasión sagrada,
adorable Redentor
salvad el alma apenada
de este pobre pecador.

El que a los cielos creó y
a la tierra le dió el ser por
mi amor quiso caer al
tercer paso que dio.

R/ Ten piedad de nosotros, Señor. Ten piedad de nuestros pecados.

Cuarta Estación
(Jesús se encuentra con su Madre)

V/. Te adoramos, Cristo, y te bendecimos.
R/. Porque con tu Santa Cruz redimiste al mundo.

Lectura del Evangelio según San Lucas 2, 34-35.51
Simeón los bendijo y dijo a María, su madre: «Mira, éste está puesto para que muchos en Israel caigan y se levanten; será una bandera discutida: así quedará clara la actitud de muchos corazones. Y a ti, una espada te traspasará el alma». Su madre conservaba todo esto en su corazón.

Meditación

Jesús tuvo la familia de sus discípulos pero también su familia natural. María antes de haberlo concebido en el vientre, con su obediencia lo había concebido en el corazón. El viejo Simeón la advirtió: «Y a ti, una espada te traspasará el alma» (LC 2, 35). Y ahora cuando los discípulos han huido, Ella está allí, con el valor y la fidelidad de la madre, con su fe, que resiste en la oscuridad.

Oración

Santa María, Madre del Señor, has permanecido fiel cuando los discípulos huyeron y has creído en el momento de su mayor humillación. Por eso, en la hora de la noche más oscura del mundo, te han convertido en la Madre de los creyentes, Madre de la Iglesia. Te rogamos que nos enseñes a creer y a servir.

Intención

Por todas las mujeres, por las madres, por las que sufren, por las mujeres maltratadas, por las que se sienten solas y abandonadas, por los más pobres y necesitados, por los parados, por los enfermos y prisioneros.

Todos: PADRE NUESTRO

Por vuestra Pasión sagrada,
adorable Redentor
salvad el alma apenada
de este pobre pecador.

Considera cuál sería
en tan recíproco amor
la pena del Salvador y
el martirio de María.

R/ Ten piedad de nosotros, Señor. Ten piedad de nuestros pecados.

Quinta Estación
(El Cireneo ayuda a Jesús a llevar la Cruz)

V/. Te adoramos, Cristo, y te bendecimos.
R/. Porque con tu Santa Cruz redimiste al mundo.

Lectura Evangelio según San Mateo 27, 32; 16, 24
Al salir, encontraron a un hombre de Cirene, llamado Simón, y lo forzaron a que llevara la cruz. Jesús había dicho a sus discípulos: «El que quiera venir conmigo, que se niegue a sí mismo, que cargue con su cruz y me siga».

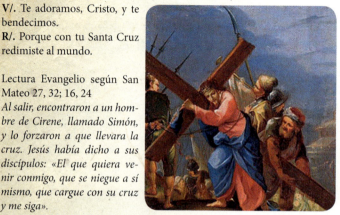

Meditación

Simón de Cirene, acompañando a Jesús y compartiendo el peso de la cruz, comprendió que era una gracia poder caminar junto a este Crucificado y socorrerlo. Jesús quiere que compartamos su cruz para completar lo que aún falta a sus padecimientos (Col 1, 24). Cada vez que nos acercamos con bondad a quien sufre, a quien es perseguido o está indefenso, compartiendo su sufrimiento, ayudamos a llevar la misma cruz de Jesús. Y así alcanzamos la salvación y podemos contribuir a la salvación del mundo.

Oración

Señor, a Simón de Cirene le has abierto los ojos y el corazón, dándole, al compartir la cruz, la gracia de la fe. Ayúdanos a socorrer a nuestro prójimo que sufre, aunque esto contraste con nuestros proyectos y nuestras simpatías. Danos la gracia de reconocer como un don el poder compartir la cruz de los otros y experimentar que así caminamos contigo. Danos la gracia de reconocer que, precisamente compartiendo tu sufrimiento y los sufrimientos de este mundo, nos hacemos servidores de la salvación.

Intención

Por los que ofrecen sus dones a la Iglesia, por los que no conocen a Jesús, por las personas poco entusiastas, por los perseguidos, por los que no aceptan sus cruces, por la conversión de los pecadores.

Todos: PADRE NUESTRO

Por vuestra Pasión sagrada,
adorable Redentor
salvad el alma apenada
de este pobre pecador.

Cansado y al flaquear,
buscaron quien le sirviera
porque no desfalleciera
y que padeciera más.

R/ Ten piedad de nosotros, Señor. Ten piedad de nuestros pecados.

Sexta Estación
(La Verónica enjuga el rostro de Jesús)

V/. Te adoramos, Cristo, y te bendecimos.
R/. Porque con tu Santa Cruz redimiste al mundo.

Lectura del libro del profeta Isaías 53, 2-3
No tenía figura ni belleza. Lo vimos sin aspecto atrayente, despreciado y evitado por los hombres, como un hombre de dolores, acostumbrado a sufrimientos, ante el cual se ocultan los rostros; despreciado y desestimado.

Meditación

Verónica no se deja contagiar ni por la brutalidad de los soldados, ni inmovilizar por el miedo de los discípulos. Es la imagen de la mujer buena que, en la turbación y en la oscuridad del corazón, mantiene el brío de la bondad, sin permitir que su corazón se oscurezca. Ella ve en el rostro humano, lleno de sangre y heridas, el rostro de Dios y de su bondad que nos acompaña también en el dolor más profundo. Unicamente podemos ver a Jesús con el corazón. Sólo el amor nos permite reconocer a Dios, que es el amor mismo.

Oración

Señor, protégenos de la oscuridad del corazón que ve solamente la superficie de las cosas y ayúdanos a buscar tu rostro. Danos la sencillez y la pureza que nos permiten ver tu presencia en el mundo. Cuando no seamos capaces de cumplir grandes cosas, danos la fuerza de una bondad humilde. Graba tu rostro en nuestros corazones, para que así podamos encontrarte y mostrar al mundo tu imagen.

Intención

Para que todos los padres sepan transmitir la fe a sus hijos, educarlos en el amor y den la cara por ti de palabra y obra.

Todos: PADRE NUESTRO

Por vuestra Pasión sagrada,
adorable Redentor
salvad el alma apenada
de este pobre pecador.

El que luz al mundo dio
con su semblante sereno,
por estar de sangre lleno
en un lienzo se imprimió.

R/ Ten piedad de nosotros, Señor. Ten piedad de nuestros pecados.

Séptima Estación
(Jesús cae por segunda vez)

V/. Te adoramos, Cristo, y te bendecimos.
R/. Porque con tu Santa Cruz redimiste al mundo.

Lectura del libro de las Lamentaciones 3, 1-29.16
Yo soy el hombre que ha visto la miseria bajo el látigo de su furor. El me ha llevado y me ha hecho caminar en tinieblas y sin luz. Ha cercado mis caminos con piedras sillares, ha torcido mis senderos. Ha quebrado mis dientes con guijarro, me ha revolcado en la ceniza.

Meditación

Jesús cae para levantarnos de nuestros pecados hechos con el pensamiento, palabra, obra y por omisión. También nuestras falsas ideologías (consumismo, relativismo) y la superficialidad de los hombres que ya no creen en nada y se dejan llevar simplemente por la corriente, han creado un nuevo paganismo, queriendo olvidar definitivamente a Dios, han terminado por desentenderse del hombre...

Oración

Señor Jesucristo, danos de nuevo un corazón de carne, un corazón capaz de ver que sólo siendo sobrios y vigilantes vamos a poder resistir a las fuerzas del mal. Levántanos para poder levantar a los demás. Ayúdanos a reconocer las necesidades interiores y exteriores de los demás, a socorrerlos. Danos esperanza en medio de toda esta oscuridad, para que seamos portadores de esperanza para el mundo.

Intención

Por todos los niños, de modo especial por los pobres, enfermos, huérfanos, víctimas de la explotación militar, laboral y sexual, los que carecen de amor, del calor de una familia.

Todos: PADRE NUESTRO

Por vuestra Pasión sagrada,
adorable Redentor
salvad el alma apenada
de este pobre pecador.

Tus culpas fueron la causa
y el peso que le rindió,
segunda vez cayó en tierra
Cristo, nuestro Redentor.

R/ Ten piedad de nosotros, Señor. Ten piedad de nuestros pecados.

Octava Estación
(Jesús encuentra a las mujeres de Jersusalén)

V/. Te adoramos, Cristo, y te bendecimos.
R/. Porque con tu Santa Cruz redimiste al mundo.

Lectura del Evangelio según San Lucas 23, 28-31
Jesús se volvió hacia ellas y les dijo: Hijas de Jerusalén, no lloréis por mí, llorad por vosotras y por vuestros hijos, porque mirad que llegará el día en que dirán: «Dichosas las estériles y los vientres que no han dado a luz y los pechos que no han criado». Entonces empezarán a decirles a los montes: «Desplomaos sobre nosotros»; y a las colinas: «Sepultadnos»; porque si así tratan al leño verde, ¿qué pasará con el seco?

Meditación

El Señor nos advierte del riesgo que corremos nosotros mismos. Nos muestra la gravedad del pecado y la seriedad del juicio. De nada sirve compadecer con palabras y sentimientos los sufrimientos de este mundo, si nuestra vida continúa como siempre. ¿No estamos tal vez demasiado inclinados a dar escasa importancia al misterio del mal? No se puede seguir quitando importancia al mal contemplando la imagen del Señor que sufre.

Oración

Señor, nos llamas a superar una concepción del mal como algo banal, con la cual nos tranquilizamos para poder continuar nuestra vida de siempre. Nos muestras la gravedad de nuestra responsabilidad, el peligro de encontrarnos culpables y estériles en el Juicio. Haz que caminemos junto a ti sin limitarnos a ofrecerte sólo palabras de compasión. Conviértenos y danos una vida nueva, ayúdanos a ser sarmientos vivos en ti, la vid verdadera, y que produzcamos frutos para la vida eterna (Cf. Jn 15, 1-10).

Intención

Por todos los niños, de modo especial por los pobres, enfermos, huérfanos, víctimas de la explotación militar, laboral y sexual, los que carecen de amor, del calor de una familia.

Todos: PADRE NUESTRO

Por vuestra Pasión sagrada,
adorable Redentor
salvad el alma apenada
de este pobre pecador.

Si a llorar Cristo te enseña
y no aprendes la lección,
o no tienes corazón
o serás de bronce o piedra.

R/ Ten piedad de nosotros, Señor. Ten piedad de nuestros pecados.

Novena Estación
(Jesús cae por tercera vez)

V/. Te adoramos, Cristo, y te bendecimos.
R/. Porque con tu Santa Cruz redimiste al mundo.

Lectura del libro de las Lamentaciones 3, 27-32
Bueno es para el hombre soportar el yugo desde su juventud. Que se sienta solitario y silencioso, cuando el Señor se lo impone; que ponga su boca en el polvo: quizá haya esperanza; que tienda la mejilla a quien lo hiere, que se harte de oprobios. Porque el Señor no desecha para siempre a los humanos: si llega a afligir, se apiada luego según su inmenso amor.

Meditación

Muchos se alejan hoy de Cristo, en la tendencia a un secularismo sin Dios. Muchas veces se abusa del sacramento de Su presencia, y en el vacío y maldad de corazón donde entra a menudo. ¡Cuántas veces se deforma y se abusa de Su Palabra! ¡Cuánta soberbia, cuánta autosuficiencia! ¡Qué poco respetamos el Sacramento de la Reconciliación, en el cual Él nos espera para levantarnos de nuestras caídas!. La traición de los discípulos, la recepción indigna de Su Cuerpo y de Su Sangre, es ciertamente el mayor dolor del

Redentor, el que le traspasa el corazón.

Oración

Señor, frecuentemente tu Iglesia nos parece una barca a punto de hundirse, que hace aguas por todas partes. Y también en tu campo vemos más cizaña que trigo. Nos abruman su atuendo y su rostro tan sucios. Pero los empañamos nosotros mismos. Nosotros quienes te traicionamos, no obstante los gestos ampulosos y las palabras altisonantes. Ten piedad de tu Iglesia: también en ella Adán, el hombre, cae una y otra vez. Al caer, quedamos en tierra y Satanás se alegra, porque espera que ya nunca podamos levantarnos; espera que Tú, siendo arrastrado en la caída de tu Iglesia, quedes abatido para siempre. Pero Tú te levantarás. Tú te has reincorporado, has resucitado y puedes levantarnos. Salva y santifica a tu Iglesia. Sálvanos y santifícanos a todos.

Intención

Por todos los jóvenes, de modo especial por los que no tienen fe, esperanza y valores, por los que viven atrapados en la droga y en el consumismo.

Todos: PADRE NUESTRO

Por vuestra Pasión sagrada, adorable Redentor salvad el alma apenada de este pobre pecador.	Considera cuán tirano serás con Cristo rendido, si en tres veces que ha caído no le das una la mano.

R/ Ten piedad de nosotros, Señor. Ten piedad de nuestros pecados.

Décima Estación
(Jesús es despojado de sus vestiduras)

V/. Te adoramos, Cristo, y te bendecimos.
R/. Porque con tu Santa Cruz redimiste al mundo.

Lectura del Evangelio según San Mateo 27, 33 -36
Cuando llegaron al lugar llamado Gólgota (que quiere decir «La Calavera le dieron a beber vino mezclado con hiel; Él lo probó, pero no quiso beberlo. Después de crucificarlo, se repartieron su ropa echándola a suertes y luego se sentaron a custodiarlo.

Meditación

El vestido confiere al hombre una posición social; indica su lugar en la sociedad, le hace ser alguien. Ser desnudado en público significa que Jesús no es nadie, no es más que un marginado, despreciado por todos. El momento de despojarlo nos recuerda también la expulsión del paraíso: ha desaparecido en el hombre el esplendor de Dios y ahora se encuentra en un mundo desnudo y al descubierto, y se avergüenza. Jesús asume una vez más la situación del hombre caído. Jesús despojado nos recuerda que todos nosotros hemos perdido la «primera vestidura» y, por tanto, el esplendor de Dios.

II. Oraciones

Oración

Señor Jesús, has sido despojado de tus vestiduras, expuesto a la deshonra, expulsado de la sociedad. Te has cargado con los sufrimientos y necesidades de los pobres, aquellos que están excluidos del mundo. Concédenos un profundo respeto hacia el hombre en todas las fases de su existencia y en todas las situaciones en las cuales lo encontramos. Danos el traje de la luz de tu gracia.

Intención

Por los todos los adolescentes, de modo especial por los que no son felices, por los que se niegan a seguir a Jesús, por los que no tienen oportunidad de estudiar, por los jóvenes que buscan trabajo, por los jóvenes con hijos, para que aumentes la fe en los jóvenes.

Todos: PADRE NUESTRO

Por vuestra Pasión sagrada,
adorable Redentor
salvad el alma apenada
de este pobre pecador.

A la misma honestidad
los verdugos desnudaron
y las llagas renovaron
¡Oh inhumana crueldad!

R/ Ten piedad de nosotros, Señor. Ten piedad de nuestros pecados.

Undécima Estación
(Jesús es crucificado en la Cruz)

V/. Te adoramos, Cristo, y te bendecimos.
R/. Porque con tu Santa Cruz redimiste al mundo.

Lectura del Evangelio según San Mateo 7, 37-42
Encima de la cabeza colocaron un letrero con la acusación: «Este es Jesús, el Rey de los judíos». Crucificaron con Él a dos bandidos, uno a la derecha y otro a la izquierda. Los que pasaban, lo injuriaban y decían meneando la cabeza: «Tú que destruías el templo y lo reconstruías en tres días, sálvate a ti mismo; si eres Hijo de Dios, baja de la cruz». Los sumos sacerdotes con los letrados y los senadores se burlaban también diciendo: «A otros ha salvado y Él no se puede salvar. ¿No es el Rey de Israel? Que baje ahora de la cruz y le creeremos».

Meditación

Jesús asume conscientemente todo el dolor de la crucifixión. Mirémosle en los momentos de satisfacción y gozo, para aprender a respetar sus límites y a ver la superficialidad de todos los bienes puramente materiales. Mirémosle en los momentos de adversidad y angustia, para reconocer que precisamente así estamos cerca de Dios. Tratemos de descubrir su rostro en aquellos que tendemos a despreciar. Ante el Señor condenado, que no quiere usar su poder para descender de la cruz, sino que más bien soportó el sufrimiento de la cruz hasta el final, podemos hacer aún otra reflexión. Dejémonos clavar a Él, no cediendo a ninguna tentación de apartarnos, ni a las burlas que nos inducen a darle la espalda.

Oración

Señor Jesucristo, te has dejado clavar en la cruz, aceptando la terrible crueldad de este dolor, la destrucción de tu Cuerpo y de tu dignidad. Te has dejado clavar, has sufrido sin evasivas ni compromisos. Ayúdanos a no desertar ante lo que debemos hacer. A unirnos estrechamente a ti. A desenmascarar la falsa libertad que nos quiere alejar de ti. Ayúdanos a aceptar tu libertad «comprometida» y a encontrar en la estrecha unión contigo la verdadera libertad.

Intención

Por los que viven lejos de sus países, para que sepan adaptarse al nuevo ambiente y encuentren amor y aceptación en las personas que los acogen, para que seamos comprensivos.

Todos: PADRE NUESTRO

Por vuestra Pasión sagrada,
adorable Redentor salvad
el alma apenada de este
pobre pecador.

En medio de dos ladrones
en la cruz lo levantaron
el cuerpo descoyuntaron,
y al clavarle le mataron.

R/ Ten piedad de nosotros, Señor. Ten piedad de nuestros pecados.

Duodécima Estación
(Jesús muere en la Cruz)

V/. Te adoramos, Cristo, y te bendecimos.
R/. Porque con tu Santa Cruz redimiste al mundo.

Del Evangelio según San Mateo 27, 45-50. 54
Desde el mediodía hasta la media tarde vinieron tinieblas sobre toda aquella región. A media tarde Jesús gritó: «Elí, Elí lamá sabactaní», es decir: «Dios mío, Dios mío, ¿por qué me has abandonado?» Al oírlo algunos de los que estaban por allí dijeron: «A Elías llama éste». Uno de ellos fue corriendo; enseguida cogió una esponja empapada en vinagre y, sujetándola en una caña, le dio de beber. Los demás decían: «Déjalo, a ver si viene Elías a salvarlo». Jesús, dio otro grito fuerte y exhaló el espíritu. El centurión y sus hombres, que custodiaban a Jesús, al ver el terremoto y lo que pasaba dijeron aterrorizados: «Realmente éste era Hijo de Dios».

Meditación

La cruz de Jesús es un acontecimiento cósmico. El mundo se oscurece cuando el Hijo de Dios padece la muerte. La tierra tiembla. Y junto a la cruz nace la Iglesia en el ámbito de los paganos. El centurión romano reconoce y entiende que Jesús es el Hijo de Dios. Desde la cruz, Él triunfa siempre de nuevo. Jesús es verdaderamente el Rey del mundo. Él ha cumplido radicalmente el mandamiento del amor, ha cumplido el ofrecimiento de sí mismo y, de este modo, manifiesta al verdadero Dios, al Dios que es amor. Ahora sabemos cómo es la verdadera realeza. Asume en sí a toda la humanidad que padece el drama de la oscuridad de Dios. Manifestando de este modo, a Dios justamente donde parece estar definitivamente vencido y ausente.

Oración

Señor Jesucristo, constantemente estás siendo clavado en la cruz. Por el gran sufrimiento, y por la maldad de los hombres, el rostro de Dios, tu rostro, aparece difuminado, irreconocible. Pero en la cruz te has hecho reconocer. Porque eres el que sufre y el que ama, eres el que ha sido ensalzado. Precisamente desde allí has triunfado. En esta hora de oscuridad y turbación, ayúdanos a reconocer tu rostro. A creer en ti y a seguirte en el momento de la necesidad y de las tinieblas. Muéstrate de nuevo al mundo en esta hora. Haz que se manifieste Tu salvación.

Intención

Por los que temen entregarse a ti, por la conversión de los pecadores, para que tu mensaje alcance nuestros corazones, para que te encontremos en la oración, para que aumente el número de los adoradores ante el Santísimo Sacramento del Altar.

Por vuestra Pasión sagrada, adorable Redentor salvad el alma apenada de este pobre pecador.	Aquí murió el Redentor. Jesús, ¿Cómo puede ser que tanto amor llegue a ver y que viva el pecador?

R/ Ten piedad de nosotros, Señor. Ten piedad de nuestros pecados.

Decimotercera Estación
(Jesús es bajado de La Cruz y entregado a su Madre)

V/. Te adoramos, Cristo, y te bendecimos.
R/. Porque con tu Santa Cruz redimiste al mundo.

Lectura del Evangelio según San Mateo 27, 54-55
El centurión y sus hombres, que custodiaban a Jesús, al ver el terremoto y lo que pasaba dijeron aterrorizados: «Realmente éste era Hijo de Dios». Había allí muchas mujeres que miraban desde lejos, aquellas que habían seguido a Jesús desde Galilea para atenderle.

Meditación

Jesús ha soportado todo. Se ve que, a pesar de toda la turbación del corazón, a pesar del poder del odio y de la ruindad, Él no está solo. Al pie de la cruz están los fieles: María; su Madre, la hermana de su Madre; María, María Magdalena y el discípulo que Él amaba. Llega también un hombre rico, José de Arimatea: el rico logra pasar por el ojo de la aguja, porque Dios le da la gracia. El sepulcro en el jardín manifiesta que el dominio de la muerte está a punto de terminar. En la hora del gran luto, de la gran oscuridad y de la desesperación, surge misteriosamente la luz de la esperanza. En la noche de la muerte, el Señor muerto sigue siendo nuestro Señor y Salvador. La Iglesia de Jesucristo, su nueva familia, comienza a formarse.

Oración

Señor, cuántas veces parece que estás durmiendo. Qué fácil es que nosotros, los hombres, nos alejemos y nos digamos a nosotros mismos: Dios ha muerto. Haz que en la hora de la oscuridad reconozcamos que tú estás presente. No nos dejes solos cuando nos aceche el desánimo. Y ayúdanos a no dejarte solo. Danos una fidelidad que resista en el extravío y un amor que te acoja en el momento de tu necesidad más extrema. Ayúdanos, ayuda a los pobres y a los ricos, a los sencillos y a los sabios, para poder ver por encima de los miedos y prejuicios, y para que te ofrezcamos nuestros talentos, nuestro corazón, nuestro tiempo, preparando así el jardín en el cual pueda tener lugar la resurrección.

Intención

Por los ministros de la Eucaristía, por la unidad de los cristianos, por los que viven apagados en la fe, por los que abusan de tu presencia en la Eucaristía o la niegan.

Todos: PADRE NUESTRO

Por vuestra Pasión sagrada,
adorable Redentor salvad
el alma apenada de este
pobre pecador.

De Cristo el cadáver yerto
tiene en sus brazos María:
¿Y tú con tu mala vida
sigues dándole tormento?

R/ Ten piedad de nosotros, Señor. Ten piedad de nuestros pecados.

Decimocuarta Estación
(*Jesús es puesto en el sepulcro*)

V/. Te adoramos, Cristo, y te bendecimos.
R/. Porque con tu Santa Cruz redimiste al mundo.

Lectura del Evangelio según San Mateo 27, 59-61
José, tomando el cuerpo de Jesús, lo envolvió en una sábana limpia, lo puso en el sepulcro nuevo que se había excavado en una roca, rodó una piedra grande a la entrada del sepulcro y se marchó. María Magdalena y la otra María se quedaron allí sentadas enfrente del sepulcro.

Meditación

Dios se ofrece generosamente a sí mismo. Si la medida de Dios es la sobreabundancia, también para nosotros nada debe ser demasiado para Dios. En el momento de su sepultura, comienza a realizarse la palabra de Jesús: «Si el grano de trigo no cae en tierra y muere, queda infecundo; pero si muere, dará mucho fruto» (Jn 12, 24). Jesús es el grano de trigo que muere. Del grano de trigo enterrado comienza la gran multiplicación del pan que dura hasta el fin de los tiempos: Él es el pan de vida capaz de saciar abundantemente a toda la humanidad y de darle el sustento vital: el Verbo de Dios, que es carne y también pan para nosotros, a través de la cruz y la resurrección.

Oración

Señor Jesucristo, te has hecho el grano de trigo que muere y produce fruto con el paso del tiempo hasta la eternidad. Desde el sepulcro iluminas para siempre la promesa del grano de trigo del que procede el verdadero maná, el pan de vida en el cual te ofreces a ti mismo. Te pones en nuestras manos y entras en nuestros corazones para que tu Palabra crezca en nosotros y produzca fruto. Te das a ti mismo a través de la muerte del grano de trigo, para que también nosotros tengamos el valor de perder nuestra vida para encontrarla. Ayúdanos a amar cada vez más tu misterio Eucarístico y a venerarlo, a vivir verdaderamente de ti, Pan del cielo. Auxílianos para que seamos tu perfume y hagamos visible la huella de tu vida en este mundo. Haz que podamos alegrarnos de esta esperanza y llevarla gozosamente al mundo, para ser de este modo testigos de tu resurrección.

Intención

Por los cofrades para que sepan vivir con fe y entusiasmo su vida cristiana, llenándola de la presencia de Dios, participando en los sacramentos y transmitiendo su fe en las procesiones.

Todos: PADRE NUESTRO

Por vuestra Pasión sagrada,
adorable Redentor salvad
el alma apenada de este
pobre pecador.

Aquí, por fin, considera
con gran piedad , pecador,
que el cuerpo de Cristo-
Dios en un sepulcro se encierra.

R/ Ten piedad de nosotros, Señor. Ten piedad de nuestros pecados.

Vía-Crucis Eucarístico

I. Jesús es condenado a muerte

V: Te adoramos, oh Cristo y te bendecimos.
R: Que por tu Santa Cruz redimiste al mundo.

Contemplación

Contempla, alma mía, a tu divino Redentor en el Pretorio. Es crudelísimamente azotado, coronado con agudas espinas, burlado y sentenciado a muerte. Jesús todo lo sufre por ti en silencio y con amor infinito.
Vuelve ahora tu mirada al Sagrario. Considera el silencio de Jesús y el amor sin medida que te tiene, no obstante que con tus irreverencias, pensamientos malos, afectos pecaminosos y demás crímenes, de continuo lo azotas, escarneces, coronas con bárbara crueldad y sentencias a muerte.

Oración

¡Oh Corazón Eucarístico de Jesús, perdón, misericordia; yo soy el verdugo en vuestra pasión!
Vos inocentísimo, y yo el abominable reo que merece sentencia de muerte eterna... Pero no la deis contra quien tanto os ha costado; os prometo no más pecar, imitaros en vuestro silencio en medio de mis penas y volveros amor por amor.
Madre llena de dolor, haced que cuando expiremos, nuestras almas entreguemos por tus manos al Señor.
Jesús mío, misericordia.
Las almas de los fieles difuntos, por la misericordia de Dios, descansen en paz. Así sea.
(Padre Nuestro, Ave María y Gloria).

II. Oraciones

II. Jesús se abraza a la Cruz

V: Te adoramos, oh Cristo y te bendecimos.
R: Que por tu Santa Cruz redimiste al mundo.

Contemplación

Jesús es cargado con la pesadísima cruz de tus iniquidades. Con qué alegría, con cuánto amor la recibe, la abraza, la estrecha contra su divino Corazón y la lleva por ti. También en el Sagrario, ¡qué cruces tan pesadas cargas sobre Jesús! tus frialdades, ultrajes y tal vez sacrilegios. Y Jesús abraza estas cruces con amor infinito y las aceptaría aún más pesadas con tal de ganarte, alma mía.

Oración

¡Oh Corazón Eucarístico de Jesús, perdón misericordia; yo soy el verdugo en vuestra Pasión!
Es cierto que os he cargado con las cruces de mis iniquidades; pero yo os prometo aliviaros con mi respeto, alabanzas al amor y reparaciones a Vos en el Sagrario, y con la aceptación amorosa de todas las cruces que os dignéis mandarme.
Madre llena de dolor...
Jesús mío, misericordia...
Las almas de los fieles difuntos...
(Padre Nuestro, Ave María y Gloria).

II. Oraciones

III. Jesús cae por primera vez

V: Te adoramos, oh Cristo y te bendecimos.
R: Que por tu Santa Cruz redimiste al mundo.

Contemplación

Jesús cae por primera vez bajo el peso de la Cruz. Tu Salvador yace por tierra; su rostro divino, encanto de los cielos, confundido con el asqueroso polvo. A Jesús en la Eucaristía no le faltan mortales caídas. Muchas veces habrá tenido que descender, por fuerza de la obediencia a sus ministros; a ti, mal dispuesto a recibirle. Jesús se ha visto entonces obligado a unir su Corazón Santísimo contigo, tierra sucia y hedionda, charca de vicios. ¡Qué humillación, qué caída, qué amor de Jesús!

Oración

¡Oh Corazón Eucarístico de Jesús, perdón, misericordia; yo soy el verdugo en vuestra Pasión!
Cómo me angustio, Dueño mío, al considerar vuestra caída bajo el peso de la Cruz y las incontables que habéis sufrido, con tanta paciencia, viniendo sacramentado a mi corazón. Perdonadme, Señor, y ya me apresuro a levantaros con mi arrepentimiento y a consolaros con el firme propósito de jámas acercarme a la Mesa de los Ángeles sin una fervorosa y digna preparación.
Madre llena de dolor...
Jesús mío, misericordia...
Las almas de los fieles difuntos...
(Padre Nuestro, Ave María y Gloria).

II. Oraciones

61

IV. Jesús se encuentra con su Madre

V: Te adoramos, oh Cristo y te bendecimos.
R: Que por tu Santa Cruz redimiste al mundo.

Contemplación

María encuentra al Hijo de sus entrañas en la calle de la amargura. ¿Cómo lo ve? Sangre, lodo y esputos velan su encantadora Faz. Agudas espinas ciñen sus sienes; su cuerpo es una fuente de sangre. La Madre sufre el más cruel de los martirios, contemplando de esta suerte a su Hijo Divino. El Sagrario es frecuentemente calle de amargura para María; ahí contempla a su Jesús de nuevo perseguido, llagado, agonizante por los crímenes de sus mismos hijos.

Oración

¡Oh Corazón Eucarístico de Jesús, perdón, misericordia; yo soy el verdugo en vuestra Pasión!
Virgen dolorosa y Madre tiernísima, cese vuestro llanto, cese vuestra agonía. El verdadero culpable y verdugo, así como de Jesús, os ofrece sus lágrimas y su dolor, y os promete no olvidar vuestras penas, amaros con todo el corazón y, unido a Vos, amar sin medida a vuestro Hijo en la Eucaristía.
Madre llena de dolor...
Jesús mío, misericordia...
Las almas de los fieles difuntos...
(Padre Nuestro, Ave María y Gloria).

II. Oraciones

V. *El Cirineo ayuda a Jesús a cargar con la Cruz*

V: Te adoramos, oh Cristo y te bendecimos.
R: Que por tu Santa Cruz redimiste al mundo.

Contemplación

Los sayones obligaron al Cirineo a llevar la Cruz del moribundo Salvador, no porque la compasión los moviera a ello, sino para tener el infernal capricho de contemplarlo crucificado en el Gólgota. Desde el Tabernáculo, Jesús está continuamente pidiendo un Cirineo que lo consuele y repare con amor y servicio las ingratitudes de sus hijos. «¿No habrá un alma que quiera sacrificarse por Mí? Busco una víctima para mi Corazón, ¿dónde la hallaré?»

Oración

¡Oh Corazón Eucarístico de Jesús, perdón, misericordia; yo soy el verdugo en vuestra Pasión!
Si hasta ahora he sido vuestra cruz, de hoy para siempre seré vuestro Cirineo; he oído vuestras angustias y quejas que me determinan a deciros desde lo íntimo de mi alma: «Yo quiero sacrificarme por Vos, víctima vuestra quiero ser; dadme vuestra cruz, dadme vuestro amor, nada más os pido».
Madre llena de dolor.....
Jesús mío, misericordia.....
Las almas de los fieles difuntos......
(Padre Nuestro, Ave María y Gloria).

II. Oraciones

VI. La Verónica enjuga el rostro de Jesús

V: Te adoramos, oh Cristo y te bendecimos.
R: Que por tu Santa Cruz redimiste al mundo.

Contemplación

La Verónica enjuga con su velo el rostro de Jesús. No la retraen de acto tan piadoso ni la ferocidad de los verdugos ni el temor de aparecer ella sola como la única que no se avergüenza del divino Sentenciado a la muerte en cruz. Aunque pocas, no faltan almas abrasadas de amor por la Eucaristía; almas que, hollando el infierno, el funesto «qué dirán» del mundo y su propia flaqueza, tienen su morada en el Sagrario y ahí, como otras Verónicas, dulcifican las amarguras de Jesús con sus constantes reparaciones. Alma mía, ¿no envidias morada y ocupación tan santas?

Oración

¡Oh Corazón Eucarístico de Jesús, perdón, misericordia; yo soy el verdugo en vuestra Pasión!
Bien conocéis y sufrís hondamente mi debilidad y bajeza al obrar siguiendo los impulsos de mis pasiones y las opiniones de los demás. ¡Cuántas veces, a la sombra del qué dirán, os he abandonado y he renegado de Vos! ¿Qué hacer ahora? Venceré mis pasiones, pisotearé el respeto humano y viviré con Vos en el Sagrario.
Madre llena de dolor...
Jesús mío, misericordia...
Las almas de los fieles difuntos...
(Padre Nuestro, Ave María y Gloria).

II. Oraciones

VII. Jesús cae por segunda vez

V: Te adoramos, oh Cristo y te bendecimos.
R: Que por tu Santa Cruz redimiste al mundo.

Contemplación

Jesús cae por segunda vez en tierra. Sus dolores son más intensos que en su primera caída. Con qué dificultad se levanta; le falta el alimento. Y a medida que decrece su fortaleza, aumenta el ensañamiento de sus verdugos. A golpes y fuertes sacudidas, como si tu Dios fuera una bestia, lo obligaban a proseguir. Así de crueles y humillantes son las segundas caídas de Jesús Hostia, al ser recibido sacrílegamente por aquellos corazones que han gustado las delicias de su amor, y a quienes incontables veces ha dado el abrazo y el ósculo del perdón. ¿Has sido tú del número de estas almas verdugos?

Oración

¡Oh Corazón Eucarístico de Jesús, perdón, misericordia; yo soy el verdugo en vuestra Pasión!
He abusado de vuestro amor paciente; me he escudado con vuestra misericordia para ofenderos con más saña y libertad. Perdón, mil veces perdón, y haced que vuestras misericordias las aproveche en lo venidero para reparar, con todos mis actos, los sacrilegios que sufrís en el Santísimo Sacramento.
Madre llena de dolor...
Jesús mío, misericordia...
Las almas de los fieles difuntos...
(Padre Nuestro, Ave María y Gloria).

II. Oraciones

VIII. *Jesús consuela a las piadosas mujeres*

V: Te adoramos, oh Cristo y te bendecimos.
R: Que por tu Santa Cruz redimiste al mundo.

Contemplación

Jesús consuela a las hijas de Israel. ¡Oh, caridad incomparable del Salvador! Se halla sumergido en el mar amargo de todas las angustias y de todos los dolores, y, no obstante, parece olvidar sus propios tormentos para consolar a las afligidas mujeres que lloran por Él. No de otra suerte, sino como Consolador divino, aparece Jesús en el Sagrario. A los que sufren, a los que lloran, a los fatigados por la cruz, a todos sin excepción llama y dice: «Venid a Mí y yo os aliviaré». Ve, alma mía, vuela al Corazón de Jesús que te espera en su prisión de amor. Él te dará paz, consuelo, fortaleza y perseverancia.

Oración

¡Oh Corazón Eucarístico de Jesús, perdón, misericordia; yo soy el verdugo en vuestra Pasión!
Consoladme, Jesús mío; Vos no ignoráis mis necesidades y mis angustias; y enseñadme, como a las hijas de Jerusalén, a llorar primero mis pecados que se han multiplicado sobre los cabellos de mi cabeza, para llorar después con un corazón muy puro, vuestra Sacratísima Pasión.
Madre llena de dolor...
Jesús mío, misericordia...
Las almas de los fieles difuntos...
(Padre Nuestro, Ave María y Gloria).

II. Oraciones

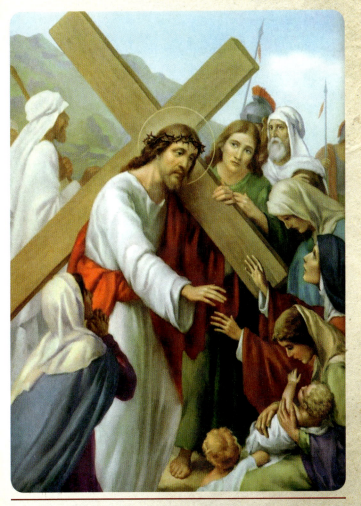

IX. Jesús cae por tercera vez

V: Te adoramos, oh Cristo y te bendecimos.
R: Que por tu Santa Cruz redimiste al mundo.

Contemplación

Jesús cae por tercera vez en tierra. Si su omnipotencia y el deseo infinito de padecer aún más por ti, no lo animaran, no hubiera podido levantarse. Tan lastimosa fue la caída de tu Salvador. ¡Se levanta por fin! Contempla la cumbre del Calvario, y agonizante, pero gozoso sigue subiendo. Estas terceras caídas, mortales y dolorosas sobre toda ponderación, las sufre Jesús en la Eucaristía al descender al criminal corazón de las personas que le están especialmente consagradas. «Si mi enemigo me ultrajase, lo sufriría ciertamente, pero que tú, hijo mío, quien se sienta conmigo a la Mesa, que tú me ultrajes, ¡ah!, no lo puedo sufrir».

Oración

¡Oh Corazón Eucarístico de Jesús, perdón, misericordia; yo soy el verdugo en vuestra Pasión!
Os agradezco con vuestro mismo amor infinito la paciencia que habéis tenido conmigo: ¡Cuánto me amáis y a qué precio tan alto me habéis rescatado! A ejemplo vuestro, os prometo levantarme siempre que tenga la desgracia de caer, subir gozoso el Calvario que me preparéis y reparar con especialidad las ofensas que recibís de vuestras almas predilectas.
Madre llena de dolor...
Jesús mío, misericordia...
Las almas de los fieles difuntos...
(Padre Nuestro, Ave María y Gloria).

II. Oraciones

73

X. Jesús es despojado de sus vestiduras

V: Te adoramos, oh Cristo y te bendecimos.
R: Que por tu Santa Cruz redimiste al mundo.

Contemplación

Violentamente, arrancan a Jesús sus vestiduras, renovando todas sus llagas y exacerbando todos sus dolores. Pero sobre todo considera, alma mía, la afrenta que recibe tu Redentor y la vergüenza que sufre al quedar desnudo ante la soldadesca. ¡Cómo sufre por las deshonestidades! Mil cruces le hubieran sido menos duras que este ultraje a su santidad. Contempla la desnudez de Jesús en el Sagrario. ¡Qué pobreza! Los palacios de los hombres están recubiertos de oro y seda, mientras que el olvidado Tabernáculo carece, la mayoría de las veces, aún de los blancos pañales de Belén. Es más pobre que la pobre choza del mendigo.

Oración

¡Oh Corazón Eucarístico de Jesús, perdón, misericordia; yo soy el verdugo en vuestra Pasión!
Me avergüenzo y arrepiento de mis impurezas, causa de vuestra afrentosa desnudez, y os pido, por esta vuestra pena, imprimáis en mi alma un odio constante e inmenso a vicio tan detestable y bestial. Desnudadme de todo apego a las criaturas y cubridme con el ropaje de vuestra gracia, para abrigaros con él siempre que tenga la felicidad de recibiros en mi pecho.
Madre llena de dolor...
Jesús mío, misericordia...
Las almas de los fieles difuntos...
(Padre Nuestro, Ave María y Gloria).

II. Oraciones

XI. Jesús es clavado en la Cruz

V: Te adoramos, oh Cristo y te bendecimos.
R: Que por tu Santa Cruz redimiste al mundo.

Contemplación

Jesús es clavado en la Cruz. Le mandan los verdugos se tienda sobre ella y obedece al punto. «Jesús fue obediente hasta la muerte, y muerte de Cruz». Taladran después con gruesos clavos sus santísimos pies y manos. Contempla, alma mía, a tu Padre; te espera con los brazos abiertos. El amor tiene como clavado a Jesús en la Eucaristía. «Estaré con vosotros hasta la consumación de los siglos»... «Mis delicias son estar con vosotros, hijos de los hombres». Y la obediencia de Jesús en este Sacramento, ¡qué incomprensible es! Aunque el sacerdote sea otro Judas, lo obedece ciegamente ¿Qué responderás de tu falta de sujeción, de tu habitual desobediencia a tus superiores?

Oración

¡Oh Corazón Eucarístico de Jesús, perdón, misericordia; yo soy el verdugo en vuestra Pasión!
Para enseñarme a obedecer, Vos, nuestro Dios, os sujetáis a vuestros verdugos, y yo, vilísima criatura a Vos mismo desobedezco, como otro ángel rebelde. Pero, Salvador y modelo mío, ya no será así; os prometo obedecer pronta, voluntaria y ciegamente a todos mis superiores, sean quienes fueren.
Madre llena de dolor...
Jesús mío, misericordia...
Las almas de los fieles difuntos...
(Padre Nuestro, Ave María y Gloria).

II. Oraciones

XII. Jesús muere en la Cruz

V: Te adoramos, oh Cristo y te bendecimos.
R: Que por tu Santa Cruz redimiste al mundo.

Contemplación

Jesús muere en la Cruz: «E inclinando su cabeza, entregó su Espíritu». Alma mía, contempla, si puedes, tu obra. No los sayones, sino tus propios pecados, le han arrancado la vida a tu Salvador. ¿Aunque no estás satisfecha? Jesús no puede hacer nada más por ti: su Inmaculada Madre, su sangre, su vida, todo te han entregado. La muerte de Jesús se repite sin cesar en nuestros altares. Bajo las especies de pan y de vino es inmolado por el sacerdote y ofrecido al Padre como Hostia de propiciación por los pecados. También aquí se entrega totalmente a sus hijos: cuerpo, sangre, alma y divinidad; todo se da a quien lo quiere recibir. Jesús, en el Sagrario, ¿qué más puede hacer por ti?

Oración

¡Oh Corazón Eucarístico de Jesús, perdón, misericordia; yo soy el verdugo en vuestra Pasión!
Yo, inhumano, os he dado la muerte, y Vos, misericordiosísimo, me habéis dado la vida y vida eterna." ¿Qué devolveré al Señor, por todos sus beneficios?" Aquí estoy, Señor, dispón de mí según vuestra divina voluntad. Más no sé ni puedo deciros.
Madre llena de dolor...
Jesús mío, misericordia...
Las almas de los fieles difuntos...
(Padre Nuestro, Ave María y Gloria).

II. Oraciones

XIII. Jesús es bajado de la Cruz

V: Te adoramos, oh Cristo y te bendecimos.
R: Que por tu Santa Cruz redimiste al mundo.

Contemplación

Bajan de la Cruz el cuerpo divino del Salvador y lo depositan en los brazos de su afligidísima Madre, ¿No conocéis a vuestro Hijo, Señora? Es el mismo «hermosísimo entre los hijos de los hombres que llevabais a vuestros pechos virginales». Su amor lo ha desfigurado. Y tú eres, alma mía, el reo y eres también el verdugo. El sacerdote puede bajar algunas veces a Jesús, Hostia del Sagrario donde ha sido ultrajado, al corazón de verdaderos amantes; de almas que saben como María, compadecer a su Dios y lavar y ungir su destrozado cuerpo con lágrimas de arrepentimiento y con besos de amor. Sé tú, alma mía, no ya verdugo, sino del número dichoso de éstas almas reparadoras.

Oración

¡Oh Corazón Eucarístico de Jesús, perdón, misericordia; yo soy el verdugo en vuestra Pasión!
Virgen dolorosa, yo quiero reparar mi crimen y así mitigar vuestro quebranto. Para conseguirlo, adoptadme por hijo, hacedme participante de vuestros dolores y dame con largueza vuestra compasión y amor siempre que tenga la felicidad de recibir a vuestro Jesús en la Eucaristía, para consolarlo y amarlo dignamente.
Madre llena de dolor...
Jesús mío, misericordia...
Las almas de los fieles difuntos...
(Padre Nuestro, Ave María y Gloria).

II. Oraciones

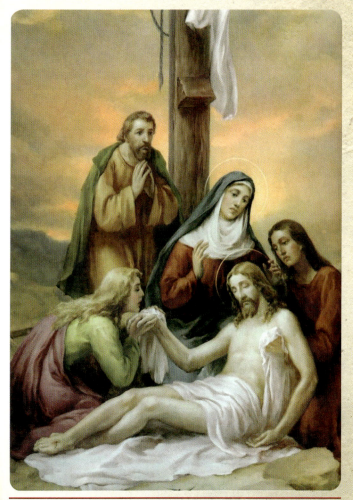

XIV. Jesús es depositado en el sepulcro

V: Te adoramos, oh Cristo y te bendecimos.
R: Que por tu Santa Cruz redimiste al mundo.

Contemplación

La Santísima Virgen deja el cuerpo de su Hijo en el sepulcro y ahí deja también su purísimo y lacerado corazón, como guardia fiel que cuida el más rico de los tesoros. María tiene que volver a la ciudad vecina. «¡Grande como el mar es su quebranto!».... vosotros que cruzáis por el camino de la vida, atended y ved si hay dolor semejante a su dolor!» El Sagrario es, ¡ay!, por el abandono en que se halla, un sepulcro para el Corazón amante de Jesús. Ahí está Él, por el amor infinito que te tiene, real y verdaderamente presente, de día y de noche y siempre esperándote. Alma mía, enciérrate con Jesús en el Sagrario, haz ahí tu morada eterna. Jesús es tu tesoro, tu corazón, tu bienaventuranza.

Oración

Recibid, en reparación de mis crímenes que claman venganza al Cielo, mi última y la más fervorosa y humilde de mis promesas: llorar mis pecados, nunca más ofenderos, vivir con Vos en el Tabernáculo y trabajar cuanto pueda, por vuestra gloria. Corazón Eucarístico de mi Dios, si tengo que separarme del Sagrario por mis deberes, concededme el inmerecido don de que mi alma jamás se separe de este divino nido, testimonio el más elocuente del infinito amor que me tenéis. Ahí en el Sagrario, quiero vivir eternamente.
¡Jesús está vivo!
¿Dónde está, muerte, tu victoria?

II. Oraciones

Oración final

Amabilísimo Redentor mío, con el alma transida de dolor os he seguido, paso a paso, en vuestros sufrimientos infinitos; he visto vuestro rostro ensangrentado, vuestras sienes heridas, vuestros hombros surcados, vuestra espalda desgarrada, vuestros pies y mano atravesados, vuestro Corazón abierto de par en par, y todo vuestro cuerpo exangüe y sin parte sana: desde la coronilla de la cabeza hasta la planta de los pies, sois una llaga y «más parecéis gusano que hombre».

Mis pecados, con furia infernal, os han destrozado a Vos, Víctima inocentísima y divina. A la vez que os contemplaba en el Pretorio, en la Calle de la Amargura y en el Gólgota, os veía también en el Sagrario, y pude descubrir, Jesús mío, que aquí, donde no debíais tener sino la gratitud, el servicio y la alabanza de vuestros hijos, tenéis de ellos y particularmente de mí, cruces, espinas, clavos, azotes, hiel y vinagre de nuestras frialdades, ultrajes, sacrilegios y mil otras abominaciones que sólo Vos, de paciencia y misericordia infinitas, podéis tolerar.

¡Ah!, cuánto me pesa haberos ofendido y con qué profunda e inmensa gratitud quiero corresponder a vuestras finezas. Ahora, especialmente, os agradezco las gracias que en este santo ejercicio me habéis otorgado, y las resoluciones que me habéis hecho tomar; dadme vuestro auxilio poderoso para cumplirlas fielmente.

No tengo, Señor, sino este miserable corazón, pero animado de muy buenos deseos, os lo entrego para siempre. Recibidlo con agrado y dignaos imprimir en él, os ruego nuevamente, vuestra Pasión, vuestras virtudes, un odio a muerte al pecado, y hambre y sed insaciables de vivir con Vos en el Sagrario y de recibiros así diaria como dignamente.

Y Vos, Madre mía, Reina de los Mártires, aceptad una vez más mi tierna compasión y no me olvidéis. Asistidme en mi postrera agonía y, en vuestras manos, presentad mi alma a Jesús. Así sea.

Vía Crucis Compuesto por la Madre Teresa de Calcuta

Oración

Señor, ayúdanos para que aprendamos a aguantar las penas y las fatigas, las torturas de la vida diaria; que tu muerte y ascensión nos levante, para que lleguemos a una más grande y creativa abundancia de vida. Tú que has tomado con paciencia y humildad la profundidad de la vida humana, igual que las penas y sufrimientos de tu cruz, ayúdanos para que aceptemos el dolor y las dificultades que nos trae cada nuevo día y que crezcamos como personas y lleguemos a ser más semejantes a ti. Haznos capaces de permanecer con paciencia y ánimo, y fortalece nuestra confianza en tu ayuda. Déjanos comprender que sólo podemos alcanzar una vida plena si morimos poco a poco a nosotros mismos y a nuestros deseos egoístas. Pues sólo si morimos contigo, podemos resucitar contigo. Amén.

Primera Estación
(Jesús es condenado a muerte)

V/. Te adoramos, Cristo, y te bendecimos.
R/. Porque con tu Santa Cruz redimiste el mundo.

"Llegada la mañana, todos los sumos sacerdotes y los ancianos del pueblo celebraron consejo contra Jesús para darle muerte. Y después de atarle, le llevaron y le entregaron al procurador Pilato. (Mt 27, 1-2).

Meditación

El pequeño niño que tiene hambre, que se come su pan pedacito a pedacito porque teme que se termine demasiado pronto y tenga otra vez hambre. Esta es la primera estación del calvario.

Intención

Por el Papa, los obispos, los sacerdotes, los misioneros, los monjes, las monjas, las personas consagradas, las familias misioneras y todos los responsables de la transmisión de la fe en Cristo.

Padre nuestro,
Ave María,
Gloria.

V/ Ten piedad de nosotros, Señor.
R/ Ten piedad de nuestros pecados.

Segunda Estación
(Jesús se abraza con la cruz)

V/. Te adoramos, Cristo, y te bendecimos.
R/. Porque con tu Santa Cruz redimiste el mundo.

"Entonces se lo entregó para que lo crucificasen. Tomaron, pues, a Jesús, que llevando la cruz, salió al sitio llamado Calvario, que en hebreo se dice Gólgota." (Jn 19, 16-17).

Meditación

¿No tengo razón? ¡Muchas veces miramos pero no vemos nada! Todos nosotros tenemos que llevar la cruz y tenemos que seguir a Cristo al Calvario, si queremos reencontrarnos con Él. Yo creo que Jesucristo, antes de su muerte, nos ha dado su Cuerpo y su Sangre para que nosotros podamos vivir y tengamos bastante ánimo para llevar la cruz y seguirle, paso a paso.

Intención

Por todas las catequistas, por todos los que transmiten la fe.

Padre nuestro,
Ave María,
Gloria.

V/ Ten piedad de nosotros, Señor.
R/ Ten piedad de nuestros pecados.

Tercera Estación
(Jesús cae por primera vez)

V/. Te adoramos, Cristo, y te bendecimos.
R/. Porque con tu Santa Cruz redimiste el mundo.

Dijo Jesús: "El que quiera venir en pos de mí, que se niegue a sí mismo, tome su Cruz y me siga, pues el que quiera salvar su vida la perderá, pero el que pierda su vida, ese la salvará. (Mt 16,24).

Meditación

En nuestras estaciones del Via Crucis vemos que caen los pobres y los que tienen hambre, como se ha caído Cristo. ¿Estamos presentes para ayudarle a Él? ¿Lo estamos con nuestro sacrificio, nuestro verdadero pan? Hay miles y miles de personas que morirían por un bocadito de amor, por un pequeño bocadito de aprecio. Esta es una estación del Vía Crucis donde Jesús se cae de hambre.

Intención

Por todos los matrimonios, por las familias rotas o en crisis, por las víctimas del aborto, por las personas dominadas por el orgullo, la soberbia, por el amor y la unión de las familias, por la paz y la felicidad en las familias.

Padre nuestro,
Ave María,
Gloria.

V/ Ten piedad de nosotros, Señor.
R/ Ten piedad de nuestros pecados.

Cuarta Estación
(Jesús encuentra a su Madre)

V/. Te adoramos, Cristo, y te bendecimos.
R/. Porque con tu Santa Cruz redimiste el mundo.

"Proclama mi alma la grandeza del Señor, se alegra mi espíritu en Dios mi salvador, porque ha mirado la humillación de su esclava. Desde ahora me felicitarán todas las generaciones, porque el Poderoso ha hecho obras grandes en mí." (Lc 1, 45-49).

Meditación

Nosotros conocemos la cuarta estación del Vía Crucis en la que Jesús encuentra a su Madre. ¿Somos nosotros los que sufrimos las penas de una madre? ¿Una madre llena de amor y de comprensión? ¿Estamos aquí para comprender a nuestra juventud si se cae? ¿Si está sola? ¿Si no se siente deseada? ¿Estamos entonces presentes?

Intención

Por todas las mujeres, por las madres, por las que sufren, por las mujeres maltratadas, por las que se sienten solas y abandonadas, por los más pobres y necesitados, por los parados, por los enfermos, por los prisioneros.

Padre nuestro,
Ave María,
Gloria.

V/ Ten piedad de nosotros, Señor.
R/ Ten piedad de nuestros pecados.

Quinta Estación
(El Cirineo ayuda a Jesús a llevar La Cruz)

V/. Te adoramos, Cristo, y te bendecimos.
R/. Porque con tu Santa Cruz redimiste el mundo.

"Cuando le llevaban a crucificar, echaron mano de un tal Simón de Cirene, que venía del campo y le obligaron a ayudarle a llevar la cruz." (Lc 23, 26).

Meditación

Simón de Cirene tomaba la cruz y seguía a Jesús, le ayudaba a llevar su cruz. Con lo que habéis dado durante el año, como signo de amor a la juventud, los miles y millones de cosas que habéis hecho a Cristo en los pobres, habéis sido Simón de Cirene en cada uno de vuestros hechos.

Intención

Por los que ofrecen sus dones a la Iglesia, por los que no conocen a Jesús, por las personas poco entusiastas, por los perseguidos, por los que no aceptan sus cruces, por la conversión de los pecadores.

Padre nuestro,
Ave María,
Gloria.

V/ Ten piedad de nosotros, Señor.
R/ Ten piedad de nuestros pecados.

Sexta Estación
(La Verónica limpia el rostro de Jesús)

V/. Te adoramos, Cristo, y te bendecimos.
R/. Porque con tu Santa Cruz redimiste el mundo.

"Porque tuve hambre y me disteis de comer, tuve sed y me distéis de beber." (Mt, 25,35).

Meditación

Con respecto a los pobres, los abandonados, los no deseados, ¿Somos como la Verónica? ¿Estamos presentes para quitar sus preocupaciones y compartir sus penas? O ¿Somos parte de los orgullosos que pasan y no pueden ver?

Intención

Para que todos los padres sepan transmitir la fe a sus hijos, educarlos en el amor y den la cara por Ti de palabra y obra.

Padre nuestro,
Ave María,
Gloria.

V/ Ten piedad de nosotros, Señor.
R/ Ten piedad de nuestros pecados.

Séptima Estación
(Jesús cae por segunda vez)

V/. Te adoramos, Cristo, y te bendecimos.
R/. Porque con tu Santa Cruz redimiste el mundo.

"Pero El respondió al que se lo decía: «¿Quién es mi madre y quiénes son mis hermanos?». Y, extendiendo su mano hacia sus discípulos, dijo: «Estos son mi madre y mis hermanos. Pues todo el que cumpla la voluntad de mi Padre celestial, ése es mi hermano, mi hermana y mi madre.»" (Mt 12, 48-50).

Meditación

Jesús cae de nuevo. ¿Hemos recogido a personas de la calle que han vivido como animales y se murieron entonces como ángeles? ¿Estamos presentes para levantarlos? También en vuestro país podéis ver a gente en el parque que están solos, no deseados, no cuidados, sentados, miserables. Nosotros los rechazamos con la palabra alcoholizados. No nos importan. Pero es Jesús quien necesita nuestras manos para limpiar sus caras. ¿Podéis hacerlo?, o ¿pasaréis sin mirar?

Intención

Por todos los niños, de modo especial por los pobres, enfermos, huérfanos, víctimas de la explotación militar, laboral y sexual, los que carecen de amor, del calor de una familia.

Padre nuestro,
Ave María,
Gloria.

V/ Ten piedad de nosotros, Señor.
R/ Ten piedad de nuestros pecados.

Octava Estación
(Jesús consuela a las mujeres)

V/. Te adoramos, Cristo, y te bendecimos.
R/. Porque con tu Santa Cruz redimiste el mundo.

"Le seguía una gran multitud del pueblo y mujeres que se dolían y se lamentaban por Él. Jesús, volviéndose a ellas, dijo: «Hijas de Jerusalén, no lloréis por mí; llorad más bien por vosotras y por vuestros hijos.»" (Lc 23, 27-28).

Meditación

Padre Santo, yo rezo por ellas para que se consagren a tu santo nombre, santificadas por ti; para que se entreguen a tu servicio, se te entreguen en el sacrificio. Para eso me consagro yo también y me entrego como sacrificio con Cristo.

Intención

Por los niños que quieren conocer a Jesús, descubriendo su presencia en el sacramento de la Eucaristía y de la confesión.

Padre nuestro,
Ave María,
Gloria.

V/ Ten piedad de nosotros, Señor.
R/ Ten piedad de nuestros pecados.

Novena Estación
(Jesús cae por tercera vez)

V/. Te adoramos, Cristo, y te bendecimos.
R/. Porque con tu Santa Cruz redimiste el mundo.

"Os he dicho estas cosas para que tengáis paz en Mí. En el mundo tendréis tribulación. Pero ¡ánimo!: Yo he vencido al mundo.»" (Jn 16, 33).

Meditación

Jesús cae de nuevo para ti y para mí. Se le quitan sus vestidos, hoy se le roba a los pequeños el amor antes del nacimiento. Ellos tienen que morir porque nosotros no deseamos a estos niños. Estos niños deben quedarse desnudos, porque nosotros no los deseamos, y Jesús toma este grave sufrimiento. El no nacido toma este sufrimiento porque no tiene más remedio que el de desearle, de amarle, de quedarse con su hermano, con su hermana.

Intención

Por todos los jóvenes, de modo especial por los que no tienen fe, esperanza y valores, por los que viven atrapados en la droga y en el consumismo.

Padre nuestro,
Ave María,
Gloria.

V/ Ten piedad de nosotros, Señor.
R/ Ten piedad de nuestros pecados.

Décima Estación
(*Jesús es despojado de sus vestiduras*)

V/. Te adoramos, Cristo, y te bendecimos.
R/. Porque con tu Santa Cruz redimiste el mundo.

"Los soldados, después que crucificaron a Jesús, tomaron sus vestidos, con los que hicieron cuatro lotes, un lote para cada soldado, y la túnica. La túnica era sin costura, tejida de una pieza de arriba abajo." (Jn 19,23).

Meditación

¡Señor, ayúdanos para que aprendamos a aguantar las penas, fatigas y torturas de la vida diaria, para que logremos siempre una más grande y creativa abundancia de vida!

Intención

Por todos los adolescentes, de modo especial por los que no son felices, por los que se niegan a seguir a Jesús, por los que no tienen oportunidad de estudiar, por los que buscan trabajo, por los que tienen hijos, para que aumentes la fe en los jóvenes.

Padre nuestro,
Ave María,
Gloria.

V/ Ten piedad de nosotros, Señor.
R/ Ten piedad de nuestros pecados.

Undécima Estación
(Jesús es clavado en La Cruz)

V/. Te adoramos, Cristo, y te bendecimos.
R/. Porque con tu Santa Cruz redimiste el mundo.

"Cuando llegaron al lugar llamado Calvario, le crucificaron allí con dos malhechores."
Jesús decía: "Padre, perdónales porque no saben lo que hacen" (Lc 23, 33).

Meditación

Jesús es crucificado. ¡Cuántos disminuidos psíquicos, retrasados mentales llenan las clínicas! Cuántos hay en nuestra propia patria. ¿Les visitamos? ¿Compartimos con ellos este calvario? ¿Sabemos algo de ellos? Jesús nos ha dicho: "Si vosotros queréis ser mis discípulos, tomad la cruz y seguidme" y Él opina que nosotros hemos de coger la cruz y que le demos de comer a Él en los que tienen hambre, que visitemos a los desnudos y los recibamos por Él en nuestra casa y que hagamos de ella su hogar.

Intención

Por los que viven lejos de sus países, para que sepan adaptarse al nuevo ambiente y encuentren amor y aceptación en las personas que los acogen; para que seamos comprensivos.

Padre nuestro,
Ave María,
Gloria.

V/ Ten piedad de nosotros, Señor.
R/ Ten piedad de nuestros pecados.

Duodécima Estación
(Jesús muere en La Cruz)

V/. Te adoramos, Cristo, y te bendecimos.
R/. Porque con tu Santa Cruz redimiste el mundo.

Después de probar el vinagre, Jesús dijo: "Todo está cumplido, e inclinando la cabeza entregó el espíritu." (Jn 19,30).

Meditación

Empecemos las estaciones de nuestro vía crucis personal con ánimo y con gran alegría, pues tenemos a Jesús en la Sagrada Comunión, que es el ¡Pan de la Vida que nos da vida y fuerza! Su sufrimiento es nuestra energía, nuestra alegría, nuestra pureza. Sin Él no podemos hacer nada.

Intención

Por los que temen entregarse a ti, por la conversión de los pecadores, para que tu mensaje alcance nuestros corazones, para que te encontremos en la oración, para que aumentes el número de los adoradores en el Santísimo Sacramento del Altar.

Padre nuestro,
Ave María,
Gloria.

V/ Ten piedad de nosotros, Señor.
R/ Ten piedad de nuestros pecados.

Decimotercera Estación
(Jesús es bajado de La Cruz)

V/. Te adoramos, Cristo, y te bendecimos.
R/. Porque con tu Santa Cruz redimiste el mundo.

"Al caer la tarde vino un hombre rico de Arimatea, llamado José, que era discípulo de Jesús tomó su cuerpo y lo envolvió en una sábana limpia." (Mt 27, 57.59).

Meditación

¡Vosotros jóvenes, llenos de amor y de energía, no desperdiciéis vuestras fuerzas en cosas sin sentido!

Intención

Por los ministros de la Eucaristía, por la unidad de los cristianos, por los que viven apagados en la fe, por los que abusan de Tu presencia en la Eucaristía o la niegan.

Padre nuestro,
Ave María,
Gloria.

V/ Ten piedad de nosotros, Señor.
R/ Ten piedad de nuestros pecados.

Decimocuarta Estación
(Jesús es sepultado)

V/. Te adoramos, Cristo, y te bendecimos.
R/. Porque con tu Santa Cruz redimiste el mundo.

"Había un huerto cerca del sitio donde fue crucificado Jesús, y en él un sepulcro nuevo, en el cual aún nadie había sido enterrado y pusieron allí a Jesús." (Jn 19, 41-42).

Meditación

Mirad a vuestro alrededor y ved, mirad a vuestros hermanos y hermanas no sólo en vuestro país, sino en todas las partes donde hay personas con hambre que os esperan. Desnudos que no tienen patria. ¡Todos os miran! ¡No les volváis las espaldas, pues ellos son el mismo Cristo!

Intención

Para que sepamos vivir con fe y entusiasmo nuestra vida cristiana llenándola de la presencia de Dios, participando en los sacramentos y transmitiendo su fe.

Padre nuestro,
Ave María,
Gloria.

V/ Ten piedad de nosotros, Señor.
R/ Ten piedad de nuestros pecados.

Vía-Crucis de la Divina Misericordia

Después de cada estación se reza:

- Padre Eterno, te ofrecemos el Cuerpo, la Sangre, el Alma y la Divinidad de Tu Amadísimo Hijo y Señor nuestro Jesucristo en expiación de nuestros pecados y los del mundo entero.
- Por Su dolorosa Pasión, ten misericordia de nosotros y del mundo entero.

I. Jesús es condenado a muerte (Unos momentos de silencio para contemplar esta estación).
- Padre Eterno, te ofrecemos... (se repite)
- Por su dolorosa pasión... (se repite)

II. Jesús carga con La Cruz (silencio)
- Padre eterno, te ofrecemos... (se repite)
- Por su dolorosa pasión... (se repite)

III. Jesús cae bajo el peso de La Cruz (silencio)
- Padre eterno, te ofrecemos...
- Por su dolorosa pasión...

IV. Jesús encuentra a su Santísima Madre (silencio)
- Padre eterno, te ofrecemos...
- Por su dolorosa pasión...

V. Jesús es ayudado por el Cirineo a llevar La Cruz (silencio)
- Padre eterno, te ofrecemos...
- Por su dolorosa pasión...

VI. La Verónica enjuga el rostro ensangrentado de Jesús (silencio)
- Padre eterno, te ofrecemos...
- Por su dolorosa pasión...

VII. Jesús cae por segunda vez (silencio)
- Padre eterno, te ofrecemos...
- Por su dolorosa pasión...

VIII. Jesús consuela a las mujeres que lloraban de compasión (silencio)
- Padre eterno, te ofrecemos...
- Por su dolorosa pasión...
IX. Jesús cae por tercera vez (silencio)
- Padre eterno, te ofrecemos...
- Por su dolorosa pasión...
X. Jesús es despojado de sus vestiduras (silencio)
- Padre eterno, te ofrecemos...
- Por su dolorosa pasión...
XI. Jesús es clavado en La Cruz (silencio)
- Padre eterno, te ofrecemos...
- Por su dolorosa pasión...
XII. Jesús muere en La Cruz. De su Corazón abierto brotó agua y sangre, como fuente inagotable de gracias para el mundo (silencio)
- Padre eterno, te ofrecemos...
- Por su dolorosa pasión...
XIII. Jesús es bajado de La Cruz y entregado a su Madre (silencio)
- Padre eterno, te ofrecemos...
- Por su dolorosa pasión...
XIV. Jesús es sepultado (silencio)
- Padre eterno, te ofrecemos...
- Por su dolorosa pasión...
XV. La Resurrección del Señor. La última palabra de la Misericordia no es La Cruz sino la Resurrección (silencio)

- Padrenuestro
- Ave María y Gloria

II. Oraciones

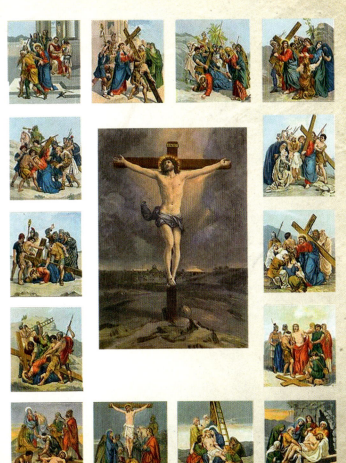

103

Vía Crucis y camino de sanación

Por sus heridas somos sanados (Is 53,5)
Jesús me pide que le entregue todo el mal que ha sucedido y todo el mal que he hecho; a cambio, Él me da los buenos momentos y las gracias divinas del pasado, del presente y del futuro.
Durante la meditación, en cada estación, podemos decir: Te adoramos, oh Cristo, y te bendecimos, porque has rescatado al mundo, por tu santa Cruz.
Padrenuestro, Avemaría, Gloria.

Primera Estación - Jesús es condenado a muerte

Hijo mío, entrégame todas las ocasiones en que condenaste al prójimo, y aquellas en que fuiste condenado injustamente, y quédate aquí, en mi presencia, tranquilamente, sin quejarte. Te daré fuerza y ayuda para soportar en adelante la injusticia y la condena, en silencio y ofrenda. Dame tu orgullo y te daré mi humildad. Estaremos juntos, uno al lado del otro, para redimir esa situación y por la salvación de las almas. Si cayeras en tu debilidad, yo estaré ahí para llevar aquello con lo que tú no puedes, Mi mano te levantará mediante la confesión. Y volveremos a empezar...

Segunda Estación - Jesús carga con la Cruz

Hijo mío, entrégame tu inocencia perdida, todas las heridas y las llagas del pasado y del presente. Dame tu soledad y tu dolor. Dame tu pureza perdida, tus esperanzas destruidas y tus sueños rotos. Dame tus cruces y Yo mismo cogeré con alegría tus cargas. Gracias por todas las veces en las que llevaste la cruz con valentía. Sí, a pesar de tu debilidad, lo hiciste por las almas que amo, sanaré las heridas de tu pasado y de tu presente. Te devolveré tu inocencia y tu pureza. Pondré en tu corazón una esperanza nueva y renacerás en el amor, la luz y la belleza. Tu inocencia resucita en mi resurrección. Esta es tu heredad: tú eres Mi hijo, un hijo de Dios. Sin tu buena voluntad, soy impotente, pues necesito de tu amor para ayudarme a llevar esta cruz de la inocencia crucificada en los que te rodean y también en ti mismo. Juntos alcanzaremos la victoria. Siempre estoy contigo.

Tercera Estación - Jesús cae por primera vez

Hijo mío, dame todas tus caídas y fracasos, desánimos y abatimientos… cuando te apartaste de Mí y me aplastaste con tus pecados, trituraste Mí vida divina en ti y en otros. Dame tus reclusiones en ti mismo, tu complacencia en la tristeza y la melancolía. Déjame darte a cambio mi gratitud por cada vez que conseguiste levantarte y proseguir tu camino. Permíteme agradecerte que te hayas vuelto hacia Mí humildemente, con profundo dolor de corazón. Me alegro contigo cada vez que empiezas de nuevo tu camino hacia el cielo.

Cuarta Estación - Jesús se encuentra con su Madre

Madres y padres, dadme vuestra pena y vuestro dolor. Dadme vuestra impotencia cuando veis a vuestros hijos alejarse de Mí. Hijos, dadme vuestra angustia cuando tenéis que seguir caminos que vuestros padres no acaban de entender y que vosotros no podéis explicar. Poneos bajo la mirada de amor constante entre mi Purísima Madre y Yo, y todo se arreglará. Os doy a mi Madre para que sea vuestra Madre. Os muestro a mi Padre para que sea vuestro Padre. "Yo soy el Camino, la Verdad y la Vida" (Jn 14,6). Venid seguidme en este camino de amor.

Quinta Estación - Jesús es ayudado por Simón de Cirene

Hijo mío, entrégame todas esas veces en las que te negaste a ayudar a otro cuando estaba en tu poder el hacerlo. Entrégame todas esas veces en que hiciste más pesada la carga de alguien en lugar de aligerársela; cuando te resististe a cargar con la cruz o lo hiciste renegando; dame el peso de tus cobardías. En cambio, recordaré todas las veces en que ayudaste a otro, en que cargaste alegremente con el peso del dolor ajeno, en que compartiste el peso de Mi Cruz. Te guiaré y te ayudaré a mejorar, a ser más generoso porque, lo que haces a otro, me lo haces a Mí.

Sexta Estación - La Verónica limpia el rostro de Jesús

Hijo mío, dame todo ese respeto humano que te impidió "salir de la fila" y testimoniar Mi amor delante de todos, por temor a lo que podrían pensar de ti. Dame tu miedo a ser juzgado, tus indiferencias, tu falta de compasión, tus durezas de corazón. Yo te enseñaré a vivir bajo Mi mirada, no bajo la mirada de los hombres. Te daré fuerza en la ternura, gestos de amor en la dulzura y la discreción.

¡Tengo tantas personas a las que consolar! Dame tu mirada altiva y las imágenes que despiertan en ti confusión. Te daré Mis ojos de misericordia y de amor y purificaré tu memoria y tu imaginación. Tú y Yo, juntos, consolaremos a mis queridos hijos.

Séptima Estación - Jesús cae por segunda vez

Hijo mío, dame el peso de tus pecados. ¡Te pesan tanto! Tienes la impresión de que no tienes fuerza para levantarte y, si lo consigues, eres demasiado débil para no recaer inmediatamente. Por eso, permaneces en la pena y el sufrimiento. He venido para levantarte, para llevar esa terrible carga que te aplasta hasta la desesperación. Dame sencillamente tus pecados, poco importa su horror. No vengo a condenarte sino a consolarte y amarte. ¡Ven a Mí en la confesión! No te inquietes si no sabes por dónde empezar. Ve al sacerdote y explícale tus dificultades; pídele ayuda. Ven a Mí con frecuencia, te estoy esperando.

Octava Estación - Jesús consuela a las mujeres de Jerusalén

Hijo mío, dame todas las veces en que descuidaste la oración por ti y tu familia. Cuando dejaste de rezar, diciendo: "Nadie escucha, nadie oye mis oraciones. Dios no responde a mis oraciones. Dios no se preocupa de mí, ni de mi familia". Dame todas las oraciones a las que no respondí a tu manera y todas las oraciones a las que respondí a Mi manera, pero que tú rechazaste. Todas esas oraciones te llevan a la santidad. Algunas veces, este don se presenta bajo el aspecto del sufrimiento, de una pérdida o de una pena para que tu alma crezca en entereza, amor y abnegación. Otras, está envuelto de alegría, paz y felicidad. No hay ninguna oración de Mis hijos a la que Yo no responda, porque os amo. Todos los días, la creación entera te dice: "Te quiero". Acuérdate de Mí, porque Yo no te olvido nunca, ni un solo instante.

Novena Estación - Jesús cae por tercera vez

Hijo mío, dame todas las veces que ya no puedes avanzar más, porque entiendo muy bien lo que sientes. Yacía aquí por amor a ti. Dame tu angustia y cree en el poder de Mi Nombre. Acude a Mi Nombre: "Jesús". ¡Te quiero tanto y te conozco por tu nombre! Dame todas tus palabras inútiles, las que han herido a los otros y las que te han herido a ti. Pondré en tu boca el silencio del amor y palabras de bendición y alabanza. Mira a mi Madre, cuyo corazón tan tierno me dio valor para levantarme y continuar.

Décima Estación - Jesús es despojado de sus vestidos

Hijo mío, dame todos los bienes que te he dado al comiezo, pero de los que tanto te cuesta desprenderte. Dame tus bienes más preciados y te daré la verdadera libertad de corazón y de espíritu. Dame todas tus riquezas materiales, intelectuales y espirituales. Ofréceme todo lo que te he dado y, a cambio, te inundaré con más gracias aún. ¿Por qué tienes miedo? Hijo mío,

¡soy Dios y puedo ocuparme de ti!
Dame tu falta de generosidad y te daré toda Mi generosidad.

Undécima Estación - Jesús es clavado en la Cruz

Dame todos tus malos gestos, tus malas constumbres y tus desviaciones. Dame todo lo que has tocado, mancillando tu cuerpo, tu espíritu o tu alma. Purificaré tu sentido del tacto y ajustaré tus gestos y actitudes. Te estableceré en lo real de las cosas buenas y bellas que he creado para ti. Dame todas aquellas veces en las que te quejaste mientras Yo te proponía permanecer conmigo en la cruz por amor a los otros. Dame tu temor por ti y tu temor por los otros. Yo te daré el ánimo para llegar a ser una víctima voluntaria de reparación y de amor. No temas nada, estoy contigo y, mira tu Madre celeste nos acompaña.

Duodécima Estación - Jesús muere en la Cruz

Hijo mío, dame tu miedo al sufrimiento y te acompañaré en tu sufrimiento: te daré la alegría de unir nuestros corazones traspasados, con Mi Madre, para la salvación del mundo. Dame tu rebeldía y tu miedo a la muerte, por ti y por los que amas, porque en la Cruz he vencido el odio y la muerte. Dame tu grito de angustia y te daré el grito de victoria: "¡Hágase tu voluntad!" Solo tienes que acordarte de Mí y la vida en Mi presencia te pertenecerá.

Decimotercera Estación - Jesús es bajado de la Cruz y puesto en los brazos de su Madre

Hijo mío, entrégame tu inocencia crucificada. Entrégame todas tus faltas de cariño y de calor humano, del pasado y del presente. Descansa y abandónate en los brazos del amor maternal que tengo hacia ti. Acude a tu Madre celeste. Sus brazos reciben tu espíritu, tu cuerpo y tu alma herida. Eres tan hijo suyo como Yo mismo. Sus lágrimas interceden por ti. Ámala. ¡Cuánto te ama Ella!

Decimocuarta Estación - Jesús es puesto en el sepulcro

Reposa aquí en el silencio. Hijo mío, entrégame todo lo que en ti tenga gusto a soledad o muerte. Yo te daré confianza, fe, amor de Mi voluntad, gusto por la vida, deseo de Mi amor y del amor fraterno. Nunca estás solo, ni siquiera un instante. Entrégame tu vacío y tu nada. Yo te doy Mi Paz, Mi Esperanza y Mi Resurrección gloriosa.

B: Orar con el Padre

Padre Mío
(Charles de Foucauld)

Padre mío, yo me abandono en Ti, haz de mí lo que quieras; cualquier cosa que Tú hagas de mí, te agradezco.
Estoy listo a todo, acepto todo, con tal que Tu voluntad se cumpla en mí y en todas tus criaturas, no deseo nada más, Dios mío.
Pongo mi alma en Tus manos, te la dono, Dios mío, con todo el amor de mi corazón, porque te amo. Y es una exigencia de amor donarme, ponerme en Tus manos, sin medida, con una confianza infinita, porque Tú eres el Padre mío.

El Rosario del Padre

"Oh Dios, ven en mi auxilio"
"Señor, date prisa en socorrerme" "Gloria al Padre..."
"Padre mío, Padre bueno, a Ti me ofrezco, a Ti me dono"

Ángel del Señor fiel custodio mío, a quién me ha encomendado la Divina Bondad, iluminadme, protegedme, dirigidme, gobernadme siempre.

1. En el primer misterio se contempla el triunfo del Padre en el jardín del Edén cuando, después del pecado de Adán y Eva, promete la venida del Salvador. "1 Ave María", "10 Padre Nuestro", "1 Gloria", "Padre mío", "Ángel del Señor".

2. En el segundo Misterio se contempla el triunfo del Padre en el momento del "Fiat" de María durante la Anunciación. "1 Ave María", "10 Padre

Nuestro", "1 Gloria", "Padre mío", "Ángel del Señor".

3. En el tercer Misterio se contempla el triunfo del Padre en el huerto de Getsemaní cuando dona toda su potencia al Hijo. "1 Ave María", "10 Padre Nuestro", "1 Gloria", "Padre mío", "Ángel del Señor".

4. En el cuarto Misterio se contempla el triunfo del Padre al momento del juicio particular. "1 Ave María", "10 Padre Nuestro", "1 Gloria", "Padre mío", "Ángel del Señor".

5. En el quinto Misterio se contempla el triunfo del Padre al momento del Juicio Universal. "1 Ave María", "10 Padre Nuestro", "1 Gloria", "Padre mío", "Ángel del Señor", "Salve Regina".

Letanías del Padre

Padre de infinita majestad, ten piedad de nosotros
Padre de infinita potencia,
Padre de infinita bondad,
Padre de infinita ternura,
Padre, abismo de Amor,
Padre, potencia de gracia,
Padre, esplendor de resurrección,
Padre, Luz de paz.
Padre, regocijo de salvación
Padre, siempre más Padre,
Padre de infinita misericordia,
Padre de infinito esplendor,
Padre, salvación de los desesperados,
Padre, esperanza de quién reza,
Padre, tierno ante cualquier dolor,
Padre, por los hijos más débiles te imploramos,
Padre, por los hijos más desesperados,
Padre, por los hijos menos amados,
Padre, por los hijos que no te han conocido,
Padre, por los hijos más desolados,
Padre, por los hijos más abandonados,
Padre, por los hijos que luchan para que venga tu reino.

Oremos:

Padre, por los hijos, por cada hijo, por todos los hijos, nosotros te imploramos: dona paz y salvación en nombre de la Sangre de tu Hijo Jesús y en nombre del sufrido Corazón de la Mamá María. Amén,

Padre Nuestro, Ave María y Gloria al Padre por el Papa.

II. Oraciones

+ LIBRO DE ORACIONES +

C: Orar con el Hijo

Jesús, hazme Pan para los demás

Jesús, Pan del cielo
que alimentas mi alma,
ayúdame a saber ofrecer mi harina
(mis dolores, preocupaciones, enfermedades, alegrías)
junto a la tuya
en el sacrificio de la Eucaristía.
Pon tu Sangre y el Pan de tu Palabra
sobre la harina de mi vida
para que yo te sienta cuando te tome
en el Pan de la vida y de la alegría.
Tomándote yo a Ti
me transformes con la levadura del Espíritu de Dios
en lo que yo mismo recibo,
Dame paciencia, Jesús,
para que, transformado en lo que recibo,
te adore y me deje cocer
en el horno de tu Amor Divino.
Para que al salir de la Santa Misa,
no sea yo sino Tú
el que actúa y penetre
cada obra de mi vida.

Entrega a Cristo Jesús
(P. Marcelino Iragui)

Señor Jesús, te adoro como Hijo de Dios,
Te acepto como mi Señor, Maestro y Salvador.
Señor, ven a mí...
En este instante me entrego a Ti como
instrumento físico para tu tarea de amor.
Entra, Señor en mi cuerpo:
Te entrego mis ojos, para que tu mirada
inunde de luz y paz a los hombres.
Te entrego mi lengua y mis labios,
para que tu palabra los colme de sabiduría y esperanza
Te entrego mis oídos, para que escuches
el llanto de los que sufren y risa de los niños.
Te entrego mis manos, para que sanes a los
enfermos bendigas y acaricies a todos los seres.
Te entrego mis pies, para que camines por el mundo haciendo bien.
Señor, toma mi corazón y dame el Tuyo:
Desde aquí irradia amor a todo viviente.
Transmuta deseos y pasiones, en sentimientos de alegría,
compasión, ternura y armonía. Entra, Señor en mi mente:
Desde aquí irradia Tu paz. Disuelve todos los pensamientos
negativos que separan a los hombres unos de otros y de Ti.
Te amo, Señor, con todo mi corazón, mi cuerpo y mi mente.
"Mas ya no soy yo, sino Tú en mí, y el Padre en nosotros"
Padre Dios, no me dejes caer en la tentación de identificarme
con mi mente, o con mis sentimientos (mi falso yo, el ego).
Dame el Espíritu de Sabiduría para saber que yo soy uno
Contigo y con tu Hijo amado y uno con todos tus hijos,
en la unidad del Espíritu Santo.
Amén. (Jn 14,20; 17,21)

Oración de Purificación

Cristo Jesús, Señor mío, te doy las gracias por todo lo que hiciste por mis hermanos que fueron atendidos en tu nombre. Te pido que lavés y purifiques con tu Sangre preciosa todo mi ser: cuerpo, alma y espíritu.

Que tu Sangre preciosa purifique mi interior: mi cerebro, mis células, mi mente, mi pensamiento, mi imaginación, mi memoria, mi entendimiento y mi voluntad. Nadie tiene derecho a tocar mi interior.

Que tu Sangre, Señor Jesucristo, purifique todo mi exterior, mi cuerpo de cabeza a pies, que me laves de cualquier impureza, infestación, daño o mal causado en este ministerio que acabo de desempeñar.

Te entrego toda esclavitud y venganza que el enemigo quisiera ejercer contra mí, como consecuencia de la liberación que haces de tus ovejas. Y todo espíritu maligno que quisiera acechar estos lugares hacerme daño o dañar a cualquier persona, por el poder de tu Preciosa Sangre quede atado y amordazado y lo mandamos cautivo a tus pies. Y Tú, Cristo Jesús, lo envíes al sitio donde deba estar.

Que esta purificación llegue a toda mi familia, donde quiera que se encuentre.

En tu nombre, Señor Jesucristo, pido que no quede nada de gloria en mí, vanidad y orgullo. Yo, siervo inútil, solo hice lo que tenía que hacer. Pues Tú has sido quien has realizado esta obra en mis hermanos, porque tuyo es el Poder y la Gloria por siempre, Señor.

Que a mi casa y a todos los lugares donde yo vaya solo lleve alegría, paz, salud y amor. Que yo sea recibido de igual forma en el nombre del Padre y del Hijo y del Espíritu Santo. Amén.

Y la bendición de Dios omnipotente, Padre, Hijo y Espíritu Santo, descienda sobre ustedes y los suyos, su casa y sus cosas, lo que son y lo que tienen y permanezca siempre. Amén.

Rosario de las Llagas de Jesús

Se reza con un rosario común.
Al comenzar decimos:
- ¡Oh! Jesús, Redentor Divino, sé misericordioso con nosotros y con el mundo entero.
- Santo Dios, Santo Fuerte, Santo Inmortal, ten piedad de nosotros y del mundo entero.
- Perdón y misericordia, Jesús mío cúbrenos de los peligros con tu preciosa Sangre.
- Eterno Padre, ten misericordia de nosotros por la Sangre de Jesucristo, tu único Hijo.

En las cuentas del Padrenuestro se dice:
"Eterno Padre, yo te ofrezco las Llagas de nuestro Señor Jesucristo, para curar las llagas de nuestras almas.
En las cuentas del Avemaría se dice:
"Jesús mío, perdón y misericordia: por los méritos de tus Santas Llagas."
Al terminar el rosario se dice tres veces:
"Eterno Padre, yo te ofrezco las Llagas de nuestro Señor Jesucristo, para curar las llagas de nuestras almas."

Rosario de Jesús

Para rezarlo con un rosario normal, empezar diciendo:
"Oh Divina Inocencia, sé triunfante en nuestra inocencia crucificada"
Sobre las cuentas del "Padre Nuestro" decir:
"Corazones Eucarísticos de Jesús y María ¡os amo! Santísima Trinidad Te adoro."
Sobre las cuentas del "Ave María" pronunciad el Santo nombre de "Jesús", lentamente y con Amor, pues por este nombre todas las cosas son posibles.
Terminar el Rosario diciendo:
"Que el Santísimo Sacramento sea adorado en todas partes."

Oración a Jesús Crucificado

Rezando esta oración delante de un crucifijo, después de haber recibido la Santa Comunión, se gana indulgencia plenaria, con tal que se añada alguna breve oración, un Padre Nuestro y un Ave María por la intención del sumo pontífice (Pío IX)

¡Oh! Mi amado y buen Jesús, postrado en vuestra Santísima presencia; os ruego con el mayor fervor imprimáis en mi corazón vivos sentimientos de fe, esperanza y caridad, verdadero dolor de mis pecados y propósito firmísimo de enmendarme; mientras que yo, con todo el amor y con toda la compasión de mi alma, voy considerando vuestras cinco llagas, teniendo presente aquello que dijo de Vos, Oh buen Jesús, el Santo Profeta David: "Han taladrado mis manos y mis pies, y se pueden contar todos mis huesos."

Adoración de las Llagas de Jesús

A la llaga de la mano derecha
- Adoramos, Señor, la llaga de tu mano derecha, y por ella te pedimos nos concedas la gracia de hacer siempre buenas obras. Amén.

A la llaga de la mano izquierda
- Adoramos, Señor, la llaga de tu mano izquierda, y por ella te pedimos la gracia de que nunca te ofendamos con nuestras manos. Amén.

A la llaga del pie derecho
- Adoramos, Señor, la llaga de tu pie derecho, y por ella te pedimos la gracia de poder caminar siempre por los senderos que conducen a la vida eterna. Amén

A la llaga del pie izquierdo
- Adoramos, Señor, la llaga de tu pie izquierdo, y por ella te pedimos la gracia de evitar toda mala compañía y todo lo que pueda arrebatarnos la inocencia. Amén.

A la llaga del Sagrado costado
- Adoramos, Señor, la llaga de tu Sagrado costado, y por ella te pedimos la gracia de encontrar siempre en él un refugio seguro contra todas las tentaciones y asaltos del maligno enemigo. Amén.

Padre nuestro...

ORACIÓN. Mira, Señor de bondad, a tu familia santa, por la cual Jesucristo nuestro Señor aceptó el tormento de la cruz, entregándose a sus propios enemigos. Por Jesucristo nuestro Señor.

C.1: Oraciones al Sagrado Corazón de Jesús

Oración al Divino Corazón de Jesús

Divino Corazón de Jesús, concédeme la gracia de vivir siempre según tu voluntad, tanto en los momentos mejores, los más felices y los más importantes de mi vida, como en los momentos difíciles. Concédeme estar siempre preparado para mi última hora. Dame la fuerza de darlo todo por tu amor, incluso mi vida si fuera necesario.

Jesús, por tu santa y dolorosa Pasión, haz que tu venida a la hora de mi muerte me encuentre despierto como un servidor fiel, como un verdadero penitente después de una buena confesión y de haber recibido los últimos sacramentos.

Señor, no me abandones en mi última lucha en la Tierra, cuando deberé combatir contra Satanás, acaso con furia. Que la Virgen Santísima y Madre de Misericordia, San Miguel y los ángeles me asistan y me protejan contra toda tentación en el momento en que yo tendré que dejar este mundo. Que ellos puedan consolarme y fortificarme en medio de los tormentos.

Concédeme, Señor, durante mi vida, una firme confianza, un amor ardiente y una gran paciencia. Y cuando llegue ese momento, plenamente consciente, vuelva a ponerme en tus manos y que me abandone como un niño en tu santa paz.

Por tu infinita bondad y misericordia, Jesús, acuérdate de mí! Amén.

Acto de confianza al Sagrado Corazón de Jesús

¡Oh Corazón de Jesús!
Pongo toda mi confianza en Ti.
De mi debilidad todo lo temo,
pero todo lo espero de tu bondad.
A tu Corazón confío... (petición).
Jesús mío!, yo cuento contigo,
me fío de Ti, descanso en Ti.
¡Estoy seguro en tu Corazón!

Oración ante una imagen del Sagrado Corazón de Jesús

Oh amantísimo Jesús, como expresión de mi gratitud y en satisfacción de mis pecados yo os doy mi corazón. Me consagro enteramente a Vos y me propongo nunca más ofenderos o despreciar vuestra Santa Gracia.

Ofrecimiento de obras al Corazón de Jesús

Ven, Espíritu Santo, inflama nuestro corazón de las ansias redentoras del Corazón de Cristo, para que ofrezcamos de veras nuestras personas y obras, en unión con Él, por la redención del mundo. Señor mío y Dios mío Jesucristo: por el Corazón Inmaculado de María me consagro a tu Corazón, y me ofrezco contigo al Padre en tu Santo sacrificio del altar, con mi oración y mi trabajo, sufrimientos y alegrías de hoy, en reparación de nuestros pecados y para que venga a nosotros tu Reino. Te pido en especial por el Papa y sus intenciones, nuestro Obispo y sus intenciones y nuestro párroco y sus intenciones.

Consagración al Sagrado Corazón de Jesús de S. Claudio de la Combiére

Estoy tan convencido, Dios mío, de que veláis sobre todos los que esperan en Ti, y que nada puede faltar a quien de Ti todo lo espera, que he decidido vivir de ahora en adelante sin ninguna preocupación, descargando sobre Ti todas mis inquietudes: en paz me acuesto y enseguida me duermo porque me siento en Ti seguro, nada más que en Ti, Señor" (Salmos 4,10) Pueden los hombres privarme de mis bienes y de mi honor, pueden las enfermedades robarme la fuerzas y los medios de servirte. Yo mismo puedo, por el pecado, perder tu gracia; pero nunca, nunca, perderé la confianza en Ti; la conservaré hasta el último suspiro, y serán inútiles los ataques del enemigo para arrancármela.

En paz me acuesto y enseguida me duermo. Que unos esperen la felicidad de sus riquezas o talentos; que otros se apoyen en su pureza de vida, en el número de sus buenas obras o en el fervor de sus oraciones: para mí Señor, toda mi confianza es mi misma confianza en Ti porque me siento en Ti seguro, nada más que en Ti, Señor. Nadie ha quedado desengañado por tener esta esperanza, nunca nadie que ha confiado en Ti se ha visto defraudado (Sir 2,11). Estoy seguro, pues, de que seré eternamente feliz porque lo espero firmemente y lo espero de Ti, Dios mío en Ti, Señor, me abandono, no sufriré desengaño.

Novena al Sagrado Corazón

Oh Señor Jesús,
a tu Sagrado Corazón
yo confío esta intención...,
Solo mírame,
entonces has conmigo
lo que tu Corazón indique.
Deja que tu Sagrado Corazón decida...
Yo confío en Ti,
¡Me abandono en tu Misericordia,
Señor Jesús! Ella no me fallará.
Sagrado Corazón de Jesús, en Ti confío.
Sagrado Corazón de Jesús,
creo en tu amor por mi.
Sagrado Corazón de Jesús,
que venga tu Reino.
Oh Sagrado Corazón de Jesús,
te he pedido por tantos favores,
pero con ansias te imploro por esta petición.
Tómala, ponla en tu abierto y roto Corazón,
y cuando el Padre Eterno la mire,
cubierta por tu Preciosa Sangre,
no podrá rehusarla.
Ya no será más mi oración,
sino la tuya, Oh Jesús.
Oh Sagrado Corazón de Jesús,
pongo toda mi confianza en Ti.
Nunca permitas que me confunda...
Amén

Novena al Sagrado Corazón de Jesús

(Recitada diariamente por el San Pío de Pitrelcina por todos aquellos que le solicitaban sus oraciones.)

1.- ¡Oh Jesús mío!, habéis dicho: "En verdad os digo, pedid y recibiréis; buscad y encontraréis; llamad y se os abrirá."
He aquí que llamo busco y pido la gracia de …
Padre Nuestro, Ave María, Gloria al Padre, etc. Sagrado Corazón de Jesús en Vos confío.

2.- ¡Oh Jesús mío!, habéis dicho: "En verdad os digo, lo que se pidiese a Mi Padre en Mi Nombre, Él os lo dará a vosotros."
He aquí que en vuestro nombre, le pido al Padre Celestial la gracia de …
Padre Nuestro, Ave María, Gloria al Padre, etc. Sagrado Corazón de Jesús en Vos confío.

3.- ¡Oh Jesús mío!, habéis dicho: " En verdad os digo, que el cielo y la tierra pasarán, pero mis palabras no pasarán jamás."
He aquí que, animado por Vuestra infalibles palabras, ahora pido la gracia de …
Padre Nuestro, Ave María, Gloria al Padre, etc. Sagrado Corazón de Jesús en Vos confío.

Oh Sagrado Corazón de Jesús, solamente una cosa se os ha de ser imposible y eso consiste en no tener compasión de los afligidos. Ten piedad de nosotros miserables pecadores y conceded la gracia que os pedimos, mediante el Doloroso e Inmaculado Corazón de María, Vuestra tierna Madre, y nuestra Madre compasiva.

Rezad "La Salve" y añádase la siguiente jaculatoria: "San José, Padre Guardián de Jesús, rogad por nosotros."

Letanías al Sagrado Corazón de Jesús

Señor, ten piedad de nosotros.
Cristo, ten piedad de nosotros.
Señor, ten piedad de nosotros.
Cristo, óyenos.
Cristo, escúchanos.
(A las siguientes invocaciones se responde:
"*Ten piedad de nosotros*")
Dios, Padre Celestial, ...
Dios Hijo, Redentor del mundo, Dios, Espíritu Santo, ...
Santísima Trinidad, que eres un solo Dios ...
Corazón de Jesús, Hijo del Eterno Padre, ...
Corazón de Jesús, formado en el seno de la Virgen Madre por el Espíritu Santo, ...
Corazón de Jesús, unido sustancialmente al Verbo de Dios, ...
Corazón de Jesús, templo santo de Dios, ...
Corazón de Jesús, tabernáculo del Altísimo, ...
Corazón de Jesús, casa de Dios y puerta del cielo, ...
Corazón de Jesús, horno ardiente de caridad, ...
Corazón de Jesús, santuario de la justicia y del amor, ...
Corazón de Jesús, lleno de bondad y de amor, ...
Corazón de Jesús, abismo de todas las virtudes, ...
Corazón de Jesús, digno de toda alabanza, ...
Corazón de Jesús, Rey y centro de todos los corazones, ...
Corazón de Jesús, en quien se hallan todos los tesoros de la sabiduría, y de la ciencia, ...
Corazón de Jesús, en quien reside toda la plenitud de la divinidad, ...
Corazón de Jesús, en quien el Padre se complace, ...
Corazón de Jesús, de cuya plenitud todos hemos recibido, ...
Corazón de Jesús, deseado de los eternos collados, ...
Corazón de Jesús, paciente y lleno de misericordia,

Corazón de Jesús, generoso para todos los que te invocan, ...
Corazón de Jesús, fuente de vida y santidad, ...
Corazón de Jesús, propiciación por nuestros pecados, ...
Corazón de Jesús, colmado de oprobios, ...
Corazón de Jesús, triturado por nuestros pecados,.
Corazón de Jesús, hecho obediente hasta la muerte, ...
Corazón de Jesús, traspasado por una lanza, ...
Corazón de Jesús, fuente de todo consuelo, ...
Corazón de Jesús, vida y resurrección nuestra, ...
Corazón de Jesús, paz y reconciliación nuestra, ...
Corazón de Jesús, víctima por los pecadores, ...
Corazón de Jesús, salvación de los que en Ti esperan, ...
Corazón de Jesús, esperanza de los que en Ti mueren, ...
Corazón de Jesús, delicia de todos los santos,...
Cordero de Dios, que quitas el pecado del mundo,
-perdónanos Señor.

Cordero de Dios que quitas los pecados del mundo, perdónanos Señor.
Cordero de Dios que quitas los pecados del mundo, escúchanos Señor.
Cordero de Dios, que quitas el pecado del mundo, ten piedad de nosotros.
Jesús, manso y humilde de Corazón, haz nuestro corazón semejante al tuyo.

Oración: Oh Dios todopoderoso y eterno: mira el Corazón de tu amantísimo Hijo, y las alabanzas y satisfacciones que en nombre de los pecadores te ofrece y concede el perdón a éstos que piden misericordia en el nombre de tu mismo Hijo, Jesucristo, el cual vive y reina contigo por los siglos de los siglos. Amén.

II. Oraciones

Oración por los Sacerdotes al Sagrado Corazón de Jesús

Corazón de Jesús... siembra,
con singular complacencia,
tus Hostias
en las almas de los sacerdotes,
y no dejes de sembrar y cultivar
hasta que cosechas
sacerdotes-hostias,
pastores buenos,
prontos a dar la vida por sus ovejas.

Pastores sin miedo a los lobos,
olvidados de sí y con pasión
y obsesión de salvar a sus ovejas...

Qué fuerza tienen
las manos traspasadas
por los clavos de la crucifixión
para arrancar o borrar con su sangre
los no de tu gran queja:

Busqué quien me consolara
y no los hallé...

¡Sólo las Hostias aplacan a Dios,
redimen a las almas y hacen felices
a los hogares y a los pueblos!

Consagración al Sacratísimo Corazón Eucarístico de Jesús

Sacratísimo Corazón Eucarístico de Jesús, yo confío inmensamente en Tu Misericordia.

Te pido humildemente que me des la fe que necesito para abandonarme a Tu Infinita Misericordia, porque ya se han agotado mis recursos humanos y ahora solo me cabe volverme con confianza a Tu Infinita Compasión, porque sé que Tú no desoirás mi súplica.

Aquí estoy Señor a Tus pies pidiendo con fervor arregles todas mis cosas y problemas, según Tu Amor y Beneplácito divino, que sé, será lo mejor para mí, concédeme lo que te estoy pidiendo, si es para bien de mi alma.

¡Toma Señor mi problema!. ¡Toma mi corazón!

¡Yo confío en Ti, Corazón Eucarístico de Jesús!

¡Yo confío en Ti, Corazón Eucarístico de Jesús!

¡Yo confío en Ti, Corazón Eucarístico de Jesús!

Amén.

C.2: Adoración al Santísimo

Aclamaciones al Santísimo Sacramento

Bendito sea Dios.
Bendito sea su Santo Nombre.
Bendito sea Jesucristo, verdadero Dios
y verdadero Hombre.
Bendito sea el Nombre de Jesús.
Bendito sea su Sacratísimo Corazón.
Bendita sea su Preciosísima Sangre.
Bendito sea Jesús en el Santísimo Sacramento del Altar.
Bendito sea el Espíritu Santo Paráclito.
Bendita sea la excelsa Madre de Dios, María Santísima.
Bendita sea su Santa e Inmaculada Concepción.
Bendita sea su gloriosa Asunción.
Bendito sea el Nombre de María, Virgen y Madre.
Bendito sea San José, su castísimo esposo.
Bendito sea Dios en sus Ángeles y en sus Santos.

Oración de la familia delante del Santísimo Sacramento del Altar

Dios Padre todopoderoso, que has enviado a tu Hijo Jesucristo para salvarnos y Te has quedado con nosotros en el Pan de vida eterna, envíame tu Espíritu Santo para que encuentre siempre las palabras oportunas que lleguen al corazón de mis hijos. Ayúdame a ser un buen padre, responsable y cariñoso, que mi ejemplo de vida cristiana sirva de estímulo a mis hijos y mi esposa, y bajo tu protección paterna y la de tu Hijo amado ayude y sostenga a mi familia en el camino de la santidad siguiendo las huellas de la Familia de Nazaret. Te lo pido por Jesucristo nuestro Señor. Alabado sea el Santísimo Sacramento del Altar *Padre Nuestro, Dios te salve María, Gloria al Padre.*

Oración de la Madre

Dios Padre todopoderoso, que has enviado a tu Hijo para salvarnos y te has quedado con nosotros en el Santísimo Sacramento del Altar, envíame a través de tu Espíritu Santo el don de fortaleza para que pueda seguir por el camino de la fe siendo una madre humilde, responsable, animando a mi esposo e hijos en la oración, y vivir los valores de la vida eterna bajo la protección de la Madre Celestial. Te lo pido por Jesucristo nuestro Señor.
Alabado sea el Santísimo Sacramento del Altar.
Padre Nuestro, Dios te salve María, Gloria al Padre.

Oración del Hijo o Hija

Dios Padre todopoderoso, que has enviado a tu Hijo para salvarnos y te has quedado con nosotros en el Sacramento de la Eucaristía, te doy gracias por haber nacido en una familia cristiana que me enseña cada día a rezar y a meditar el Evangelio e imitar las virtudes de la familia de Nazaret. Envía tu Espíritu Santo para que me ayude a ser más obediente a mis padres y viva el encuentro con Jesús todos los días de mi vida. Te lo pido por Jesucristo nuestro Señor.
Alabado sea el Santísimo Sacramento del Altar.
Padre Nuestro, Dios te salve María, Gloria al Padre.

II. Oraciones

Quince minutos en compañía de Jesús Sacramentado

No es preciso, hijo mio, saber mucho para agradarme mucho; basta que me ames con fervor. Háblame, pues, aquí sencillamente, como hablarías a tu madre, a tu hermano.

¿Necesitas hacerme en favor de alguien una súplica cualquiera? Dime su nombre, bien sea el de tus padres, bien el de tus hermanos y amigos; dime enseguida qué quisieras que hiciese actualmente por ellos. Pide mucho, mucho, no vaciles en pedir; me gustan los corazones generosos que llegan a olvidarse en cierto modo de sí mismos, para atender a las necesidades ajenas. Háblame así, con sencillez, con llaneza, de los pobres a quienes quisieras consolar, de los enfermos a quienes ves padecer, de los extraviados que anhelas volver al buen camino, de los amigos ausentes que quisieras ver otra vez a tu lado. Dime por todos una palabra de amigo, palabra entrañable y fervorosa. Recuérdame que he prometido escuchar toda súplica que salga del corazón; y ¿no ha de salir del corazón el ruego que me dirijas por aquellos que tu corazón especialmente ama?

Y para ti, ¿no necesitas alguna gracia? Hazme, si quieres, una lista de tus necesidades, y ven, léela en mi presencia.

Dime francamente que sientes soberbia, amor a la sensualidad y al regalo; que eres tal vez egoísta, inconstante, negligente... y pídeme luego que venga en ayuda de los esfuerzos, pocos o muchos que haces para quitar de ti tales miserias.

No te avergüences, ¡pobre alma! ¡Hay en el cielo tantos justos, tantos Santos de primer orden, que tuvieron esos mismos defectos!. Pero rogaron con humildad... y poco a poco se vieron libres de ellos.

Ni menos vaciles en pedirme bienes espirituales y corporales: salud, memoria, éxito feliz en tus trabajos, negocios o estudios; todo eso puedo darte, y lo doy, y deseo que me lo pidas en cuanto no se oponga, antes favorezca y ayude a tu santificación... Hoy por hoy, ¿qué necesitas?, ¿qué puedo hacer por tu bien? ¡Si supieras los deseos que tengo de favorecerte! ¿Traes ahora mismo entre manos algún proyecto?. Cuéntamelo todo minuciosamente. ¿Qué te preocupa? ¿qué piensas? ¿qué deseas? ¿qué quieres que haga por tu hermano, por tu amigo, por tu superior? ¿qué desearías hacer por ellos? ¿y por Mí? ¿no sientes deseos de mi gloria? ¿no quisieras poder hacer algún bien a tus prójimos, a tus amigos, a quienes amas mucho, y que viven quizás olvidados de Mí?

Dime qué cosa llama hoy particularmente tu atención, qué anhelas más vivamente, y con qué medios cuentas para conseguirlo. Dime si te sale mal tu empresa, y yo te diré las causas del mal éxito. ¿No quisieras que me interesase algo en tu favor? Hijo mío, soy dueño de los corazones, y dulcemente los llevo, sin perjuicio de su libertad, adonde me place.

¿Sientes acaso tristeza o mal humor? Cuéntame, cuéntame, alma desconsolada, tus tristezas con todos sus pormenores ¿Quién te hirió? ¿quién lastimó tu amor propio?; quién te ha despreciado? Acércate a mi Corazón que tiene bálsamo eficaz para curar todas esas heridas del tuyo. Dame cuenta de todo, y acabarás en breve por decirme que, a semejanza de Mí todo lo perdonas, todo lo olvidas, y en pago recibirás mi consoladora bendición.

¿Temes por ventura? ¿sientes en tu alma aquellas vagas melancolías, que no por ser infundadas dejan de ser desgarradoras? Échate en brazos de mi providencia. Contigo estoy; aquí, a tu lado me tienes; todo lo veo, todo lo oigo, ni un momento te desamparo.

¿Sientes desvío de parte de personas que antes te quisieron bien, y ahora olvidadas se alejan de ti, sin que les hayas dado el menor motivo? Ruega por ellas, y yo las volveré a tu lado, si no han de ser obstáculo a tu santificación.

¿Y no tienes tal vez alegría alguna que comunicarme? ¿Por qué no me haces partícipe de ella como un buen amigo?

II. Oraciones

Cuéntame lo que desde ayer, desde la última visita que me hiciste, ha consolado y hecho como sonreír tu corazón. Quizá has tenido agradables sorpresas, quizá has visto disipados negros recelos, quizá has recibido faustas noticias, alguna carta o muestra de cariño; has vencido alguna dificultad, o salido de algún lance apurado. Obra mía es todo esto, y yo te lo he proporcionado: ¿por qué no has de manifestarme por ello tu gratitud?, y decirme sencillamente, como un hijo a su padre:

Padre mío, gracias!» El agradecimiento trae consigo nuevos beneficios, porque al bienhechor le gusta verse correspondido.

¿Tampoco tienes promesa alguna para hacerme? Leo, ya lo sabes, en el fondo de tu corazón. A los hombres se les engaña fácilmente; a Dios, no. Háblame, pues, con toda sinceridad. ¿Tienes firme resolución de no exponerte ya más a aquella ocasión de pecado? ¿de privarte de aquel objeto que te dañó? ¿de no leer más aquel libro que exaltó tu imaginación? ¿de no tratar más aquella persona que turbó la paz de tu alma?

¿Volverás a ser dulce, amable y condescendiente con aquella otra a quien, por haberte faltado, has mirado hasta hoy como enemigo?

Ahora bien, hijo mío; vuelve a tus ocupaciones habituales, al taller, a la familia, al estudio.. .; pero no olvides los quince minutos de grata conversación que hemos tenido aquí los dos, en la soledad del santuario. Guarda, en cuanto puedas, silencio, modestia, recogimiento, resignación, caridad con el prójimo. Ama a mi Madre, que lo es también tuya, la Virgen Santísima, y vuelve otra vez mañana con el corazón más amoroso, más enfregado a mi servicio. En mi Corazón encontrarás cada día nuevo amor, nuevos beneficios, nuevos consuelos.

> «¡Oh Hostia saludable,
> que abres las puertas del cielo!
> El enemigo nos hostiliza,
> con sus ataques;
> danos fortaleza, préstanos auxilio.»

Otras devociones Eucarísticas

Estación al Santísimo Sacramento

I. ¡Benignísimo Jesús! Agradecido a vuestros beneficios, y en particular al de la Sagrada Eucaristía, vengo a visitaros en la amorosa prisión, donde encerrasteis vuestra inmensidad para solicitar más vivamente nuestra devoción. Al llegar a vuestra soberana presencia os pido ante todo el perdón de mis pecados, e imploro después vuestra bendición.

Padrenuestro, Avemaría y Gloria.
En todo lugar y en todo momento sea bendito y alabado el Santísimo Sacramento.

II. ¡Benignísimo Jesús! No tengo bastante con vuestro perdón, pues necesito vuestro amor; quiero acercarme a vuestra sagrada Persona para sentir el suave calor que comunicáis al alma devota del Sacramento. Encerrad mi espíritu con Vos en la prisión del Sagrario, para que de esta manera, disfrute siempre de vuestra compañía.

Padrenuestro, Avemaría y Gloria.
En todo lugar y en todo momento sea bendito y alabado el Santísimo Sacramento.

III. ¡Benignísimo Jesús! No tengo bastante con amaros; necesito más y deseo imitaros. Por mí fuisteis crucificado; hacedme, pues, lugar en vuestra Cruz y concededme la gracia de que sepa sobrellevar dignamente las aflicciones de la vida por amor a Vos.

Padrenuestro, Avemaría y Gloria.
En todo lugar y en todo momento sea bendito y alabado el Santísimo Sacramento.

IV. ¡Benignísimo Jesús! La devoción a vuestro Sacramento es como un vino delicioso y fuerte, que sostiene la vida del alma. Haced, pues, que aborrezca la ponzoña de los placeres mundanos, que envenenan y matan la vida del alma. Haced que sean continuas mis acciones de gracias por el gran beneficio de la Eucaristía.

Padrenuestro, Avemaría y Gloria.

En todo lugar y en todo momento sea bendito y alabado el Santísimo Sacramento.

V. ¡Benignísimo Jesús! Fuerza de los débiles, consuelo de los tristes, reposo de los fatigados, que llamáis amorosamente a todos los que andan por el camino de la vida; oigo vuestra voz y vengo al Sagrario a buscar compañía en el desierto espiritual de este mundo.

Padrenuestro, Avemaría y Gloria.

En todo lugar y en todo momento sea bendito y alabado el Santísimo Sacramento.

VI. ¡Benignísimo Jesús! Os ruego finalmente, por las intenciones del Papa, por la exaltación de la fe católica, por la paz y concordia entre los príncipes cristianos, extirpación de las herejías, conversión de los pecadores, perseverancia de los justos y alivio de las almas del purgatorio. Concededme, Buen Jesús, el fruto de las indulgencias que ganamos al hacer esta visita.

Padrenuestro, Avemaría y Gloria.

En todo lugar y en todo momento sea bendito y alabado el Santísimo Sacramento.

Manera popular de hacer la Estación al Santísimo

V. Alabado sea el Santísimo Sacramento del Altar.
R. Por siempre sea bendito y alabado. Amén.

Heme aquí, Buen Jesús, en vuestra presencia, como un pobre ante un Rey; dadme, Señor, la limosna de vuestra Divina Gracia.

Padrenuestro, Avemaría y Gloria.

Heme aquí, Buen Jesús, en vuestra presencia, como un siervo ante su Amo; dadme, Señor, el sustento de vuestro Cuerpo y libradme de mi gran miseria.

Padrenuestro, Avemaría y Gloria.

Heme aquí, Buen Jesús, en vuestra presencia, como un enfermo ante el Médico; sanad, Señor, las heridas de mi alma con el bálsamo de vuestra Sangre.

Padrenuestro, Avemaría y Gloria.

Heme aquí, Buen Jesús, en vuestra presencia, como un discípulo ante su Maestro, enseñadme, Señor, a practicar vuestra Divina Voluntad.

Padrenuestro, Avemaría y Gloria.

Heme aquí, Buen Jesús, en vuestra presencia, como un hijo ante su Padre; no me privéis, Señor, de la herencia paterna que es la patria celestial.

Padrenuestro, Avemaría y Gloria.

Heme aquí, Buen Jesús, en vuestra presencia, como una oveja ante su Pastor; guardad, Señor, el rebaño de vuestra Santa Iglesia y atended benignamente a las intenciones de nuestro Padre Santo.

Padrenuestro, Avemaría y Gloria.

Oración para la visita del Santísimo

Señor mío Jesucristo que, por amor a los hombres, estáis de noche y de día en este Sacramento, lleno de piedad y de amor, esperando, amando y recibiendo a cuantos vienen a visitaros; creo que estáis presente en el Sacramento del Altar. Os adoro desde el abismo de mi nada y os doy gracias por todas las mercedes que me habéis hecho, y especialmente por haberos dado Vos mismo en este Sacramento, por haberme concedido por mi abogada a vuestra amantísima Madre y haberme llamado a visitaros en esta iglesia. Adoro ahora a vuestro Santísimo Corazón y deseo adorarle por tres fines: el primero en acción de gracias por este insigne beneficio; en segundo lugar para resarciros de todas las injurias que recibís de vuestros enemigos en este Sacramento; y finalmente, deseando adoraros con esta visita en todos los lugares de la tierra, donde estáis sacramentado con menos culto y más abandono. Me pesa de haber ofendido tantas veces a vuestra divina Bondad en mi vida pasada. Propongo, con vuestra gracia, no ofenderos más en adelante, y ahora, por más miserable que sea, me consagro enteramente a Vos, renuncio a mi voluntad y os la entrego por completo, con mis afectos, deseos y todas mis cosas. De hoy en adelante quiero y os pido vuestro santo amor, la perseverancia final y el perfecto cumplimiento de vuestra Santísima Voluntad.

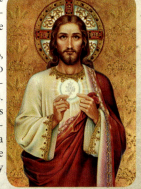

Os recomiendo las almas del purgatorio, especialmente las más devotas del Santísimo Sacramento y de María Santísima. Os recomiendo también todos los pobres pecadores. Finalmente, amadísimo Salvador, uno todos mis afectos y deseos a los de vuestro Corazón amorosísimo, y así unidos los ofrezco a vuestro Eterno Padre y le suplico, en nombre vuestro, que por vuestro amor, los acepte y escuche. Amén.

Indulgencias para la visita al Santísimo

A los fieles que visiten devotamente el Santísimo Sacramento del Altar, y recen algunas preces ante El. se les concede: Indulgencia parcial.
Indulgencia plenaria, si la visita dura por lo menos media hora, y han confesado, comulgado y rezan una breve oración por las intenciones del Santo Pontífice. (El. 7).

Acto para la comunión espiritual

Creo, Jesús mío, que estáis en el Santísimo Sacramento. Os amo sobre todas las cosas y quisiera teneros en mi alma. Y ya que ahora no puedo recibiros sacramentalmente, venid, al menos, espiritualmente a mi corazón. Como si hubieseis venido, os abrazo y me uno del todo a Vos; no permitáis que jamás me separe de Vos.
Jesús mío, mi bien, mi dulce amor.
Herid, inflamad mi corazón. Para que arda siempre enteramente por Vos.
A los fieles que practiquen la Comunión Espiritual con cualquier fórmula que sea, se les concede: Indulgencia parcial (E. 1,8).

Actos de adoración y acción de gracias delante del Santísimo Sacramento

Yo os adoro, oh eterno Padre, y os doy gracias por el amor infinito, movido por el cual, para redimirme, os habéis dignado enviar a vuestro unigénito Hijo, convertido Él mismo en alimento de mi alma. Os ofrezco todos los actos de adoración y de acción de gracias, que os hacen los ángeles y los santos en el cielo y las almas justas en la tierra. Os alabo, os amo, os agradezco, con todas las alabanzas, todo el amor y todas las acciones de gracias con que os alaba, os ama y os da gracias vuestro Hijo, y os ruego que hagáis que Él sea de todos conocido, amado, honrado, que se le den gracias y que sea dignamente recibido en este divinísimo Sacramento.

II. Oraciones

Padrenuestro, Avemaría y Gloria.

Yo os adoro, oh eterno Hijo, y os doy gracias por el amor infinito, movido por el cual, os habéis encarnado por mí, habéis nacido en un establo, habéis sido criado en un taller, habéis querido padecer hambre, sed, frío, calor, penas, trabajos, desprecios, persecuciones, azotes, espinas, clavos y muerte en el durísimo madero de la cruz. Os doy gracias, con toda la Iglesia militante y triunfante, por la infinita caridad con que habéis instituido el Santísimo Sacramento para alimento de mi alma. Os adoro, en todas las Hostias consagradas del mundo, y os doy gracias aun por aquellos que no os conocen y no os son agradecidos. Quisiera poder dar la vida para hacer que de todos seáis conocido, amado y honrado en este Sacramento de amor, y para impedir las irreverencias que se cometen y los sacrilegios que se hacen. Os amo, Jesús mío, y deseo amaros y recibiros con el amor, con la pureza y con los afectos de vuestra Madre Santísima, y con el amor y perfección de vuestro mismo purísimo Corazón. Amabilísimo esposo de mi alma, cuando vengáis a mí sacramentado, producid aquellos efectos para los cuales habéis venido, y haced que muera antes que os reciba indignamente.

Padrenuestro, Avemaría y Gloria.

Yo os adoro, oh eterno Espíritu, y os doy gracias por el amor infinito con que habéis obrado el inefable misterio de la Encarnación y por la infinita caridad con la cual habéis formado de la sangre purísima de María Virgen el cuerpo Sacratísimo de Jesús, que, sacramentado, es el alimento de mi alma; os ruego que iluminéis mi mente y purifiquéis mi corazón y el de todos los hombres, para que conozcan este gran beneficio de amor y lo reciban dignamente en el Santísimo Sacramento.

Padrenuestro, Avemaría y Gloria.

Oración para rezar ante el Santísimo Sacramento

"Señor, te adoro aquí presente en el pan consagrado, creo que estás ahí amándome, ofreciéndote e intercediendo por todos ante el Padre. Qué maravilla que me quieras hasta este extremo, te amo, te amo y quiero inmolarme contigo al Padre y por los hermanos; quiero comulgar con tus sentimientos de caridad, humildad, servicio y entrega en este sacramento... quiero contemplarte para imitarte y recordarte, para aprender y recibir de Ti las fuerzas necesarias para vivir como Tú quieres, como un discípulo fiel e identificado con su maestro".

La oración que se hace sencillez

Humilde Cordero del Sagrario,
viendo a los hombres
tan llenos de soberbia,
me explico por qué
haciendo tantas maravillas
en cada hora de tu vida eucarística,
tienes tan pocas rodillas
dobladas delante de Ti
y te sacan tan poca virtud
muchos de los que te tratan,
y te tienen tanta saña
los herejes y los impíos.
El pecado del mundo
tiene cerrados tantos ojos
para no verte bueno, hermoso,
rico, grande, misericordioso,
detrás de la humildad
de tus especies sacramentales...
Tiene tan desorientados y engañados
a fuerza de engreídos y pagados
de sí mismos, a tantos operarios y
criados tuyos.
Tiene el demonio de la soberbia
tantos adoradores y esclavos de
entre los prudentes y sabios, que a
Ti, humildísimo Pastor bueno del
Sagrario, no te queda más que
el menudo rebaño de los pequeñuelos
de la sencillez y de la pureza.

Reflexiones de San Pio de Pietrelcina
(Fiesta 23 de septiembre)

"Mil años disfrutando de la gloria humana no valen más que una hora que pasamos en dulce comunión con Jesús en el Santísimo Sacramento". "Corran a los pies de Jesús en el Santísimo Sacramento". "Arrodíllense y ríndanle el tributo de vuestra presencia y devoción a Jesús en el Santísimo Sacramento. Confíenle todas vuestras necesidades junto con las de los demás."

"Quédate conmigo, Señor, porque es necesario tenerte para no olvidarte. Tú sabes con cuanta facilidad te abandono. Quédate conmigo, Señor; porque soy débil y tengo necesidad de tu fortaleza para no caer tantas veces. Quédate conmigo, Señor, porque Tú eres mi luz y sin Ti quedo en las tinieblas. Quédate conmigo, Señor, porque Tú eres mi vida y sin Ti disminuye mi fervor. Quédate conmigo, Señor, para mostrarme Tu voluntad. Quédate conmigo, Señor, para que oiga Tu voz y la siga. Quédate conmigo, Señor, porque deseo amarte mucho y estar en Tu compañía. Quédate conmigo, Señor, si quieres que te sea fiel. Quédate conmigo, Señor, porque aunque mi alma sea tan pobre, desea ser para Ti un lugar de descanso, un nido de amor."

"En este sacramento de amor, en el Santísimo Sacramento de la Eucaristía, tenemos la verdadera vida, la vida bendecida y la verdadera felicidad".

San Pío de Pietrelcina ¡Ruega por la Adoración Eucarística y por los adoradores!

Reflexiones de Santa Madre Teresa de Calcuta

¿Qué salvará al mundo?
"Mi respuesta es la oración. Lo que se necesita es que cada parroquia visite a Jesús en el Santísimo Sacramento durante Horas Santas de oración" "El tiempo que uno pasa con Jesús en el Santísimo Sacramento... ayudará a alcanzar una paz duradera en la tierra" (Madre Teresa de Calcuta). Madre Teresa atribuyó sus obras de caridad a sus Horas Santas de Adoración diaria. Ella escribió: "En la Cruz Jesús dijo: Tengo sed."

Del Santísimo Sacramento Jesús continúa diciendo a cada uno de nosotros: "Tengo sed". Él tiene sed de nuestro amor personal, de nuestra intimidad, de nuestra unión con Él en el Santísimo Sacramento. El anhelo de Él de estar con nosotros en el Santísimo Sacramento es infinitamente mayor que nuestro anhelo de estar con Él. Estar a solas con Jesús en adoración y en unión íntima con Él es el mayor regalo de amor -es el amor tierno de nuestro Padre en el cielo. Jesús se convirtió en Pan de Vida con el fin de comunicarnos vida. De noche y de día Él está allí presente. Si quieres que el amor crezca en ti, regresa a la Eucaristía, regresa a esa "Adoración". Nuestras horas de adoración son horas especiales de reparación por los pecados cometidos, y de intercesión por las necesidades del mundo entero; en ellas exponemos la humanidad, que está enferma de pecado y hundida en terribles sufrimientos, a los rayos sanadores, reconfortantes y transformadores de Jesús que irradian de la Sagrada Eucaristía. Pasa el más tiempo posible con Jesús en el Santísimo Sacramento y Él te llenará con Su fuerza y Su poder... Entonces así podrás convertirte en instrumento de Su amor, paz y alegría"

Oraciones de la Madre Teresa: "María, Madre de Jesús, danos un corazón tan hermoso, puro y limpio como el tuyo. Un corazón como el tuyo, tan lleno de amor y de humildad. Que seamos capaces de recibir a Jesús como Pan de Vida. De amarlo como Tú lo amaste. Y de servirlo bajo el rostro maltrecho de los pobres."

II. Oraciones

El fruto del silencio es la "ORACION"
El fruto de la oración es la "FE"
El fruto de la fe es el "AMOR"
El fruto del amor es el "SERVICIO"
El fruto del servicio es la "PAZ"

Irradiando a Cristo
(Madre Teresa de Calcuta)

Oh, amado Jesús.
Ayúdame a esparcir tu fragancia
por donde quiera que vaya.
Inunda mi alma con tu Espíritu y Vida.
Penetra y posee todo mi ser tan completamente,
que mi vida entera sea un resplandor de la tuya.
Brilla a través de mí y permanece
tan dentro de mí,
que cada alma con que me encuentre
pueda sentir tu presencia en la mía.
¡Permite que no me vean
a mí sino solamente a Jesús!
Quédate conmigo y empezaré a resplandecer
como Tú, a brillar tanto que pueda
ser una luz para los demás.
La luz, oh Jesús, vendrá toda de Ti,
nada de ella será mía;
serás Tú quien resplandezca
sobre los demás a través de mí.
Brillando sobre quienes me rodean,
permíteme alabarte como más te gusta.
Permíteme predicarte sin predicar,
no con palabras sino a través de mi ejemplo,
a través de la fuerza atractiva,
de la influencia armoniosa de todo lo que haga,
de la inefable plenitud del amor
que existe en mi corazón por Ti.
Amén.

Reflexión de Santa Teresita de Lisieux

"Mi misión es hacer que todos amen a Dios"
Santa Teresita es Patrona de las Misiones, aunque jamás salió de su convento. Murió a la temprana edad de 24 años, pero sus logros fueron enormes gracias al poder de la oración ante Jesús en el Santísimo Sacramento. La Iglesia la nombró Patrona de las Misiones para hacer resaltar esta importantísima verdad: ¡Que una sola alma presente ante el Santísimo Sacramento puede transformar el mundo entero!

"Sólo una cosa debemos hacer aquí abajo; amar a Jesús y salvar almas para que Él sea amado" (Santa Teresita).

> Ángel de mi Eucaristía
> eres Tú de mi corazón delicia,
> Sí, es tu dulce melodía
> la que consuela mi dolencia.
> Muero por darme a las almas,
> pero muchos corazones son incrédulos.
> Confiéreles, Serafín, tus llamas,
> con la dulzura de tus sonetos, acércalos.
> ¡Me gustaría, sacerdote, que tu alma
> como el Serafín celestial luciera!
> Que al acercarte al sagrado Altar
> cada vez de nuevo nacieras!
> Para conseguir este milagro
> las almas han de acercarse
> orando sin cesar ante el Sagrario
> para día a día a mí ofrecerse.

(Palabras de Jesús en una obra de teatro por Sta. Teresita.)

Santa Teresita de Lisieux donó su pulsera de oro para que la fundieran y la usaran como parte de la custodia de la Iglesia del Sagrado Corazón en Montmartre, Francia, donde Jesús en la Sagrada Hostia es elevado con amor en la Adoración Eucarística Perpetua ¡hasta el día de hoy!

Vengan a Mí en el Santísimo Sacramento

Padre Celestial, te rogamos que aumentes nuestra fe en la Presencia Real de Tu Hijo, Jesucristo, en la Sagrada Eucaristía. Es nuestro dulce deber adorarlo, darle gracias y hacer reparación por los pecados. Necesitamos tu paz en el corazón y en todas las naciones. Necesitamos convertirnos de nuestros pecados y recibir tu perdón misericordioso. Queremos obtener estas gracias por medio de la oración y la unión con nuestro Señor Eucarístico. Te rogamos, Padre, que envíes al Espíritu Santo sobre todos los pueblos para darles amor, valentía, fortaleza y deseo de aceptar la invitación a la Adoración Eucarística Perpetua. Te imploramos, Señor, que propagues la exposición perpetua del Santísimo Sacramento del Altar en las parroquias de todo el mundo. Esto te lo pedimos en el nombre de Jesús, nuestro Señor Eucarístico. Amén.

Nuestra Señora del Santísimo Sacramento, ayúdanos a difundir la gloria de Tu Hijo mediante la exposición perpetua de la Sagrada Eucaristía.

San José adorador de Jesús
Patrono de la Iglesia Universal
(Fiesta: 19 de marzo)

"El Santísimo Sacramento y San José: ¡He aquí nuestra esperanza en estos tiempos difíciles!" (Obispo Pichenot) Amadísimo San José, sé mi padre adoptivo, cuida de mi salvación, custódiame día y noche, presérvame de toda ocasión de pecado y ¡haz que obtenga pureza de alma y cuerpo!. Por la intercesión ante Jesús, concédeme el espíritu de sacrificio, de humildad y de abnegación, un amor ardiente por Jesús en el Santísimo Sacramento y un tierno amor por María, mi Madre amantísima.

San José, ampárame en la vida y en la muerte, y obtenme de Jesús, mi Salvador misericordioso, la gracia de un juicio favorable. Amén.

"Después de la Santísima Virgen. San José fue el primer y el más perfecto adorador de Nuestro Señor". "Entre las gracias que Jesús concedió a su padre putativo, que fueron abundantes unidas a cada uno de sus misterios, la gracia especial fue la de adorador del Santísimo Sacramento. Esta es la gracia que debemos pedirle a San José. Tengamos una confianza firme en él. Tomémosle como nuestro patrono y modelo de nuestra vida de adoracion".

"San José, más perfecto de todos los adoradores, alcánzanos la gracia de amar, adorar y servir a Jesús Eucaristía como tú lo hiciste."

(San Pedro Julián Eymard)

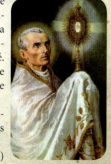

C.3: Adoraciones de la Divina Misericordia

Devoción a la Divina Misericordia. Palabras de Jesús a la Santa Faustina

«El alma que confíe en mi Misericordia no perecerá, ya que todos sus asuntos son míos. El alma más feliz es la que confía en mi Misericordia, pues Yo mismo la cuido».

«Yo soy el Amor y la Misericordia. Quien se acerque a Mí con confianza recibe mi gracia con tal sobreabundancia, que no la puede contener y la irradia sobre los otros». «Ningún pecado, aunque sea un abismo de corrupción agotará mi Misericordia. Aunque el alma sea como un cadáver en plena putrefacción, y no tenga humanamente ningún remedio, ante Dios sí lo tiene».

«Por los pecadores bajé a la tierra y derramé toda mi Sangre».

«Yo soy Santo y el menor pecado me horroriza. Pero cuando los pecadores se arrepienten, mi Misericordia no tiene límites. Cuando mayor es su pecado tanto mayor es su derecho a mi Misericordia".

«Los mayores pecadores podrían convertirse en grandes santos si confiaran en mi Misericordia. Encuentro mis delicias santificando a las almas. Los mayores pecadores tienen particular derecho a mi Misericordia: Es para Mí una alegría cuando acuden a mi Misericordia. Les colmo por encima de su esperanza».

«Di a mis Sacerdotes que los pecadores empedernidos se derretirán a causa de sus palabras, cuando hablen sobre mi Insondable Misericordia y sobre la

II. Oraciones

compasión que mi Corazón tiene para con ellos.

«Las almas que acudan al Tribunal de la Misericordia encontrarán los más sorprendentes milagros, pues cuando te acerques a confesar, debes saber que Yo mismo te espero en el confesionario, oculto en el sacerdote».

«Yo no puedo castigar al que confía en mi Misericordia. Castigo cuando se me obliga. Pero antes de venir como Juez el Día de la Justicia, Yo abro las puertas de mi amor y concedo el tiempo de la Misericordia».

«Cuando más confía el alma, tanto más alcanza».

«Si tu confianza es grande, mi generosidad no tendrá límites. Lo que más hiere a mi Corazón es el pecado de la desconfianza».

«Si un alma no practica la misericordia de alguna manera, tampoco la alcanzará en el día del Juicio».

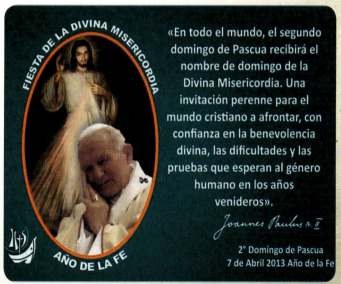

«En todo el mundo, el segundo domingo de Pascua recibirá el nombre de domingo de la Divina Misericordia. Una invitación perenne para el mundo cristiano a afrontar, con confianza en la benevolencia divina, las dificultades y las pruebas que esperan al género humano en los años venideros».

Joannes Paulus P. II

2° Domingo de Pascua
7 de Abril 2013 Año de la Fe

La Hora de la Misericordia

"A LAS TRES DE LA TARDE, suplica mi Misericordia, especialmente para los pecadores, y aunque sea por un brevísimo instante, absórbete en mi Pasión, en particular en mi desamparo en el momento de mi agonía. Este es el momento de la gran Misericordia hacia el mundo.
En tal hora, nada le será negado al alma que me lo pida por los méritos de mi Pasión"

(Diario de Sor Faustina)

Esta devoción fue aprobada por la Congregación para la Doctrina de la Fe el 15-4-1978.

Oraciones para rezar a "La hora de la Misericordia"

- Padre eterno, en esta hora Sagrada, te rogamos, mires a la humanidad a través de tu amadísimo Hijo Jesús crucificado, de sus Santas Llagas, a través de su corazón abierto y ten misericordia de nosotros y del mundo entero.
- Jesús crucificado, por los méritos de tu dolorosa pasión y de tu muerte, por el desamparo y la agonía que sufriste en la cruz, por la dolorosa pasión de tu Santísima Madre, ten misericordia de nosotros y del mundo entero.
- Expiraste Jesús, pero tu muerte hizo brotar un manantial de vida para las almas, y el océano de tu misericordia inundó todo el mundo. ¡Oh! Fuente de vida, insondable Misericordia Divina, inunda al mundo entero derramando sobre nosotros hasta tu última gota. (Diario, IV, 59).
- ¡Oh! Sangre y Agua que brotaste del Corazón de Jesús, como manantial de Misericordia para nosotros, en Ti confío. (I, 35).

(QUIEN TENGA TIEMPO PUEDE REZAR EL ROSARIO
DE LA MISERICORDIA O EL VIA-CRUCIS.)

La Coronilla de la Divina Misericordia
(Se reza utilizando el rosario)

PADRE NUESTRO, AVE MARÍA y CREDO.

Después, en las cuentas del rosario correspondientes al PADRE NUESTRO, dirás las siguientes palabras:

"Padre Eterno, yo te ofrezco el Cuerpo, la Sangre, el Alma y la Divinidad de Tu Amadísimo Hijo, Nuestro Señor Jesucristo, para el perdón de nuestros pecados y los del mundo entero."

En las cuentas del AVE MARÍA, dirás las siguientes palabras:
"Por su dolorosa Pasión, ten misericordia de nosotros y del mundo entero."

Para terminar, díganse tres veces estas palabras:

"Santo Dios, Santo Fuerte, Santo Inmortal, ten piedad de nosotros y del mundo entero."

Letanias a la Misericordia Divina

Señor, ten piedad de nosotros.
Cristo, ten piedad de nosotros.
Señor, ten piedad de nosotros.

Jesucristo, óyenos: Jesucristo escúchanos.
Dios Padre Celestial, ten piedad de nosotros.
Dios Hijo, Redentor del mundo, ten piedad de nosotros.
Dios Espíritu Santo, ten piedad de nosotros.
Santísima Trinidad, que sois un solo y verdadero Dios, ten piedad de nosotros.
* EN TI CONFÍO
1.- Jesús, Rey de Misericordia, que has redimido el mundo.*
2.- Jesús, Rey de Misericordia, por quien todas las cosas fueron creadas.*
3.- Jesús, Rey de Misericordia, que nos has santificado.*
4.-Jesús, Rey de Misericordia, que nos revelasteis el misterio de La Santísima Trinidad.*
5.- Jesús, Rey de Misericordia, que nos manifestasteis la Omnipotencia de Dios.*
6.- Jesús, Rey de Misericordia, que te manifiestas en la creación de los espíritus celestiales.*
7.- Jesús, Rey de Misericordia, que nos formasteis de la nada.*
8.- Jesús, Rey de Misericordia, que abrazas todo el universo.*
9.- Jesús, Rey de Misericordia, que nos das la vida eterna.*
10.- Jesús, Rey de Misericordia, que nos proteges del castigo merecido.*
11.- Jesús, Rey de Misericordia, que nos libras de la miseria del pecado.*
12.- Jesús, Rey de Misericordia, que nos concedes la justificación en el Verbo encarnado.*
13.- Jesús, Rey de Misericordia, que nos concedes misericordia por tus Santas llagas.*
14.- Jesús, Rey de Misericordia, que brota de Tu Santísimo Corazón.*

II. Oraciones

15.- Jesús, Rey de Misericordia, que nos distes a la Santísima.*
Virgen como Madre de Misericordia.*
16.- Jesús, Rey de Misericordia, por la cual has sufrido Tu encarnación, Pasión y Muerte.*
17.- Jesús, Rey de Misericordia, por medio de la cual ayudas a todos, en todas partes y siempre.*
18.- Jesús, Rey de Misericordia, por la cual nos has prevenido con Tus Gracias.*
19.- Jesús, Rey de Misericordia, la que nos has manifestado revelándonos los Misterios Divinos.*
20.- Jesús, Rey de Misericordia, la que manifestaste instituyendo Tu Santa Iglesia.*
21.- Jesús, Rey de Misericordia, que habiendo instituido los Santos Sacramentos, nos abriste los torrentes de Tus Gracias.*
22.- Jesús, Rey de Misericordia, por la que nos has obsequiado con los Santos Sacramentos del Bautismo y de la Penitencia.*
23.- Jesús, Rey de Misericordia, por la que nos has obsequiado con la Santísima Eucaristía y el Sacerdocio.*
24.- Jesús, Rey de Misericordia, que nos has llamado a Nuestra Santa Fe.*
25.- Jesús, Rey de Misericordia, que la manifiestas por la conversión de los pecadores.*
26.- Jesús, Rey de Misericordia, que la manifiestas iluminando a los fieles.*
27.- Jesús, Rey de Misericordia, que la revelas por la santificación de los justos.*
28.- Jesús, Rey de Misericordia, que llevas a los santos a la cumbre de la santidad.*
29.- Jesús, Rey de Misericordia, la que brota de Tus Santas llagas.*
30.- Jesús, Rey de Misericordia, la que brota de Tu Santísimo Corazón.*
31.- Jesús, Rey de Misericordia, que eres consuelo de los enfermos y afligidos.*
32.- Jesús, Rey de Misericordia, que eres el único consuelo de los corazones afligidos.*

33.- Jesús, Rey de Misericordia, que das esperanzas a las almas que se hallan en desesperación.*

34.- Jesús, Rey de Misericordia, que acompañas a todos los hombres siempre y en todas partes.*

35.- Jesús, Rey de Misericordia, que nos colmas con el torrente de Tus Gracias.*

36.- Jesús, Rey de Misericordia, que eres el refugio de los moribundos.*

37.- Jesús, Rey de Misericordia, que eres el consuelo de las almas del purgatorio.*

38.- Jesús, Rey de Misericordia, que eres la Corona de todos los Santos.*

39.- Jesús, Rey de Misericordia, que eres el gozo celestial de los que se salvan.*

40.- Jesús, Rey de Misericordia, que eres la fuente inagotable de los milagros.*

41.- Jesús, Rey de Misericordia, que eres la salvación del mundo.*

Cordero de Dios, que quitas los pecados del mundo. Perdónanos Señor.

Cordero de Dios, que quitas los pecados del mundo. Escúchanos Señor.

Cordero de Dios, que quitas los pecados del mundo. Ten piedad de nosotros.

Las Misericordias de Dios, son más grandes que todas sus obras.

Por eso cantaré las Misericordias de Dios para siempre.

II. Oraciones

Alabanzas a la Misericordia Divina

El Amor de Dios es la flor; la Misericordia el fruto. Que el alma titubeante lea estas consideraciones sobre la Misericordia Divina y recobre la confianza.

Misericordia Divina, que brotas del seno del Padre, en Ti confío.

Misericordia Divina, supremo atributo de Dios, en Ti confío.

Misericordia Divina, misterio incomprensible, en Ti confío. Misericordia Divina, fuente que brota del misterio de la Santísima Trinidad, en Ti confío.

Misericordia Divina, humano o angélico, en Ti confío.

Misericordia Divina, de donde brotan vida y felicidad, en Ti confío.

Misericordia Divina, más sublime que los cielos, en Ti confío. Misericordia Divina, manantial de milagros y maravillas, en Ti confío.

Misericordia Divina, abrazando todo el universo, en Ti confío. Misericordia Divina, que bajas a la tierra en la persona del Verbo Encarnado, en Ti confío.

Misericordia Divina, que manaste de la herida abierta en el Corazón de Jesús, en Ti confío.

Misericordia Divina, enclaustrada en el Corazón por nosotros, y especialmente por los pecadores, en Ti confío.

Misericordia Divina, insondable en la institución de la Sagrada Hostia, en Ti confío.

Misericordia Divina, que fundaste la Santa Iglesia, en Ti confío. Misericordia Divina, presente en el Sacramento del Santo Bautismo, en Ti confío.

Misericordia Divina, en la justificación de nosotros por Jesucristo, en Ti confío.

Misericordia Divina, que nos acompañas a lo largo de la vida, en Ti confío.

Misericordia Divina, que nos abrazas, especialmente a la hora de la muerte, en Ti confío.

Misericordia Divina, por quien recibimos el don de la inmortalidad, en Ti confío.

Misericordia Divina, siempre a nuestro lado en cada instante de nuestra vida, en Ti confío.

Misericordia Divina, escudo protector de las llamas infernales, en Ti confío.
Misericordia Divina, por quien se convierte el pecador empedernido, en Ti confío.
Misericordia Divina, que dejas atónitos a los ángeles; inasequible también a los santos, en Ti confío.
Misericordia Divina, insondable en todos los misterios de Dios, en Ti confío.
Misericordia Divina, que nos rescatas de toda miseria, en Ti confío.
Misericordia Divina, manantial de felicidad y gozo, en Ti confío. Misericordia Divina, que de la nada nos trajiste a la existencia, en Ti confío.
Misericordia Divina, que rodeas con Tus brazos toda obra de Sus manos, en Ti confío.
Misericordia Divina, que presides toda la obra de Dios, en Ti confío. Misericordia Divina, en la que estamos todos sumergidos, en Ti confío.
Misericordia Divina, dulce consuelo de los corazones angustiados, en Ti confío.
Misericordia Divina, única esperanza de los desesperados, en Ti confío.
Misericordia Divina, remanso de corazones, paz en la turbulencia, en Ti confío.
Misericordia Divina, gozo y éxtasis de las almas santas, en Ti confío.
Misericordia Divina, esperanza renovada, perdida ya toda esperanza, en Ti confío.
Dios Eterno, en quien la misericordia es infinita y el tesoro de compasión inagotable, vuelve a nosotros Tu bondadosa mirada y aumenta Tu misericordia en nosotros para que en los momentos difíciles, no nos desalentemos ni nos desesperemos, sino que, con la máxima confianza, nos sometamos a Tu santa voluntad, que es Amor y Misericordia.
Oh incomprensible e infinita Misericordia Divina, ¿quién podrá adorarte como Te mereces. Eres la dulce esperanza del pecador. Uníos estrellas, mar y tierra en un sólo himno y cantad a coro, con vuestra mejor voz, la Misericordia Divina, cuya comprensión no se nos alcanza. (11, 296-297).

Novena a la Misericordia Divina

Terminar cada día con la coronilla de la Divina Misericordia

Primer día
«**Hoy tráeme a todo el género humano, especialmente a los pecadores** y sumérgelas en el océano de Mi misericordia. De esta forma me consolará de la honda pesadumbre en que me sumió la pérdida de las almas».

Segundo día
«**Hoy tráeme las almas de los sacerdotes y religiosos** y sumérgelas en Mi misericordia insondable. Fueron ellos los que me dieron fortaleza para soportar hasta el fin las amarguras de mi Pasión. A través de ellos, como por canales, Mi misericordia fluye hasta los hombres».

Tercer día
«**Hoy tráeme a todas las almas devotas y fieles** y sumérgelas en el océano de Mi misericordia. Ellas me confortaron a lo largo del Vía Crucis. Fueron gota de consuelo en un océano de amargura».

Cuarto día
«**Hoy tráeme a los que no creen en en Mí y a los que todavía no me conocen.** Pensaba en ellos durante las angustias de Mi Pasión, y su futuro fervor servía de consuelo a Mi corazón. Sumérgelos en el océano de Mi misericordia».

Quinto día
«**Hoy tráeme las almas de nuestros hermanos separados** y sumérgelas en el océano de Mi misericordia. Durante las angustias de Mi Pasión desgarraron Mi cuerpo y Mi corazón, es decir, mi Iglesia. A medida que se reincorporan a ella, Mis heridas cicatrizan, y de esta forma sirven de bálsamo a Mi Pasión».

Sexto día
«**Hoy tráeme las almas mansas y humildes y las almas de los niños pequeños** y sumérgelas en Mi misericordia. Son estas las más parecidas a Mi corazón. Me proporcionaron fortaleza durante Mi amarga agonía, puesto que las veía como Ángeles terrestres, velando junto a Mis altares. Derramo sobre ellas gracias torrenciales, porque sólo el alma humilde es capaz de recibir Mi gracia. Distingo a las almas humildes con Mi confianza».

Séptimo día
«**Hoy tráeme las almas que veneran y glorifican especialmente Mi misericordia** y sumérgelas en Mi misericordia. Ellas sintieron los sufrimientos de Mi Pasión y penetraron en Mi Espíritu más profundamente que ninguna otra. Son vivo reflejo de Mi piadoso corazón, y resplandecerán con esplendor especial en la vida futura. Ninguna de ellas sufrirá el tormento del fuego eterno, porque las defenderé con particular empeño a la hora de la muerte».

Octavo día
«**Hoy tráeme las almas que están detenidas en el purgatorio** y sumérgelas en las profundidades de Mi misericordia. Que Mi Sangre, cayendo a chorros, apacigüe las llamas en que se abrasan. Todas estas almas me son muy queridas.
Ellas pagan el castigo que se debe a Mi justicia. En tu poder está socorrerlas. Saca todas las indulgencias del tesoro de Mi iglesia y ofrécelas por ellas. Oh, si supieras que tormentos padecen, ofrecerías continuamente por ellas las limosnas del Espíritu y saldarías las deudas que tienen con Mi justicia».

Noveno día
«**Hoy tráeme a las almas tibias** y sumérgelas en el abismo de Mi misercordia. Estas almas son las que mas hieren Mi corazón. A causa de las almas tibias, mi alma experimentó la más intensa repugnancia en el Huerto de los Olivos. Para ellas, la última tabla de salvación consiste en recurir a Mi misericordia».

II. Oraciones

D: Orar con el Espíritu Santo

Invocación al Espíritu Santo

V. ¡Envía tu Espíritu y será una nueva creación!
R. Y renovarás la faz de la tierra. Secuencia del Espíritu Santo

Secuencia del Espíritu Santo

Ven, Espíritu Divino, manda tu luz desde el cielo.

Padre amoroso del pobre; don, en tus dones espléndido; luz que penetra las almas; fuente del mayor consuelo.

Ven, dulce huésped del alma, descanso de nuestro esfuerzo, tregua en el duro trabajo, brisa en las horas de fuego, gozo que enjuga las lágrimas y reconforta en los duelos.

Entra hasta el fondo del alma, divina luz y enriquécenos.

Mira el vacío del hombre, si Tú le faltas por dentro; mira el poder del pecado, cuando no envías tu aliento.

Riega la tierra en sequía, sana el corazón enfermo, lava las manchas, infunde calor de vida en el hielo, doma el espíritu indómito, guía al que tuerce el sendero. Reparte tus siete dones, según la fe de tus siervos; por tu bondad y tu gracia, dale al esfuerzo su mérito; salva al que busca salvarse y danos tu gozo eterno. Amén.

Himno al Espíritu Santo

Ven, Espíritu Creador,
visita las mentes de tus fieles
y llena de tu gracia eterna
los corazones que has creado.
Tú eres el Paráclito
y don del Dios Altísimo,
fuente viva, amor y fuego,
y unción espiritual.
Tú gracia de los siete dones;
dedo de la diestra de Dios,
Tú, promesa del Padre;
inspiración en la boca de los apóstoles.
Llena de tu luz nuestros sentidos;
infunde amor en los corazones;
refuerza la debilidad de nuestro cuerpo
con la fuerza perpetua de tu gracia
Aleja de nosotros el enemigo,
danos cuanto antes tu paz,
guiados por tu presencia
haz que evitemos todo mal.
Que por Ti conozcamos al Padre,
y penetremos en el misterio del Hijo;
y creamos en Ti en todo tiempo
Tu que de los dos procedes. Amén.
V. ¡Envía tu Espíritu y será una nueva creación!
R. Y renovarás la faz de la tierra.
Gloria, adoración, bendición y amor a Ti, "ETERNO DIVINO ESPÍRITU",
que has traído sobre esta tierra al Salvador de nuestras almas. ¡Gloria y
honor a su adorabilísimo CORAZÓN, que nos ama con amor infinito!

***

Oración al Espíritu Santo
(Cardenal Mercier)

Oh, Espíritu Santo, alma del alma mía, yo te adoro. Ilumíname, guíame, fortifícame, consuélame, enséñame lo que tengo que hacer, dame tus órdenes. Prometo someterme a todo lo que deseas de mí y aceptar todo lo que quieras que me pase: haz solo que conozca tu voluntad. Amén.
(Esta sumisión al Espíritu Santo es el secreto de la santidad).

Invocación a María Santísima para obtener el Espíritu Santo

¡Oh Purísima Virgen María, que en tu Inmaculada Concepción fuiste hecha por el Espíritu Santo Tabernáculo escogido de la Divinidad, ruega por nosotros!
R. ¡Y haz que el divino Paráclito venga pronto a renovar la faz de la tierra!
Ave María...
¡Oh Purísima Virgen María, que en el misterio de la Encarnación fuiste hecha por el Espíritu Santo verdadera Madre de Dios, ruega por nosotros!
R. ¡Y haz que el divino Paráclito venga pronto a renovar la faz de la tierra!
Ave María...
¡Oh Purísima Virgen María, que estando en oración con los apóstoles en el Cenáculo fuiste inundada por el Espíritu Santo, ruega por nosotros!
R. ¡Y haz que el divino Paráclito venga pronto a renovar la faz de la tierra!
Ave María...
Ven Espírtu Santo, llena los corazones de tus fieles y enciende en ellos el fuego de tu amor.
V. ¡Envía tu Espíritu y será una nueva creación!
R. Y renovarás la faz de la tierra.

Oraciones para implorar al Espíritu Santo

Eterno Padre, en nombre de Jesucristo y por la intercesión de la Virgen María, envíame el Espíritu Santo.
Ven, Espíritu Santo, a mi corazón y santifícalo.
Ven, Padre de los pobres, y alíviame.
Ven, Autor del bien, y consuélame.
Ven, Luz de las mentes, e ilumíname.
Ven, Consolador de las almas, y confórtame.
Ven, dulce Huésped de los corazones, y no te apartes de mí.
Ven, verdadero Refrigerio de mi vida, y renuévame.
Tres veces «Gloria al Padre».
Espíritu Santo, eterno Amor, Ven a nosotros con tus ardores, Ven, inflama nuestros corazones.

Por la Intercesión de María envía al Espíritu Santo

Eterno Padre, en nombre de Jesucristo y por la intercesión de la Virgen María, envíame el Espíritu Santo.
Espíritu Santo,
Dios de infinita caridad, dame Tu Santo Amor.
Espíritu Santo,
Dios de las virtudes, conviérteme.
Espíritu Santo,
Dios Fuente de luces celestes, disipa mi ignorancia.
Espíritu Santo,
Dios de infinita pureza, santifica mi alma.
Espíritu Santo,
Dios de toda felicidad, comunícate a mi corazón.
Espíritu Santo,
Que habitas en mi alma, transfórmala y hazla enteramente tuya,
Espíritu Santo,
Amor sustancial del Padre y del Hijo, permanece siempre en mi corazón.
Tres veces «Gloria al Padre».
Espíritu Santo, eterno amor, Ven a nosotros con tus ardores, Ven, inflama nuestros corazones.

Para recibir los Dones y frutos del Espíritu Santo

Eterno Padre, en nombre de Jesucristo y por la intercesión de la Virgen María, envíame el Espíritu Santo.
Ven Espíritu Santo, y dame el don de la Sabiduría.
Ven Espíritu Santo, y dame el don del Entendimiento.
Ven Espíritu Santo, y dame el don del Consejo.
Ven Espíritu Santo, y dame el don de la Fortaleza.
Ven Espíritu Santo, y dame el don de la Ciencia.
Ven Espíritu Santo, y dame el don de la Piedad. Ven Espíritu Santo, y dame el don del Santo Temor de Dios.
Tres veces «Gloria al Padre».
Espíritu Santo, eterno Amor, Ven a nosotros con tus ardores, Ven, inflama nuestros corazones.
Gloria, adoración, bendición y amor a TI ETERNO DIVINO ESPÍRITU, que has traido sobre está tierra al Salvador de nuestras almas. ¡Gloria y honor a su adorabilísimo corazón, que nos ama con amor infinito!
Ven Espíritu Santo. VEN Potencia Divina de Amor, Ven y llena mi pobre corazón: Purifícalo, santifícalo hazlo todo tuyo.

II. Oraciones

Novena al Espíritu Santo

1. Espíritu Santo, Don de Dios al alma mía, pensando en Ti, la emoción y la admiración me embargan. No encuentro modo de expresar la felicidad íntima que me inunda al saber que eres mi huésped dulcísimo y vida divina en mí.

Como aguas que desbordan, mi alma queda abnegada en el amor, la calma y el deleite de contemplarte. Me quedo como atónito ante tanta condescendencia; pienso en tu belleza siempre superior a cuanto se pueda decir o imaginar; pienso en tu inagotable riqueza de gracia, de dones, de virtudes, de felicidad, de frutos y de beatitud.

Pienso en tu tierna bondad que te impulsa a habitar en mí. Tú tienes todo, Tú puedes todo, Tú quieres darme todo. Quedo, Señor, en un estado de conmovida admiración a pesar de mi miseria que me hace ser el último de la tierra. Te bendigo, te adoro, te doy gracias, te pido todo. Dame todo, oh. Espíritu Santo. Gloria al Padre y al Hijo (...)

2. Espíritu del Señor y Celeste donador con la más profunda humildad, pero también con toda la fuerza de mis ardientes deseos, te suplico me concedas, tus santos dones, particularmente la sabiduría y la piedad. Acrecienta en mí estos dones hasta su completo desarrollo, de modo que mi alma sea dócil y obediente a Tí, Maestro interior que yo viva habitualmente de tus dones y en la contemplación íntima y suave de Ti y de toda la Trinidad. Gloria al Padre y al Hijo (...)

3. Espíritu Santo, Maestro interior y santificador, te pido con insistencia incansable que instruyas mi inteligencia sobre toda la verdad y que hables a mi corazón, que me santifiques cuidando mi alma como cuidaste la de Nuestra Señora, tu Esposa Inmaculada, la de los Mártires y de los Santos.
Estoy sediento de santidad; no para mí, sino para darte gloria a Ti, Maestro de los maestros, Gloria a la Trinidad, esplendor a la Iglesia, ejemplo a las almas.
Veo, Señor, que no hay medio mejor para ser verdaderos apóstoles que el ser santos, pues sin santidad se resuelve bien poco. Espíritu Santo, escucha mi súplica y concédeme mis ardientes deseos. Gloria al Padre y al Hijo (...)

4. Espíritu Santo, verdad y luz beatísima, siento una profunda amargura al constatar que eres casi completamente desconocido o casi olvidado por la mayor parte de nosotros.
No te pensamos nunca, porque andamos distraídos por muchas preocupaciones, absorbidos por el Espíritu mundano, desatentos a tus premuras y delicadezas. ¡Cuál ingratitud!
Gran parte de esta culpa es nuestra, porque no vivimos la verdad de tu presencia y acción y de la cual casi nunca hablamos a las almas.
Acoge, Espíritu divino, estos pobres sentimientos míos, en reparación de tan deplorables olvidos, y como viva petición de luz para mí, para los sacerdotes y para los fieles. Gloria al Padre y al Hijo (...)

5. Espíritu Santo, amor y suavidad del Padre del Hijo, flor y perfume de la santidad de Dios, fuego divino encendido en mí, renueva enteramente mi corazón; limpia cada mancha y oscuridad, quema cada impureza, hazme conforme a la imagen y semejanza del Hijo divino.
Espíritu de fuego, que te dignas habitar personalmente en mí para santificarme, enciende en mí este fuego de amor, penetra y convierte con tu llama toda mi alma; desaparezca en mí cada afecto desordenado; empújame a conquistas apostólicas; dóname la gracia de ser llama, y de arder de puro y eterno amor. Gloria al Padre y al Hijo (...)

6. Espíritu de fortaleza, que has dado a los mártires la fuerza de morir gozosamente por la causa de Cristo Señor, infunde en mí este don divino en toda su intensidad.
Sacude mi pereza e indolencia, hazme fuerte para emprender todo lo que el Señor me pide, sin reparar en sacrificios o fatigas, para Gloria tuya y en beneficio espiritual y material de todos los hermanos.
Dame la fuerza de continuar con ardor, sin cansarme, sin abandono, sin posibilidad de descuidar lo que he comenzado.
Dame firmeza y energía para defender intrépidamente a la Iglesia, para afirmar ante todos la integridad de la fe y la verdadera obediencia al Papa y a los Obispos.

Dame la valentía sobrenatural en el apostolado; que yo os persevere hasta el final, a pesar de cualquier martirio del alma o del cuerpo. Espíritu divino, rodéame de tu omnipotencia, susténtame con tu vigor y penétrame de tu invencible fortaleza.
Gloria al Padre y al Hijo (...)

7. Espíritu de verdad y de luz, llama y calor de la luz, luz beatísima, aclara y disipa de mi mente las sombras del error y de la duda.
Irradia e ilumina con perfecta claridad lo más íntimo del alma. Haz que yo rechace siempre cada error; que adquiera fuertemente la verdad según las enseñanzas de la Iglesia; que ande en tu esplendor.
Vestido de tu santa luz, haz que yo permanezca siempre en tu verdad y pura claridad.
Gloria al Padre y al Hijo (...)

8. Espíritu purificador, purifícame de cada mancha. Santifícame y dame las virtudes de Jesús, sus mismas intenciones y disposiciones interiores. Seas en mí el mismo Espíritu de Jesús. Comunícame hacia Jesús el mismo amor con que el Padre ama a su Hijo divino y dame la misma atracción que el Padre siente hacia su amadísimo y carísimo Hijo Jesús. Gloria al Padre y al Hijo (...)

9. Espíritu Santo, te suplico que ilumines mi mente con la claridad de tu luz, necesaria para mí, y para los que a mí se dirigen, y que sostengas mi débil voluntad con gracias de amor y de fortaleza.
Divino santificador, condúceme a la cumbre de la santidad, por medio del trabajo continuo, paciente, dócil a tus premuras.
La Santidad eres Tú y yo debo dejarte vivir en mí, favoreciendo tu obra de perfección.
Divino renovador, renueva todo, elimina cada mal, cada peligro, cada maldad, haz todo nuevo en mí, purifícarne, hazme todo santo.
Divino vivificador, Alma de mi alma, dame la fuerza de testimoniar y glorificar siempre, junto a Tí, al Hijo divino, de vivir para su Gloria y de morir en su amor. Divino donador, dame tus dones para contemplar a Dios en la luz de sus misterios, para comprender el verdadero valor de la vida, y de las cosas, y para amar a todos con pura caridad como si ya estuviera en el cielo.
Gracias. Amén.
Gloria al Padre y al Hijo (...)

Rosario del Espíritu Santo

COMIENZO

V. Dios mío, ven en mi auxilio.
R. Señor, date prisa en socorrerme.
V. Gloria al Padre (...)
R. Como era en principio (...)

- Gloria, adoración, bendición... (se repite en cada misterio después del Gloria).
- Se anuncia el misterio y se medita por un momento en silencio o se lee la Palabra de Dios.
- Sigue el Padre nuestro y el Ave María.
- Por siete veces se dice;

V. Ven, Espíritu Santo, llena los corazones de tus fieles.
R. Y enciende en ellos el fuego de tu Amor.

- Se concluye con el Gloria.
- Al inicio, entre un misterio y otro, y al final del Rosario, se aconseja un canto al Espíritu Santo.

Se usa la corona roja, con siete cuentas, propia para el Rosario del Espíritu Santo.

LOS MISTERIOS

1 "Jesús está concebido por obra del Espíritu Santo en el seno de la Virgen María". (Lc 1,30-35)

2 "Jesús está consagrado Mesías en el Jordán por el Espíritu Santo". (Lc 3,21-22)

3 "Jesús muere en La Cruz para quitar el pecado y dona el Espíritu Santo". (Lc 19,28-30)

4 "Jesús dona a los Apóstoles el Espíritu Santo para la remisión de los pecados". (Jn 20,19-23)

5 "El Padre y Jesús, en Pentecostés, derraman el Espíritu Santo: la Iglesia, constituida en poder, se abre a la misión en el mundo". (He 2,1-13)

6 "El Espíritu Santo desciende por primera vez sobre los paganos". (He 10,34-48)

7 "El Espíritu Santo guía a la Iglesia de todos los tiempos, dándole sus dones y carismas". (He 15,22-29); (Ga ,22-23); (1 co 12,12-14); (Rm 8,26-27)

Al final: un «Pater», «Ave», «Gloria» para que el Espíritu Santo ilumine el Santo Padre y los Obispos en su ministerio pastoral.

CONCLUSIÓN

Puede seguir la oración de las letanías y el acto de donación y de consagración al Espíritu Santo (páginas siguientes).

Letanías del Espíritu Santo

Señor, **¡ten misericordia de nosotros!**
Cristo, **¡ten misericordia de nosotros!**
Señor, **¡ten misericordia de nosotros!**
Padre todo poder, **¡ten misericordia de nosotros!**
Jesús, Hijo eterno del Padre y Redentor del mundo, **¡sálvanos!**
Espíritu del Padre y del Hijo, que unes las dos vidas, **¡santifícanos!**
Santísima Trinidad, único Dios, **¡escúchanos!**
Espíritu Santo, que procedes del Padre y del Hijo, **¡ven a nuestros corazones!**
Espíritu Santo, que eres igual al Padre y al Hijo, **¡ven a nuestros corazones!**
Promesa de Dios Padre, **¡ven a nuestros corazones!**
Rayo de luz del cielo, **¡ven a nuestros corazones!**
Autor de cada bien, **¡ven a nuestros corazones!**
Fuente de agua viva, **¡ven a nuestros corazones!**
Fuego consumidor, **¡ven a nuestros corazones!**
Unción Espiritual, **¡ven a nuestros corazones!**
Espíritu de amor y de verdad. **¡desciende sobre nosotros!**
Espíritu de sabiduría y de ciencia, **¡desciende sobre nosotros!**
Espíritu de consejo y fortaleza, **¡desciende sobre nosotros!**
Espíritu de intelecto y piedad, **¡desciende sobre nosotros!**
Espíritu del santo temor de Dios, **¡desciende sobre nosotros!**
Espíritu de gracia y de oración, **¡desciende sobre nosotros!**
Espíritu de paz y de mansedumbre, **¡desciende sobre nosotros!**
Espíritu de modestia y de inocencia, **¡desciende sobre nosotros!**
Espíritu Consolador, **¡desciende sobre nosotros!**
Espíritu Santificador, **¡desciende sobre nosotros!**
Espíritu que gobiernas la Iglesia, **¡desciende sobre nosotros!**
Don del Dios Altísimo, **¡desciende sobre nosotros!**
Espíritu que llenas el universo, **¡desciende sobre nosotros!**
Espíritu de adopción de los hijos de Dios, **¡desciende sobre nosotros!**

R/. ¡Te rogamos oyénos!

Espíritu Santo,	**inspira en nosotros el horror de los pecados.**
Espíritu Santo,	**ven y renueva la faz de la tierra.**
Espíritu Santo,	**irradia con tu luz nuestras almas.**
Espíritu Santo,	**marca tu ley en nuestros corazones.**
Espíritu Santo,	**inflámanos con el fuego de tu amor.**
Espíritu Santo,	**derrama en nosotros el tesoro de tus gracias.**
Espíritu Santo,	**enséñanos a rezar mejor.**
Espíritu Santo,	**ilumínanos con tus divinas inspiraciones.**
Espíritu Santo,	**condúcenos por el camino de la salvación.**
Espíritu Santo,	**haznos conocer la única ciencia necesaria.**
Espíritu Santo,	**inspira en nosotros la práctica del bien.**
Espíritu Santo,	**concédenos el mérito de todas las virtudes.**
Espíritu Santo,	**haznos perseverantes en la justicia.**
Espíritu Santo,	**seas Tú nuestra eterna recompensa.**

Cordero de Dios que quitas los pecados del mundo,
¡mandanos tu Espíritu!
Cordero de Dios que quitas los pecados del mundo,
¡llena nuestras almas de los dones del Espíritu Santo!
Cordero de Dios que quitas los pecados del mundo,
¡donanos el Espíritu de sabiduría y de piedad!

V. ¡Envía tu Espíritu y habrá una nueva creación!
R. Y renovarás la faz de la tierra.

Oremos — Oh Dios, que en el misterio de Pentecostés santificas tu Iglesia en cada pueblo y nación, difunde los dones del Espíritu Santo hasta los confines de la tierra y continua hoy, en la comunidad de los creyentes, los prodigios que hicisteis al comenzar la predicación del Evangelio. Te lo pedimos por Cristo Nuestro Señor. Amén.

Acto de donación y de consagración al Espíritu Santo

Espíritu Santo, Espíritu de Jesús y del Padre,
Tú quieres habitar en mí, pobre pecador,
y transformarme en templo de tu gloria.
Ven, Espíritu de la Comunión Divina,
ven, y llena todo mi ser.
Ven y úneme a Jesús crucificado y resucitado,
para ser con Él y con sus hermanos un solo cuerpo,
un hijo predilecto del Padre.
TU TE HAS DADO A MI SIN MEDIDA.
HUMILDEMENTE YO TAMBIÉN ME DOY
Y ME CONSAGRO A TI.
Hazme dócil a tu acción
para que Tú puedas realizar tu Misión en mí,
en la Iglesia y en el mundo,
ahora y hasta la hora en que me entregue Contigo
entre las manos del Padre,
como Jesús, para la eternidad.
Te ruego con María y todos los Santos.
Amén. Aleluya.

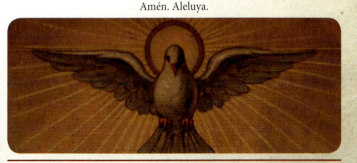

E: Orar con María

Oración Santa Madre Virgen del Carmen

Santa Madre, te pedimos que intercedas ante tu Hijo nuestro Salvador por nuestros familiares y amigos, por todas las personas del mundo. Auméntanos a todos la fe.

Tú que acogiste en tu seno al Hijo de Dios Altísimo, ayúdanos a ser como Tú: acogedores, comprensivos, tolerantes y misericordiosos con cada persona que nos encontremos hoy. Ayúdanos a ver en la diversidad de las lenguas, naciones y razas, la riqueza que el mismo Dios nos ha ofrecido para alegrar nuestro corazón.

Protectora de los "navegantes", guía a todos los que caminan en esta vida sobre la tierra o sobre el mar, en internet, en la televisión, en la radio, para que sean iluminados por Dios a promover el bien, la justicia y la paz.

Y haz que, aquellos que solicitan el matrimonio, el bautismo y la Eucaristía para sus hijos o bien se acercan a recibir tu Cuerpo, estén a la altura de la dignidad que piden estos santos sacramentos.

Ayúdanos a descubrir que cada confesión es una resurrección de nuestra propia alma.

Te lo pedimos por Jesucristo Nuestro Señor.

Amén.

Bendita sea tu pureza

Bendita sea tu pureza
y eternamente lo sea,
pues todo un Dios se recrea,
en tan graciosa belleza.
A ti celestial princesa,
Virgen Sagrada María,
te ofrezco en este día,
alma, vida y corazón.
Mírame con compasión,
no me dejes, Madre mía. Amén

Bajo tu protección

Bajo tu amparo nos
acogemos, Santa
Madre de Dios; no
deseches las súplicas
que te dirigimos en
nuestras necesidades;
antes bien, líbranos
siempre de todo peligro,
¡Oh Virgen gloriosa y bendita!

Memorare - El acordaos

Acordaos, oh piadosísima Virgen María, que jamás se ha oído decir que ninguno de los que han acudido a tu protección, implorando tu asistencia y reclamando tu socorro, haya sido abandonado de ti. Animado con esta confianza, a ti también acudo, oh Madre, Virgen de las vírgenes, y aunque gimiendo bajo el peso de mis pecados, me atrevo a comparecer ante tu presencia soberana. No deseches mis humildes súplicas, oh Madre del Verbo Divino, antes bien, escúchalas y acógelas benignamente. Amén.

Credo Mariano del Cristianismo

Creo que la Madre de Dios es también mi Madre.
Creo que soy hijo de la Madre del Redentor.
Creo oh Virgen Auxiliadora que tu mirada no se aparta jamás de mí.
Creo que los que te honran poseerán la vida eterna.
Creo que gozas cuando te llamo.
Creo que comprendes plenamente mi llamada.
Creo que lo que me niegas, me lo niegas por amor maternal.
Creo que te preocupas cuando me ves sufrir.
Creo que te alegras cuando me arrepiento de mis pecados.
Creo que curas mis heridas cuando te lo permito.
Creo que no dejas de ayudarme aun en momentos de mala voluntad mía.
Creo que me amas con amor de preferencia cuando trato de ser mejor.
Creo que me amas con amor de misericordia cuando me dejo vencer por el mal.
Creo que me quisiste desde el primer momento de mi vida.
Creo que te amaré por toda la eternidad.
Creo que cuando Dios quiere hacer santa a una persona la hace más devota de la Virgen María.
Creo que si como los latidos del corazón son señal segura de vida, así, invocar con frecuencia a la Madre de Dios es señal de vida eterna.
Creo que si tengo fe en María Auxiliadora, veré lo que son milagros.
Creo que en asuntos de salud la Santísima Virgen puede hacer lo que no pueden obtener los médicos.
Creo que lo primero que me pide la devoción a María Santísima es luchar contra el pecado.
Creo que una devoción a la Virgen María en la que no se consiga la enmienda de mi vida, no es grata del Señor. Creo que cuando María ruega, todo se obtiene, nada se niega.

Creo que jamás se ha oído decir que alguno que haya invocado con fe a la Madre de Dios haya sido abandonado.

Creo que tengo una Madre que no se me va a morir: María. Creo que si digo varias veces cada día: -María Auxiliadora, ruega por nosotros-, obtendré maravillosos favores que necesito.

Creo que si rezo con fe a la Virgen María, llegará pronto el tiempo en que el demonio no logrará que yo cometa ni un solo pecado deliberado.

Creo que María, como en Caná, se da cuenta cada día de lo que necesitamos y ruega a Jesús por nosotros.

Creo que nada es imposible para quien tiene fe; que todo es posible para quien cree sin dudar.

Oración del adorador a la Virgen

Santísima Virgen,
Madre de la Eucaristía,
Madre de Jesús y Madre nuestra.
Tú nos invitas
a acercarnos a Jesús,
a su Morada Eucarística y a adorarlo sin cesar,
como tú lo adoras.
Que entendamos, Madre,
que en cada hora de adoración Jesucristo nos sana,
nos bendice, disipa las nubes de dolor y soledad
y quita nuestra tristeza regalándonos paz y amor.
Acompáñanos y haz de nosotros
esos adoradores
que busca el Padre:
en espíritu y verdad.
Ruega por nosotros. Amén

Acto de Consagración a María

¡Oh Señora mía, oh Madre mía! , yo me entrego del todo a ti y en prueba de mi filial afecto, te consagro en este día: mis ojos, mis oídos, mi lengua, mi corazón, en una palabra, todo mi ser. Ya que soy todo tuyo, Madre de Bondad, guárdame y protégeme, como cosa y posesión tuya. Amén.

La devoción de las 3 Ave Marías

Decía Jesús: "¿De qué aprovechará al hombre ganar el mundo si pierde su alma?'
Y esas palabras repetía San Ignacio de Loyola, recordando que el negocio más importante es el de alcanzar la eterna salvación.
¿Quieres salvarte? Encomiéndate a la Virgen María, que suplicando a su Divino Hijo es omnipotente. Pídele su protección como Madre, rezando todos los días "tres avemarias' En recuerdo de los privilegios con que la enriqueció la Santísima Trinidad (el poder que le otorgó Dios-Padre, la sabiduría que le comunicó Dios-Hijo, y la misericordia de que la colmó Dios-Espíritu Santo).
La Virgen Inmaculada prometió a Santa Matilde y a los santos, que quien rece diariamente las "tres avemarias tendrá su auxilio durante la vida y su especial asistencia a la hora de la muerte.
Rezar así:
María, Madre mía, líbrame de caer en pecado mortal.
1º Por el poder que te concedió el Padre Eterno.
   Ave María...
2º Por la sabiduría que te concedió el Hijo. Ave
   María...
3º Por el amor que te concedió el Espíritu Santo.
Ave María..., Gloria...

Oración a María que desata nudos

Santa María desatadora de nudos. Santa María, llena de la presencia de Dios. Santa María, llena de la Presencia de Dios, durante los días de tu vida, aceptaste con toda humildad la voluntad del Padre, y el Maligno nunca fue capaz de enredarte con sus confusiones.

Ya junto a tu Hijo intercediste por nuestras dificultades y, con toda sencillez y paciencia, nos diste ejemplo de cómo desenredar la madeja de nuestras vidas.

Y al quedarte para siempre como Madre Nuestra, pones orden y haces más claros los lazos que nos unen con el Señor.

Santa María, Madre de Dios y Madre Nuestra, Tú que con corazón materno desatas los nudos que entorpecen nuestra vida, te pedimos que nos recibas en tus manos y que nos libres de las ataduras y confusiones con que nos hostiga el que es nuestro enemigo.

Por tu gracia, por tu intercesión, con tu ejemplo, líbranos de todo mal, Señora nuestra, y desata los nudos que impiden que nos unamos a Dios, para que, libres de toda confusión y error, lo hallemos en todas las cosas, tengamos en Él puestos nuestros corazones y podamos servirle siempre en nuestros hermanos. Amén.

VIRGEN MARIA, MADRE QUE DESATAS LAS CADENAS DE NUESTROS VICIOS ¡DESATA LOS NUDOS QUE NOS ESCLAVIZAN Y QUE NO NOS DEJAN VOLAR LIBRES HACIA DIOS!

Rosario al Inmaculado Corazón de María

Con el rosario ordinario, sin decir el Credo, ni Padres Nuestros ni Ave Marías.
Para comenzar: En honor de las cinco Sagradas Llagas de Nuestro Divino Redentor, hagamos cinco veces seguidas la señal de la cruz.

En las cuentas grandes de los misterios: "Corazón doloroso e Inmaculado de María, rogad por nosotros que nos refugiamos en Ti"

En las 10 cuentas pequeñas: "Madre Nuestra, ¡Sálvanos, por la llama de amor de tu Inmaculado Corazón!".

Para terminar (tres veces) Gloria al Padre, al Hijo y al Espíritu Santo, como era en un principio, ahora y siempre, por los siglos de los siglos, amén.

Oración para la difusión de la Llama de Amor del Inmaculado Corazón de María.
(Con aprobación personal de S.S. Paulo VI, Nov. 1973)

¡Bienaventurada siempre Virgen María, queridísima Madre nuestra del Cielo! tú amas tanto a Dios y a nosotros, tus hijos, que ofreciste a tu Divino Hijo, Jesús, en la cruz como desagravio, a nuestro Padre Celestial, para alcanzar la salvación para nosotros, a fin de que el que crea en Él, no perezca, sino tenga vida eterna.
Con filial confianza, te rogamos Madre; que con la llama de amor de tu Inmaculado Corazón, atizada por el Espíritu Santo, enciendas en nuestros corazones lánguidos, el fuego del amor perfecto hacia Dios y los hombres, a fin, de que unidos contigo en un solo corazón, amemos sin cesar a Dios, y a nuestro prójimo.

Letanías al Inmaculado Corazón de María

Señor, ten piedad... **R/.** Señor, ten piedad de nosotros.
Cristo, ten piedad... **R/.** Cristo, ten piedad de nosotros.
Señor, ten piedad... **R/.** Señor, ten piedad de nosotros
Cristo, óyenos. **R/.** Cristo, óyenos.
Cristo, escúchanos. **R/.** Cristo, escúchanos.
Dios Padre celestial, ten misericordia de nosotros. Dios Hijo Redentor del mundo, ten misericordia de nosotros. Dios Espíritu Santo, ten misericordia de nosotros. Santa Trinidad, un solo Dios, ten misericordia de nosotros. (La respuesta sera: **ruega por nosotros**).
Santa María, Corazón Inmaculado de María.
Corazón de María, lleno de gracia.
Corazón de María, vaso del amor más puro.
Corazón de María, consagrado íntegro a Dios.
Corazón de María, preservado de todo pecado.
Corazón de María, morada de la Santísima Trinidad.
Corazón de María, delicia del Padre en la Creación.
Corazón de María, instrumento del Hijo en la Redención.
Corazón de María, la esposa del Espíritu Santo.
Corazón de María, abismo y prodigio de humildad.
Corazón de María, medianero de todas las gracias.
Corazón de María, latiendo al unísono con el Corazón de Jesús.
Corazón de María, gozando siempre de la visión beatífica.
Corazón de María, holocausto del amor divino.
Corazón de María, abogado ante la justicia divina.
Corazón de María, traspasado de una espada.
Corazón de María, coronado de espinas por nuestros pecados.
Corazón de María, agonizando en la Pasión de tu Hijo.
Corazón de María, exultando en la resurrección de tu Hijo.
Corazón de María, triunfando eternamente con Jesús.

Corazón de María, fortaleza de los cristianos.
Corazón de María, refugio de los perseguidos.
Corazón de María, esperanza de los pecadores.
Corazón de María, consuelo de los moribundos.
Corazón de María, alivio de los que sufren.
Corazón de María, lazo de unión con Cristo.
Corazón de María, camino seguro al Cielo.
Corazón de María, prenda de paz y santidad.
Corazón de María, vencedora de las herejías.
Corazón de María, de la Reina de Cielos y Tierra.
Corazón de María, de la Madre de Dios y de la Iglesia.
Corazón de María, que por fin triunfarás.

Cordero de Dios que quitas el pecado del mundo.
Perdónanos Señor
Cordero de Dios que quitas el pecado del mundo.
Escúchanos Señor
Cordero de Dios que quitas el pecado del mundo.
Ten misericordia de nosotros.

V. Ruega por nosotros Santa Madre de Dios
R. Para que seamos dignos de alcanzar la promesas de Nuestro Señor Jesucristo

Oremos

Tú que nos has preparado en el Corazón Inmaculado de María una digna morada de tu Hijo Jesucristo, concédenos la gracia de vivir siempre conforme a sus enseñanzas y de cumplir sus deseos. Por Cristo tu Hijo, Nuestro Señor.
Amen

Oración por medio del Corazón de María

Clementísimo Dios, que para salvación de pecadores y refugio de desgraciados, quisiste que el Corazón Inmaculado de María fuese lo más parecido en caridad y misericordia al divino Corazón de su Hijo Jesucristo: concédenos, por la intercesión y méritos del dulcísimo y amantísimo Corazón que ahora conmemoramos, el llegar a ser semejantes al Corazón de Jesús.

A Nuestra Señora del Sagrado Corazón

Corazón de María, perfecta imagen del Corazón de Jesús, haced que nuestros corazones sean semejantes a los vuestros. Amén.

Consagración individual al Corazón Inmaculado de María
(Según San Luis María de Montfort)

"Yo, N..., pecador infiel, renuevo y ratifico hoy en vuestras manos los votos de mi bautismo. Renuncio para siempre a Satanás, a sus pompas y a sus obras, y me doy todo entero a Jesucristo, la sabiduría encarnada, por llevar mi cruz en su seguimiento, todos los días de mi vida. Y para ser más fiel de lo que he sido hasta aquí, os escojo hoy, ¡Oh María! , en presencia de toda la corte celestial por mi Madre y Señora. Os entrego y consagro, en calidad de esclavo, mi cuerpo y mi alma, mis bienes interiores y exteriores aun el valor de mis buenas acciones pasadas, presentes y futuras, dejándonos entero y pleno derecho para disponer de mí y de todo lo que me pertenece, sin reserva, a vuestro beneplácito y a mayor Gloria de Dios, en el tiempo y en la eternidad."

Septenario de los Dolores

Por la señal... Señor mío Jesucristo...

Oración para cada día

Virgen Inmaculada, Madre de piedad, llena de aflicción y amargura; te suplico ilustres mi entendimiento y enciendas mi voluntad, para que con espíritu fervoroso contemple los dolores que se proponen en este septenario y pueda conseguir las gracias prometidas a los que se ocupan en este santo ejercicio. Amén.

Primer dolor: Profecía de Simeón (Lc. 2, 25-33)

Me compadezco, Madre Dolorosa, por el dolor que padeciste con el anuncio de Simeón cuando dijo que tu corazón sería el blanco de la Pasión de tu Hijo. Haz, Madre mía, que sienta en mi interior la pasión de tu Hijo y tus dolores.
    V. Corazón Doloroso, Inmaculado y Dulcísimo de María.
        R. Ruega por nosotros.
      (Se repite después de cada dolor)

Segundo dolor: La huida a Egipto (Mt. 2,13-1 8)

Me compadezco, Madre Dolorosa, por el dolor que padeciste en el destierro a Egipto, pobre y necesitada en aquel largo camino. Haz, Señora, que sea libre de las persecuciones de mis enemigos.

Tercer dolor: El Niño perdido (Lc. 2,40-50)

Me compadezco, Madre Dolorosa, por el dolor que padeciste por la pérdida de tu Hijo en Jerusalén por tres días. Concédeme lágrimas de verdadero dolor para llorar mis culpas por las veces que he perdido a mi Dios, y que lo halle para siempre.

Cuarto dolor: La calle de la Amargura (Tradición)

Me compadezco, Madre Dolorosa, por el dolor que padeciste al ver a tu Hijo con la Cruz sobre sus hombros, caminando al calvario con escarnio, baldones y caídas. Haz, Señora, que lleve con paciencia la cruz de la mortificación y trabajos.

Quinto dolor: La Crucifixión (Lc. 23, 33-46)

Me compadezco, Madre Dolorosa, por el dolor que padeciste al ver morir a tu Hijo, clavado en la cruz entre dos ladrones. Haz, Señora que viva crucificado con mis vicios y pasiones.

Sexto dolor: El Descendimiento (Mc. 15,42-47)

Me compadezco, Madre Dolorosa, por el dolor que padeciste al recibir en tus brazos aquel santísimo cuerpo difunto y desangrado con tantas llagas y heridas. Haz, Señora, que mi corazón viva herido de amor y muerto a todo lo profano.

Séptimo dolor: La Sepultura (Jn. 19, 38-42)

Me compadezco, Madre Dolorosa, por el dolor que padeciste en tu soledad, sepultado ya tu Hijo. Haz, Señora, que quede yo sepultado a todo lo terreno y viva sólo para ti.

Oración final para todos los días

Purísima Virgen María, humildemente te ruego que la gracia que te pido, siendo para mayor gloria de Dios y bien de mi alma, me la alcances de tu divino Hijo; y si no que se haga en todo su Santísima Voluntad y que yo nunca le ofenda. Amén.

Rosario de las Lágrimas y Sangre

En el nombre del Padre del Hijo y del Espíritu Santo, **Amén**

Oración inicial

Jesús crucificado, postrado a tus pies, te ofrecemos las lágrimas y sangre de aquella que te acompaño con tierno amor y compasión en tu Vía-crucis. Concédenos la gracia, ¡Oh buen Maestro! , de tomar a pecho las enseñanzas contenidas en las lágrimas y sangre de Tu Santísima Madre, para cumplir Tu Voluntad, de tal manera que un día seamos dignos de alabarte y glorificarte por toda la eternidad. **Amén.**

Al comenzar cada uno de los siete misterios, se reza como sigue:
1. Se dice el misterio (según el día).
2. **V:** Oh Jesús mío, mira las lágrimas y sangre de aquella que te tenía el amor más grande en la tierra.
R: Y te ama con el amor más fervoroso en el cielo.

En lugar de las Avemarías se dice:
V: Oh, Jesús escucha nuestros ruegos.
R: Por las lágrimas y sangre de Tu Santísima Madre.

Al finalizar los siete misterios, se reza tres veces la siguiente oración:
Oh Jesús mío, mira las lágrimas y sangre de aquella que te tenía el amor más grande en la tierra y Te ama con el amor más fervoroso en el cielo.

Oración final

Oh María, Madre del amor, de los dolores y de la misericordia, te suplicamos reúne Tus ruegos con los nuestros, para que Jesús, a quien nos dirigimos en el nombre de "Tus lágrimas y sangre maternas", escuche nuestras suplicas, concediéndonos con las gracias que te pedimos la corona de la vida eterna. **Amén.**

Tus lágrimas y sangre, oh Madre Dolorosa, destruyan el reino del infierno. Por tu Divina mansedumbre, oh encadenado Jesús, guarda al mundo de los horrores amenazantes. **Amén.**

V: María Rosa Mística.
R: Ruega a Jesús por nosotros. (Tres veces)

En el nombre del Padre del Hijo y del Espíritu Santo. **Amén.**

Corona Franciscana de los 7 gozos

- Dios mío, ven en mi auxilio.
- Señor, date prisa en socorrerme.
- Gloria al Padre, y al Hijo y al Espíritu Santo, como era en el principio, ahora y siempre, por los siglos de los siglos. Amén.

Primer gozo - El Ángel Gabriel anuncia a María el Nacimiento de Jesús.
- Lc 1,30-31.38 y reflexión
- Padre nuestro, 10 Avemarías y Gloria

Oh María, Virgen de la escucha, tú eres la llena de gracia, tú eres la humilde esclava del Señor. Tú has dado libremente tu sí al anuncio del ángel y te has convertido en madre del Hijo de Dios hecho hombre. Enséñanos a decir siempre sí al Señor, aunque nos cueste.

Segundo gozo - María visita a su pariente Isabel
- Lc 1,39-42 y reflexión
- Padre nuestro, 10 Avemarías y Gloria

Tú, María, madre del Señor, llevando a Jesús, que ha tomado cuerpo en ti, vas a visitar con gozosa premura a la anciana prima Isabel, para ponerte a su servicio. A tu saludo, su hijo es santificado por la presencia del Salvador. Enséñanos, Madre de Dios, a anunciar y llevar siempre a Jesús a los demás.

Tercer gozo - Jesús, Hijo de Dios, nace de la Virgen María.
- Lc 2,6-7 y reflexión
- Padre nuestro, 10 Avemarías y Gloria

Oh María, madre siempre Virgen, en la pobreza de una cueva has dado a luz a Jesús, venido al mundo para nuestra salvación. Tú adoras como Hijo de Dios al que has engendrado. Guíanos por el camino de una fe viva en Jesús, nuestro Señor y Salvador.

Cuarto gozo - Unos magos de Oriente adoran al niño Jesús en Belén.
- Mt 2,1.11 y reflexión
- Padre nuestro, 10 Avemarías y Gloria

Oh María, pobre y humilde de corazón, enséñanos a no juzgar, sino a confiar únicamente en la misericordia de Dios, que no hace distinción de personas. Porque, si nuestra fe no se traduce en obras, muchos "magos" nos irán por delante en el reino de los cielos.

Quinto gozo - María y José encuentran al niño Jesús en el templo.
- Lc 2,43.46.48-49 y reflexión
- Padre nuestro, 10 Avemarías y Gloria

Oh María, Virgen del silencio, tú saltas de gozo al encontrar a Jesús en el templo de Jerusalén, y adoras el misterio del Hijo de Dios Creador, que en Nazaret vive obediente a sus criaturas. Enséñanos a buscar siempre a Jesús y a vivir en su obediencia.

Sexto gozo - Jesús resucita victorioso de la muerte y se aparece a los suyos.
- Hc 1,14; 2,1-4 y reflexión
- Padre nuestro, 10 Avemarías y Gloria

Oh María, fuente del gozo, tú eres la madre del Señor resucitado. Él es quien ha vencido la muerte. Él es nuestra esperanza en el camino de la vida. Enséñanos, María, a vencer la muerte del egoísmo, para vivir en la resurrección del amor.

Séptimo gozo - María es elevada al cielo y coronada como reina y primicia de la humanidad redimida.
- Ap 11,19; 12,1 y reflexión
- Padre nuestro, 10 Avemarías y Gloria

Oh María, Reina de los ángeles y de los santos, coronada de gloria y honor en el gozo sin fin del paraíso, tú brillas delante de nosotros como estrella de la mañana. Enséñanos, Madre, a caminar por el mundo con la mirada puesta allá donde está el gozo auténtico y definitivo.

La oración de la entrega

Inmaculada Madre María,
dispensadora del más rico don
del cielo y de la tierra,
dadora de Jesús mortal en el Evangelio,
de Jesús glorioso en el cielo, y de
Jesús Sacramentado en el Sagrario,
para gloria de tu Hijo,
que goza en darse,
y para delicia tuya que es dárnoslo,
despierta en torno de cada copón
muchas hambres de comerlo,
de hablarle, de mirarlo sin verlo,
de escucharlo sin oírlo,
de bañarse en miradas suyas,
de ungirlo en la virtud que exhala
de su cuerpo Sacramentado,
y de perfumarle en el olor
de sus virtudes eucarísticas.
Madre y Señora del Santísimo Sacramento,
en torno de la carne sacrificada de tu Hijo,
abre muchas bocas de comensales
que se divinicen comiéndolo,
y delante de los oídos, y los ojos,
y las manos, y el Corazón
de tu Hijo Sacramentado
que se repita perennemente
el Padrenuestro rezado,
saboreado, rumiado y asimilado
por la fe viva y la confianza en Él
y la desconfianza en nosotros.

II. Oraciones

La oración hecha "Sí" a Dios

Madre Inmaculada,
persuadida mi alma
de la necesidad imprescindible
de negarse a sí misma,
no sólo para ir en pos de tu Hijo,
sino para recibirlo
y llevarlo dentro de ella,
a gusto con El y con fruto suyo,
quiero aprender la condición
por Él impuesta: tomar mi cruz.
¿Y quién como Tú podrá
enseñarle
esa penosa y difícil operación?
Me autoriza a creerlo así
aquel tu generoso "he aquí
la esclava del Señor,
hágase en mí según tu palabra"
que es la rendida aceptación
no sólo del honroso oficio
de Madre de Dios, sino de todas
sus consecuencias, y entre ellas
la parte que, como corredentora,
te tocaba de la cruz de tu Hijo.
¿Quieres, Madre querida,
enseñar a mis labios, y a mis ojos,
y a mi sensibilidad, y a mi cabeza,
y a mi corazón, a pronunciar,
cada uno con su lenguaje,
el he aquí de la aceptación valiente
de la cruz que tu Hijo,
cada día le impone,
y ¿por qué no decirlo,
me regala para unirme a Él?
Madre Inmaculada,
que yo tome mi cruz
como acción de gracias
de mi comunión de cada día
y la preparación de la del día
siguiente.
Enseña a mi alma y a mi boca
a decir con generosidad,
firmeza y paz en todo y siempre,
tu respuesta al ángel:
Hágase en mí, según tu palabra.

Novena de la Inmaculada Concepción de María
1. Oración para todos los días

Dios te salve, María, llena de gracia y bendita más que todas las mujeres, Virgen singular, Virgen soberana y perfecta, elegida por Madre de Dios y preservada por ello de toda culpa desde el primer instante de tu Concepción; así como por Eva nos vino la muerte, así nos viene la vida por ti, que por la gracia de Dios has sido elegida para ser Madre del nuevo pueblo que Jesucristo ha formado con su sangre.

A ti, purísima Madre, restauradora del caído linaje de Adán y Eva, venimos confiados y suplicantes en esta novena, para rogarte que nos concedas la gracia de ser verdaderos hijos tuyos y de tu Hijo Jesucristo, libres de toda mancha de pecado.

Virgen Santísima, tú has sido hecha Madre de Dios, no sólo para Su dignidad y gloria, sino también para salvación nuestra y provecho de todo el género humano. Acuérdate que jamás se ha oído decir que uno solo de cuantos han acudido a tu protección e implorado tu socorro, haya sido desamparado. No me dejes, pues, a mí tampoco, porque si me dejas me perderé; que yo tampoco quiero dejarte a ti, antes bien, cada día quiero crecer más en tu verdadera devoción.

Y alcánzame principalmente estas tres gracias: la primera, no cometer jamás pecado mortal; la segunda, un gran aprecio de la virtud cristiana, y la tercera, una buena muerte.

2. Rezar la oración del día correspondiente

(A, B, C, D, E, F, G, H y I)

3. Oración final

Bendita sea tu pureza y eternamente lo sea, pues todo un Dios se recrea en tan graciosa belleza. A ti, celestial princesa, Virgen sagrada María, te ofrezco en este día alma, vida y corazón. Mírame con compasión, no me dejes, Madre mía. Rezar tres Avemarías.
Tu Inmaculada Concepción, oh Virgen Madre de Dios, anunció alegría al universo mundo.

4. Oración

Oh Dios mío, que por la Inmaculada Concepción de la Virgen, preparaste digna habitación a tu Hijo: te rogamos que, así como por la previsión de la muerte de tu Hijo libraste a ella de toda mancha, así a nosotros nos concedas por su intercesión llegar a ti limpios de pecado.
Por el mismo Señor nuestro Jesucristo.
Amén.

A. Día primero (30 de Noviembre)

Santísimo Hijo de María Inmaculada y benignísimo Redentor nuestro: así como preservaste a María del pecado original en su Inmaculada Concepción, y a nosotros nos hiciste el gran beneficio de librarnos de él por medio de tu santo bautismo, así te rogamos humildemente nos concedas la gracia de portarnos siempre como buenos cristianos, regenerados en Ti, Padre nuestro Santísimo.

B. Día segundo (1 de Diciembre)

Oh Santísimo Hijo de María Inmaculada y benignísimo Redentor nuestro: así como preservaste a María de todo pecado mortal en toda su vida y a nosotros nos das gracia para evitarlo y el sacramento de la confesión para remediarlo, así te rogamos humildemente, por intercesión de tu Madre Inmaculada, nos concedas la gracia de no cometer nunca pecado mortal, y si incurrimos en tan terrible desgracia, la de salir de él cuanto antes por medio de una buena confesión.

C. Día tercero (2 de Diciembre)

Oh Santísimo Hijo de María Inmaculada y benignísimo Redentor nuestro: así como preservaste a María de todo pecado venial en toda su vida, y a nosotros nos pides que purifiquemos más y más nuestras almas para ser dignos de Ti, así te rogamos humildemente, por intercesión de tu Madre Inmaculada, nos concedas la gracia de evitar los pecados veniales y la de procurar y obtener cada día más pureza y delicadeza de conciencia.

D. Día cuarto (3 de Noviembre)

Santísimo Hijo de María Inmaculada y benignísimo Redentor nuestro: así como libraste a María de la inclinación al pecado y le diste dominio perfecto sobre todas sus pasiones, así te rogamos humildemente, por intercesión de María Inmaculada, nos concedas la gracia de ir domando nuestras pasiones y destruyendo nuestras malas inclinaciones, para que te podamos servir, con verdadera libertad de espíritu, sin imperfección ninguna.

E. Día quinto (4 de Diciembre)

Oh Santísimo Hijo de María Inmaculada y benignísimo Redentor nuestro: así como, desde el primer instante de su Concepción, diste a María más gracia que a todos los Santos y Ángeles del cielo, así te rogamos humildemente, por intercesión de tu Madre Inmaculada, nos inspires un aprecio singular de la divina gracia que Tú nos adquiriste con tu sangre, y nos concedas el aumentarla más y más con nuestras buenas obras y con la recepción de tus santos sacramentos, especialmente el de la Comunión.

F. Día sexto (5 de Diciembre)

Oh Santísimo Hijo de María Inmaculada y benignísimo Redentor nuestro: así como, desde el primer momento, infundiste en María, con toda plenitud, las virtudes sobrenaturales y los dones del Espíritu Santo, así te suplicamos humildemente, por intercesión de tu Madre Inmaculada, nos concedas a nosotros la abundancia de estos mismos dones y virtudes, para que podamos vencer todas las tentaciones y hagamos muchos actos de virtud dignos de nuestra profesión de cristianos.

G. Día séptimo (6 de Diciembre)

Santísimo hijo de María Inmaculada y benignísimo Redentor nuestro: así como diste a María, entre las demás virtudes, una pureza y castidad eximía, por la cual es llamada Virgen de las vírgenes, así te suplicamos, por intercesión de tu Madre Inmaculada, nos concedas la dificilísima virtud de la castidad, que tantos han conservado mediante la devoción de la Virgen y tu protección.

H. Día octavo (7 de Diciembre)

Oh Santísimo Hijo de María Inmaculada y benignísimo Redentor nuestro: así como diste a María la gracia de una ardentísima caridad y amor de Dios sobre todas las cosas, así te rogamos humildemente, por intercesión de tu Madre Inmaculada; nos concedas un amor sincero de Ti, ¡oh Dios Señor nuestro!, nuestro verdadero bien, nuestro bienhechor, nuestro Padre, y que antes queramos perder todas las cosas que ofenderte con un solo pecado.

I. Día noveno (8 de Diciembre)

Oh Santísimo Hijo de María Inmaculada y benignísimo Redentor nuestro: así como has concedido a María la gracia de ir al cielo y de ser en él colocada en el primer lugar después de Ti, te suplicamos humildemente, por intercesión de María Inmaculada, nos concedas una buena muerte, que recibamos bien los últimos sacramentos, que expiremos sin mancha ninguna de pecado en la conciencia y vayamos al cielo, para siempre gozar, en tu compañía y la de nuestra Madre, con todos los que se han salvado por ella.

II. Oraciones

Mes de María

Oración inicial para todos los días

Con el saludo de Gabriel, nos acercamos a ti, Reina y Madre nuestra. "Dios te salve, llena de gracia, el Señor está contigo", dispón nuestros corazones para que recibamos tus gracias. Bendita eres entre todas las mujeres, y bendito el fruto de tu vientre.

"Ruega por nosotros, pecadores." Ruega al Padre por todos. Por los que estamos aquí y por los que se han apartado de tu amor. Por los que te desconocen y olvidan; por todos, porque todos somos hijos tuyos. Ruega por nosotros siempre, ahora y en la hora de nuestra muerte.

01 de Mayo
(Oración inicial)
Santa María
Ruega por nosotros

Venid y vamos todos, con flores a porfía, con flores a María, que Madre nuestra es.

Cuántas veces, Madre, las flores que te ofrecemos son las mismas que ya te ofrecimos antes; los mismos deseos y promesas que luego no hemos sabido cumplir; en vez de comprometernos con fidelidad y entereza, nuestra debilidad nos lleva a la mediocridad, y las flores que hoy te ofrecemos se secan al día siguiente.

Ayúdanos, Madre, a tener viva la fe y el amor para que como fieles hijos tuyos podamos ofrecerte flores y frutos de nuestro jardín interior. Madre nuestra, mira lo débiles y limitados que somos y ayúdanos a ser como tú quieres que seamos.

Dios te salve, María...

(Oración final)

02 de Mayo
(Oración inicial)
Madre de Cristo
Ruega por nosotros

¡Oh, María!, todas las generaciones te proclaman bienaventurada. Creíste a la voz del ángel, y en ti se cumplieron todas las maravillas. Prestaste fe a la encarnación del Hijo de Dios; entonces despuntó el día más feliz de la historia de la Humanidad.
La fe es don de Dios y fuente de todo bien.
Aviva, ¡oh, Madre!, en nosotros esa fe firme que salva y se traduce en obras.
Que sepamos meditar como tú, las palabras de tu Hijo, para llevarlas a la vida en medio de nuestros hermanos.
Dios te salve, María...
(Oración final)

03 de Mayo
(Oración inicial)
Madre de la Iglesia
Ruega por nosotros

Después de subir al cielo, los apóstoles se volvieron a Jerusalén, todos ellos se dedicaban a la oración en común, junto con María, la Madre de Jesús. Qué asamblea más hermosa, todos juntos en oración con María, esperando la venida del Espíritu Santo. Qué bello nacimiento de la Iglesia. María que alienta la unión y la fe de los discípulos, preparándolos para la misión. Recojámonos también nosotros en oración, con María y pidamos que nos dé esa fe y esa fuerza que impulsó a los apóstoles, para que, en medio de las dificultades, no desfallezcamos; y llevemos adelante la misión que cada uno tenemos encomendada en nuestra vida.
Dios te salve, María...
(Oración final)

04 de Mayo
(Oración inicial)
Madre de la Divina Gracia
Ruega por nosotros

Gracias, Jesús, por habernos dado por Madre a María. Gracias, Madre, por aceptarnos a todos por hijos sobre el Calvario.

¡Oh, María!, todo lo puedes ante Dios, y quieres lo mejor para tus hijos, aunque por nuestras ingratitudes y olvidos, no merecemos tu ayuda, bien sabes, Madre, lo mucho que te necesitamos.

Vuestra misión estaba unida a la de Jesús, que vino a salvar lo que estaba perdido. Por eso hoy acudimos a ti, Madre de la Divina Gracia, para que derrames sobre nosotros las gracias que más necesitamos para ser fieles servidores de tu Hijo.

Dios te salve, María...
(Oración final)

05 de Mayo
(Oración inicial)
Madre Inmaculada
Ruega por nosotros

María es la mujer nueva que, con Cristo el Hombre nuevo, refleja la nueva Humanidad. María fue enriquecida desde el primer instante de su Concepción con el resplandor de una santidad enteramente singular, por eso fue saludada por el ángel de la Anunciación como la llena de gracia, y no sólo porque llevó a Jesús en su seno, sino porque lo abrazó con su fe y lo siguió por el camino de la cruz.

La plenitud de gracia en María constituye un reto para nosotros, sus hijos, que consiste en reflejar la vida de Dios con nuestro testimonio y nuestras vidas.

¡Oh, María!, que, como resplandeciente aurora, apareciste en el horizonte de nuestras vidas. No permitas que nuestros corazones queden esclavizados por nuestras malas inclinaciones.

(Oración final)

06 de Mayo
(Oración inicial)
Madre Amable
Ruega por nosotros

Con qué solicitud y amabilidad, María va a visitar y ayudar a Isabel. María e Isabel son dos mujeres unidas por lazos familiares y bendecidas por Dios con una maternidad sublime. Isabel simboliza al pueblo de la Antigua Alianza, María, en cambio, abre el Nuevo Testamento y representa no sólo al pueblo de la Antigua Alianza, sino también a toda la Humanidad redimida. Dice San Agustín que María, antes de concebir a Cristo en su seno virginal, lo engendró en su corazón de Virgen.

Como ella, también nosotros sentimos la necesidad de comunicar esta fe, porque toda alegría compartida multiplica la felicidad.

El ejemplo de fe en María nos debe impulsar a decir con los apóstoles, Señor, aumenta nuestra fe.

Dios te salve, María...

(Oración final)

07 de Mayo
(Oración inicial)
Madre Admirable
Ruega por nosotros

Madre admirable y admirada por todos. Coronada como Reina del Cielo y de la Tierra, Madre de todas las gracias, Madre de Cristo, Madre de todos los humanos. El desbordante entusiasmo de los conciudadanos de Jesús y María lo expresaron de forma muy natural y profunda: **"Dichoso el vientre que te llevó y los pechos que te criaron."**

El Magníficat de María es también un canto a la grandeza que el Señor realizó en ella. "Todas las generaciones me felicitarán, porque el poderoso ha hecho obras grandes por mí, su misericordia llega a todas las generaciones.

Ante tu grandeza y poder, ¡oh, Madre!, confesamos nuestra pequeñez y miseria, para que con tu protección amorosa, y a ejemplo tuyo fundamentemos nuestra vida en la humildad y generosidad, en todo nuestro ser y nuestro obrar.

Dios te salve, María...
(Oración final)

08 de Mayo
(Oración inicial)
Madre del Buen Consejo
Ruega por nosotros

María es maestra, consejera y Madre, que nos enseña la verdad, que nos guía por el camino de la salvación y nos comunica la vida sobrenatural. María, a pesar de que en algunos momentos de su vida sintió dudas, no se dejó llevar por el desaliento o la impotencia, sino que con una fe plena e incondicional se puso en manos de la Voluntad Divina: **"Hágase en mí según tu palabra."** Y así hasta el final, hasta el Calvario: ¡Qué ejemplo para nosotros de fe, de entrega y de obediencia!

Nosotros, que al más leve viento o dificultad dudamos, rechazamos todo aquello que nos pide sacrificio, y nos vamos por el camino fácil, el de las flores sin espinas. Madre nuestra, ruega al Padre por nosotros, para que seamos dignos de alcanzar las promesas de tu Hijo.
Dios te salve, María...
(Oración final)

09 de Mayo
(Oración inicial)
Virgen Prudente
Ruega por nosotros

Consideramos hoy en María la virtud de la prudencia, revestida de una profunda humildad.

Tenemos como ejemplo el episodio de las bodas de Caná, con qué delicadeza insinúa a su Hijo el problema de los novios: no tienen vino. María se hace cargo del apuro de los novios, y a pesar de la respuesta de Jesús aparentemente desinteresada: **"¡mujer!, ¿a ti y a Mí qué? Todavía no ha llegado mi hora".** María no se rinde, sabe que su Hijo puede salvar la situación y dice a los criados: **"Haced lo que Él os diga."**

Qué fe y que seguridad la de María en el poder de Jesús. No hay duda de que la intervención de María adelanta la hora de Jesús.

Tú, Señor, que nos diste a María como modelo de creyentes, concédenos caminar con ella alegres en el seguimiento de Cristo y que sepamos responder fielmente a nuestra vocación cristiana.
Dios te salve, María...
(Oración final)

10 de Mayo
(Oración inicial)
Virgen digna de Alabanza
Ruega por nosotros

Hoy nos dirigimos a ti, Virgen María, para alabarte por tus grandezas, para proclamar tus maravillas y para agradecerte los favores y desvelos en favor nuestro. Todas las generaciones te proclaman bienaventurada. Eres obra del amor de Dios. Eres Madre de todos los creyentes. Te felicitamos con las palabras del ángel: **"Salve llena de gracia, el Señor está contigo, bendita eres entre todas las mujeres."**

Hacia tu trono, Madre, se dirigen hoy nuestros ojos y nuestro corazón llenos de ternura para alabarte como Reina y para pedirte como Madre que vuelvas tus ojos hacia tus hijos, que invocan tus favores y ponen en ti su esperanza.

¡Oh, Madre de Dios y Madre nuestra!

Quién podrá tanto alabarte según es tu merecer, y quién sabrá tanto alabarte, que no le falte saber, pues para nosotros tanto vales, da remedio a nuestros males.

Dios te salve, María...
(Oración final)

11 de Mayo
(Oración inicial)
Madre Poderosa
Ruega por nosotros

El Señor otorgó a María el poder y la gracia, por ello es depositaria de todas las gracias.

La historia nos presenta cómo María ama y protege a sus hijos; con la multitud de gracias y favores que derrama constantemente sobre nosotros, basta fijarse en algunos lugares de piedad mariana como Lourdes, Fátima, el Pilar, Covadonga y un sin fin de iglesias, santuarios y ermitas, de especial dedicación a María, eso demuestra la grandeza de María y la fe de los hi-

jos que acuden a ella. ¡María!, ven en ayuda nuestra. Líbranos de todo mal, para que así logremos alcanzar, después de esta vida, la corona prometida para quienes han combatido contra el mal y han mantenido la fe.
Dios te salve, María...
(Oración final)

12 de Mayo
(Oración inicial)
Virgen Fiel
Ruega por nosotros

María, fiel a sus propias convicciones, no habla, obra y actúa el sí. La vida de María es fidelidad y compromiso a ese sí dado, y lo lleva adelante en silenciosa y constante laboriosidad.
La fidelidad al entusiasmo de un impulso es cosa fácil, pero la validez de un discípulo se mide por la perseverancia y la fidelidad.
María peregrina por el camino de la fe, con fidelidad y perseverancia. Nosotros, también peregrinos, tenemos el camino ya trazado ante nosotros, con señales de lo permitido y lo prohibido; el modo de hacer el camino ya depende de nosotros; si nos salimos, si nos paramos o nos saltamos las señales, todo depende de nuestra fidelidad a los principios; a nuestro sí. María nos da ejemplo; procuremos imitarla. Pedimos, pues, hoy a María que nos ayude a ser fieles y perseverantes en nuestra vocación.
Dios te salve, María...
(Oración final)

13 de Mayo
(Oración inicial)
Causa de nuestra alegría
Ruega por nosotros

Nuestra devoción a la Virgen debemos cimentarla en el amor y en la alegría, porque ella es nuestra Madre, no porque nos sintamos obligados a amarla; lo mismo que a nuestra madre natural; la amamos porque sentimos amor, no por obligación. El amor brota instintivamente de nuestro interior, sin esfuerzo. De nuestra Madre natural decimos: **es mi Madre, porque nos ha dado la vida natural**. María nos ha engendrado en Cristo a una vida sobrenatural, por eso nuestro amor hacia ella no es por obligación sino por adopción. Qué diferente es nuestra vida, de cuando obramos por obligación a cuando obramos por amor.

Las cruces se hacen pesadas cuando las arrastramos de mala gana, y se tornan ligeras cuando las llevamos con alegría.

Ayúdanos, Madre, a hacer alegre nuestra vida y a compartir la alegría con los demás.

Dios te salve, María…

(Oración final)

14 de Mayo
(Oración inicial)
Puerta del cielo
Ruega por nosotros

Qué consuelo y qué alegría da saber que después de nuestra salida de este mundo, María nos espera a las puertas del paraíso. Ojalá este pensamiento nos estimule a vivir una vida cristiana, merecedora de tan gran dicha. **"A Jesús por María"**, qué bonito lema para tenerlo siempre presente. Pero sabemos que el camino es costoso, hay rosas y espinas, días de sol y días de nubarrones y oscuridad. Con nuestro esfuerzo diario conseguiremos ese encuentro gozoso con María en el paraíso. Para ello debemos demostrar que somos hijos fieles suyos, procurando que María ocupe un puesto en

nuestra vida, para que estando unidos en esta vida lleguemos a estar unidos con María por toda la eternidad.
Dios te salve, María...
(Oración final)

15 de Mayo
(Oración inicial)
**Estrella de la mañana
Ruega por nosotros**

María es la estrella que nos abre el día, que nos guía durante la jornada y el lucero que disipa las tinieblas de la noche. Con qué expresiones más bellas nos dirigimos a María: **estrella de la mañana, estrella del mar, lucero del alba y del atardecer**. Y es que, como dice el Vaticano II, María, en su plenitud de gracia, es la estrella que ilumina el Evangelio, al Evángelizador y a la Iglesia Evángelizadora y justamente porque es Inmaculada, es el modelo que el Evángelizador debe presentar al hermano a quien ofrece la palabra de Dios. Además de iluminar la Evangelización, María ayuda al que lleva el mensaje y al que lo recibe, haciendo así vivo el Evangelio con la palabra y vivo en los corazones.

Pedimos hoy a María que sepamos y podamos ver esa estrella matutina en los momentos difíciles de nuestra jornada, y ese lucero que vigile nuestro sueño durante la noche.
Dios te salve, María...
(Oración final)

16 de Mayo
(Oración inicial)
Salud de los enfermos
Ruega por nosotros

Desde las mas antiguas inscripciones marianas es constante la invocación a la Virgen bajo el título "Salud de los enfermos"

La comunidad eclesial está llamada a sentir y vivir la presencia de los enfermos como testimonios vivos dentro de sí, sabiendo recoger la lección del que sufre en el cuerpo y en el espíritu como una experiencia que difícilmente sabe vivir el que no ha aprendido a sufrir. Cuánto dolor y sufrimiento dentro de nuestras comunidades y de nuestras familias. Enfermos que pasan las noches, interminables para ellos, esperando el amanecer, y pasan el día con la ilusión de poder descansar durante la noche.

¡Ayúdalos, oh, Madre! , en esos momentos difíciles, para que no renieguen de su estado ni de su fe, sino que se sientan corredentores en la obra de tu Hijo en favor suyo y de toda la Humanidad,

Dios te salve, María...

(Oración final)

17 de Mayo
(Oración inicial)
Refugio de los pecadores
Ruega por nosotros

Santa María, ruega por nosotros pecadores: sentimos cómo el mundo nos empuja con sus halagos. Nuestra naturaleza es débil ante las tentaciones de comodidad y egoísmo. Necesitamos una estrella que nos guíe e ilumine ante tanta desorientación. Esa estrella eres tú, María. No permitas que nos mantengamos dormidos e indiferentes ante nuestra comodidad y rutina, Despierta en nosotros destellos de gracia y de vida, de modo que nuestro pensar y nuestro obrar estén dirigidos al deseo y enseñanzas de tu Hijo Jesucristo.

¡Santa María!, protégenos de todo mal y ven en nuestra ayuda todos los días de nuestra vida, especialmente en la hora de nuestra muerte.
Dios te salve, María...
(Oración final)

18 de Mayo
(Oración inicial)
**Consuelo de los Afligidos
Ruega por nosotros**

María es consuelo y esperanza para cuantos nos sentimos cansados y agobiados. ¿Quién no ha pasado por momentos y situaciones difíciles dentro de la vida personal, familiar o colectiva? La pérdida de la salud, el trabajo, un ser querido, etc. En general, nos cuesta ver la voluntad de Dios en muchos momentos difíciles de nuestra vida.

Cuando todo nos va bien y la vida nos sonríe, fácilmente nos cerramos dentro de nosotros y no vemos los sufrimientos de quienes nos rodean. A menudo los bienes que Dios nos da, no sabemos apreciarlos y agradecerlos hasta el momento que los perdemos.

María también pasó por momentos difíciles; recordemos la huida a Egipto, la vida pública, el calvario...

Por eso, como abogada nuestra y consoladora de los afligidos, a ella acudimos con fe en este valle de lágrimas. Que venga en ayuda nuestra, sobre todo en los momentos difíciles.

Dios te salve, María...
(Oración final)

19 de Mayo
(Oración inicial)
Auxilio de los Cristianos
Ruega por nosotros

Cada día debemos orientar nuestra vida hacia María. Así nos enseñaron nuestras madres de pequeños, con las oraciones de la mañana y de la noche. Por eso la invocamos como auxilio de los cristianos. Qué hermoso dirigir nuestro corazón, por la mañana, a Jesús y María por habernos concedido un feliz descanso y un día más; a la vez que damos gracias, pedimos nos protejan durante el día, y al final de la jornada volvemos a dar gracias por todo el bien realizado y nos examinamos del bien que hemos dejado de hacer, pidiendo un feliz descanso durante la noche.

Acoger a María en nuestra vida es señal de apertura a los dones de Dios a través de María para así reforzar y hacer más maduro y perseverante nuestro amor a Jesús y a María.

Dios te salve, María...
(Oración final)

20 de Mayo
(Oración inicial)
Reina de los Ángeles
Ruega por nosotros

El ángel del Señor revela a María la concepción y nacimiento de Jesús, que tendrá lugar en su seno por obra y gracia del Espíritu Santo. Los ángeles han sido los mensajeros de Dios a lo largo de la historia; en el Antiguo Testamento, transmitiendo mensajes a los profetas y representantes del pueblo, y en el Nuevo Testamento con intervenciones y alusiones más numerosas y cercanas, comenzando con la Anunciación, el Nacimiento, durante la vida pública, la Ascensión, etc. El pueblo cristiano a menudo saluda a María con el rezo del Ángelus, "el ángel del Señor anunció a María".

Pedimos hoy a María que no nos falte la compañía de nuestro ángel de la guarda y que nos guíe por el camino del bien para llegar un día a la felicidad

eterna.
Dios te salve, María...
(Oración final)

21 de Mayo
(Oración inicial)
**Reina de los Patriarcas
Ruega por nosotros**

Los patriarcas del Antiguo Testamento nos dejaron ejemplos admirables y heroicos de su fe en Dios, y los padres del Nuevo Testamento nos han transmitido la ley y la doctrina a través de la Sagrada Escritura. Han sido los grandes impulsores de la devoción mariana y también los grandes defensores contra las herejías, surgidas contra la fe, costumbres y doctrina de la Iglesia. También nos han dejado tratados y sermones espléndidos sobre María, que junto con sus testimonios de vida son de gran riqueza para la Iglesia y todos sus hijos. Hoy damos gracias al Señor, a través de María, por la gran herencia recibida de los pastores de la Iglesia; a la vez pedimos que no falten pastores que guíen con solicitud y cariño el rebaño que tienen encomendado. Para que así toda nuestra vida sea un testimonio vivo para todos. Se lo pedimos a nuestra Madre María, que conoce nuestras necesidades y quiere lo mejor para sus hijos.
Dios te salve, María...
(Oración final)

22 de Mayo
(Oración inicial)
Reina de los Profetas
Ruega por nosotros

Cristo, el Gran Profeta, proclamó con el testimonio de su vida y el poder de su palabra el Reino de Dios, cumpliendo su misión profética y evángelizadora.

María posee una actitud profética que consiste en aceptar los acontecimientos incomprensibles de la historia. Acoge la palabra que se hace anuncio y eco de las grandes obras que en ella ha hecho el Omnipotente.

María es justamente saludada como guía y estrella de la Evangelización. En la Sagrada Escritura vemos cómo los profetas fueron elegidos y enviados por Dios mismo, hablando en nombre de Dios.

Nosotros también estamos llamados a cumplir la misión profética de Cristo como testigos a través de la Evangelización con nuestra palabra y nuestro testimonio. María nos da ejemplo, nos instruye y ayuda a la Evangelización del mensaje de su Hijo en el mundo.

Dios te salve, María...
(Oración final)

23 de Mayo
(Oración inicial)
Reina de los Apóstoles
Ruega por nosotros

La primera devoción mariana que se da en la Iglesia la encontramos en el cenáculo; allí María se manifiesta como verdadera maestra y reina junto con los apóstoles, esperando la llegada del Espíritu Santo.

María fue la discípula fiel e inteligente que acogió el mensaje divino de Cristo y lo tradujo en la vida cotidiana con un empeño único entre los hombres; fue intérprete fiel y diligente de la enseñanza de Jesús, hasta en los aspectos más elevados y sublimes del Evangelio, que ella asimiló plenamente en su corazón.

A María, pues, acudimos para que con su intercesión sepamos abrir nuestro corazón a las enseñanzas de su Hijo y hacerlas vida de nuestras vidas.

Dios te salve, María...

(Oración final)

24 de Mayo
(Oración inicial)
**Reina de los Mártires
Ruega por nosotros**

María es Reina de los que dan su vida por Cristo, bien de forma plena o dejando la vida a trozos a lo largo de la vida.

El mártir es testigo de Cristo no sólo con su confesión de fe sino también con su vida.

Qué difícil y costoso es ser testigo; ese ir muriendo, poco a poco, cada día, a nuestros vicios y comodidades, renunciando a tantas cosas que no van de acuerdo con el Evangelio y que nos cuesta dolor y sangre cumplirlas. El verdadero martirio a nuestro alcance es ir aceptando las cruces que el Señor nos manda. Una hoy y otra mañana.

La vida de María no fue, ciertamente, un camino de rosas, sólo parándonos a meditar el **"Stabat Mater Dolorosa"** comprenderemos el sentido del dolor íntegro sin llegar al derramamiento de sangre.

Hoy miramos a María como el ejemplo más perfecto de aceptación del dolor; contemplando y meditando los momentos dolorosos que pasó junto a la cruz de su Hijo; a la vez que pedimos la gracia y la fuerza de saber estar junto a la cruz de nuestros hermanos.

Dios te salve, María...

(Oración final)

25 de Mayo
(Oración inicial)
Reina del Mundo Entero
Ruega por nosotros

Como celebramos "la Consagración del género humano al Sagrado Corazón de Jesús", celebramos también la Consagración del mundo entero al "Inmaculado Corazón de María."

María es coronada por la Santísima Trinidad Reina del cielo y de la tierra, dispensadora de gracias y Madre nuestra. Dichosos nosotros si nos hacemos merecedores de una Madre tan servicial y poderosa.

Todos de María: somos sus hijos.

Todos con María: es nuestra Madre.

Todos para María: para honrarla, alabarla y agradecerla.

Salve, Reina y Madre de Misericordia, vida y esperanza nuestra, vuelve a nosotros tus ojos para que seamos dignos de alcanzar un día el premio eterno.

Dios te salve, María...

(Oración final)

26 de Mayo
(Oración inicial)
Reina de las Vírgenes
Ruega por nosotros

En nuestra devoción mariana nos dirigimos a María bajo diversos nombres y advocaciones. Hoy nos dirigimos a la Reina de las Vírgenes, en favor de tantas personas que viven su virginidad a través de los votos dentro de la vida consagrada; renunciando a tantas comodidades de la vida y a formar una familia; para seguir así más de cerca y plenamente la llamada del Señor en servicio a los hermanos.

La mies es mucha; los obreros, pocos.

Hoy pedimos a María por los religiosos sacerdotes y misioneros para que se mantengan firmes y perseverantes en la virtud y solícitos en servicio a

los hermanos; para que en medio de las dificultades se dirijan a María como Madre y modelo de todas las virtudes.
Dios te salve, María...
(Oración final)

27 de Mayo
(Oración inicial)
**Reina de los Santos
Ruega por nosotros**
¡Oh, María! , abogada nuestra, hoy te contemplamos ensalzada sobre los ángeles y santos, confesores y vírgenes, apóstoles y mártires, profetas y patriarcas.
También nosotros, a pesar de nuestra indignidad, nos unimos al coro de los santos con voz de pecadores arrepentidos para alabarte y decirte: "Reina de los Santos, ruega por nosotros".

Ruega por nosotros para que un día podamos formar parte del coro de los santos en el cielo.
Haz que nuestro caminar por este mundo sea con la mirada puesta en el "más allá" y que nuestro vivir y nuestro obrar sean según los mandatos de tu Hijo. ¡Oh María!, ayúdanos a obrar siempre el bien, para que al mirarnos puedas siempre sonreír.
Dios te salve, María...
(Oración final)

28 de Mayo
(Oración inicial)
Reina Concebida sin el Pecado original
Ruega por nosotros

Es dogma de fe que la Virgen María, por gracia de Dios, fue preservada de toda mancha de culpa original desde el primer instante de su concepción.
María fue elegida y llamada, como primicia de toda la Humanidad, a una vida santa e inmaculada; ella fue la primera creyente que supo entregarse plenamente al cumplimiento de la voluntad de Dios, dando un generoso sí cada vez que la **Palabra** la llamaba a un mayor grado de obediencia. Hoy descubrimos a María vacía de sí misma y repleta de la gracia divina.
Merece la pena que pongamos hoy los ojos en María, a la vez que damos gracias a Dios, que nos eligió, en la persona de Cristo, para que fuésemos santos e inmaculados ante El por el amor.
Dios te salve, María...
(Oración final)

29 de Mayo
(Oración inicial)
Reina de la Familia
Ruega por nosotros

La imagen que de María se nos presenta dentro de la vida familiar es la de una mujer maternalmente preocupada por la suerte de su hijo. María, después de haber llevado a Jesús en su seno, ahora tiene que llevarlo en su corazón, cumpliendo la voluntad de Dios que se manifiesta en lo que decía y hacia Jesús, así la figura de María Madre, se armoniza y completa con la de discípula.
Podemos resaltar algunos rasgos familiares: el Evangelio recoge el comentario de los habitantes de Nazaret:
¿No es éste el hijo del carpintero? ¿Su madre no se llamaba María?" En otro pasaje, cuando se pierde en el templo, María le dice: "¡Hijo!, ¿por qué nos has hecho esto? Tu padre y yo te buscábamos angustiados". María aceptaba

todo esto y lo guardaba meditándolo en su corazón. Pedimos hoy a María por tantas familias rotas, separadas, abandonadas. Para que encuentren momentos de consuelo y alegría y puedan un día volverse a encontrar, y vivir dentro del calor familiar.
Dios te salve, María...
(Oración final)

30 de Mayo
(Oración inicial)
Reina Elevada al Cielo
Ruega por nosotros

Contemplamos hoy la entrada triunfante de María en el cielo. Es dogma de fe definido por Pío XII, que la Virgen María, después de su peregrinación por este mundo, fue ascendida al cielo en cuerpo y alma. Desde allí ayuda y protege a sus hijos como Reina de toda la creación. Así, María asunta es ya imagen y comienzo de la Iglesia, y como tal, representa al pueblo de Dios que camina en la historia hasta el día del Señor como signo de esperanza y de consolación.

Hoy te felicitamos, Madre, y te cantamos con los miles de peregrinos que acuden a Lourdes, a Fátima y a tantos santuarios, en busca de tu ayuda espiritual y corporal.

El Misterio de la Asunción nos lo resume muy bien la Iglesia con estas palabras: **"Hoy ha sido elevada al Cielo la Virgen madre de Dios. No quisiste, Señor, que conociera la corrupción del sepulcro la mujer que, por obra del Espíritu, concibió en su seno al autor de la vida."** Que tu corazón, Reina del Cielo y de la Tierra, abra en nosotros, tus hijos, caminos de santidad para poder llegar un día a la gloria del cielo.
Dios te salve, María...
(Oración final)

31 de Mayo
(Oración inicial)
Reina de la Paz
Ruega por nosotros

La Iglesia se dirige a María con una antífona que encierra el sentido de alabanza de toda la Humanidad, salve, Madre Santa, Virgen Madre del Rey, que gobiernas cielo y tierra por los siglos de los siglos.

En la Jornada Mundial de la paz imploramos a Dios por mediación de la Reina de la Paz ese don supremo para toda la humanidad. A su Hijo, recién nacido, la Iglesia lo adora como Príncipe de la Paz, La jornada mundial de la paz está dando muchos frutos de paz en el corazón de muchas personas. Con este fin nos dirigimos hoy a María para que cesen los conflictos y las guerras que causan tantas pérdidas humanas, destrucción de hogares y degradación humana. Gritemos con el corazón: ¡Reina de la Paz!, ven a nosotros y ayúdanos a construir un mundo más humano, más justo y más acogedor.

Dios te salve, María...
(Oración final)

Oración final para todos los días

Madre de la Iglesia, esperanza nuestra, de Jesús la aurora, del cielo la puerta. Madre de los hombres, de la mar estrella, llévanos a Cristo, danos tus promesas, eres Virgen Madre, la de gracia llena, del Señor esclava; del mundo la Reina, alza nuestros ojos hacia tu belleza, guía nuestros pasos hacia la vida eterna.

Ruega por nosotros, Santa Madre de Dios, para que seamos dignos de alcanzar las promesas de Cristo Nuestro Señor.

Oración

Dios, Todopoderoso, que derramaste el Espíritu Santo sobre los apóstoles reunidos en oración con María, la Madre de Jesús, concédenos por intercesión de María, entregarnos fielmente a tu servicio y proclamar la gloria de tu nombre con testimonio de palabra y de vida.
Por Jesucristo Nuestro Señor. Amén.

F: Orar con los Ángeles

Ángel de Dios

Ángel de Dios, que eres mi custodio, pues la bondad divina me ha encomendado a Ti, ilumíname, guárdame, defiéndeme y gobiérname. Amén.

Al Ángel de la Guarda

En la historia de la salvación vemos como Dios nuestro Señor confió a los Ángeles la protección de los patriarcas, de todos sus siervos y, aún más, de todo el pueblo escogido. San Pedro, en la cárcel, fue liberado por su Ángel. Jesús en defensa de los niños, dice que sus ángeles contemplan siempre el rostro del Padre que está en los cielos. Es una verdad consoladora lo que nos enseña el Magisterio: que cada uno de nosotros tiene un Ángel de la guarda que nos protege constantemente. Es, pues, muy natural que muestres una devoción muy afectuosa a este compañero celestial que tanto te ama y que no te abandonará en toda tu vida. Invócale siempre, pues tiene confiada la misión de ayudarte.

Invocación

Ángel de Dios, que eres mi custodio, ya que la soberana piedad me ha encomendado a ti, ilumíname, guardame, rígeme y gobiérname, siempre (o en este día, o en esta noche, o en este viaje, etc).

Oración

Oh Dios, que en tu providencia amorosa te has dignado enviar para nuestra custodia a tus santos Ángeles; concédenos, atento a nuestras súplicas, vernos siempre defendidos por su protección y gozar eternamente de su compañía. Por Jesucristo, nuestro Señor. Amén.

Jaculatoria

Ángel de la Guarda, dulce compañía, no me desampares ni de noche ni de día. No me dejes solo porque me perdería.

Oración al Ángel de la Guardia propio
(Compuesta por San Juan Berchmans)

Ángel Santo, amado de Dios, que por disposición divina me habéis tomado bajo tu bienaventurada guarda desde el primer instante de mi vida y jamás dejáis de defenderme, iluminarme y dirigirme: yo te venero como protector, te amo como custodio, me someto a tu dirección y me entrego totalmente a Vos para que me gobernéis. Por eso te ruego, y por el amor de Jesucristo te suplico, que cuando yo te sea ingrato y me obstine contra tus inspiraciones, no queráis por eso abandonarme; antes al contrario, me encaminéis de nuevo si me hubiera desencaminado, me enseñéis si fuera ignorante, me levantéis si hubiera caído, me consoléis si estuviera afligido, me sostengáis si estuviera en peligro, y así me conduzcáis al cielo para poseer la eterna bienaventuranza. Amén.

Ángel de Dios, bajo cuya custodia me puso el Señor con amorosa piedad, a mí que soy tu protegido, alúmbrame hoy, guárdame, rígeme y gobiérname. Amén.

Novena al Ángel de la Guarda

Por la señal de la santa Cruz... Señor mío Jesucristo...

Oración para cada día de la novena

A Vos, santo Ángel de mi Guarda, acudo hoy en busca de especial favor. Habiéndote puesto Dios por custodio y protector mío, nadie como Vos conoce la miseria y las necesidades de mi alma y los afectos de mi corazón. Vos sabéis el deseo que tengo de salvarme, de amar a Dios y de santificarme; mas, ¡ay!, también sabéis mi inconstancia y lo mucho que he ofendido a Dios con mis faltas y pecados. Vos, que sois para mí el guía más seguro, el amigo más fiel, el maestro más sabio, el defensor más poderoso y el corazón más amante y compasivo, alcanzadme de Dios la gracia suprema de amarle y servirle fielmente en esta vida y poseerle eternamente en la gloria.

Y ahora os ofrezco humildemente los pequeños obsequios de esta novena, para que también me alcancéis las gracias especiales que en ella os pido, si no son contrarias a la gloria de Dios y al bien de mi alma. Así sea.

Rezar la oración del día que corresponda.

Día Primero

¡Oh buen Ángel custodio! ayudadme a dar gracias al Altísimo por haberse dignado destinaros para mi guarda.

Os pido que por intercesión de María, me alcancéis de Dios un fervoroso espíritu y la práctica de una oración constante para agradecer a Dios todos sus beneficios, y especialmente el de teneros por celestial custodio mío.

Igualmente os pido la gracia de (...). Terminar con las oraciones finales.

Día Segundo

¡Oh Príncipe celestial!, dignaos obtenerme el perdón de todas las ofensas que he hecho a Dios y a Vos, despreciando vuestras amenazas y vuestros consejos.

Os pido que, por intercesión de María, me alcancéis de Dios un verdadero dolor de los pecados, que me obtenga el perdón de todas las faltas y caídas de la vida pasada.

Igualmente os pido la gracia de (...). Terminar con las oraciones finales.

Día tercero

¡Oh mi tutor amoroso!, infundid en mi alma un profundo respeto hacia Vos, de tal manera que jamás tenga el atrevimiento de hacer cosa alguna que os desagrade.

Os pido que, por intercesión de María, me alcancéis de Dios el recuerdo de la presencia divina y el respeto a vuestra presencia continua, las cuales han de guardarme del pecado.

Igualmente os pido la gracia de (...) Terminar con las oraciones finales.

Día Cuarto

¡Oh Médico compasivo!, enseñadme el remedio y dadme el auxilio para curar mis malos hábitos y tantas miserias como oprimen mi alma.

Os pido que, por intercesión de María, me alcancéis de Dios un verdadero espíritu de mortificación, con el cual domine mis malas pasiones y la sensualidad, y obtenga la paz y la libertad de espíritu, juntamente con las demás virtudes.

Igualmente os pido la gracia de (...) Terminar con las oraciones finales.

Día Quinto

¡Oh, mi Guía fiel!, alcanzadme fuerza para vencer todos los obstáculos que se encuentren en el camino de la existencia y para sufrir pacientemente las tribulaciones de esta miserable vida. Os pido que, por intercesión de María, me alcancéis de Dios una verdadera paciencia y conformidad en

todas las contrariedades y penas de la vida que Dios pueda permitir para mi santificación.
Igualmente os pido la gracia de (...). Terminar con las oraciones finales.

Día Sexto
¡Oh Intercesor eficaz cerca de Dios!, alcanzadme la gracia de seguir prontamente vuestras santas inspiraciones y de conformar, en todo y para siempre, mi voluntad a la de Dios.
Os pido que, por la intercesión de María, me alcancéis de Dios una obediencia absoluta a todos mis superiores, la cual me santifique por el cumplimiento de la voluntad divina en ella manifestada.
Igualmente os pido la gracia de (...). Terminar con las oraciones finales.

Día Séptimo
¡Oh Espíritu purísimo, encendido todo en amor de Dios!, alcanzadme este fuego divino, y al mismo tiempo una verdadera devoción a vuestra augusta Reina y buena Madre mía, la Virgen Santísima.
Os pido que, por intercesión de María, me obtengáis de Dios la caridad perfecta y la devoción a María, que sean para mi fuente abundantísima de méritos, camino segurísimo de salvación y el más dulce consuelo en la hora de la muerte.
Igualmente os pido la gracia de (...). Terminar con las oraciones finales.

Día Octavo
¡Oh invencible Protector!, asistidme a fin de corresponder dignamente a vuestro amor y a vuestros beneficios, y para trabajar con todas las fuerzas en promover vuestro culto y vuestra devoción.
Igualmente os pido que, por intercesión de María, me alcancéis de Dios un celo fervoroso para la práctica del bien y una fervorosa devoción angélica, que sean mi propia santificación y la del prójimo.
Igualmente os pido la gracia de (...). Terminar con las oraciones finales.

Día Noveno

¡Oh bienaventurado ministro del Altísimo!, alcanzadme de su misericordia infinita que llegue yo a ocupar un día uno de los tronos que dejaron vacíos los ángeles rebeldes.

Os pido que, por intercesión de María, me obtengáis de Dios la gracia de una santa muerte, confortada con los Santos Sacramentos, que me abra las puertas de la gloria eterna.

Igualmente os pido la gracia de (...). Terminar con las oraciones finales.

Oración a San Miguel Arcángel

Arcángel San Miguel, defiéndenos en la lucha, sé nuestro amparo contra la maldad y las asechanzas del demonio. Pedimos suplicantes que Dios lo mantenga bajo su imperio; y tú, Príncipe de la milicia celestial, arroja con el poder divino, a Satanás y a los otros espíritus malvados, que andan por el mundo tratando de perder las almas. Amén.

Novena a San Miguel Arcángel
Oraciones para todos los días

Yo pecador (...)

San Miguel, primado entre los príncipes del cielo, os ofrezco mis alabanzas y devoción, porque Dios os ha creado tan excelente y tan perfecto y os ha dotado de un celo tan grande por su gloria y de una sumisión tan admirable a sus divinos decretos.

Oración de León XIII: "San Miguel Arcángel, defiéndenos en la lucha. Sé nuestro amparo contra la perversidad y asechanzas del demonio. Que Dios manifieste sobre él su poder, es nuestra humilde súplica. Y tú, oh príncipe de la milicia celestial, con el poder que Dios te ha conferido, arroja al infierno a Satanás, y a los demás espíritus malignos que vagan por el mundo para

la perdición de las almas". Amén.
Celestial y purísimo Mensajero de Dios, dignaos alcanzarme de los Sagrados Corazones de Jesús y María un verdadero amor por Ellos, la sumisión a la Divina Voluntad y la gracia de...
(Hágase aquí la petición que se desea obtener con la novena).
Rezar un Padrenuestro, tres Avemarías y Gloria.
Sagrado Corazón de Jesús, venga a nosotros Tu reino. Bendito y alabado sea el Santísimo Sacramento del Altar, la Inmaculada Concepción de la Virgen María, Madre de Dios y Madre nuestra.
Terminar con el rezo de la oración del día correspondiente:

Día Primero
María Inmaculada, Madre y dulce Medianera, Reina de los Cielos, humildemente os suplicamos intercedáis por nosotros. Ruega a Dios que envíe a San Miguel y a sus ángeles para apartar los obstáculos que se oponen al reinado del Sagrado Corazón en el mundo.

Día Segundo
San Miguel, Ángel de los Santos combates, os ofrezco mis alabanzas y devoción por la inefable complacencia con que Dios os mira como defensor de su gloria.

Día Tercero
San Miguel, Ángel de la Victoria, con devoción os alabo por la alegría con que Nuestro Señor Jesucristo os ve como celoso defensor de su divinidad y las victorias que conseguís sobre los enemigos de nuestras almas.

Día Cuarto
San Miguel, Ministro del Altísimo, con devoción os alabo por la ternura con que os mira la Santísima Virgen viendo los combates que habéis librado y libráis sin cesar para establecer el reinado de su amado Hijo, Dios y Redentor nuestro, en el mundo.

Día Quinto
San Miguel, Guardián del cielo, os alabo con devoción por la veneración, el amor y el honor que os rinden las jerarquías celestiales de las cuales sois augusto Príncipe.

Día Sexto
San Miguel, Ángel del Santo Sacrificio, os alabo con devoción por el honor que os ha hecho nuestro Señor Jesucristo confiándoos la custodia de la Iglesia, su querida esposa y os ofrezco el reconocimiento y amor que la Santa Iglesia os profesa.

Día Séptimo
San Miguel, Portador del estandarte de salvación, os ofrezco mis alabanzas con devoción por la importante misión que Dios os ha dado al confiaros las almas de todos los predestinados, defendiéndolas en la hora de la muerte de los asaltos del infierno, presentándolas ante Dios enteramente puras.

Día Octavo
San Miguel, Ángel de la Paz, os alabo con devoción por toda la fuerza, la dulzura y suavidad encerradas en vuestro santo nombre, delicia de vuestros verdaderos devotos.

Día Noveno
San Miguel, Ángel del Perdón, os alabo con devoción por los inmensos beneficios que habéis derramado sobre nuestra patria, siempre que ésta ha sido fiel a Dios, así como por la abnegación, reconocimiento y amor que os rinden vuestros servidores. Dignaos, os suplicamos, obtener de los Corazones de Jesús y de María que aumenten vuestros devotos para obtener la salvación.

La oración de consagración a San Miguel Arcángel
(Padre Amorth)

"Oh gran príncipe del cielo, custodio fidelísimo de la Iglesia, San Miguel arcángel, yo, aunque indigno de presentarme ante ti, confiando sin embargo en tu especial bondad y conociendo la excelencia de tus admirables oraciones y la cantidad de tus favores, me presento ante ti, acompañado por mi ángel custodio, y ante la presencia de todos los ángeles del cielo que tomo como testigos de mi devoción hacia ti, te elijo hoy como mi protector y mi abogado particular, y propongo firmemente honrarte siempre y hacerte honrar con todas mis fuerzas. Asísteme durante toda mi vida, para que yo no ofenda nunca los ojos purísimos de Dios, ni con las obras, ni con las palabras, ni con los pensamientos. Defiéndeme de todas las tentaciones del demonio, especialmente de aquellas contra la fe y la pureza, y en la hora de mi muerte da paz al alma mía y llévame a la patria eterna. Amén."

La oración a San Miguel Arcángel
(Papa León XIII)

"En el nombre del Padre, del Hijo y del Espíritu Santo. Amén. Gloriosísimo príncipe de las milicias celestes, arcángel San Miguel, defiéndenos en la batalla contra todas las fuerzas de las tinieblas y su malicia espiritual. Ven en ayuda de nosotros, que hemos sido creados por Dios y rescatados a gran precio de la tiranía del demonio. Tu eres venerado por la Iglesia como su custodio y patrón, y a ti el Señor ha confiado las almas que un día ocuparán las moradas celestes. Ruega pues al Dios de la paz que ponga bajo nuestros pies a Satanás vencido y de tal manera abatido, que no pueda nunca más mantener a los hombres en la esclavitud ni causar perjuicio a la Iglesia. Presenta nuestras oraciones ante la mirada del Todopoderoso, para que las misericordias del Señor nos alcancen cuanto antes. Somete al dragón, a la antigua serpiente, que es el diablo y Satanás, lánzalo encadenado al abismo para que no pueda seducir más a las naciones. Amen."

Letanías a San Miguel Arcángel

Señor, ten piedad, Señor, ten piedad.
Oh Cristo, ten piedad, Oh Cristo, ten piedad.
Señor, ten piedad, Señor, ten piedad.
Jesucristo, escúchanos, Jesucristo, escúchanos.

Dios, Padre celestial,
Ten piedad de nosotros.
Dios, Hijo, Redentor del mundo,
Ten piedad de nosotros.
Dios, Espíritu Santo,
Ten piedad de nosotros.
Trinidad Santa, un solo Dios,
Ten piedad de nosotros.

Santa María, Reina de los Ángeles,
Ruega por nosotros.

San Miguel, jefe de los ejércitos celestes,
Ruega por nosotros.
San Miguel, príncipe de los nueve coros de los ángeles,
Ruega por nosotros.
San Miguel, lleno de la sabiduría de Dios,
Ruega por nosotros.
San Miguel, príncipe gloriosísimo,
Ruega por nosotros.
San Miguel, fuerte en el combate,
Ruega por nosotros.
San Miguel, terror de los malos espíritus,
Ruega por nosotros.
San Miguel, vencedor de Satanás y de los poderes rebeldes,

Ruega por nosotros.
San Miguel, nuestro apoyo en la lucha contra el mal,
Ruega por nosotros.
San Miguel, príncipe de las milicias celestes,
Ruega por nosotros.
San Miguel, fiel servidor de Dios,
Ruega por nosotros.
San Miguel, ángel de la paz,
Ruega por nosotros.
San Miguel, guardián del Paraíso,
Ruega por nosotros.
San Miguel, soporte del pueblo de Dios,
Ruega por nosotros.
San Miguel, guardián y patrono de la Iglesia,
Ruega por nosotros.
San Miguel, intercesor de los moribundos,
Ruega por nosotros.
San Miguel, que velas por las almas del Purgatorio,
Ruega por nosotros.
San Miguel, bienhechor de los pueblos que te honran,
Ruega por nosotros.
San Miguel, que salvas del peligro,
Ruega por nosotros.
San Miguel, que introduces las almas en la luz eterna,
Ruega por nosotros.

> Cordero de Dios que quitas el pecado del mundo,
> Ten piedad de nosotros.
> Cordero de Dios, que quitas el pecado del mundo,
> Escúchanos.
> Cordero de Dios que quitas el pecado del mundo,
> Danos la paz.

Oremos: Señor, que la poderosa intercesión de tu arcángel San Miguel nos proteja siempre y en todas partes, nos libere de todo mal y nos conduzca a la vida eterna. Por Cristo nuestro Señor. Amén.

Letanías a San Rafael Arcángel

Señor, ten piedad, Señor, ten piedad.
Jesucristo, ten piedad, Jesucristo, ten piedad.
Señor, ten piedad, Señor, ten piedad.
Jesucristo, escúchanos, Jesucristo, escúchanos.
Jesucristo, atiende nuestra súplica, Jesucristo,
atiende nuestra súplica.
Señor Dios, Padre del cielo,
Ten piedad de nosotros.
Señor Dios, Hijo redentor del mundo,
Ten piedad de nosotros.
Señor Dios, Espíritu Santo,
Ten piedad de nosotros.
Trinidad Santa, un solo Dios,
Ten piedad de nosotros.

Santa Maria Reina de Los Angeles
Ruega por nosotros
San Rafael, Médico de Dios,
Ruega por nosotros.
San Rafael, Ángel del dolor y de la sanación,
Ruega por nosotros.
San Rafael, Patrono de los médicos,
Ruega por nosotros.
San Rafael, Sanador de la tierra,
Ruega por nosotros.
San Rafael, Defensor invencible en los Peligros del alma y
del cuerpo,

Ruega por nosotros.
San Rafael, que prosigue el Gran Combate,
Ruega por nosotros.
San Rafael, Vencedor de Asmodeo,
Ruega por nosotros.
San Rafael, que liberas de los espíritus íncubos y súcubos,
Ruega por nosotros.
San Rafael, Instructor en el combate espiritual,
Ruega por nosotros.
San Rafael, Valor de las almas en la prueba,
Ruega por nosotros.
San Rafael, Servidor de las almas víctimas,
Ruega por nosotros.
San Rafael, defensor de las almas tentadas,
Ruega por nosotros.
San Rafael, Maestro de discernimiento y verdadero guía espiritual,
Ruega por nosotros.
San Rafael, Compañero de los penitentes,
Ruega por nosotros.
San Rafael, Patrono de los confesores,
Ruega por nosotros,
San Rafael, Tutor de las vocaciones santas,
Ruega por nosotros.
San Rafael, Protector de los eremitas,
Ruega por nosotros.
San Rafael, Bienhechor de las almas caritativas,
Ruega por nosotros.
San Rafael, Cooperador de las buenas obras,
Ruega por nosotros.
San Rafael, Modelo del Ángel de la guarda,
Ruega por nosotros.
San Rafael, Enviado especial y milagroso,

Ruega por nosotros.
San Rafael, Auxilio de todos los que imploran tu asistencia,
Ruega por nosotros.
San Rafael, Poderoso intercesor ante DIOS,
Ruega por nosotros.
San Rafael, Fiel consejero,
Ruega por nosotros.
San Rafael, Ángel del Amor Divino,
Ruega por nosotros.
San Rafael, Figura de la Divina Providencia,
Ruega por nosotros.
San Rafael, Mensajero de felicidad,
Ruega por nosotros.
San Rafael, que dispensas la alegría del Reino Celeste,
Ruega por nosotros.
San Rafael, Ángel de la pureza y del dominio de si,
Ruega por nosotros.
San Rafael, Mediador del matrimonio cristiano,
Ruega por nosotros.
San Rafael, Protector de la familia,
Ruega por nosotros.
San Rafael, uno de los siete Ángeles presentes ante la Gloria del SEÑOR,
Ruega por nosotros.
San Rafael, Adorador del Crucificado,
Ruega por nosotros.
San Rafael, que recojes la preciosa Sangre de Cristo para salvarnos,
Ruega por nosotros.

Cordero de Dios, que quitas el pecado del mundo, Perdónanos, Señor.

Cordero de Dios, que quitas el pecado del mundo, Escúchanos, Señor.

Cordero de Dios, que quitas el pecado del mundo, Ten piedad de nosotros.

Ruega por nosotros, San Rafael,
al Señor Nuestro Dios.
Dirígenos, Señor, por el camino de la paz.
Alabamos y veneramos a todos los Príncipes del Cielo, pero sobre todo al fiel médico y compañero, Arcángel San Rafael, que apresó al demonio y lo encadenó.

DIOS ha ordenado a sus ángeles,
Que os guarden en todos vuestro caminos.

Oremos: Oh DIOS que enviaste al Bienaventurado Arcángel Rafael como compañero de viaje de tu servidor Tobías, concédenos, a nosotros tus siervos, vivir siempre preservados bajo su protección y ser fortificados por su asistencia. Por JESUCRISTO Nuestro SEÑOR. Amén.

Letanías a San Gabriel Arcángel

Señor, ten piedad, Señor, ten piedad.
Oh Cristo, ten piedad, Oh Cristo, ten piedad.
Señor, ten piedad, Señor, ten piedad.

Señor Dios, Padre del cielo,
Ten piedad de nosotros.
Señor Dios, Hijo redentor del mundo,
Ten piedad de nosotros.
Señor Dios, Espíritu Santo,
Ten piedad de nosotros.
Trinidad Santa, un solo Dios,
Ten piedad de nosotros.

Santa María, Reina de los Ángeles,
Ruega por nosotros.
San Gabriel arcángel,
Ruega por nosotros.
San Gabriel, uno de los siete Ángeles presentes ante la Faz de Dios,
Ruega por nosotros.
San Gabriel, cuyo nombre significa Fuerza de Dios,
Ruega por nosotros.
San Gabriel, Poder de Dios,
Ruega por nosotros.
San Gabriel, Adorador perfecto del Verbo Divino,
Ruega por nosotros.
San Gabriel, Mensajero fiel de Dios,
Ruega por nosotros.
San Gabriel, que iluminaste a Daniel sobre el momento de la venida del Mesías,
Ruega por nosotros.
San Gabriel, Ángel de los profetas y de los que proclaman la palabra de Dios,
Ruega por nosotros.
San Gabriel, que anunciaste a Zacarías el nacimiento del precursor del Señor,
Ruega por nosotros.
San Gabriel, que supiste en el cielo del misterio sagrado del Verbo Encarnado,
Ruega por nosotros.
San Gabriel, que anunciaste a María la encarnación del Verbo Eterno/
Ruega por nosotros.
San Gabriel, que trajiste a la tierra el nombre de Jesús,
Ruega por nosotros.
San Gabriel, Ángel de la anunciación,
Ruega por nosotros.
San Gabriel, que confieres el sentido de lo sagrado y del temor de Dios,

Ruega por nosotros.
San Gabriel, Ángel de la humildad,
Ruega por nosotros.
San Gabriel, Ángel de la alabanza,
Ruega por nosotros.
San Gabriel, que ofreces nuestras oraciones al Altísimo,
Ruega por nosotros.
San Gabriel, Luz admirable de la Iglesia,
Ruega por nosotros.
San Gabriel, Protector de las comunicaciones y de la unidad de los creyentes,
Ruega por nosotros.

Cordero de Dios, que quitas el pecado del mundo, Perdónanos, Señor.

Cordero de Dios, que quitas el pecado del mundo, Escúchanos, Señor.

Cordero de Dios, que quitas el pecado del mundo, Ten piedad de nosotros.
Ruega por nosotros, San Gabriel, al Señor nuestro Dios.

Oremos: Oh Dios que, entre todo los ángeles, escogiste al Arcángel Gabriel para anunciar el misterio de la Encarnación de su Hijo, concédenos que, después de haberle honrado en la tierra, gustemos en el cielo los efectos de su protección. Por Jesucristo Nuestro Señor.
Amén.

+ LIBRO DE ORACIONES +

G: Orar con los Santos

G.1: Orar con San Juan Pablo II
Orar por las vocaciones
(Juan Pablo II)

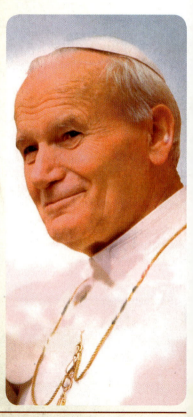

Padre Bueno, en Cristo tu Hijo nos revelas tu amor, nos abrazas como a tus hijos y nos ofreces la posibilidad de descubrir, en tu voluntad, los rasgos de nuestro verdadero rostro. Padre santo, Tú nos llamas a ser santos como Tú eres santo. Te pedimos que nunca falten a tu Iglesia ministros y apóstoles santos que, con la palabra y con los sacramentos, preparen el camino para el encuentro contigo. Padre misericordioso, da a la humanidad extraviada, hombres y mujeres, que, con el testimonio de una vida transfigurada, a imagen de tu Hijo, caminen alegremente con todos los demás hermanos y hermanas hacia la patria celestial.

Padre nuestro, con la voz de tu Espíritu Santo, y confiando en la materna intercesión de María, te pedimos ardientemente: manda a tu Iglesia sacerdotes, que sean testimonios valientes de tu infinita bondad. ¡Amén!

Consagración al Sagrado Corazón de Jesús
(Juan Pablo II)

Señor Jesucristo, Redentor del género humano, nos dirigimos a tu Sacratísimo Corazón con humildad y confianza, con reverencia y esperanza, con profundo deseo de darte gloria, honor y alabanza.

Señor Jesucristo, Salvador del mundo, te damos las gracias por todo lo que eres y todo lo que haces.

Señor Jesucristo, Hijo de Dios Vivo, te alabamos por el amor que has revelado a través de Tu Sagrado Corazón, que fue traspasado por nosotros y ha llegado a ser fuente de nuestra alegría, manantial de nuestra vida eterna.

Reunidos juntos en Tu nombre, que está por encima de todo nombre, nos consagramos a tu Sacratísimo Corazón, en el cual habita la plenitud de la verdad y la caridad.

Al consagrarnos a Ti, los fieles (persona o de lugar) renovamos nuestro deseo de corresponder con amor a la rica efusión de tu misericordioso y pleno amor.

Señor Jesucristo, Rey de Amor y Príncipe de la Paz, reina en nuestros corazones y en nuestros hogares. Vence todos los poderes del maligno y llévanos a participar en la victoria de tu Sagrado Corazón.

¡Qué todos proclamemos y demos gloria a Ti, al Padre y al Espíritu Santo, único Dios que vive y reina por los siglos de los siglos! Amén.

Letanías de Cristo, Sacerdote y Víctima
(Juan Pablo II)

Señor, ten piedad
Cristo ten piedad
Señor, ten piedad
Cristo, óyenos
Cristo, escúchanos
Dios Padre de los cielos
(Ten misericordia de nosotros).
Dios Hijo Redentor del Mundo
Dios Espíritu Santo.
Trinidad Santa un solo Dios.
Jesús, Sacerdote y víctima.

Jesús, Sacerdote para siempre según el rito de Melquísedec.
Jesús, Sacerdote enviado por Dios para evángelizar a los pobres
Jesús, Sacerdote que en la última cena instituiste el sacrificio perpetuo. Jesús, Sacerdote que vive siempre para interceder por nosotros.
Jesús, Pontífice al que el Padre ungió con Espíritu Santo y fortaleza.
Jesús, Pontífice tomado de entre los hombres.
Jesús, Pontífice constituido a favor de los hombres.
Jesús, Pontífice de nuestra confesión.
Jesús, Pontífice de mayor gloria que Moisés.
Jesús, Pontífice del tabernáculo verdadero.
Jesús, Pontífice de los bienes futuros.
Jesús, Pontífice santo, inocente y puro.
Jesús, Pontífice fiel y misericordioso. Jesús, Pontífice encendido en celo de Dios y de las almas.
Jesús, Pontífice perfecto para siempre. Jesús, Pontífice que por tu propia sangre penetraste los cielos.
Jesús, Pontífice que iniciaste para nosotros
un camino nuevo.

II. Oraciones

Jesús, Pontífice que nos amaste y nos lavaste de los pecados con tu sangre.
Jesús, Pontífice que te entregaste a Dios como oblación y hostia.
Jesús, Hostia de Dios y de los hombres.
Jesús, Hostia santa e inmaculada.
Jesús, Hostia que aplaca.
Jesús, Hostia pacífica.
Jesús, Hostia de propiciación y de alabanza. Jesús, Hostia de conciliación y de paz. Jesús, Hostia en la que tenemos la confianza y el acceso hasta Dios.
Jesús, Hostia que vive por los siglos de los siglos.
Muéstrate propicio perdónanos, Jesús.
Muéstrate propicio escúchanos, Jesús.
De entrar temerariamente en el clero.
(Líbranos, Jesús)
Del pecado de sacrilegio.
Del espíritu de incontinencia.
Del deseo impuro.
De toda mancha de simonía.
De una dispensa indigna de las tareas eclesiásticas.
Del amor al mundo y de su vanidad.
De una celebración indigna de tus misterios.
Por su sacerdocio eterno.
Por la santa unción con que fuiste constituido como Sacerdote de Dios Padre.
Por tu espíritu sacerdotal.
Por tu ministerio, con el que glorificaste al Padre sobre la tierra.
Por tu propia inmolación cruenta hecha en la cruz de una vez para siempre.
Por tu único sacrificio renovado cada día en el altar.
Por tu potestad divina, que ejerces invisiblemente a través de tus sacerdotes.
Para que te dignes conservar a todo el orden sacerdotal en la santa religión.
(Te rogamos óyenos)
Para que te dignes proveer a tu pueblo de pastores según tu corazón.
Para que te dignes llenarlos de tu espíritu sacerdotal.
Para que los labios de los sacerdotes prediquen la sabiduría.

Para que te dignes enviar operarios fieles a tu mies.
Para que te dignes multiplicar los ministros fieles de tus misterios.
Para que te dignes darles perseverancia en el servicio a tu voluntad.
Para que te dignes concederles mansedumbre en el ministerio, habilidad en la acción y constancia en la oración.
Para que te dignes promover en todas las partes a través de ellos el culto al Santísimo Sacramento.
Para que te dignes recibir en tu gozo a los que te sirvieron bien. Cordero de Dios, que quitas el pecado del mundo, Perdónanos, Señor.
Cordero de Dios, que quitas el pecado del mundo, Escúchanos, Señor.
Cordero de Dios, que quitas el pecado del mundo, Ten piedad de nosotros, Señor.
Jesús, Sacerdote óyenos.
Jesús, Sacerdote escúchanos.
Jesús, Sacerdote ten misericordia de nosotros.

Oremos: Oh Dios, santificador y custodio, suscita en tu Iglesia por tu Espíritu, ministros idóneos y fieles de tus santos misterios, para que con tu ayuda el pueblo cristiano sea dirigido por el ministerio y ejemplo de ellos. Por Cristo nuestro Señor. Amén.

Oración por los sacerdotes
(Juan Pablo II)

Oh María,
Madre de Jesucristo y Madre de los sacerdotes:
acepta este título con el que hoy te honramos
para exaltar tu maternidad y contemplar Contigo
el sacerdocio de tu Hijo unigénito y de tus hijos,
oh Santa Madre de Dios.
Madre de Cristo,
que al Mesías Sacerdote diste un cuerpo de carne
por la unción del Espíritu Santo
para salvar a los pobres y contritos de corazón:
custodia en tu seno y en la Iglesia a los sacerdotes,
oh Madre del Salvador.
Madre de la fe, que acompañaste al templo al Hijo del hombre,
en cumplimiento de las promesas hechas a nuestros Padres:
presenta a Dios Padre, para su gloria, a los sacerdotes de tu Hijo,
oh Arca de la Alianza.
Madre de la Iglesia, que con los discípulos en el Cenáculo implorabas el
Espíritu para el nuevo pueblo y sus pastores:
alcanza para el orden de los presbíteros
la plenitud de los dones, oh Reina de los Apóstoles.
Madre de Jesucristo, que estuviste con Él al comienzo de su vida y de su
misión, lo buscaste como Maestro entre la muchedumbre, lo acompañaste
en la cruz, exhausto por el sacrificio único y eterno, y tuviste a tu lado a
Juan, como hijo tuvo:
acoge desde el principio a los llamados al sacerdocio, protégelos en su
formación y acompaña a tus hijos en su vida y en su ministerio,
oh Madre de los sacerdotes.
Amén

Novena al Santo Juan Pablo II

Primer día

En el nombre del Padre del Hijo y del Espíritu Santo. Amén
¡Ven Espíritu Santo, ven a nosotros a través de María!

Reflexión del Santo Juan Pablo II
El hombre no puede vivir sin amor.
Él permanece para sí mismo
un ser incomprensible,
su vida está privada de sentido
si no se le revela el amor,
si no se encuentra con el amor,
si no lo experimenta y lo hace propio,
si no participa de Él vivamente
Redemptor hominis, 10.

Oración
Bendito seas Tú, Padre bueno,
¡Señor del tiempo y de la historia!
Nosotros te damos las gracias porque en tu bondad
nos has donado al Santo Juan Pablo II como
pastor bueno, guía valeroso, anunciador
apasionado del Evangelio.
Por su intercesión concédenos las gracias
que te pedimos, permítenos encontrar
al verdadero autor que no defrauda.
Acoge nuestra súplica en el nombre de Jesús,
tu Hijo y Nuestro Señor.
Amén

Segundo día

En el nombre del Padre del Hijo y del Espíritu Santo. Amén
¡Ven Espíritu Santo, ven a nosotros a través de María!

Reflexión del Santo Juan Pablo II

Sí, queridos amigos,
¡Cristo nos ama y nos ama siempre!
Nos ama incluso cuando lo decepcionamos,
cuando no correspondemos a lo que
espera de nosotros. Él no nos cierra nunca
los brazos de su misericordia.
¿Cómo no estar agradecidos a este Dios
que nos ha redimido llegando incluso
a la locura de la Cruz?
Homilía, 20 de agosto de 2000.

Oración

Bendito seas Tú, Padre bueno,
¡Señor del tiempo y de la historia!
Nosotros te damos las gracias porque en tu bondad
nos has donado al Santo Juan Pablo II como
pastor bueno, guía valeroso, anunciador
apasionado del Evangelio.
Por su intercesión concédenos las gracias
que te pedimos, permítenos que nos dejemos amar por Ti.
Acoge nuestra súplica en el nombre de Jesús,
tu Hijo y Nuestro Señor.
Amén

Tercer día

En el nombre del Padre del Hijo y del Espíritu Santo. Amén
¡Ven Espíritu Santo, ven a nosotros a través de María!

Reflexión del Santo Juan Pablo II
Jesús, sobre todo con su estilo de vida
y con sus acciones, ha demostrado
cómo en el mundo en que vivimos está
presente el amor, el amor operante,
el amor que se dirige al hombre y abraza
todo lo que forma su humanidad.
Este amor se hace notar particularmente
en el contacto con el sufrimiento,
la injusticia, la pobreza...
Díves in misericordia.

Oración
Bendito seas Tú, Padre bueno,
¡Señor del tiempo y de la historia!
Nosotros te damos las gracias porque en tu bondad
nos has donado al Santo Juan Pablo II como
pastor bueno, guía valeroso, anunciador
apasionado del Evangelio.
Por su intercesión concédenos las gracias
que te pedimos, haznos atentos a las necesidades del prójimo.
Acoge nuestra súplica en el nombre de Jesús,
tu Hijo y Nuestro Señor.
Amén.

Cuarto día

En el nombre del Padre del Hijo y del Espíritu Santo. Amén
¡Ven Espíritu Santo, ven a nosotros a través de María!

Reflexión del Santo Juan Pablo II
Si la experiencia cotidiana nos muestra
la existencia como un pasaje hacia la muerte,
el misterio pascual nos abre la perspectiva
de una vida nueva más allá de la muerte.
Por ello, la Iglesia, que profesa en su Credo
la muerte y la resurrección de Jesús,
tiene todas las razones para pronunciar
también estas palabras:
«Creo en la resurrección de la carne
y en la vida eterna.».
Homilía, 23 de agosto de 1997.

Oración
Bendito seas Tú, Padre bueno,
¡Señor del tiempo y de la historia!
Nosotros te damos las gracias porque en tu bondad
nos has donado al Santo Juan Pablo II como
pastor bueno, guía valeroso, anunciador
apasionado del Evangelio.
Por su intercesión concédenos las gracias
aumenta nuestra fe en el Señor resucitado.
Acoge nuestra súplica en el nombre de Jesús,
tu Hijo y Nuestro Señor.
Amén.

Quinto día

En el nombre del Padre del Hijo y del Espíritu Santo. Amén
¡Ven Espíritu Santo, ven a nosotros a través de María!

Reflexión del Santo Juan Pablo II
La Iglesia constituye la juventud de Dios
para el mundo: un pueblo nuevo,
en el que, por la acción misteriosa
del Espíritu, los valores siempre nuevos
de la pobreza evangélica, la fraternidad,
la paz, la misericordia, el servicio
desinteresado a los últimos, el amor
a la verdad, prevalecen cada día sobre
las antiguas lógicas mundanas, anunciando
y anticipando el futuro de Dios,
Regina coeli, 26 de mayo de 1996.

Oración
Bendito seas Tú, Padre bueno,
¡Señor del tiempo y de la historia!
Nosotros te damos las gracias porque en tu bondad
nos has donado al Santo Juan Pablo II como
pastor bueno, guía valeroso, anunciador
apasionado del Evangelio.
Por su intercesión concédenos las gracias
que te pedimos, concédenos ser siempre dóciles al soplo del
Espíritu.
Acoge nuestra súplica en el nombre de Jesús,
tu Hijo y Nuestro Señor.
Amén

Sexto día

En el nombre del Padre del Hijo y del Espíritu Santo. Amén
¡Ven Espíritu Santo, ven a nosotros a través de María!

Reflexión del Santo Juan Pablo II
La Verdad es Jesucristo,
¡Amad la Verdad!
¡Vivid en la Verdad!
Llevad la Verdad al mundo,
¡Sed testigos de la Verdad!
Jesús es la Verdad que salva;
es la Verdad completa a la que nos guiará
el Espíritu de la Verdad.
Discurso, 19 de agosto de 1989.

Oración
Bendito seas Tú, Padre bueno,
¡Señor del tiempo y de la historia!
Nosotros te damos las gracias porque en tu bondad
nos has donado al Santo Juan Pablo II como
pastor bueno, guía valeroso, anunciador
apasionado del Evangelio.
Por su intercesión concédenos las gracias
que te pedimos, concédenos abrirnos a la verdad que es Cristo.
Acoge nuestra súplica en el nombre de Jesús,
tu Hijo y Nuestro Señor.
Amén

Séptimo día

En el nombre del Padre del Hijo y del Espíritu Santo. Amén
¡Ven Espíritu Santo, ven a nosotros a través de María!

Reflexión del Santo Juan Pablo II
Sed felices junto con María, que creyó
en el cumplimiento de las palabras
que le dijo el Señor. ¡Sed. felices!
Ojalá que el signo de la mujer vestida
de sol camine con vosotros, con cada una
y cada uno, a lo largo de todos los senderos
de la vida. Ojalá que os conduzca
al cumplimiento en Dios de vuestra adopción
como hijos en Cristo. ¡El Señor ha hecho
verdaderamente maravillas en vosotros!.
Homilía, 15 de agosto de 1991.

Oración
Bendito seas Tú, Padre bueno,
¡Señor del tiempo y de la historia!
Nosotros te damos las gracias porque, en tu bondad,
nos has donado al Santo Juan Pablo II como
pastor bueno, guía valeroso, anunciador
apasionado del Evangelio.
Por su intercesión concédenos las gracias
que te pedimos, haz que creamos en el cumplimiento
de tu Palabra.
Acoge nuestra súplica en el nombre de Jesús,
tu Hijo y Nuestro Señor.
Amén.

Octavo día

En el nombre del Padre del Hijo y del Espíritu Santo. Amén
¡Ven Espíritu Santo, ven a nosotros a través de María!

Reflexión del Santo Juan Pablo II
Quisiera encontrarme con cada uno de vosotros,
que estáis dispersos en toda la tierra,
para bendeciros, en el nombre del Señor Jesús,
que pasó "haciendo el bien y curando
a los enfermos" (Hch 10, 38)
Quisiera poder estar junto a vosotros para
consolar vuestras penas, sostener vuestro ánimo
y alimentar vuestra esperanza, a fin de que cada
uno sepa hacer de sí mismo un don de amor
a Cristo para el bien de la Iglesia y del mundo.
Mensaje para la II Jornada del Enfermo.

Oración
Bendito seas Tú, Padre bueno,
¡Señor del tiempo y de la historia!
Nosotros te damos las gracias porque en tu bondad
nos has donado al Santo Juan Pablo II como
pastor bueno, guía valeroso, anunciador
apasionado del Evangelio.
Por su intercesión concédenos las gracias
que te pedimos, concédenos no desanimarnos
nunca en la pruebas de la vida.
Acoge nuestra súplica en el nombre de Jesús,
tu Hijo y Nuestro Señor.
Amén.

Noveno día

En el nombre del Padre del Hijo y del Espíritu Santo. Amén
¡Ven Espíritu Santo, ven a nosotros a través de María!

Reflexión del Santo Juan Pablo II
Socorre con amor, oh Virgen María, a los
pobres, a los que sufren,
a los jóvenes, esperanza del mañana.
Mantente maternalmente cerca de todas
las personas, las familias y las naciones,
Socorre al pueblo cristiano en la lucha
incesante entre el bien y el mal.
¡Oh clemente, oh piadosa, oh dulce Virgen María!
Homilía, 16 de julio de 1988.

Oración
Bendito seas Tú, Padre bueno,
¡Señor del tiempo y de la historia!
Nosotros te damos las gracias porque en tu bondad
nos has donado al Santo Juan Pablo II como
pastor bueno, guía valeroso, anunciador
apasionado del Evangelio.
Por su intercesión concédenos las gracias
que te pedimos, concédenos ser fuertes
en la lucha contra el mal.
Acoge nuestra súplica en el nombre de Jesús,
tu Hijo y Nuestro Señor.
Amén.

II. Oraciones

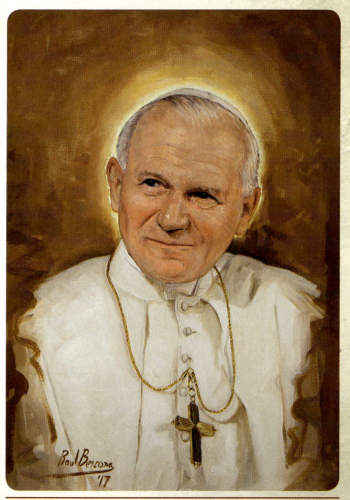

G.2: Orar con Santa Teresa de Calcuta

Tengo sed de ti
(Madre Teresa de Calcuta)
"Mira que estoy a la puerta y llamo..."
(Apocalipsis 3, 20)

Es verdad. Estoy a la puerta de tu corazón, de día y de noche. Aún cuando no estás escuchando, aún cuando dudes que pudiera ser yo, ahí estoy: esperando la más pequeña señal de respuesta, hasta la más pequeña sugerencia de invitación que Me permita entrar.

Y quiero que sepas que cada vez que me invitas, Yo vengo siempre, sin falta. Vengo en silencio e invisible, pero con un poder y un amor infinitos, trayendo los muchos dones de Mi Espíritu. Vengo con Mi misericordia, con Mi deseo de perdonarte y de sanarte, con un amor hacia ti que va más allá de tu comprensión. Un amor en cada detalle, tan grande como el amor que he recibido de Mi Padre *"Yo los he amado a ustedes como el Padre me ama a mí..."* (Jn. 15,10). Vengo deseando consolarte y darte fuerza, levantarte y vendar todas tus heridas. Te traigo Mi luz, para disipar tu oscuridad y todas tus dudas. Vengo con Mi poder, que me permite cargarte a ti: con Mi gracia, para tocar tu corazón y transformar tu vida. Vengo con Mi paz, para tranquilizar tu alma.

Te conozco como la palma de mi mano, sé todo acerca de ti, hasta los cabellos de tu cabeza he contado. No hay nada en tu vida que no tenga importancia para Mí. Te he seguido a través de los años y siempre te he amado, hasta en tus extravíos. Conozco cada uno de tus problemas. Conozco tus necesidades y tus preocupaciones y, si, conozco todos tus pecados. Pero te digo de nuevo que Te amo, no por lo que has hecho o dejado de hacer, Te amo por ti, por la belleza y la dignidad que mi Padre te dio al crearte a Su propia imagen. Es una dignidad que muchas veces has olvidado, una belleza que has empañado por el pecado. Pero te amo como eres y he derramado Mi Sangre para rescatarte. Si sólo me lo pides con fe, Mi gracia tocará todo

II. Oraciones

lo que necesita ser cambiado en tu vida: Yo te daré la fuerza para librarte del pecado y de todo su poder destructor.

Sé lo que hay en tu corazón, conozco tu soledad y todas tus heridas, los rechazos, los juicios, las humillaciones, Yo lo sobrellevé todo antes que tú. Y todo lo sobrellevé por ti, para que pudieras compartir Mi fuerza y Mi victoria. Conozco, sobre todo, tu necesidad de amor, sé que tan sediento estás de amor y de ternura. Pero cuántas veces has deseado satisfacer tu sed en vano, buscando ese amor con egoísmo, tratando de llenar el vacío dentro de ti con placeres pasajeros, con el vacío aún mayor del pecado. ¿Tienes sed de amor?

"Vengan a Mí todos los que tengan sed..." (Jn. 7, 37). Yo te saciaré y te llenaré. ¿Tienes sed de ser amado?, te amo más de lo que te puedes imaginar.... hasta el punto de morir en la cruz por ti.

TENGO SED DE TI. Si, esa es la única manera en que apenas puedo empezar a describir Mi amor. TENGO SED DE TI. Tengo sed de amarte y de que tú me ames. Tan precioso eres para Mí que TENGO SED DE TI. Ven a Mí y llenaré tu corazón y sanaré tus heridas. Te haré una nueva creación y te daré la paz aún en tus pruebas. TENGO SED DE TI. Nunca debes dudar de Mi Misericordia, de Mi deseo de perdonarte, de Mi anhelo por bendecirte y vivir Mi vida en tí, y de que te acepto sin importar lo que hayas hecho. TENGO SED DE TI. Si te sientes de poco valor a los ojos del mundo, no importa. No hay nadie que me interese más en todo el mundo que tú. TENGO SED DE TI. Ábrete a Mí, ven a Mí, ten sed de Mí, dame tu vida. Yo te probaré cuán valioso eres para Mi Corazón.

255

¿No te das cuenta de que Mi Padre ya tiene un plan perfecto para transformar tu vida a partir de este momento? Confía en Mí. Pídeme todos los días que entre y que me encargue de tu vida y lo haré. Te prometo ante Mi Padre en el Cielo que haré milagros en tu vida. ¿Por qué haría Yo esto? PORQUE TENGO SED DE TI. Lo único que te pido es que te confíes completamente a Mí. Yo haré todo lo demás.

Desde ahora, ya veo el lugar que Mi Padre te ha preparado en Mi Reino. Recuerda que eres peregrino en esta vida viajando a casa. El pecado nunca te puede satisfacer ni traerte la paz que anhelas. Todo lo que has buscado fuera de Mí sólo te ha dejado más vacío, así que no te ates a las cosas de este mundo; pero, sobre todo, no te alejes de Mí cuando caigas. Ven a Mí sin tardanza porque cuando me das tus pecados, me das la alegría de ser tu Salvador. No hay nada que yo no pueda perdonar y sanar, así que ven ahora y descarga tu alma.

No importa cuánto hayas andado sin rumbo, no importa cuántas veces me hayas olvidado, no importa cuántas cruces lleves en esta vida, hay algo que quiero que siempre recuerdes y que nunca cambiará. TENGO SED DE TI, tal y como eres. No tienes que cambiar para creer en Mi Amor, ya que será tu confianza en ese Amor la que te hará cambiar. Tú te olvidas de Mí y, sin embargo, yo te busco a cada momento del día y estoy ante las puertas de tu corazón, llamando. ¿Encuentras esto difícil de creer? Entonces, mira la Cruz, mira Mi Corazón que fue traspasado por ti. ¿No has comprendido Mi Cruz?, entonces escucha de nuevo las palabras que dijo en ella, te dicen claramente por qué Yo soporté todo esto por ti: "…. *TENGO SED*" (Jn. 19, 28). Sí, TENGO SED DE TI. Como el resto del salmo que Yo estaba rezando dice de Mí: "… *Esperé compasión inútilmente, esperé alguien que me consolara y no le hallé.*" (Salmo 69:20). Todo tu vida he estado deseando tu amor. ..Nunca he cesado de buscarlo y de anhelar que Me correspondas. Tu has probado muchas cosas en tu afán por ser feliz. ¿Por qué no intentas abrirme tu corazón, ahora mismo, abrirlo más de lo que lo has hecho antes?.

Cuando finalmente abras las puertas de tu corazón y finalmente te acerques lo suficiente entonces, Me oirás decir una y otra vez, no en meras palabras humanas sino en Espíritu: "No importa qué es lo que hayas hecho, te amo por ti mismo. Ven a Mi con tu miseria y tus pecados, con tus problemas y necesidades, y con todo tu deseo de ser amado. Estoy a la puerta de tu corazón y llamo... abreme, porque TENGO SED DE TI....

"Jesús es Dios, por lo tanto Su Amor y Su Sed son infinitos. El, Creador del universo Pidió el amor de sus criaturas. Tiene sed de nuestro amor... Estas palabras: "Tengo sed" ¿Tienen un eco en nuestra alma?."

Novena a la Santa Madre Teresa de Calcuta

Jesús está siempre esperándonos en el silencio — para hablarnos y para escucharnos: "En el silencio de nuestros corazones, Dios habla de Su amor; con nuestro silencio, permitimos que Jesús nos ame" (Madre Teresa).

Lee alguna de todas las citas del día y permite que penetren en tu corazón. Quédate con las palabras de la Madre Teresa por un rato y permite que uno de los pensamientos crezca en tu corazón y te acompañe durante todo el día. Únete con todos tus hermanos y hermanas en todo el mundo que están sufriendo en la oscuridad y el dolor. Entonces fervorosamente recita la oración a Santa Teresa. Puedes también hacer una acción concreta de caridad hacia alguien de tu propia familia, comunidad o vecindario como una forma de vivir más profundamente el espíritu y mensaje de la Madre Teresa durante el novenario.

Primer día

Conocer a Jesús vivo

¿Conoces realmente a Jesús vivo — no por los libros, sino por estar con Él en tu corazón?"

"¿Estoy convencido del amor de Cristo por mí y del mío por Él? Esta convicción es la roca sobre la que se construye la santidad. ¿Qué debemos hacer para tener esta convicción? Tenemos que conocer a Jesús, amar a Jesús, servir a Jesús. El conocimiento te hará fuerte como la muerte. Conocemos a Jesús a través de la fe: meditando Su Palabra en las Escrituras, escuchándole hablar por medio de Su Iglesia, y mediante la íntima unión de la oración".

Pensamiento del día:

"No busques a Jesús en tierras lejanas; no está allí. Está cerca de ti; está dentro de ti".

Pide la gracia de conocer a Jesús íntimamente.
Recita la oración a la Santa Madre Teresa.

Segundo día

Jesús te ama

"¿Estoy convencido del amor de Cristo por mí y del mío por Él? Esta convicción es como la luz del sol que hace subir la savia de la vida y florecer los brotes de la santidad. Esta convicción es la roca sobre la que se construye la santidad" "Jesús te ama tiernamente, eres precioso para Él. Dirígete a Jesús con gran confianza y permítete a ti mismo ser amado por Él. El pasado pertenece a Su misericordia, el futuro a Su providencia y el presente a Su amor.

Pensamiento del día:

"No tengas miedo — eres precioso para Jesús. Él te ama"

Pide la gracia de estar convencido del amor incondicional y personal de Jesús por ti.
Recita la oración a la Santa Madre Teresa.

Tercer día

Escúchale decirte: "Tengo sed"

En Su agonía, en Su dolor, en Su soledad dijo muy claramente: "¿Por qué Me has abandonado?." Estaba tan terriblemente solo y abandonado y sufría tanto en la Cruz. En este momento tan difícil proclamó: "Tengo sed", y la gente pensó que tenía una sed ordinaria y le dieron inmediatamente vinagre; pero no era de eso de lo que tenía sed — era de nuestro amor, de nuestro afecto, de nuestro íntimo apego a Él, y de compartir Su pasión. Y es extraño que haya usado esa palabra. Dijo "Tengo sed" en vez de "dame tu amor". La sed de Jesús en la Cruz no es imaginación. Fue una palabra: "Tengo sed". Escuchémosle decírnosla a ti y a mi. Es realmente un don de Dios" "Si escuchas con tu corazón, oirás, entenderás.... Hasta que no conozcas en lo más profundo que Jesús tiene sed de ti, no podrás comenzar a saber quién quiere ser Él para ti. O quién quiere que seas tú para Él."

Pensamiento del día:

"¡Imagínate! Dios está sediento de que tú y yo demos un paso adelante para saciar Su sed".

Pide la gracia de entender el grito de sed de Jesús.
Recita la oración a la Santa Madre Teresa.

Cuarto día

Nuestra Señora te ayudará

"¡Cuánto necesitamos que María nos enseñe lo que significa saciar el Amor Sediento de Dios por nosotros que Jesús vino a revelarnos! Ella lo hizo de un modo muy hermoso. Sí, María permitió a Dios que tomara posesión de su vida por su pureza, su humildad y su amor fiel.... Busquemos crecer, bajo la guía de nuestra Madre Celestial, en estas tres importantes actitudes interiores del alma que complacen al Corazón de Dios y le permiten unirse a nosotros, en Jesús y a través de Él, en el poder del Espíritu Santo. Al así hacerlo, como María nuestra Madre, permitiremos que Dios tome posesión completa de todo nuestro ser — y a través de nosotros Dios podrá extender Su Amor Sediento a todos aquellos con quienes entramos en contacto, especialmente los pobres."

"Si nosotros permanecemos junto a Nuestra Señora, ella nos dará su espíritu de amorosa confianza, entrega total y alegría."

Pensamiento del día:

"Qué cerca nos tenemos que mantener de Nuestra Señora, quien entendió la profundidad del Amor Divino que estaba siendo revelado mientras permanecía al pie de la Cruz y oyó a Jesús exclamando: "Tengo sed".

Pide la gracia de aprender de Nuestra Señora a saciar la sed de Jesús como ella lo hizo.
Recita la oración a la Santa Madre Teresa.

Quinto día

Confía ciegamente en Jesús

"Ámalo confiadamente sin mirar atrás, sin miedo. Entrégate completamente a Jesús. Él se servirá de ti para lograr grandes cosas con la condición de que creas mucho más en Su amor que en tu debilidad. Cree en Él confía en Él con una confianza ciega y absoluta, porque Él es Jesús"

"Tenemos que ser capaces de alzar la vista con toda sinceridad y decir: "Todo lo puedo en Él que me fortalece". Por esta afirmación de San Pablo, debes tener una firme confianza haciendo tu trabajo — o mejor dicho, el trabajo de Dios — bien, con eficacia, incluso perfectamente, con Jesús y por Jesús. Convéncete también que tú por ti mismo no puedes hacer nada ni tener nada que no sea pecado, debilidad y miseria; que todos los dones de la naturaleza y de la gracia que posees, los has recibido de Dios.

Pensamiento del día:

"La confianza en Dios lo puede todo. Lo que Dios necesita es nuestro vacío y nuestra pequeñez, no nuestra plenitud".

Pide la gracia de tener una confianza firme en el poder y el amor de Dios por ti y por los demás.
Recita la oración a la Santa Madre Teresa

Sexto día

El verdadero amor es entrega

"¡Qué fácil es conquistar a Dios! Nos entregamos a Dios, entonces Dios es nuestro; y no hay nada que sea más nuestro que Dios. Si nos entregamos a Él, lo poseeremos como Él se posee a Sí mismo; es decir, viviremos Su vida misma. El dinero con que Dios nos paga por nuestra entrega es Él mismo. Nos hacemos dignos de poseerle cuando nos abandonamos a Él de forma sobrenatural. El verdadero amor es entregarse. Cuanto más amamos, tanto más nos entregamos".

"A menudo ves cables alineados, pequeños y grandes; nuevos y viejos, baratos y caros. A menos y hasta que la corriente pase por ellos, no habrá luz. El cable somos tú y yo. Dios es la corriente. Tenemos el poder de dejar que la corriente pase a través de nosotros, que nos use y que produzca la Luz del Mundo — Jesús; o de negarnos a ser utilizados y permitir que la oscuridad se extienda. Nuestra Señora fue el cable más maravilloso. Ella le permitió a Dios que la colmase hasta el borde, de tal forma que por su entrega — "Hágase en Mí según tu palabra" — ella se llenó de gracia; y naturalmente, en el momento en que ella se llenó de esta corriente, la gracia de Dios, fue de prisa a la casa de Isabel para conectar el cable, Juan, a la corriente, Jesús".

Pensamiento del día:
"Permite a Dios que se sirva de ti sin consultarte.
**Pide la gracia de entregar toda tu vida a Dios.
Recita la oración a la Santa Madre Teresa**

Séptimo día

Dios ama a quien da con alegría

"Para traer alegría a nuestra propia alma, el buen Dios se ha entregado Él mismo a nosotros... La alegría no es simplemente cuestión de temperamento. En el servicio a Dios y a las almas, es siempre difícil — con mayor razón debemos tratar de adquirirla y de hacerla crecer en nuestros corazones. La alegría es oración. La alegría es fuerza. La alegría es amor. La alegría es una red de amor con la cual puedes atrapar muchas almas. Dios ama a quien da con alegría. Da más quien da con alegría. Si en el trabajo tienes dificultades y las aceptas con alegría, con una gran sonrisa, en esto, como en cualquier otra cosa, los demás verán tus buenas obras y glorificarán al Padre. El mejor modo de mostrar tu agradecimiento a Dios y a la gente es aceptar todo con alegría. Un corazón alegre es el resultado normal de un corazón que arde de amor".

"La alegría era también la fuerza de Nuestra Señora. Nuestra Señora fue la primera Misionera de la Caridad. Ella fue la primera en recibir físicamente a Jesús y en llevarle a los demás; y Ella fue de prisa. Sólo la alegría podía darle esa fuerza y esa rapidez para ir a hacer el trabajo de una sierva".

Pensamiento del día:

"La alegría es la señal de la unión con Dios, de la presencia de Dios. La alegría es amor, el resultado normal de un corazón que arde de amor".
**Pide la gracia de encontrar la alegría de amar y de compartir esa alegría con todos los que encuentres.
Recita la oración a la Santa Madre Teresa**

Octavo día

Jesús se hizo a Sí mismo el Pan de Vida y el Hambriento

"Él demostró Su amor por nosotros dándonos Su propia vida, Su propio ser. 'Él, siendo rico se hizo pobre' por ti y por mí. Se entregó a Sí mismo completamente. Murió en la Cruz. Pero antes de morir, se hizo a Sí mismo Pan de Vida para saciar nuestra hambre de amor por Él. Dijo: 'Si no comen Mi Carne y beben Mi Sangre no podrán tener vida eterna'. Y la grandeza de este amor Suyo lo convirtió en el Hambriento y dijo: "Tuve hambre y me dieron de comer, y a menos que me den de comer, no podrán entrar a la vida eterna". Este es el modo de dar de Cristo, Y hoy, Dios continúa amando al mundo.

Continúa enviándonos a ti y a mí para demostrar que ama el mundo, que todavía tiene esa compasión por el mundo. Somos nosotros quienes tenemos que ser Su amor, Su compasión en el mundo de hoy. Pero, para poder amar, debemos tener fe, pues la fe en acción es amor, y el amor en acción es servicio. Por eso Jesús se hizo a sí mismo Pan de Vida, para que pudiésemos ser capaces de comer y vivir y poder verle bajo el desfigurado disfraz de los pobres".

"Nuestra vida debe estar entretejida con la Eucaristía. De Jesús en la Eucaristía aprendemos la gran sed de Dios por amarnos, y cómo a su vez, Él está sediento de nuestro amor y del amor de las almas. De Jesús en la Eucaristía recibimos la luz y la fuerza para saciar Su Sed".

Pensamiento del día:

"Cree que Él, Jesús, está bajo la apariencia del Pan y que Él, Jesús, se encuentra en el hambriento, el desnudo, el enfermo, el que está solo, el no querido, el que no tiene hogar, el indefenso y el desesperado".

Pide la gracia de una fe profunda que te haga ver a Jesús en el Pan de Vida y servirle en el desfigurado disfraz de los pobres.

Recita la oración a la Santa Madre Teresa

Noveno día

La santidad es Jesús viviendo y actuando en mí

"Nuestras obras de caridad no son otra cosa que el rebosar de nuestro amor por Dios que surge de nuestro interior. Por lo tanto, aquel que está más unido a Él **ama más a su prójimo** "Consumámonos con Él y por Él. Déjale ver con tus ojos, hablar con tu lengua, trabajar con tus manos, caminar con tus pies, pensar con tu cabeza y amar con tu corazón. ¿No es esto la unión perfecta, una continua oración amorosa? Dios es nuestro Padre amoroso. Permite que tu luz de amor brille tanto ante los hombres que al ver tus buenas obras (lavar, barrer, cocinar, amar a tu marido y a tus hijos) puedan glorificar al Padre".

Pensamiento del día:

"La caridad hacia los demás es el camino más seguro para una gran santidad".

**Pide la gracia de aprender de Nuestra Señora a saciar la sed de Jesús como ella lo hizo.
Recita la oración a la Santa Madre Teresa**

Oración a la Madre Teresa de Calcuta

Santa Madre Teresa de Calcuta, tú permitiste que el
amor sediento de Jesús en la cruz se convirtiese en una
llama viva dentro de ti, y así te hiciste la luz de su amor para todos.
Intercede ante el Corazón de Jesús
(menciona aquí el favor que deseas obtener).
Enséñame cómo dejar que Jesús penetre en mí y posea por completo todo mi ser para que mi vida también pueda irradiar su luz y amor a los demás. Amén.
Corazón Inmaculado de María,
"causa de nuestra alegría", ruega por mí.
Santa Madre Teresa de Calcuta, ruega por mí.

Conserva la alegría de amar a Jesús en tu corazón y repite a menudo noche y día: «Jesús en mi corazón, creo en tu tierno amor por mí. Te amo.»

G.3: Oraciones Varias

Oración de San Juan María Vianney

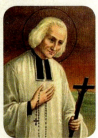

Te amo, oh mi Dios.
Mí único deseo es amarte
hasta el último suspiro de mi vida.
Te amo, oh infinitamente amoroso Dios,
y prefiero morir amándote que vivir un instante sin Ti.
Te amo, oh mi Dios, y mi único temor es ir al infierno
porque ahí nunca tendría la dulce consolación de tu amor.
¡Oh mi Dios!
si mi lengua no puede decir
cada instante que te amo,
por lo menos quiero
que mi corazón lo repita cada vez que respiro.
Dame la gracia de sufrir mientras que te amo,
y de amarte mientras que sufro,
y el día que me muera no sólo amarte,
sino también sentir que te amo.
Te suplico que mientras más cerca esté de mi hora
final aumentes y perfecciones mi amor por Ti.
Amén.

II. Oraciones

Oración para rezar en todo momento
(San Ignacio de Loyola)

Ayúdame a clarificar mis intenciones.
Purifica mis sentimientos,
Santifica mis pensamientos y bendice mis esfuerzos
para que todo en mi vida sea de acuerdo a tu voluntad.
Tengo tantos deseos contradictorios...
Me preocupo por cosas que ni importan, ni son duraderas.
Pero sé, que si te entrego mi corazón
haga lo que haga seguiré a mi nuevo corazón.
En todo lo que soy, en todo lo que intente hacer
en mis encuentros, reflexiones,
incluso en las frustraciones y fallos
y, sobretodo, en este rato de oración,
en todo ello, haz que ponga mi vida en tus manos.
Señor, soy todo tuyo. Haz de mí lo que Tú quieras.
Amén.

Alma de Cristo
(San Ignacio de Loyola)

Alma de Cristo, santifícame,
Cuerpo de Cristo, sálvame.
Sangre de Cristo, embriágame.
Agua del costado de Cristo, lávame.
Pasión de Cristo, confórtame.
¡Oh, buen Jesús!, óyeme.
Dentro de tus llagas, escóndeme. No permitas que me aparte de Ti.
Del maligno enemigo, defiéndeme.
En la hora de mi muerte, llámame.
Y mándame ir a Ti. Para que con tus santos te alabe.
Por los siglos de los siglos. Amén.

Oración de entrega
(San Ignacio de Loyola)

Tomad, Señor, y recibid
toda mi libertad,
mi memoria,
mi entendimiento
y toda mi voluntad;
todo mi haber y mi poseer.
Vos me disteis,
a Vos, Señor, lo torno.
Todo es Vuestro:
disponed de ello según
Vuestra Voluntad. Dadme Vuestro
Amor y Gracia, que éstas me bastan.
Amén.

Oración para pedir Sabiduría
(Santo Tomás de Aquino)
"Rebosad de amor por Dios"

Concédeme, Dios misericordioso, el poder desear con fervor aquello que Tú apruebas, buscarlo con prudencia, reconocerlo con verdad, cumplirlo con perfección, para alabanza y gloria de tu nombre.
Pon orden en mi vida, y concédeme cumplir con lo que Tú quieras que yo haga, como se deba hacer y de la manera más útil para mi alma. Déjame ir hacia Ti, Señor, por un camino seguro, recto, agradable y que me lleve hasta la meta, un camino que no se pierda entre las prosperidades y las adversidades, para que yo te agradezca la prosperidad y que en la adversidad tenga paciencia, no dejando que las primeras me exalten, ni las segundas me venzan. Que nada me alegre, ni me entristezca, más allá de lo que me lleve hacia Ti, allá donde quiero llegar.

Que no desee ni tema no agradarle a nadie que no seas Tú. Que todo lo perecedero se vuelva vil ante mis ojos por Ti, Señor, y que todo aquello que te toque sea amado por mí, pero Tú, mi Dios, lo serás más que todo. Que yo no desee nada más que no seas Tú.

Concédeme, Señor Dios, una inteligencia que te conozca, una complacencia que te busque, una sabiduría que te encuentre, una vida que te complazca, una perseverancia que te espere con confianza y una confianza que, al final, te posea. Concédeme estar afligido de tus penas por la penitencia, usar el camino de tus favores para la gracia, regocijarme de tus alegrías, sobre todo en la patria para la gloria. Tú que, siendo Dios, vives y reinas por los siglos de los siglos.

Oración Franciscana por la paz

¡Señor, haz de mí un instrumento de tu paz!
Que allí donde haya odio, ponga yo amor;
donde haya ofensa, ponga yo perdón;
donde haya discordia, ponga yo unión;
donde haya error, ponga yo verdad;
donde haya duda, ponga yo fe;
donde haya desesperación,
ponga yo esperanza;
donde haya tinieblas, ponga yo luz,
donde haya tristeza, ponga yo alegría.
¡Oh, Maestro!, que no busque yo tanto
ser consolado como consolar;
ser comprendido, como comprender;
ser amado, como amar.
Porque dando es como se recibe;
olvidando, como se encuentra;
perdonando, como se es perdonado;
muriendo, como se resucita a la vida eterna.

Oración de San Ambrosio para preparar la misa y la comunión

Señor mío Jesucristo, me acerco a tu altar lleno de temor por mis pecados, pero también lleno de confianza porque estoy seguro de tu misericordia.

Tengo conciencia de que mis pecados son muchos y de que no he sabido dominar mi corazón y mi lengua. Por eso, Señor de bondad y de poder, con mis miserias y temores me acerco a Ti, fuente de misericordia y de perdón; vengo a refugiarme en Ti, que has dado la vida por salvarme, antes de que llegues como juez a pedirme cuentas.

Señor, no me da vergüenza descubrirte a Ti mis llagas. Me dan miedo mis pecados, cuyo número y magnitud sólo Tú conoces; pero confío en tu infinita misericordia.

Señor mío Jesucristo, Rey eterno, Dios y hombre verdadero, mírame con amor, pues quisiste hacerte hombre para morir por nosotros. Escúchame, pues espero en Ti. Ten compasión de mis pecados y miserias, Tú que eres fuente inagotable de amor.

Te adoro, Señor, porque diste tu vida en la Cruz y te ofreciste en ella como Redentor por todos los hombres y especialmente por mí. Adoro Señor, la sangre preciosa que brotó de tus heridas y ha purificado al mundo de sus pecados.

Mira, Señor, a este pobre pecador, creado y redimido por Ti.

Me arrepiento de mis pecados y propongo corregir sus consecuencias. Purifícame de todas mis maldades para que pueda recibir menos indignamente tu sagrada comunión. Que tu Cuerpo y tu Sangre me ayuden, Señor, a obtener de Ti el perdón de mis pecados y la satisfacción de mis culpas; me libren de mis malos pensamientos, renueven en mi los sentimientos santos, me impulsen a cumplir tu voluntad y me protejan en todo peligro de alma y cuerpo. Amén.

Oración de Santo Tomás de Aquino para preparar la misa y la comunión

Dios eterno y todopoderoso, me acerco al sacramento de tu Hijo unigénito, nuestro Señor Jesucristo, como se acerca al médico el enfermo, el pecador a la fuente de misericordia, el ciego al resplandor de la luz eterna y el pobre e indigente al Dios del cielo y de la tierra.

Muéstrame, Señor, tu bondad infinita y cura mis debilidades, borra las manchas de mis pecados, ilumina mi ceguera, enriquece mi indigencia y viste mi desnudez, a fin de que pueda yo recibir, en el Pan de los Ángeles, al Rey de los Reyes y Señor de los Señores, con toda la humildad y la reverencia, el arrepentimiento y

el amor, la pureza, la fe y el deseo que son necesarios para la salvación de mi alma.

Haz, Señor, que no sólo reciba yo el sacramento del Cuerpo y la Sangre de tu Hijo, sino también la fuerza que otorga el Sacramento, y que con tal amor reciba yo el Cuerpo que tu Hijo, nuestro Señor Jesucristo, recibió de la Virgen María, que quede yo incorporado a su Cuerpo místico y pueda ser contado como uno de sus miembros.

Concédeme, Padre lleno de amor, llegar a contemplar al término de esta vida, cara a cara y para siempre, a tu amado Hijo, Jesucristo, a quien voy a recibir hoy, oculto en este sacramento.

Por el mismo Cristo nuestro Señor, que vive y reina por los siglos de los siglos. Amén.

Oración por la Santificación de los Sacerdotes
(De Santa Teresita del Niño Jesús)

Oh Jesús que has instituido el sacerdocio
para continuar en la tierra
la obra divina de salvar a las almas
protege a tus sacerdotes (especialmente a: ....)
en el refugio de tu SAGRADO CORAZÓN.
Guarda sin mancha sus MANOS CONSAGRADAS,
que a diario tocan tu SAGRADO CUERPO,
y conserva puros sus labios teñidos con tu PRECIOSA SANGRE.
Haz que se preserven puros sus corazones,
marcados con el sello sublime del SACERDOCIO,
y no permitas que el espíritu del mundo los contamine.
Aumenta el número de tus apóstoles,
y que tu Santo Amor los proteja de todo peligro.
Bendice sus trabajos y fatigas,
y que como fruto de su apostolado obtenga
la salvación de muchas almas.
Que sean su consuelo aquí en la tierra y su corona eterna en el Cielo.
Amén

Dolores y gozos de San José
(Los 7 Domingos)

Aunque la devoción de los "Siete Domingos" de San José puede practicarse durante todo el año lo más usual es realizarla durante los siete domingos que anteceden a la fiesta del santo, 19 de marzo.
(Después de cada dolor y gozo Padrenuestro, Avemaría y Gloria).

Domingo 1º
Al querer abandonar a María ignorando el Misterio de la Encarnación, dolor que se templó por la aparición del Ángel cerciorándole de la dignidad de María que era Madre sin mengua de su virginidad.

Domingo 2º
Al ver nacer a Cristo pobre y despreciado, dolor que se templó por la aparición de los Ángeles y la adoración de los pastores.

Domingo 3º
Al ver la primera Sangre de Jesús en la circuncisión, gozo al imponerle el glorioso nombre de Jesús, nombre sobre todo nombre.

Domingo 4º
Al oír la profecía de Simeón en el Templo, gozo al saber que mediante la Pasión se habían de salvar las almas.

Domingo 5º
Al huir desterrado a Egipto con Jesús y María, gozo al ver caer a tierra los ídolos de Egipto.

Domingo 6º
Al volver a Nazaret con temor por Arquelao, gozo al ser tranquilizado por Ángel.

Domingo 7º
Al perder al Niño Jesús en Jerusalén, gozo al encontrarle en medio de los doctores.

Novena a San José

Así como en la tierra, nadie, exceptuada la Virgen Santísima, estuvo más cerca de Jesús que San José, así también en el cielo no hay gloria más resplandeciente, después de la de María, que la de San José. Precisamente en esto radica su intercesión tan poderosa cerca de Jesús: Él, que en la tierra le rendía obediencia y respeto como a padre nutricio que fue, otorga en el cielo todo aquello que San José le solicita.

Dice Santo Tomás de Aquino que a San José le está concedido socorrer en toda necesidad, y defender, favorecer y tratar con paternal afecto a todos los que a él acuden piadosamente. Santa Teresa de Jesús dijo que en el cielo «hay santos que parecen tener recibida de Dios la gracia de socorrer en una especial necesidad; pero tengo la experiencia de que San José las socorre todas». Sé un gran devoto de San José, y confíale especialmente la hora de tu muerte.

A fin de que nuestra oración sea más eficaz delante de Dios nuestro Señor, y pueda el glorioso Patriarca San José interponer su poderosa intercesión delante de su divina Majestad, pidamos humildemente perdón de nuestros pecados y faltas.

Oración para cada día

Acordaos, oh piadosísimo Patriarca San José, que por todas partes se oye hablar de vuestro poder delante de Dios y de los favores que cada día reciben los hombres de vuestra generosa mano. Animado con esta confianza, a vos también acudo, oh padre nutricio de Jesús, y humillado ante vuestra presencia, fervorosamente te pido que me toméis bajo vuestro patrocinio y que seáis mi abogado delante del trono de vuestro hijo adoptivo Jesucristo, nuestro Señor. Protégenos durante la vida y asistidnos a la hora de la muerte. Amén
(Encomienda a San José tu intención para esta novena).
Padrenuestro, Avemaría y Gloria. Amén.

Oración final

A vos, Oh bienaventurado San José, acudimos en nuestra tribulación, y, después de implorar el auxilio de vuestra Santísima Esposa, solicitamos también confiadamente vuestro patrocinio. Por aquella caridad que con la Inmaculada Virgen María, Madre de Dios, te tuvo unido, y por el paterno amor con que abrazaste al Niño Jesús, humildemente te suplicamos que volváis benigno los ojos a la herencia que con su sangre adquirió Jesucristo, y, con vuestro poder y auxilio, socorráis nuestras necesidades.

Protege, Oh providentísimo custodio de la Divina Familia, a la escogida descendencia de Jesucristo; aparta de nosotros, Oh Padre amantísimo, toda mancha de error y de corrupción; asistidnos propicio desde el cielo, santísimo libertador nuestro, en esta lucha contra el poder de las tinieblas; y como en otro tiempo librases al Niño Jesús del inminente peligro de la vida, así ahora defended la Iglesia santa de Dios de las asechanzas de sus enemigos y de toda adversidad, y a cada uno de nosotros protégenos con perpetuo patrocinio, para que, a ejemplo vuestro, y sostenidos por vuestro auxilio, podamos santamente vivir, piadosamente morir, y alcanzar, en los cielos, la eterna bienaventuranza. Amén.

Novena de las 24 Glorias a Santa Teresita del Niño Jesús
Para obtener una gracia

Durante nueve días se rezan 24 Glorias, dando gracias a la Santísima Trinidad por las gracias que derramó en Santa Teresita en los 24 años de su vida. Los Gloria se alternan con cada una de las invocaciones que siguen.

Oración preparatoria

Santísima Trinidad, Padre, Hijo y Espíritu Santo, os doy gracias por todos los favores y todas las gracias con que enriquecisteis el alma de Santa Teresita del Niño Jesús. Los 24 años que ella vivió en la Tierra; y por los méritos de esta santa tan querida, concédedme la gracia que fervientemente os pido, si es conforme a vuestra voluntad santísima y conveniente para la salvación de mi alma. Amén. (Pídase).

1. Santa Teresita del Niño Jesús ruega por nosotros.
2. Florecilla de Jesús
3. Hija predilecta de María
4. Esposa fiel de Jesús
5. Madre de innumerables almas
6. Ejemplo de santidad
7. Milagro de virtudes
8. Prodigio de milagros
9. Virgen Prudente
10. Heroína de la fe
11. Ángel de la Caridad
12. Violeta de humildad
13. Misionera apasional
14. Lirio purísimo del Carmelo
15. Flor selecta de la Iglesia
16. Rosa de amor
17. Mártir de amor
18. Hechizo del cielo y la tierra
19. Mensajera de la Paz
20. Patrona de las misiones
21. Sembradora de rosas
22. Maestra de la Infancia Espiritual
23. Abogada de Sacerdotes
24. Vos que pasáis el Cielo haciendo el bien en la tierra

Gloria al Padre y al Hijo y al Espíritu Santo. Como era en el principio, ahora y siempre, por los siglos de los siglos. Amén.

Novena al Padre Pío de San Pietrelcina

1º Día

Amadísimo Padre San Pío de Pietrelcina, tú que has llevado sobre tu cuerpo los estigmas de Nuestro Dios Jesucristo. Tú que también has llevado la Cruz por todos nosotros, soportando los sufrimientos físicos y morales que te flagelaron continuamente el alma y el cuerpo, en un doloroso martirio. Te rogamos, intercedas ante Dios Todopoderoso para que cada uno de nosotros sepa aceptar las pequeñas y grandes cruces de la vida, transformando cada individual sufrimiento en un seguro vínculo que nos ata a la Vida Eterna.

"Conviene acostumbrarse a los sufrimientos que Jesús os manda. Jesús que no puede soportar veros sufrir, vendrá a solicitaros y a confortaros, infundiendo nuevo ánimo en vuestro Espíritu" Padre Pio
Novena al Sagrado Corazón de Jesús

2º Día

Santísimo Padre San Pio, tú que te encuentras cerca de nuestro amadísimo Padre Dios Jesucristo, y has tenido la santidad y resistencia en las tentaciones del maligno. Tú que has sido golpeado por los demonios del infierno que quisieron convencerte para abandonar tu camino de santidad. Ruega a Dios por nosotros, para que con tu ayuda y con la de Nuestro Señor, encontremos la fortaleza espiritual para renunciar al pecado y para conservar la fe hasta el día de nuestra muerte.

"Ánimo y no temas la ira de Lucifer. Recordad siempre: que es una buena señal cuando el enemigo se agita y ruge alrededor vuestro, ya que ésto demuestra que él no está dentro de ti".
San Padre Pio de Pietrelcina
Novena al Sagrado Corazón de Jesús

3º Día

Virtuosísimo Padre San Pío de Pietrelcina, tú que has querido muchísimo a Nuestra Señora; y que cada día te concedió gracias y consuelos solamente por ELLA alcanzables. A la Virgen Santa, te suplicamos ruegues y pongas en sus manos nuestros pecados y nuestras frías oraciones, para que como en Canà de Galilea, el Hijo le conceda a la Madre; y así nuestro nombre sea escrito en el Libro de la Vida.

"Que María sea la estrella que os alumbre el camino, os enseñe la calle segura para ir al Padre Celestial; Que Ella sea el asidero firme que tengáis, para que os conservéis cada vez más unidos estrechamente en el tiempo de la prueba
Padre Pio - Novena al Sagrado Corazón de Jesús

4º Día

Castísimo Padre San Pio de Pietrelcina que tanto amaste y nos enseñaste a amar al Santo Ángel de la Guarda; el que te sirvió de compañía, de guía, de defensor y de mensajero. A ti las figuras Angélicas llevaron los ruegos de tus hijos espirituales. Intercede cerca de Dios para que también nosotros aprendamos a hablar con nuestro Ángel de la Guarda, para que en todo momento sepamos obedecerle, pues es la luz viva de Dios que nos evita la desgracia de caer en pecado. Nuestro Ángel siempre está listo a señalarnos el camino del bien y a disuadirnos de hacer el mal.

"Invoca a tu Ángel de la Guarda, que te iluminará y te conducirá. Dios te lo ha dado por este motivo.
Por tanto válete de él". Padre Pio
Novena al Sagrado Corazón de Jesús

5º Día

Prudentísimo Padre San Pío de Pietrelcina. Tú que tanto amas y nos enseñastes a amar a las Almas del Purgatorio; por las que te has ofrecido como víctima que expió sus penas. Ruega a Dios Nuestro Señor, para que ponga en nuestros corazones sentimientos de compasión y amor por estas almas. También nosotros ayudaremos a las Almas del Purgatorio y reduciremos sus tiempos de destierro y de gran aflicción. Ganaremos para Ellas, con sacrificios y oración, el descanso eterno de sus almas; y las santas Indulgencias necesarias para sacarlas del lugar del sufrimiento.

"Oh Señor, Padre Jesucristo; te suplico viertas sobre mí, todos los castigos que son para los pecadores y las ánimas benditas del purgatorio; multiplica sobre mí los sufrimientos, con que conviertes y salvas a los pecadores, y libralas pronto del tormento del purgatorio". Padre Pio

6º Día

Obedientísimo Padre San Pio de Pietrelcina Tú, que has querido tanto a los enfermos; más que a ti mismo porque en ellos viste a Jesús. Tú, que en el nombre de Dios has obrado Milagros de sanación en el cuerpo, en el alma, y en la mente, en el presente, en el pasado y en el futuro de las personas; devolviendo esperanza de vida y renovación del espíritu, y en la integridad total de las personas. Ruega a Dios para que todos los enfermos; por intercesión de María Santísima, puedan experimentar tu potente ayuda y a través de la sanación de su cuerpo encontrar beneficios espirituales y agradecer para siempre a Dios.

"Si yo sé que una persona está afligida, sea en el alma o en el cuerpo, suplicaría a Dios para verla libre de sus males.
De buena gana yo tomaría todos sus sufrimientos para verla salvada y cedería los frutos de tales sufrimientos en su favor". Padre Pio
Novena al Sagrado Corazón de Jesús

7º Día

Benditísimo Padre San Pio de Pietrelcina. Tú que has realizado el proyecto de salvación de Dios y has ofrecido tus sufrimientos para desatar a los pecadores de las riendas de Satanás. Ruega a Dios para que los hombres que no creen, tengan una gran y verdadera fe y se conviertan; arrepintiéndose en lo profundo de su corazón; y que las personas con poca fe mejoren su vida cristiana; y que los hombres justos continúen sobre el camino de la salvación.

"Si el pobre mundo pudiera ver la belleza del alma sin pecado, todos los pecadores, todos los incrédulos se convertirían al instante."
Padre Pio
Novena al Sagrado Corazón de Jesús

8º Día

Purísimo Padre San Pío de Pietrelcina, Tú que has querido mucho a tus hijos Espirituales. Muchos de tus hijos han sido comprados por ti con el precio de tu sangre. También nos concedes a los que no te hemos conocido personalmente, el don de considerarnos como tus hijos Espirituales. Con tu paternal protección, con tu santa guía y con la fortaleza que conseguirás para nosotros de Dios, podremos, en el momento de la muerte, encontrarte en las puertas del Paraíso, en espera de nuestra llegada.

"Si me fuera posible", querría conseguir de Dios solamente una cosa: Si me dijera: "Vas al Paraíso" querría conseguir esta gracia: "Señor, no me dejéis ir al Paraíso hasta que el último de mis hijos; la última de las personas que me han sido confiadas, haya entrado antes que yo." Padre Pio
Novena al Sagrado Corazón de Jesús

II. Oraciones

9º Día

Humildísimo Padre San Pío de Pietrelcina, tú que has verdaderamente amado a la Santa Madre Iglesia. Ruega a Dios, nuestro Señor, al Señor de la Mies para que mande obreros a Su Mies, y regalos a cada uno de ellos; de manera que llenando el mundo de sacerdotes santos; obtengan la fuerza y la inspiración de Dios. Además te rogamos interceder ante la Santísima Siempre Virgen María; para que conduzcas a todos los hombres hacia la unidad de los cristianos, reuniéndolos en la gran casa de Dios; para que la Iglesia sea el faro de luz y salvación en el mar de tempestad que es la vida.

"Siempre mantente unido a la Santa Iglesia Católica, porque sólo ella puede salvarte, porque sólo ella posee a Jesús Sacramentado, que es el verdadero Príncipe de la Paz. Fuera de la Iglesia Católica, no hay salvación, ella te da el bautismo, el perdón de los pecados, el Cuerpo, la Sangre, el Alma, y la Divinidad de Jesucristo, concediéndote por tanto la vida eterna; y todos los santos sacramentos para llevar una vida de santidad." Padre Pío

281

Letanía de los Santos
(Larga)

-Señor ten piedad de nosotros, *(Se repite)*
-Cristo ten piedad de nosotros, *(Se repite)*
-Señor ten piedad de nosotros, *(Se repite)*
-Cristo óyenos, *(Se repite)*
-Cristo escúchanos, *(Se repite)*
-Dios Padre celestial, ten piedad de nosotros, *(Se repite)*
-Dios Hijo Redentor del mundo, ten piedad de nosotros, *(Se repite)*
-Dios Espíritu Santo, ten piedad de nosotros,
(Se repite)
-Trinidad Santa un solo Dios, ten piedad de nosotros,
(Se repite)

-Santa María, *(Ruega por nosotros)*
-Santa Madre de Dios, *(Ruega por nosotros)*
-Santa Virgen de las vírgenes, *(Ruega por nosotros)*
-San Miguel, *(Ruega por nosotros)*
-San Gabriel, *(Ruega por nosotros)*
-San Rafael, *(Ruega por nosotros)*

-Todos los santos ángeles y arcángeles,
(Rogad por nosotros)
-Todos los santos coros de los espíritus bienaventurados
(Rogad por nosotros)

-San Juan Bautista, *(Ruega por nosotros)*
-San José, *(Ruega por nosotros)*

-Todos los santos patriarcas y profetas,
(Ruega por nosotros)

II. Oraciones

-San Pedro, *(Ruega por nosotros)*
-San Pablo, *(Ruega por nosotros)*
-San Andrés, *(Ruega por nosotros)*
-San Juan, *(Ruega por nosotros)*
-Santo Tomás, *(Ruega por nosotros)*
-Santiago, *(Ruega por nosotros)*
-San Felipe, *(Ruega por nosotros)*
-San Bartolomé, *(Ruega por nosotros)*
-San Mateo, *(Ruega por nosotros)*
-San Simón, *(Ruega por nosotros)*
-San Tadeo, *(Ruega por nosotros)*
-San Matías, *(Ruega por nosotros)*
-San Bernabé, *(Ruega por nosotros)*
-San Lucas, *(Ruega por nosotros)*
-San Marcos, *(Ruega por nosotros)*

-Todos los Santos apóstoles y evángelistas,
(Rogad por nosotros)
-Todos los Santos discípulos del Señor,
(Rogad por nosotros)
-Todos los Santos inocentes,
(Rogad por nosotros)

-San Esteban, *(Rogad por nosotros)*
-San Lorenzo, *(Rogad por nosotros)*
-San Vicente, *(Rogad por nosotros)*
-San Fabián y San Sebastián, *(Rogad por nosotros)*
-San Juan y San Pablo, *(Rogad por nosotros)*
-San Cosme y San Damián, *(Rogad por nosotros)*
-San Gervasio y San Protasio, *(Rogad por nosotros)*
-Todos los santos mártires, *(Rogad por nosotros)*
 -San Silvestre, *(Ruega por nosotros)*

-San Gregorio, *(Ruega por nosotros)*
-San Ambrosio, *(Ruega por nosotros)*
-San Agustín, *(Ruega por nosotros)*
-San Jerónimo, *(Ruega por nosotros)*)
-San Martín, *(Ruega por nosotros)*
-San Nicolás, *(Ruega por nosotros)*

-Todos los santos obispos y confesores, *(Rogad por nosotros)*
-Todos los santos doctores, *(Rogad por nosotros)*

-San Antonio, *(Ruega por nosotros)*
-San Benito, *(Ruega por nosotros)*
-San Bernardo, *(Ruega por nosotros)*
-Santo Domingo, *(Ruega por nosotros)*
-San Francisco, *(Ruega por nosotros)*

-Todos los santos sacerdotes y levitas, *(Rogad por nosotros)*
-Todos los santos monjes y ermitaños, *(Rogad por nosotros)*

-Santa María Magdalena, *(Ruega por nosotros)*
-Santa Agueda,*(Ruega por nosotros)*
-Santa Lucía, *(Ruega por nosotros)*
-Santa Inés, *(Ruega por nosotros)*
-Santa Cecilia, *(Ruega por nosotros)*
-Santa Catalina, *(Ruega por nosotros)*
-Santa Anastasia, *(Ruega por nosotros)*

-Todas las santas vírgenes y viudas, *(Rogad por nosotros)*
-Todos los Santos y Santas de Dios, *(Interceded por nosotros)*
-Muéstratenos propicio, *(Perdónanos, Señor)*
-Muéstratenos propicio, *(Escúchanos, Señor)*
-De todo mal, *(Líbranos, Señor)*

II. Oraciones

-De todo pecado, *(Líbranos, Señor)*
-De tu ira, *(Líbranos, Señor)*
-De la muerte súbita e imprevista, *(Líbranos, Señor)*
-De las asechanzas del demonio, *(Líbranos, Señor)*
-De la cólera, del odio y de toda mala intención, *(Líbranos, Señor)*
-Del espíritu de fornicación, *(Líbranos, Señor)*
-Del rayo y de la tempestad, *(Líbranos, Señor)*
-Del azote de los terremotos, *(Líbranos, Señor)*
-De la peste, del hambre y de la guerra, *(Líbranos, Señor)*
-De la muerte eterna, *(Líbranos, Señor)*
-Por el misterio de tu santa Encarnación, *(Líbranos, Señor)*
-Por tu venida, *(Líbranos, Señor)*
-Por tu natividad, *(Líbranos, Señor)*
-Por tu bautismo y santo ayuno, *(Líbranos, Señor)*
-Por tu cruz y tu pasión, *(Líbranos, Señor)*
-Por tu muerte y sepultura, *(Líbranos, Señor)*
-Por tu santa resurrección, *(Líbranos, Señor)*
-Por tu admirable ascensión, *(Líbranos, Señor)*
-Por la venida del Espíritu Santo, nuestro Consolador, *(Líbranos, Señor)*
-En el día del juicio, *(Líbranos, Señor)*

Nosotros, pecadores, te rogamos
- que nos oigas,
- que nos perdones,
- que nos seas indulgente,
- que te dignes conducirnos a verdadera penitencia,
- que te dignes regir y gobernar tu santa Iglesia,
- que te dignes conservar en tu santa religión al Sumo Pontífice y a todos los órdenes de la jerarquía eclesiástica,
- que te dignes abatir a los enemigos de la santa Iglesia,
- que te dignes conceder a los reyes y príncipes cristianos la paz y la verdadera concordia,

- que te dignes conceder la paz y la unión a todo el pueblo cristiano
- que te dignes devolver a la unidad de la Iglesia a los que viven en el error, y traer a la luz del Evangelio a todos los infieles,
- que te dignes fortalecernos y conservarnos en tu santo servicio,
- que levantes nuestro espíritu al deseo de las cosas celestiales,
- que concedas a todos nuestros bienhechores la recompensa de los bienes eternos,
- que libres nuestras almas, las de nuestros hermanos, parientes y bienhechores, de la condenación eterna,
- que te dignes darnos y conservar las cosechas de la tierra, - que te dignes conceder el descanso eterno a todos los fieles difuntos,
- que te dignes escucharnos, Hijo de Dios.

-Cordero de Dios, que quitas los pecados del mundo,
(Perdónanos, Señor)
-Cordero de Dios, que quitas los pecados del mundo,
(Escúchanos, Señor)
-Cordero de Dios, que quitas los pecados del mundo,
(Ten piedad de nosotros)
-Cristo, óyenos, *(Se repite)*
-Cristo, escúchanos, *(Se repite)*
-Cristo, ten piedad de nosotros, *(Se repite)*
-Señor, ten piedad de nosotros, *(Se repite)*

Concluir con un
Padre Nuestro.

Letanía de los Santos
(Breve)

-Señor, ten piedad. *(Se repite)*
-Cristo, ten piedad. *(Se repite)*
-Señor, ten piedad. *(Se repite)*

-Santa Maria, Madre de Dios, (Ruega por nosotros)
-San Miguel, (Ruega por nosotros)

-Santos Ángeles de Dios, *(Rogad por nosotros)*

-San José, *(Ruega por nosotros)*
-San Juan Bautista, *(Ruega por nosotros)*

-Santos Pedro y Pablo, *(Rogad por nosotros)*

-San Andrés, *(Ruega por nosotros)*
-San Juan, *(Ruega por nosotros)*
-Santa María Magdalena, *(Ruega por nosotros)*
-San Esteban, *(Ruega por nosotros)*
-San Lorenzo, *(Ruega por nosotros)*
-San Ignacio de Antioquía, *(Ruega por nosotros)*
-San Lorenzo *(Ruega por nosotros)*

-Santas Perpetua y Felicidad, *(Rogad por nosotros)*

-San Gregorio, *(Ruega por nosotros)*
-San Agustín, *(Ruega por nosotros)*
-San Atanasio, *(Ruega por ńosotros)*
-San Basilio, *(Ruega por nosotros)*
-San Martín, *(Ruega por nosotros)*

-San Benito, *(Ruega por nosotros)*

-Santos Francisco y Domingo, *(Rogad por nosotros)*

-San Francisco Javier, *(Ruega por nosotros)*
-San Juan María Vianney, *(Ruega por nosotros)*
-Santa Teresa de Avila, *(Ruega por nosotros)*
-Santa Catalina de Siena, *(Ruega por nosotros)*
-Santos y Santas de Dios, *(Ruega por nosotros)*

-Muéstrate propicio, *(Libranos, Señor)*
-De todo mal, *(Libranos, Señor)*
-De todo pecado, *(Libranos, Señor)*
-De la muerte eterna, *(Libranos, Señor)*
-Por tu encarnación, *(Libranos, Señor)*
-Por tu muerte y resurrección, *(Libranos, Señor)*
-Por el envío del Espíritu Santo, *(Libranos, Señor)*

-Nosotros, que somos pecadores, *(Te rogamos, óyenos)*
-Jesús, Hijo de Dios vivo, *(Te rogamos, óyenos)*

-Cristo, óyenos, *(Se repite)*
-Cristo, escúchanos, *(Se repite)*

II. Oraciones

Oración de Santo Tomás de Aquino para después de comulgar

Gracias te doy, Señor Santo, Padre todopoderoso, Dios eterno, porque a mí, pecador, indigno siervo tuyo, sin mérito alguno de mi parte, sino por pura dignación de Tu misericordia, te has dignado alimentarme con el precioso Cuerpo y Sangre de tu Unigénito Hijo mi Señor Jesucristo.

Suplícote que esta Sagrada Comunión no me sea ocasión de castigo, sino intercesión saludable para el perdón: sea armadura de mi fe, escudo de mi buena voluntad, muerte de todos mis vicios, exterminio de todos mis carnales apetitos, y aumento de caridad, paciencia y verdadera humildad, y de todas las virtudes: sea perfecto sosiego de mi cuerpo y de mi espíritu, firme defensa contra todos mis enemigos visibles e invisibles, perpetua unión contigo, único y verdadero Dios, y sello de mi muerte dichosa.

Ruégote que tengas por bien llevar a este pecador a aquel convite inefable, donde Tú, con tu Hijo y el Espíritu Santo, eres para tus santos luz verdadera, satisfacción cumplida, gozo perdurable, dicha consumada y felicidad perfecta. Por el mismo Cristo nuestro Señor. Amén.

Oración de Santa Marta

¡Oh Jesús! que eres la resurrección y la vida, persevera y acrecienta mi fe, del mismo modo y firmeza que infundiste en Santa Marta tanto amor, fe y esperanza juntamente con María y Lázaro, sus hermanos, quienes te brindaron solicita atención y albergue en su propia casa. Y Tú, Santa Marta, intercede por mí y por mi familia cuando la furia del demoniaco dragón del pecado y la adversidad intente ensañarse contra nosotros. Ruega ante nuestro Señor para que así como complaciendo tú súplica resucitó a tu hermano Lázaro, así también nos asista en los instantes cruciales de nuestra existencia y resucite nuestra fe, amor y caridad hasta que finalmente nos llame a gozar de su eterna presencia. Amén.

+ LIBRO DE ORACIONES +

H: Orar con y por el Papa

Un instrumento de paz
(Oración franciscana por el Papa Francisco, de Jesús Mauleón, poeta y cura)

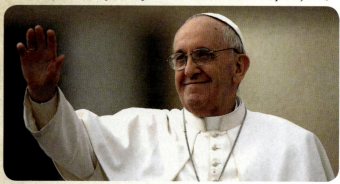

Señor, haz del Papa Francisco un instrumento de tu paz.
Donde haya prepotencia, que él ponga humildad.
Donde haya fasto y lujo, que él ponga pobreza y sencillez. Donde haya ambición de poder, que él elija y permita elegir a los que prefieran el servicio.
Que sepa amar y defender la naturaleza, la creación y las criaturas, como el regalo de la mano sabia de Dios.
Donde haya complicación, trabadas estructuras de poder, que él ponga la fe, el amor y la ingenuidad franciscana.
Donde haya exceso de solemnidad y arrogancia, que él ponga sentido común y sentido del humor.
Donde haya indiferencia y aspereza, que él ponga ternura. Donde haya una catarata de documentos distantes, que él ponga corazón y palabra cercana. Donde haya gestos justicieros, que él ponga misericordia.
Cuando el fantasma de la ruina aparezca en la Iglesia, que él corra con todos a apuntalarla o a reconstruirla.
Cuando le fatigue y le abrume verse rodeado de gentes importantes, que él sepa escaparse y correr a la calle de todos. Que como Pedro pueda decir:

"Oro y plata no tengo". En nombre de Jesús Nazareno: "Levántate y anda"
Que cuando le llamen Su Santidad se sienta extraño desde la humildad y el humor: "porque sólo Tú eres santo".
Que cuando alguien se arrodille ante él, le diga rápidamente, como Pedro al centurión Cornelio: "Levántate, que soy un hombre como tú".
Que, sucesor de Pedro, nunca se sienta cómodo y halagado con los honores de monarca absoluto o de Jefe de Estado.
Que nunca caiga en la idea de pensar que los grandes problemas se resuelven con grandes, largos y sabios documentos, que casi nadie lee, sino con el magisterio del ejemplo propio y el de sus hermanos.
Que olvide todos sus altísimos títulos honoríficos para quedarse sólo con el de "siervo de los siervos de Dios".
Señor, haz de él un instrumento de la colegialidad y de la colaboración responsable de todos.
Señor, haz de él un buscador incansable de la unidad entre todos los que creen en Jesucristo.
Señor, haz de él un instrumento de tu justicia del amor, de tu misericordia en la Iglesia y en el mundo.
Amén

La oración de los 5 dedos

Podemos orar todos por todos:

1. El dedo **pulgar** es el que está más cerca de ti. Así que comienza orando por aquéllos que están más unidos a ti. Son los más fáciles de recordar. Orar por los que amamos es "una dulce tarea."

Gracias, Señor, por el don de la familia. Rezo para que no falte el pan en ninguna casa, ni tu amor en ningún corazón.

2. El segundo dedo es el **índice**: Ora por los que enseñan, instruyen y curan: profesores, guías, médicos, sacerdotes, catequistas... Ellos necesitan apoyo y sabiduría para mostrar el camino correcto a los demás. Recuérdalos en tus oraciones siempre.

Gracias, Señor, por el compromiso y atención de aquellos que trabajan por el bien común. Dales un corazón grande como grande es tu amor.

3. El dedo **corazón** es el más alto. Nos recuerda a nuestros líderes, a los gobernantes, a quienes tienen autoridad. Oremos por: el presidente, por los diputados, por los senadores, por los dueños y gerentes de las empresas... Son los que dirigen el destino de nuestro país y orientan a la opinión pública. Ellos necesitan que Dios los guíe.

Gracias, Señor, por nuestras autoridades y por aquellos que ocupan puestos de especial responsabilidad. Dales la sabiduría de los buenos.

4. El cuarto dedo es el del **anillo**, el anular. Sorprendentemente, éste es nuestro dedo más débil, cualquier profesor de piano lo podría confirmar. Nos recuerda que debemos orar por los débiles, enfermos o los que tienen situaciones difíciles que afrontar. Nos invita a rezar por los esposos. Ellos necesitan tus oraciones.

Gracias, Señor, por el don del amor en el matrimonio abierto a la vida y en aquellos que se preocupan de ayudar a los más débiles.

5. Y finalmente tenemos nuestro dedo **meñique**, el más pequeño de todos. Este dedo debe recordarnos que debemos sentirnos pequeños ante Dios y ante el prójimo: "Los últimos serán los primeros", dice la Biblia. El meñique debería recordarte que debes orar por ti mismo. Pero, solo cuando has orado por las necesidades de los demás, puedes ver desde una perspectiva correcta, cuales son tus verdaderas necesidades y, entonces, estarás preparado para orar por ti mismo de una manera más efectiva.

Gracias, Señor, por el don de la vida. Guárdame en tu gracia y dame la sonrisa de tu Espíritu.

"El odio, la envidia y la soberbia ensucian la vida"

Papa Francisco

I: Orar por la Familia

Oración por la familia

Señor Jesús, ayúdanos a descubrir tu presencia en el seno de nuestro hogar. Concédenos el Espíritu Santo, manantial de vida en nuestra familia, que nos muestre tu Corazón y nos enseñe a sabernos amados hasta el extremo por nuestro Padre Dios.

Que Él impulse a nuestra familia a responder a este amor, ofrecer cada día el don de nuestras vidas y ser así auténtica escuela de fe y de humanidad.

Por la intercesión de Santa María, Reina de la Familia, y San José, esposo y padre, concede a nuestra familia la belleza y la alegría de tu Sagrado Hogar.

(Orar por una intención para la familia)

Padre Nuestro, Ave María y Gloria.

Oración a la Sagrada familia

¡Oh Santa Familia de Nazaret!; enséñanos el recogimiento, la interioridad; danos la disposición de escuchar las buenas inspiraciones y las palabras de los verdaderos maestros; enséñanos la necesidad del trabajo, de su preparación, del estudio, de la vida interior personal, de la oración, que sólo Dios ve en lo secreto; enséñanos lo que es la familia, su comunión de amor, su belleza simple y austera, su carácter sagrado e inviolable. Haznos predicadores con el ejemplo de lo que Tú quisiste que fuera la familia.

Amén

II. Oraciones

Oración de los esposos

Corazón de Jesús, Rey y centro de todos los corazones, habita y reina en los nuestros y haz, por tu gracia, que nos amemos verdaderamente como Tú amaste a tu Esposa, la Iglesia, y te entregaste por ella. Concédenos la mutua caridad y cristiana indulgencia que tanto te agrada, y paciencia mutua en sobrellevar nuestros defectos, porque estamos persuadidos que ninguna criatura está sin ellos. No permitas que padezca detrimento la concordia de las almas, fundamento de la mutua ayuda en las necesidades de la vida. Haz, Señor, que entre nosotros reine un constante empeño por llevar una vida cristiana, gracias a la cual brille en ella la imagen de tu desposorio místico con la Iglesia que te dignaste imprimir en nosotros el día de nuestra unión. Concédenos, te rogamos, que el buen ejemplo de nuestra vida, pueda servir a nuestros hijos de estímulo para conformar su vida a tu santa ley y, por fin, después de este destierro, subamos al cielo, donde, con el favor de tu gracia que pedimos con fervor, vivamos para siempre con ellos y merezcamos alabarte y bendecirte eternamente. Amén.

Oración de los novios

En mi corazón, Señor, se ha encendido el amor por una criatura que tú conoces y amas. Tú mismo me la has hecho encontrar y me la has presentado, como un día en el paraíso terrenal presentaste Eva a Adán, para que el hombre no estuviese solo. Te doy gracias por este don que me llena de una alegría profunda, me hace semejante a Ti, que eres el amor, y me hace comprender el valor de la vida que me has dado. Haz que no malgaste esta riqueza que Tú has puesto en mi corazón: enséñame que el amor es un don y que no puede mezclarse con ningún egoísmo; que el amor es puro, y no puede quedar en ninguna bajeza; que el amor es fecundo, y desde hoy debe producir un nuevo modo de vivir en los dos. Te pido, Señor, por quien me espera y piensa en mí; por quien ha puesto en mí toda la confianza para su futuro; por quien camina a mi lado; haznos dignos el uno del otro; que seamos ayuda y modelo. Ayúdanos en nuestra preparación al matrimonio, a su grandeza, a su responsabilidad, a fin de que, desde ahora, nuestras almas dominen nuestros cuerpos y los conduzcan en el amor.

Consagración de la familia al Corazón Inmaculado de María

¡Oh Virgen María! A tu Corazón Inmaculado consagramos hoy nuestro hogar y a todos los que lo habitan. Que nuestra casa sea, como la de Nazaret, morada de paz y felicidad por el cumplimiento de la voluntad de Dios, por la práctica de la caridad y por el perfecto abandono a la Divina Providencia. Vela sobre cuantos lo habitan; ayúdales a vivir cristianamente; cúbrelos de tu protección maternal y dígnate, ¡Oh bondadosa Virgen María!, formar de nuevo en el Cielo este hogar que en la tierra pertenece por entero a tu Corazón Inmaculado. Así sea. Amén.

J: Oración por las Almas del Purgatorio

Oración por las almas del purgatorio

Padre Eterno, os ofrezco la Preciosísima Sangre de Vuestro Divino Hijo, Jesús, junto con las Misas que se celebran en todo el mundo hoy:

- Por todas las santas almas del purgatorio,
- Por los pecadores en todas partes,
- Por los pecadores en la Iglesia universal,
- Los de mi propio hogar, y dentro de mi familia. Amén.

Preces por difuntos, plegaría por plegaria

Plegaría 1

Oremos a Dios, Padre todopoderoso, que ha resucitado a Jesucristo de entre los muertos y vivificará también nuestros cuerpos mortales, y digámosle:

Señor, danos la vida en Cristo.

Padre Santo, ya que por el bautismo hemos sido sepultados con Cristo en la muerte y con Él hemos resucitado, haz que de tal forma andemos en vida nueva, que, aun después de nuestra muerte, vivamos para siempre con Cristo.

Padre providente, que nos has dado el pan vivo bajado del cielo, para que lo comamos santamente, haz que al comerlo tengamos vida eterna y resucitemos en el último día.

¡Oh Señor, que contemplas cómo caminamos desterrados y lejos de Tí guiados sólo por la fe!, haz que después de nuestra muerte podamos contemplarte con alegría en la visión de tu gloria.

¡Oh Señor, que enviaste un ángel para que confortara a tu Hijo en la agonía de Getsemaní!, dígnate consolarnos en nuestro tránsito con la dulzura de tu esperanza.

Tú, que libraste a los tres jóvenes del fuego ardiente, libra también a las almas de los difuntos del castigo que sufren por sus pecados.

Dios y Señor de vivos y de muertos, que resucitaste a Cristo del sepulcro, resucita también a los difuntos, y a nosotros danos un lugar junto a ellos en tu gloria.

Padre nuestro...

Plegaria 2

Oremos al Señor Jesús, que transformará nuestro cuerpo frágil en cuerpo glorioso como el suyo, y digámosle: Tú, Señor, eres nuestra vida y nuestra resurrección.

¡Oh Cristo, Hijo de Dios vivo, que resucitaste de entre los muertos a tu amigo Lázaro!, lleva a una resurrección de vida a los difuntos que rescataste con tu sangre preciosa.

Oh Cristo, consolador de afligidos, que ante el dolor de los que lloraban la muerte de Lázaro, del joven de Naín y de la hija de Jairo, acudiste compasivo a enjugar sus lágrimas, consuela también ahora a los que lloran la muerte de sus seres queridos.

¡Oh Cristo, Salvador!, destruye en nuestro cuerpo mortal el dominio del pecado por el que merecimos la muerte, para que obtengamos en Ti la vida eterna.

¡Oh Cristo, Redentor!, mira a los que, por no conocerte, viven sin esperanza, para que crean también ellos en la resurrección de los muertos y en la vida del mundo futuro.

Tú, que al dar la vista al ciego de nacimiento hiciste que pudiera mirarte, descubre tu rostro a los difuntos que todavía carecen de tu resplandor.

¡Oh Cristo, siempre vivo para interceder por nosotros y por todos los hombres!, enséñanos a ofrecer el sacrificio de la alabanza por los difuntos para que sean absueltos de sus pecados.

Tú, Señor, que permites que nuestra morada corpórea sea destruida, concédenos una morada eterna en los cielos.

Padre Nuestro...

Oración a San Nicolás de Tolentino

¡Oh glorioso Taumaturgo y Protector de las almas del purgatorio, San Nicolás de Tolentino! Con todo el afecto de mi alma te ruego que interpongas tu poderosa intercesión en favor de esas almas benditas, consiguiendo de la divina clemencia la condonación de todos sus delitos y sus penas, para que saliendo de aquella tenebrosa cárcel de dolores, vayan a gozar en el cielo de la visión beatífica de Dios. Y a mi, tu devoto siervo, alcánzame, ¡Oh gran santo!, la más viva compasión y la más ardiente caridad hacia aquellas almas queridas. Amén.

Oración de San Agustín por las almas del purgatorio

Dulcísimo Jesús mío, que para redimir al mundo quisisteis nacer, ser circuncidado, desechado de los judíos, entregado con el beso de Judas, atado con cordeles, llevado al suplicio, como inocente cordero; presentado ante Anás, Caifás, Pilato y Herodes; escupido y acusado con falsos testigos; abofeteado, cargado de oprobios, desgarrado con azotes, coronado de espinas, golpeado con la caña, cubierto el rostro con una púrpura por burla; desnudado afrentosamente, clavado en la cruz y levantado en ella, puesto entre ladrones, como uno de ellos, dándoos a beber hiel y vinagres y herido el costado con la lanza. Librad, Señor, por tantos y tan acerbísimos dolores como habéis padecido por nosotros, a las almas del purgatorio de las penas en que están; llevadlas a descansar a vuestra santísima gloria, y salvadnos, por los méritos de vuestra sagrada pasión y por vuestra muerte de cruz, de las penas del infierno para que seamos dignos de entrar en la posesión de aquel reino, adonde llevasteis al buen ladrón, que fue crucificado con Vos, que vivís y reináis con el Padre y el Espíritu Santo por los siglos de los siglos. Amén.

Oración por las almas del purgatorio

Dios omnipotente, Padre de bondad y de misericordia, apiadaos de las benditas almas del purgatorio y ayudad a mis queridos padres y antepasados.
A cada invocación se contesta: Jesús mío, misericordia!
Ayudad a mis hermanos y parientes.
Ayudad a todos mis bienhechores espirituales y temporales.
Ayudad a los que han sido mis amigos y súbditos.
Ayudad a cuantos debo amor y oración.
Ayudad a cuantos he perjudicado y dañado.
Ayudad a los que han faltado contra mí.
Ayudad a aquellos a quienes profesáis predilección.
Ayudad a los que están más próximos a la unión con Vos.
Ayudad a los que os desean más ardientemente.
Ayudad a los que sufren más.
Ayudad a los que están más lejos de su liberación.
Ayudad a los que menos auxilio reciben.
Ayudad a los que más méritos tienen por la Iglesia.
Ayudad a los que fueron ricos aquí, y allí son los más pobres.
Ayudad a los poderosos, que ahora son como viles siervos.
Ayudad a los ciegos que ahora reconocen su ceguera.
Ayudad a los vanidosos que malgastaron su tiempo.
Ayudad a los pobres que no buscaron las riquezas divinas.
Ayudad a los tibios que muy poca oración han hecho.
Ayudad a los perezosos que han descuidado tantas obras buenas.
Ayudad a los de poca fe que descuidaron los santos Sacramentos.
Ayudad a los reincidentes que sólo por un milagro de la gracia se han salvado.
Ayudad a los padres que no vigilaron bien a sus hijos.
Ayudad a los superiores poco atentos a la salvación de sus súbditos.
Ayudad a los pobres hombres, que casi sólo se preocuparon del dinero y del placer.

Ayudad a los de espíritu mundano que no aprovecharon sus riquezas o talentos para el cielo.
Ayudad a los necios, que vieron morir a tantos no acordándose de su propia muerte.
Ayudad a los que no dispusieron a tiempo de su casa, estando completamente desprevenidos para el viaje más importante. Ayudad a los que juzgaréis tanto más severamente, cuánto más les fue confiado.
Ayudad a los pontífices, reyes y príncipes.
Ayudad a los obispos y sus consejeros. Ayudad a mis maestros y pastores de almas.
Ayudad a los finados sacerdotes de esta diócesis.
Ayudad a los sacerdotes y religiosos de la Iglesia católica.
Ayudad a los defensores de la santa fe.
Ayudad a los caídos en los campos de batalla.
Ayudad a los sepultados en los mares.
Ayudad a los muertos repentinamente.
Ayudad a los fallecidos sin recibir los santos sacramentos.

V. Dadles, Señor, a todas las almas el descanso eterno.
R. Y haced lucir sobre ellas vuestra eterna luz.
V. Que en paz descansen.
R. Amén.

Oración por los difuntos

Se devoto de las almas del purgatorio. Si no ruegas por ellas, Dios permitirá que los demás se olviden después de ti.
Reza por lo menos, tres Padrenuestros por las siguientes intenciones:
1. Por el alma más abandonada del Purgatorio.
2. Por el alma que más padece en el Purgatorio.
3. Por el alma que más tiempo ha de estar en el Purgatorio.
Reza ahora alguna de las oraciones que siguen.

Por los padres

Oh Dios, que nos mandasteis honrar a nuestro padre y a nuestra madre, sed clemente y misericordioso con sus almas; perdonadles sus pecados y haced que un día pueda verlos en el gozo de la luz eterna. Amén.

Por los parientes y amigos

Oh Dios que concedéis el perdón de los pecados y queréis la salvación de los hombres, imploramos vuestra clemencia en favor de todos nuestros hermanos, parientes y bienhechores que partieron de este mundo, para que, mediante la intercesión de la bienaventurada Virgen María y de todos los Santos, hagáis que lleguen a participar de la bienaventuranza eterna; por Jesucristo, nuestro Señor. Amén.

Por un difunto

Haced, oh Dios omnipotente, que el alma de vuestro siervo o sierva (nombre) que ha pasado de este siglo al otro, purificada con estos sacrificios y libre de pecados, consiga el perdón y el descanso eterno. Amén.

Por todos los difuntos

Oh Dios, Creador y Redentor de todos los fieles, conceded a las almas de vuestros siervos y siervas la remisión de todos sus pecados, para que por las humildes súplicas de la Iglesia, alcancen el perdón que siempre desearon; por nuestro Señor Jesucristo. Amén.

Oración al fallecimiento de un ser querido

¡Oh Jesús, único consuelo en las horas eternas del dolor, único consuelo sostén en el vacío inmenso que la muerte causa entre los seres queridos! Tú, Señor, a quién los cielos, la tierra y los hombres vieron llorar en días tristísimos; Tú, Señor, que has llorado a impulsos del más tierno de los cariños sobre el sepulcro de un amigo predilecto; Tú, ¡Oh Jesús! que te compadeciste del luto de un hogar deshecho y de corazones que en él gemían sin consuelo; Tú, Padre amantísimo, compadécete también de nuestras lágrimas. Míralas, Señor, como sangre del alma dolorida, por la pérdida de aquel que fue deudo queridísimo, amigo fiel, cristiano fervoroso. ¡Míralas, Señor, como tributo sentido que te ofrecemos por su alma, para que la purifiques en tu sangre preciosísima y la lleves cuanto antes al cielo, si aún no te goza en él! ¡Míralas, Señor, para que nos des fortaleza, paciencia, conformidad con tu divino querer en esta tremenda prueba que tortura el alma! ¡Míralas, oh dulce, oh pidadosísimo Jesús! y por ellas concédenos que los que aquí en la tierra hemos vivido atados con los fortísimos lazos de cariño, y ahora lloramos la ausencia momentánea del ser querido, nos reunamos de nuevo junto a Ti en el cielo, para vivir eternamente unidos en tu corazón.
Amén.

Oración por nuestros seres queridos

Oh buen Jesús, que durante toda tu vida te compadeciste de los dolores ajenos, mira con misericordia las almas de nuestros seres queridos que están en el Purgatorio. Oh Jesús, que amaste a los tuyos con gran predilección, escucha la súplica que te hacemos, y por tu misericordia concede a aquellos que Tú te has llevado de nuestro hogar el gozar del eterno descanso en el seno de tu infinito amor. Amén.

Concédeles, Señor, el descanso eterno y que les ilumine tu luz perpetua.

Que las almas de los fieles difuntos por la misericordia de Dios descansen en paz. Amén.

Oración de recomendación del alma de Cristo

Señor, te encomendamos el alma de tu siervo(a) ... (mencione su nombre) y te suplicamos, Cristo Jesús, Salvador del mundo, que no le niegues la entrada en el regazo de tus patriarcas, ya que por ella bajaste misericordiosamente del cielo a la tierra.

Reconócela, Señor, como criatura tuya; no creada por dioses extraños, sino por Ti, único Dios vivo y verdadero, porque no hay otro Dios fuera de Ti ni nadie que produzca tus obras.

Llena, Señor, de alegría su alma en tu presencia y no te acuerdes de sus pecados pasados ni de los excesos a que la llevó el ímpetu o ardor de la concupiscencia.

Porque, aunque haya pecado, jamás negó al Padre, ni al Hijo, ni al Espíritu Santo; antes bien, creyó, fue celoso de la honra de Dios y adoró fielmente al Dios que lo hizo todo.

Los Cien Requiem

Para hacer este ejercicio, cada uno puede servirse de un rosario común de cinco decenas, recorriéndolo dos veces para formar las diez decenas, o sea la centena de Réquiem.

Se empieza rezando un Padrenuestro y después una decena de Réquiem en esta forma:

Dadles, Señor, el eterno descanso y haced lucir sobre ellas vuestra eterna luz.

En cada cuenta grande se dirá la jaculatoria y ofrenda siguientes.

Jaculatoria

Almas santas, almas purgantes, rogad a Dios por nosotros, que nosotros rogaremos por vosotros para que Él os dé la gloria del paraíso.

Ofrenda

Padre eterno, os ofrecemos la sangre, pasión y muerte de Jesucristo, los dolores de la Santísima Virgen y los de San José, por la remisión de nuestros pecados, la libertad de las almas del purgatorio y la conversión de los pecadores.

En seguida se rezan la segunda y demás decenas de Réquiem sobre las cuentas pequeñas, repitiendo la jaculatoria y la ofrenda sobre cada cuenta grande. Acabadas las diez decenas, o sea la centena de Réquiem, se rezará la siguiente oración:

De profundis

Salmo CXXIX de David

Desde el profundo abismo de mis penas a Ti clamo, Señor, de noche y día; oye, mi Dios, los incesantes ruegos de un corazón contrito que se humilla. Estén gratos y atentos tus oídos a mi voz lamentable y dolorida: a Ti mis ayes y gemidos lleguen pues a escucharlos tu piedad se inclina. ¿Si siempre airado tus divinos ojos sobre las culpas de los hombres fijas, quién estará confiado en tu presencia, confundiéndonos sólo ante tu vista? Más la eterna palabra de tu seno que aplaque espero tus terribles

iras; porque son inefables tus promesas y con tus gracias pecador invitas. Así aunque mi alma acongojada gime contemplando el rigor de tu justicia, por tu palabra la indulgencia espera, de que la hacen culpas tan indigna. ¡Oh pueblo electo! De mañana y noche, en todos tus peligros y fatigas, acógete al Señor con la confianza que en su ley soberana nos intima. Porque es inagotable su clemencia; se muestra con los flacos compasiva; de todas sus  miserias los redime, y siempre que le claman los auxilia. Este Dios abrevie el tiempo en que logre Israel su eterna dicha cuando de tus pecados la liberte, que con tanto rigor la tiranizan.

Encomendémonos ahora a las almas del Purgatorio y digamos: ¡Almas benditas! nosotros hemos rogado por vosotros que sois tan amadas de Dios y estáis seguras de no poderlo más perder: rogadle por nosotros miserables que estamos en peligro de condenarnos para siempre.
¡Dulce Jesús, dad descanso eterno a las benditas almas del Purgatorio!

Rosario de la Milagrosa por las almas del Purgatorio

Primer misterio

Os suplicamos, Señor, saquéis tantas almas del Purgatorio y convirtáis tantos pecadores, cuantas fueron las sensaciones de dolor que sufrió Vuestro Amantísimo Corazón y el de Vuestra Purísima Madre, en la noche de vuestra dolorosa Pasión y cruel agonía en el Huerto de las Olivos.

Y vosotras, almas santas, alcanzadnos del Señor las gracias que deseamos conseguir por intercesión de la Santísima Virgen, saludándola diez veces con la jaculatoria. **¡Oh María! sin pecado concebida, rogad por nosotros que recurrimos a Vos.**

Segundo misterio

Os suplicamos, Señor, saquéis tantas almas del Purgatorio y convirtáis tantos pecadores, cuantas fueron las sensaciones de dolor que sufrió Vuestro Amantísimo Corazón y el de Vuestra Purísima Madre con el tormento de los crueles azotes que sufristeis amarrado a una columna.

Y vosotras, almas santas, alcanzadnos del Señor las gracias que deseamos conseguir por intercesión de la Santísima Virgen, saludándola diez veces con la jaculatoria. **¡Oh María! sin pecado concebida, rogad por nosotros que recurrimos a Vos.**

Tercer misterio

Os suplicamos, Señor, saquéis tantas almas del Purgatorio y convirtáis tantos pecadores, cuantas fueron las sensaciones de dolor que sufrió Vuestro Amantísimo Corazón y el de Vuestra Purísima Madre con la cruel coronación de espinas, burlas y escarnios.

Y vosotras, almas santas, alcanzadnos del Señor las gracias que deseamos conseguir por intercesión de la Santísima Virgen, saludándola diez veces con la jaculatoria. **¡Oh María! sin pecado concebida, rogad por nosotros que recurrimos a Vos.**

Cuarto misterio

Os suplicamos, Señor, saquéis tantas almas del Purgatorio y convirtáis tantos pecadores, cuantas fueron las sensaciones de dolor que sufrió Vuestro Amantísimo Corazón y el de Vuestra Purísima Madre en el encuentro de la calle de la Amargura caminando con la pesada Cruz de nuestros pecados.

Y vosotras, almas santas, alcanzadnos del Señor las gracias que deseamos conseguir por intercesión de la Santísima Virgen, saludándola diez veces con la jaculatoria. **¡Oh María! sin pecado concebida, rogad por nosotros que recurrimos a Vos.**

Quinto misterio

Os suplicamos, Señor, saquéis tantas almas del Purgatorio y convirtáis tantos pecadores, cuantas fueron las sensaciones de dolor que sufrió Vuestro Amantísimo Corazón y el de vuestra Purísima Madre en las tres horas de mortal agonía y afrentosa muerte en la Cruz.

Y vosotras, almas santas, alcanzadnos del Señor las gracias que deseamos conseguir por intercesión de la Santísima Virgen, saludándola diez veces con la jaculatoria. **¡Oh María! sin pecado concebida, rogad por nosotros que recurrimos a Vos.**

Se concluye el rosario rezando el Credo y la Salve.
Pedid con fe y recibiréis

Rosario de los difuntos

Se repite cinco veces para formar un rosario de cinco dieces.

Oración inicial:
Abrid, Señor, nuestros labios; alentad nuestros corazones y limpiadlos de vanos, impuros e impertinentes pensamientos; ilustrad nuestro entendimiento, inflamad nuestra voluntad, para que, con todo nuestro corazón, meditemos los pasos de Vuestra Sagrada Pasión y Muerte, con los acerbísimos dolores de Vuestra Madre Santísima, y merezcamos ser oídos ante el acatamiento de Vuestra Divina Majestad, que vivís y reináis en todos los siglos. Amén.

1. Jesús mío, por aquel sudor copioso de sangre que sudaste en el Huerto, ten misericordia de las almas del Purgatorio (o del alma de N.)
2. Jesús mío, por la bofetada que recibió Tu rostro venerable, ten misericordia de las almas del Purgatorio...
3. Jesús mío, por los crueles azotes que sufriste, ten misericordia de las almas del Purgatorio...

4. Jesús mío, por la corona de agudas espinas que traspasaron Tu Santísima Cabeza, ten misericordia de las almas del Purgatorio...

5. Jesús mío, por los pasos que diste en la Calle de la Amargura con la Cruz a cuestas, ten misericordia de las almas del Purgatorio...

6. Jesús mío, por Tu Santísimo Rostro lleno de sangre, que dejaste impreso en el velo de la Verónica, ten misericordia de las almas del Purgatorio...

7. Jesús mío, por la vestidura sangrienta que con violencia te desnudaron los sayones, ten misericordia de las almas del Purgatorio...

8. Jesús mío, por Tu Santísimo Cuerpo clavado en la Cruz, ten misericordia de las almas del Purgatorio...

9. Jesús mío, por Tus Santísimos Pies y Manos clavados con duros clavos, ten misericordia de las almas del Purgatorio...

10. Jesús mío, por tu costado abierto al borde de una lanzada, de donde emanó sangre y agua, ten misericordia de las almas del Purgatorio (o del alma de N.)

En lugar del Padre nuestro se dirá la siguiente oración:

Piadosísimo Jesús mío, mira con benignos ojos las almas de los fieles difuntos por las cuales has muerto y recibido tormento de cruz. Amén.

Novena por las almas del Purgatorio
ORACIÓN FINAL PARA TODOS LOS DÍAS

Oh María, Madre de misericordia: acuérdate de los hijos que tienes en el Purgatorio y, presentando nuestros sufragios y tus méritos a tu Hijo, intercede para que les perdone sus deudas y los saque de aquellas tinieblas a la admirable luz de su gloria, donde gocen de tu vista dulcísima y de la de tu Hijo bendito. Oh glorioso Patriarca San José, intercede juntamente con tu Esposa ante tu Hijo por las almas del Purgatorio.

V. No te acuerdes, Señor, de mis pecados.
R. Cuando vengas a purificar al mundo en fuego.
V. Dirige, Señor Dios mío, a Tu presencia mis pasos.
R. Cuando vengas a purificar al mundo en fuego.
V. Dales, Señor, el descanso eterno y luzca para ellos la luz eterna.
R. Cuando vengas a purificar al mundo en fuego. Padre nuestro.
V. De la puerta del infierno.
R. Saca, Señor, sus almas.
V. Descansen en paz.
R. Amén.
V. Señor, oye mi oración.
R. Y llegue a Ti mi clamor.

Oremos: Oh Dios mío, de quien es propio compadecerse y perdonar: te rogamos suplicantes por las almas de tus siervos que has mandado emigrar de este mundo, para que no las dejes en el Purgatorio, sino que mandes que Tus santos ángeles las tomen y las lleven a la patria del paraíso, para que, las que esperaron y creyeron en Ti, no padezcan las penas del Purgatorio, sino que posean los gozos eternos. Por Cristo Nuestro Señor. Amén.

V. Dales, Señor, el descanso eterno.
R. Y luzca para ellos la luz perpetua.
V. Descansen en paz.
R. Amén.

Día primero

Por la señal, etc.

Acto de contricción, Señor mío Jesucristo.

Señor mío quieres que tengamos suma delicadeza de conciencia y santidad perfecta: te rogamos nos la concedas a nosotros; y a los que por no haberla tenido se están purificando en el Purgatorio, te dignes aplicar nuestros sufragios y llevarlos pronto de aquellas penas al cielo. Te lo pedimos por la intercesión de Tu Madre Purísima y de San José.

Terminar con la oración final y el responso.

Día segundo

Por la señal, etc.

Acto de contricción, Señor mío Jesucristo.

Señor mío Jesucristo, que eres cabeza de todos Tus fieles cristianos que en Ti nos unimos como miembros de un mismo cuerpo que es la Iglesia: te suplicamos nos unas más y más contigo y que nuestras oraciones y sufragios de buenas obras aprovechen a las ánimas de nuestros hermanos del Purgatorio, para que lleguen pronto a unirse a sus hermanos del cielo.

Terminar con la oración final y el responso.

Día tercero

Por la señal, etc.

Acto de contricción, Señor mío Jesucristo.

Señor mío Jesucristo, que a los que pecan castigas con justicia en esta vida o en la otra: concédenos la gracia de nunca pecar y ten misericordia de los que, habiendo pecado, no pudieron, por falta de tiempo, o no quisieron, por falta de voluntad y por amor del regalo, satisfacer en esta vida y están padeciendo ahora sus penas en el Purgatorio; y a ellos y a todos llévalos pronto a su descanso.

Terminar con la oración final y el responso.

Día cuarto

Por la señal, etc.

Acto de contrición, Señor mío Jesucristo.

Señor mío exiges la penitencia aun de los pecados veniales en este mundo o en el otro: danos temor santo de los pecados veniales y en misericordia de los que, por haberlos cometido, están ahora purificándose en el Purgatorio y líbralos a ellos y a todos los pecadores de sus penas, llevándoles a la gloria eterna.

Terminar con la oración final y el responso.

Día quinto

Por la señal, etc.

Acto de contrición, Señor mío Jesucristo.

Señor mío Jesucristo, que a los regalados en esta vida, que no pagaron por su culpa o no tuvieron bastante caridad con el pobre, castigas en la otra con la penitencia que aquí no hicieron: concédenos las virtudes de la mortificación y de la caridad y acepta misericordioso nuestra caridad y sufragios, para que por ellos lleguen pronto a su descanso eterno.

Terminar con la oración final y el responso.

Día sexto

Por la señal, etc.

Acto de contrición, Señor mío Jesucristo.

Señor mío Jesucristo, que quisiste que honrásemos a nuestros padres y parientes y distinguiésemos a nuestros amigos: te rogamos por todas las ánimas del Purgatorio, pero especialmente por los padres, parientes y amigos de cuantos hacemos está novena, para que logren el descanso eterno.

Terminar con la oración final y el responso.

Día séptimo

Por la señal, etc.

Acto de contrición, Señor mío Jesucristo.

Señor mío a los que no se preparan a tiempo para la muerte, recibiendo bien los últimos sacramentos y purificándose de los residuos de la mala vida pasada, los purificas en el Purgatorio con terribles tormentos: te suplicamos, Señor, por los que murieron sin prepararse y por todos los demás, rogándote que les concedas a todos ellos la gloria y a nosotros recibir bien los últimos sacramentos.

Terminar con la oración final y el responso.

Día octavo

Por la señal, etc.

Acto de contrición, Señor mío Jesucristo.

Señor mío Jesucristo, que a los que vivieron en este mundo demasiado aficionados a los bienes terrenales y olvidados de la gloria, los retienes apartados del premio, para que se purifiquen de su negligencia en desearlo: calma, Señor misericordioso, sus ansias y colma sus deseos, para que gocen pronto de Tu presencia, y a nosotros concédenos amar de tal manera los bienes celestiales, que no deseemos desordenadamente los terrenos.

Terminar con la oración final y el responso.

Día noveno

Por la señal, etc.

Acto de contrición, Señor mío Jesucristo.

Señor mío Jesucristo, cuyos méritos son infinitos y cuya bondad es inmensa: mira propicio a Tus hijos que gimen en el Purgatorio anhelando la hora de ver Tu faz, de recibir Tu abrazo, de descansar a Tu lado y; mirándolos, compadécete de sus penas y perdona lo que les falta para pagar por sus culpas. Nosotros te ofrecemos nuestras obras y sufragios, los de Tus Santos y Santas; los de Tu Madre y Tus méritos; haz que pronto salgan de su cárcel y reciban de Tus manos su libertad y la gloria eterna. Terminar con la oración final y el responso.

II. Oraciones

+ LIBRO DE ORACIONES +

K: Oraciones de Liberación

Rosario de liberación

Se comienza con el **Credo**
En las cuentas del Padre nuestro:
Si Jesús libera a mi familia, mi familia será verdaderamente libre (...)

En cada cuenta de los misterios:
Jesús ten piedad de mi familia.
Jesús cura a mi familia.
Jesús salva a mi familia.
Jesús libera a mi familia.

Plegarias para la liberación

Oración antes del ministerio

(Estas oraciones se hacen siempre que se ore por alguien, porque son oraciones de protección. Aunque están pensadas para la oración de Liberación, cuando se ora por alguien en su presencia. Pero uno, puede hacerlas personalmente para mayor tranquilidad.

Importante: "No hay que tener miedo, porque el miedo NUNCA viene de Dios. Y, si no viene de Dios, ¿de quién viene?.")

Oración

En el nombre de Jesús, por el poder de su Cruz y de su Sangre, ligo el poder de todos los espíritus malignos, a quienes prohíbo impedir nuestras oraciones. Ligo los poderes de la tierra, del aire, del agua, del fuego, del mundo de los muertos y de las fuerzas satánicas de la naturaleza. Rompo todas las maldiciones, sortilegios y maleficios enviados contra nosotros y los declaro sin efecto. Rompo la presencia de cualquier espíritu maligno enviado contra nosotros. Además, ligo todas las interacciones y todas las comunicaciones de los espíritus del mal que puedan afectarnos, a nosotros y a nuestras familias. Presentaos ante Jesús para que Él se ocupe de vosotros como Él lo considere.

Señor Jesús, te ruego que bendigas a nuestros enemigos enviándoles tu Espíritu Santo para conducirles al arrepentimiento y a la conversión. Señor Jesús, protege y cubre a cada uno de nosotros con tu preciosa Sangre. Te doy gracias, Señor Jesús, por tu protección.

Envía a tus santos Ángeles, especialmente a San Miguel Arcángel, para que nos ayuden en este combate. Guíanos en nuestras oraciones. Comparte con nosotros el poder y la compasión de tu Espíritu Santo. Amén.

(Lo primero que hemos de hacer es invocar al Espíritu Santo, le pedimos su presencia, "porque nosotros no sabemos pedir como nos conviene. Pero el Espíritu ora en nosotros". (Rm 8, 26). Y siempre que puedas canta al Espíritu Santo y a la Virgen, porque el canto y la alabanza alejan todos los males.)

Se reza la secuencia del Espíritu Santo.

Oración de perdón en el Espíritu Santo

Para alcanzar toda sanación y liberación es imprescindible el perdón, porque el tentador utiliza siempre las heridas de nuestra historia para forjar sus insidias. (Y, a veces es algo que permanece oculto en nuestro subconsciente, por eso es conveniente perdonar y pedir perdón las veces que sea necesario).

Con la ayuda de tu gracia, ¡Oh Dios mío! Que has perdonado mis pecados, yo también deseo perdonar sin condición, de todo corazón, a todas las personas que me han ofendido o herido, perseguido o rechazado, dañado o perjudicado, intencionadamente o no. Perdono a todos mis enemigos y a mis antepasados. Abandono todo rencor, toda amargura, todo deseo de venganza, todo resentimiento y todo odio o rebeldía.

Perdono en particular a (decir los nombres... en el caso de que los haya, aunque hubiesen fallecido). Perdono especialmente a las personas que más me han herido en la vida, a toda persona que haya podido utilizar contra mí o los míos fuerzas malignas (brujería, maleficio, veneno, fetichismo, magia, intriga, abuso de autoridad) para hacerme fracasar o enfermar, o que haya atentado contra mi vida.

Hoy pido perdón a estas personas y te pido que las bendigas en todas las cosas. En el nombre de Jesús, las libero de toda deuda hacia mí, hago las paces con ellas, las bendigo y las confío a tu Misericordia.

Señor, te ruego que perdones mis pecados contra Ti y contra los hombres, particularmente mis miedos, mis dudas, mis quejas, mi autocompasión, mis desesperaciones y mis abatimientos, mis acusaciones, mis críticas y mis juicios hacia el prójimo. Cúrame de las heridas que me han causado los otros y rompe todos los lazos que encadenan mi libertad de hijo/a de Dios.

Te doy gracias, Señor, por el perdón, la paz y la alegría que me concedes ahora, por medio de tu Espíritu Santo, el consolador, que me da la fuerza de su compasión.

Amén.

Oración de protección

Señor Jesús, en Tu nombre y con el poder de Tu Sangre Preciosa, sellamos a toda persona, hechos o acontecimientos a través de los cuales el enemigo nos quiera hacer daño.

Con el poder de la Sangre de Jesús sellamos toda potestad destructora en el aire, en la tierra, en el agua, en el fuego, debajo de la tierra, en las fuerzas satánicas de la naturaleza, en los abismos del Infierno y en el mundo en el cual nos movemos hoy.

Con el poder de la Sangre de Jesús rompemos toda interferencia y acción del maligno.

Te pedimos, Jesús, que envíes a nuestros hogares y lugares de trabajo, a la Santísima Virgen María, acompañada de San Miguel, San Rafael, San Gabriel y toda su corte de santos Ángeles.

Con el poder de la Sangre de Jesús sellamos nuestras casas, todos los que las habitan, las personas que el Señor enviará a ellas; así como los alimentos y los bienes que Él generosamente envía para nuestro sustento.

Con el poder de la Sangre de Jesús, sellamos tierra, puertas, ventanas, objetos, paredes, pisos y el aire que respiramos. Y en fe colocamos un círculo de Su Sangre alrededor de todas nuestras familias.

Con el poder de la Sangre de Jesús, sellamos los lugares en donde vamos a estar en este día, Señor Jesús, sellamos el aire, el agua, la tierra, el fuego, las fuerzas de la naturaleza, el mundo de las tinieblas y lo subterráneo, y el infernal, con Tu preciosa Sangre (SE REPITE TRES VECES) -acota Tú, Señor, como ya dijimos, el alcance de nuestras oraciones, porque sólo Tú sabes hasta dónde podemos y debemos llegar-.

Sellamos con Tu Preciosa Sangre las heridas, la memoria, el entendimiento y la voluntad, la imaginación, las relaciones y las formas de relacionarnos, y todo aquello que nos pertenece a todos y cada uno de los que estamos aquí presentes, y de las personas por las que estamos orando.

Oramos, Señor Jesús para que Tú bendigas y protejas a nuestras familias, amigos, comunidades, sacerdotes, trabajo, apostolados, hogares, animales y mascotas, pertenencias, traslados, vehículos preparativos de viaje, y alimentos, de cualquier ataque y especialmente de toda venganza que nos puedan lanzar por lo que estamos haciendo en Tu nombre.

Pedimos la protección de tus santos ángeles, y su asistencia para romper toda vinculación que nos ate y esclavice a las fuerzas de demonio, y particularmente aquellas que afectan a nuestra generación y familia.

Manda, Señor Jesús, a defendernos, a aquellos de tus santos ángeles, que tienen poderes y autoridad específicos, para derrotar precisamente a los poderes y entidades demoniacos con los que estamos contendiendo en este día.

Y haz que brillen tan fuertemente a nuestro alrededor, que Satanás y sus servidores sean cegados, ensordecidos, enmudecidos, y confundidos. Haz que no sepan lo que estamos haciendo, que no recuerden nada de nosotros, y que ni siquiera comprendan por medio de quien Tú estás actuando en contra de ellos.

Todo esto te lo pedimos, ¡Oh, Dios nuestro!, para poder librar el buen combate, para rescatar a los cautivos y oprimidos, para extender tu reino en la tierra, y para hacer brillar la gloria de tu salvación, en el nombre del Padre, y del Hijo, y del Espíritu Santo.

Amén, Amén, Amén.

II. Oraciones

Oración para cubrirse con la Sangre de Cristo y protegerse de todo ataque y represalia

(Segunda plegaria de protección. Debes rezar una u otra, cuando se hace oración)

Señor Jesús, te suplicamos que derrames Tu Preciosa Sangre sobre nuestros cuerpos, nuestras mentes, nuestras almas y nuestros corazones: sobre nuestros Espíritus, nuestras sanaciones pasadas y las que están todavía en proceso, sobre nuestra mente consciente, nuestro subconsciente y nuestro inconsciente, sobre nuestro intelecto, nuestra memoria y nuestra voluntad sobre nuestra imaginación, sobre nuestros sentimientos, pensamientos, ideas y emociones, sobre nuestras palabras y nuestras acciones, etc.

También te pedimos que la derrames sobre nuestras familias, nuestros sacerdotes, nuestros amigos, nuestra gente, lugares y bienes, sobre nuestra vocación, nuestras relaciones e incluso nuestra sexualidad.

Protege con tu Preciosísima Sangre nuestros asuntos, nuestro trabajo, nuestras finanzas, nuestros apostolados y ministerios, nuestros traslados, nuestro sueño, y toda otra actividad en fin: todo lo que somos y hacemos (especificar aquellas actividades que están siendo atacadas, o que más nos importa proteger).

Te lo consagramos todo a Ti, Padre; te lo dedicamos; te reconocemos como a nuestro dueño y Señor.

En tu Nombre, Jesucristo, Señor nuestro, te pedimos que ates, que silencies, y que separes de nosotros, de nuestra gente, de nuestras personas, lugares, asuntos y bienes, a Satanás y a todos sus espíritus malignos, sin importar su jerarquía - esto es: tanto a los que vengan contra nosotros, como a los que los acompañen, a los que los manden, a los que hayan oído su llamada de auxilio, o pretendan sustituirlos así sea en cascada, y a todos los demás -.

Te rogamos, Señor Jesús, que les ordenes imperativamente que se alejen para siempre de nosotros, y que se vayan inmediata y directamente al Gólgota ciegos, sordos, mudos y confundidos, anulados, inoperantes, ineficaces e inofensivos, encadenados a los pies de Tu santa Cruz, hasta que Tú les dictes la condena que merecen.

Y rogamos a tu Espíritu Divino que permanezca en nosotros y nos inhabite para siempre.

Padre: te suplicamos que tu Santo Espíritu lave y sane nuestros cuerpos, nuestras mentes, nuestras almas y espíritus, y nuestros corazones.

Bendita Madre de Nuestro Señor y Madre Nuestra, María: te suplicamos por la gracia de tu Inmaculada Concepción, que intercedas por nosotros, y nos protejas.

Padre Eterno: te rogamos que permitas a San Miguel Arcángel, a San Rafael, a San Gabriel, y a todos tus ángeles y tus santos, que nos rodeen, protejan y cuiden.

Querido Padre Celestial, Señor Nuestro Jesucristo, Espíritu Santo de Dios, querida Madre Nuestra, María: los amamos y les agradecemos su amor y su protección.

¡Alabados sean por siempre, amén, amén, amén!

(Al comienzo de la súplica de Liberación se rezará el Salmo 85.)

Oración de renuncia

(Hecha por el suplicante)

Padre Santo, yo N... creo que tu palabra es viva y eficaz. Hoy mismo y para siempre me vuelvo, a Ti Misericordioso Padre de todo corazón, con toda mi alma, con toda mi fuerza y muy sinceramente confieso con mi boca que Jesucristo tu Hijo; es mi Señor. Creo en mi corazón que resucitó, que está vivo y es el mismo de ayer, hoy y siempre.

Alabo y exalto, Padre Bueno, tu Santo Nombre, porque gracias a la Muerte y Resurrección de Jesucristo Mi Señor y Salvador: el pecado, la muerte, el mundo, la maldición, la condenación, Satanás y todas sus obras, ¡están vencidos para siempre!

Y a partir de hoy, yo N... ; acepto en mí la victoria eterna del Señor Jesucristo y participo de ella para siempre en todo mi ser, físico, psicológico y espiritual.

II. Oraciones

Además, yo N ... apoyado (a) en la victoria eterna del Señor Jesucristo, hoy mismo y para siempre; corto y destruyo en el NOMBRE DEL SEÑOR JESUCRISTO Y POR EL PODER DE SU PRECIOSÍSIMA SANGRE, toda obra de Satanás, ataque, seducción, opresión, obsesión, tentación, etc. que venga en contra de mí (persona, familia, casa, trabajo, pertenencias, etc.) por medio de: brujería, hechicería, magia negra, blanca o de cual quier color, sortilegios de amor, vudú, fetichismo, maleficios, curanderismos, ritos ocultos, ceremonias satánicas, invocaciones diabólicas, maldiciones ajenas, paternas y/ o maternas, herencias ancestrales malignas (paternas y maternas), ocultismo, esoterismo, espiritismo, espiritualismo, evocaciones de los muertos, limpias, ouija, masonería, gnosticismo, lectura de cartas, de la mano, del café, de agua, de la arena y de todo tipo de adivinación.

Y también ahora mismo en el NOMBRE DEL SEÑOR JESUCRISTO Y POR EL PODER DE SU PRECIOSÍSIMA SANGRE quede cortada y destruida, cualquier cosa que haya sido hecha por cualquier persona viva o muerta en el pasado, en el presente o en el futuro, consciente o inconscientemente, voluntaria o involuntariamente incluso todo poder que provenga del ejercicio del control mental: dianética, meditación (trascendental, profunda, zen, budista, yoga, metafísica parapsicológica, hipnosis) e incluso todo poder que venga del ejercicio de amuletos, talismanes, imágenes, lociones, veladoras, polvos, alimentos, o cualquier otra cosa no mencionada, que esté afectando, destruyendo, dañando u oprimiendo mi ser, mi familia y mis pertenencias.

A partir de hoy y para siempre quede atado y amordazado, todo espíritu ajeno opuesto a Dios, que se esté manifestando en mi ser; físico, psicológico o espiritual; produciendo: soberbia, ira, lujuria, alcoholismo, malos deseos, envidia, gula, adivinación, premoniciones, falsa religiosidad, dolor, enfermedad, miedo, angustia, depresión, confusión, idolatría, egolatría.

Renuncio a todas estas cosas, libre y voluntariamente, rechazo todo esto de mi ser, y en todas las áreas de mi vida. En el NOMBRE DEL SEÑOR JESUCRISTO Y POR EL PODER DE SU PRECIOSÍSIMA SANGRE, quede anulada toda acción, interacción, toda comunicación e intercomunicación espiritual y todo espíritu ajeno opuesto a Dios, quede atado y amordazado y lo mando a la Eucaristía y a todas las Eucaristías que se celebran en todo el mundo en este momento. Amén.

¡JESÚS, SALVADOR DE LOS HOMBRES, SALVANOS! ¡VIRGEN REINA DE LA PAZ, RUEGA POR NOSOTROS!

Para la liberación y sanación del interior

Espíritu del Señor, Espíritu de Dios, Padre, Hijo y Espíritu Santo, Santísima Trinidad, Virgen Inmaculada, Ángeles, Arcángeles y Santos del paraíso, desciendan sobre mí.

Fúndeme, Señor, plásmame, lléname de Ti, úsame. Aleja de mí todas las fuerzas del mal, destrúyelas, aniquílalas, para que yo pueda sanar y obrar el bien.

Echa de mí los maleficios, las brujerías, la magia negra, las misas negras, las hechicerías, las maldiciones, el mal de ojo, las ataduras; la infestación diabólica, la posesión diabólica, la obsesión diabólica, todo lo que es mal, pecado, envidia, celo, perfidia; la enfermedad física, psíquica, moral, espiritual y diabólica. Quema todos esos males en el infierno, para que no puedan tocarme a mí, y a ninguna otra criatura humana.

Ordeno y mando con la fuerza de Dios omnipotente en el nombre de Jesucristo Salvador, por la intercesión de la Virgen Inmaculada, a todos los espíritus inmundos, a todas las presencias que me atormentan, que me dejen inmediatamente, me dejen definitivamente, y que vayan al infierno eterno, encadenados por San Miguel Arcángel, por San Gabriel, por San Rafael, por nuestros Ángeles Custodios y que sean aplastados todos esos espíritus malignos por el talón de la Santísima e Inmaculada Virgen María.

A Jesús Salvador.

Jesús Salvador, Señor mío y Dios mío, mi Dios y mi todo, que con el sacrificio de la Cruz nos has redimido y has derrotado el poder de Satanás, te ruego que me liberes de toda presencia maléfica y de todo influjo del maligno. Te lo pido en tu nombre; te lo pido por tus llagas; te lo pido por tu sangre; te lo pido por tu cruz; te lo pido por la intercesión de María Inmaculada y Dolorosa.

La Sangre y el Agua que brotan de tu costado desciendan sobre mí y me purifiquen, me liberen y me sanen.

Amén.

Oración para la sanación de los recuerdos

(Padre Emiliano Tardif. Es fundamental pedir la sanación de los recuerdos que son como registros en nuestras almas que suelen generar que nuestras heridas permanezcan abiertas).

Como todos estamos enfermos por heridas en nuestro pasado, a continuación hacemos una oración de curación interior para que el Señor sane el corazón de los que reconozcan necesitarlo:

Padre de bondad, Padre de amor, te bendigo, te alabo y te doy gracias porque por tu amor nos diste a Jesús..

Gracias Padre porque a la luz del Espíritu comprendemos que Él es la luz, la verdad y el buen pastor que ha venido para que tengamos vida y la tengamos en abundancia.

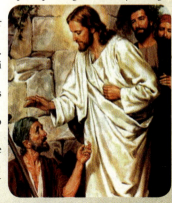

Hoy, Padre, me quiero presentar delante de ti, como tu hijo.

Tú me conoces por mi nombre. Pon tus ojos de Padre amoroso en mi vida.

Tú conoces mi corazón y conoces las heridas de mi historia.

Tú conoces todo lo que he querido hacer y no he hecho.

Conoces también lo que hice o me hicieron lastimándome.

Tú conoces mis limitaciones, errores y mi pecado.

Conoces los traumas y complejos de mi vida.

Hoy, Padre, te pido que por el amor que le tienes a tu Hijo Jesucristo, derrames tu Santo Espíritu sobre mí, para que el calor de tu amor sanador, penetre en lo más íntimo de mi corazón.

Tú que sanas los corazones destrozados y vendas las heridas sáname aquí y ahora de mi alma, mi mente, mi memoria y todo mi interior.

Entra en mí, Señor Jesús, como entraste en aquella casa donde estaban tus discípulos llenos de miedo.

Tú te apareciste en medio de ellos y les dijiste: "Paz a vosotros". Entra en mi corazón y dame tu paz. Lléname de amor. Sabemos que el amor echa fuera el temor.

Pasa por mi vida y sana mi corazón.

Sabemos, Señor Jesús, que Tú lo haces siempre que te lo pedimos, y te lo estoy pidiendo con María, mi madre, la que estaba en las bodas de Caná cuando no había vino y Tú respondiste a su deseo, transformando el agua en vino.

Cambia mi corazón y dame un corazón generoso, un corazón afable, un corazón bondadoso, dame un corazón nuevo.

Haz brotar en mí los frutos de tu presencia.

Dame el fruto de tu Espíritu que es amor, paz, alegría.

Haz que venga sobre mí el Espíritu de las bienaventuranzas, para que pueda saborear y buscar a Dios cada día, viviendo sin complejos ni traumas junto a los demás, junto a mi familia, junto a mis hermanos.

Te doy gracias, Padre, por lo que estás haciendo hoy en mi vida.

Te doy gracias de todo corazón porque Tú me sanas, porque Tú me liberas, porque Tú rompes las cadenas y me das la libertad.

Gracias, Señor Jesús, porque soy templo de tu Espíritu y ese templo no se puede destruir porque es la Casa de Dios. Te doy gracias, Espíritu Santo, por la fe. Gracias por el amor que has puesto en mi corazón.

¡Qué grande eres, Señor Dios Trino y Uno!

Bendito y alabado seas, Señor.

Oración de liberación por el Espíritu de Bendición

(Esta oración de Liberación tiene mucha fuerza. Tomada del libro para liberarse y sanar del P. Ghislain, pág. 69)

Señor Jesús, ven a socorrerme por tu Preciosa Sangre; cubre este lugar y a todas las personas que están en él; auxilia también con tu Preciosa Sangre a (N.)

En el Nombre de Jesús y por el poder del Espíritu Santo, destruyo el efecto de toda palabra que haya podido pronunciarse contra (N.); destruyo y anulo el efecto de todo gesto, de toda ceremonia que pueda suscitar algo malo contra (N.) En el Nombre de Jesús, libero a (N.) de toda palabra, gesto o ceremonia susceptible de provocar cualquier tipo de angustia, desorden, opresión, enfermedad, maldad o maldición. En el Nombre de Jesús, corto todos los lazos negativos que existen en (N.) y sus enemigos entre (N.) y sus antepasados. En el Nombre de Jesús, devuelvo a los enemigos de (N.) todo el mal que han podido hacerle, pero se lo devuelvo en forma de abundantes bendiciones. Espíritu de Bendición, desciende a la inteligencia, a la memoria, al cerebro de (N.) y destruye todas las causas de sus trastornos.

Espíritu de Bendición, desciende a su corazón y sana todas sus heridas.

Haz que se disipen todos los sentimientos que no proceden de ti. Espíritu de Bendición, desciende al cuerpo de (N.) desciende a sus órganos internos. Desciende a su sistema nervioso, a su sistema circulatorio, a su sistema glandular, muscular, óseo.

Virgen María, arranca a tu hijo de todo lo que no viene de Jesús y envuélvelo preciosamente en tu manto maternal. Virgen María, te lo ruego, llama constantemente al Espíritu de Bendición para que descienda sobre tu hijo.
Amén, Amén, Amén.

Oración contra los asaltos del demonio

PADRE NUESTRO QUE ESTAS EN LOS CIELOS, eres mi refugio y la roca de mi salvación. Nada ignoras de lo que me ocurre. Yo soy tu siervo y llevo tu nombre.

Te doy las gracias por habernos dado el casco de la salvación. Es en tu Hijo Jesús que soy lo que soy. Nada podrá separarme de tu amor. Te doy gracias por perdonarme mis pecados y borrar mi culpa.

Me revisto ahora de tu coraza de la justicia. Que el Espíritu Santo escrute y descubra toda estrategia de las tinieblas dirigida contra mí. Agarro el escudo de la fe para mantenerme en pie en la Palabra de Dios que me dice: "El Hijo de Dios se manifestó para deshacer las obras del diablo". (1 Jn3, 8)

Por ello, Padre Santo, en el Nombre Glorioso de tu Hijo Primogénito Jesucristo y por la autoridad recibida de mi bautismo, RENUNCIO a Satanás, a sus obras y seducciones, sea cual sea el origen: ocultismo, espiritismo o brujería y, con la Fe que Tú, Oh Padre, me has dado, proclamo: Que sea derribado todo lo que él ha hecho en mi vida.

Jesús Tú eres mi Señor y mi Salvador. Has triunfado sobre él: en el desierto, en la Cruz y en el sepulcro, y lo has vencido para siempre por tu Gloriosa Resurrección, sellando así su fin y su destino.

En Ti yo también triunfo sobre él por el poder de tu Santo Nombre, ante el cual: "Toda rodilla se doble en el cielo, en la tierra, en el abismo, y toda lengua proclame: Jesucristo es Señor, para Gloria de Dios Padre." (Flp2, 10)

Por esto, Señor, gracias al poder de tu Nombre, resisto a todos los esfuerzos del demonio para agobiarme, atormentarme o engañarme, y me opongo con todas mis fuerzas a su tentativa de arrancarme la alegría y el fruto de mi salvación.

Por el poder de tu Preciosísima Sangre derramada por mí en el Calvario te pido que alejes de mi a todos los poderes de las tinieblas que me atacan y me acosan, y que les ordenes que se vayan inmediatamente a donde Tú quieras, Señor, de modo que no vuelvan nunca más.

Padre Nuestro...... Ave María...... Gloria.......

Oración contra todos los males diabólicos

Que el Padre, el Hijo y el Espíritu Santo, la Santísima Trinidad entera descienda sobre mí y toda mi familia. Que la Virgen Inmaculada, los siete Arcángeles que están en presencia de Dios y todos los coros celestiales, los Santos del paraíso se inclinen hacia mí (hacia nosotros). Invísteme (invístenos), Señor, transfórmame (transfórmanos), lléname de Ti, sírvete de mí (nosotros).

Expulsa lejos de mí (nosotros) todas las fuerzas del mal, aniquílalas, destrúyelas para que podamos tener buena salud y hacer el bien.

Expulsa lejos de mí (nosotros): los maleficios, las brujerías, la magia negra, las misas negras, la mala suerte, los lazos, las maldiciones, el mal de ojo, la infestación diabólica, la posesión diabólica, la obsesión diabólica, todo lo que es mal, pecado, envidia, celos, perfidia: la enfermedad física, psíquica, moral, espiritual y diabólica. Quema todos estos males en el infierno para que ya no nos abrumen, ni tampoco ninguna criatura en el mundo.

En el Nombre de Jesucristo nuestro Salvador, por su Cruz ✠ Gloriosa, por la intercesión de la Virgen Inmaculada y con la fuerza de Dios Todopoderoso, ordeno, mando a todos los espíritus malignos que se vayan inmediatamente, que nos dejen definitivamente y que se vayan al infierno eterno, encadenados por San Miguel Arcángel, San Gabriel Arcángel, San Rafael Arcángel y por nuestros Ángeles de la guarda, aplastados bajo el talón de la Santísima e Inmaculada Virgen María.

Oración cotidiana a la Reina de los Ángeles y terror del Infierno

Gloriosa Reina del Cielo, y grandiosa Señora de los Ángeles, desde el principio Dios te dio la virtud y la misión de aplastar la cabeza de Satanás.

Muy humildemente te suplicamos que nos envíes a tus legiones celestiales para que bajo tu mando y por tu virtud, repriman a los espíritus malignos, los combatan en todas partes, confundan su osadía, y los arrojen en el infierno.

Gloriosísima Madre de Dios, envía a tus ejércitos invencibles para que nos ayuden en esta lucha contra los emisarios del infierno entre los hombres.

Frustra los planes de los que se oponen a Dios y confunde a los malvados.

Concédeles la gracia de la luz y la conversión, para que con nosotros alaben a la Santísima Trinidad y te honren a ti, nuestra Madre clemente, piadosa y dulce.

Patrona poderosa: Que tus ángeles protejan también tus iglesias y santuarios en todo el mundo, que protejan las casas de Dios, los lugares, personas y cosas sagrados, y especialmente a la Santísima Eucaristía.

Presérvalas de la profanación, del robo, de la destrucción y desacralización, de la ignorancia, la incomprensión, el olvido y el insulto. ¡Presérvalas, Señora nuestra!

Oh, Madre celestial: Sé igualmente el amparo de nuestras cosas, de nuestras moradas y familias, contra la maldad y la astucia de nuestros enemigos visibles e invisibles; haz que tus santos ángeles habiten en ellas, y que con su presencia hagan reinar la devoción, la paz y el gozo en el Espíritu Santo.

¿Quién como Dios? ¡Nadie! ¡Y quién como tú, Reina de los Ángeles y terror del Infierno! ¡Oh clemente, oh dulce, Madre de Dios -y Madre Inmaculada del Rey de los Ángeles "que ven continuamente la cara del Padre que está en los Cielos". Tú eres para siempre nuestro amor y amparo, nuestra esperanza y gloria.

San Miguel y Santos Arcángeles:
Defiéndannos y protéjannos.
Amén.

II. Oraciones

Oración después del ministerio

Oración

Señor Jesús, gracias por compartir conmigo tu maravilloso ministerio de sanación y liberación. Gracias por tu bondad que he visto y experimentado hoy. Pero me doy cuenta que la enfermedad y el mal que he visto hoy pesan más de lo que mi humanidad puede soportar. Te ruego, por tanto, que alejes de mí toda tristeza, todo pensamiento negativo o de desesperanza que he podido percibir durante este ministerio de sanación. Si este ministerio ha producido ira, impaciencia o lujuria, aleja de mí esas tentaciones y sustitúyelas por amor, alegría y paz.

Si algunos espíritus malignos han venido a mí o me han oprimido de alguna forma, espíritus de la tierra, del aire, del fuego, del agua o de la naturaleza, en el nombre de Jesús, os ordeno salir inmediatamente y presentaros ante Jesús.

Ven, Espíritu Santo, renuévame y lléname de nuevo con tu poder, tu vida y tu alegría. Fortaléceme ahí donde he sentido mi debilidad y arrópame con tu luz. Lléname de tu vida.

Señor Jesús, envía a tus santos Ángeles para que me cuiden, cuiden a mi familia y a mis amigos, y nos protejan de toda enfermedad, de todo mal, de todo accidente. Que el regreso a casa sea sin peligro. Te alabo ahora y por siempre. En el nombre del Padre, y del Hijo, y del Espíritu Santo. Amén.

Letanías de Nuestra Señora de la liberación

SEÑOR, ten piedad.
CRISTO, ten piedad.
SEÑOR, ten piedad.
CRISTO, óyenos.
CRISTO, escúchanos.
DIOS, PADRE celestial,
(Ten piedad de nosotros)
DIOS, HIJO, Redentor del mundo,
DIOS, ESPÍRITU SANTO,
TRINIDAD SANTA un solo DIOS,
Ruega por nosotros
Santa María, Nuestra Señora de la Liberación,
Santa María, Nuestra Señora de las Victorias,
Santa María en quien reposó el poder del Altísimo,
Santa María, más valiente que Ester y Judith,
Santa María, cuyo HIJO aplasto la cabeza de Satanás,
Mujer vestida de sol, invulnerable a los ataques de Satanás,
Santa María, que nos proteges contra el dragón furioso,
Santa María, refugio de los pecadores,
Santa María, liberadora y salud de los enfermos,
Santa María, esperanza de los desesperados,
Santa María, que proporcionaste a Isabel una feliz liberación,
Santa María, protectora de las mujer en encinta,
Santa María, buena liberación de las mujeres que trabajan,
Santa María, consoladora de los niños abortados.
Virgen María, libéranos
Del poder y de las tentaciones de Satanás,
De las seducción de los ídolos y de las falsas doctrinas,
De las posesiones demoniacas,
De los embustes perniciosos del espíritu de las tinieblas,

II. Oraciones

De los ataques de brujos y maestros ocultos,
De los pactos diabólicos que nos hacen esclavos de Satanás,
De la idolatría, del espiritismo y del satanismo,
De las sectas, brujerías y sociedades secretas,
De las trampas de la adivinación y de las falsas predicciones,
De las falsas visiones y de los sueños engañosos,
De toda maldición,
De embrujos, sortilegios y maleficios,
Del espíritu de muerte que impulsa al suicidio y al homicidio,
De las enfermedades provocadas por sortilegios,
De las plagas devastadoras,
Del hambre, de la violencia y de la guerra,
De los accidentes mortales,
De las enfermedades contagiosas,
De la esterilidad de origen maléfico,
De toda amenaza contra los niños en el seno materno,
De alumbramientos difíciles,
De los traumatismos de nuestra infancia,
De las perversiones de las que son víctimas los niños,
De las angustias del alma y de los males del cuerpo,
De las ataduras genealógicas que afectan a los vivos,
De las desapariciones misteriosas de parientes próximos,
De los bloqueos de la vida sentimental y de nuestras facultades mentales,
De los estragos que causa la impiedad,
De los avances del descreimiento y de la civilización de la muerte,
De la tentación contra la fe,
De las comuniones indignas y sacrílegas,
De la desesperanza y del desánimo,
Del espíritu de miedo que mata la fe en DIOS,
De la tibieza en el servicio a DIOS,
Del espíritu de orgullo y de dominio,
Del endurecimiento en el pecado,

Del pecado contra el ESPÍRITU SANTO,
Del no querer perdonar a nuestros enemigos,
De los pensamientos de odio y de los pensamientos impuros,
De los embustes del demonio a la hora de la muerte,
De los sufrimientos del Purgatorio,
De la condenación eterna,
Cordero de DIOS que quitas el pecado del mundo. Perdónanos, SEÑOR.
Cordero de DIOS, que quitas el pecado del mundo. Escúchanos, SEÑOR.
Cordero de DIOS que quitas el pecado del mundo, Ten piedad de nosotros, SEÑOR.
CRISTO, vencedor de la muerte, escúchanos.
CRISTO, vencedor de Satanás, atiende nuestras súplica.
ESPÍRITU SANTO, el liberador escúchanos.
ESPÍRITU SANTO el consolador, atiende nuestra súplica.
DIOS, PADRE Todopoderoso, escúchanos.
DIOS, PADRE Todopoderoso, libéranos del Maligno.

Oh María, sin pecado concebida, Ruega por nosotros que recurrimos a ti.

Ruega por nosotros, Nuestra Señora de la Liberación, para que seamos liberados de todas nuestras tribulaciones.

Oremos: Te alabamos, oh DIOS, por tu amor, tu misericordia y tu poder, por la victoria de la Sangre del Cordero, tu HIJO Nuestro SEÑOR JESUCRISTO. Te alabamos por nuestra Madre, la Virgen María. Concede a todos los que se refugian bajo su maternal protección, la liberación de los males que les afligen, líbrales del poder de las tinieblas para que vivan en la libertad de los hijos de DIOS, en el cortejo triunfal de CRISTO Resucitado. ¡Amén!

L: Sacramento de la Confesión

Para hacer una buena confesión

Para una buena confesión es necesario:

1) El examen de conciencia, para poner toda tu vida a la luz del Evangelio.

2) El dolor de los pecados (contrición), por haber ofendido a Dios.

3) El propósito de la enmienda, porque quieres cambiar de vida, convertirte, con la gracia de Dios.

4) La confesión de los pecados al sacerdote: expones todos tus pecados con sencillez y sinceridad.

5) La satisfacción: cumplir la penitencia, reparar el daño causado al prójimo, restituir lo robado (bienes, fama...)

Examen de conciencia

Es necesario confesar los pecados graves, o "mortales", que son los que tienen como objeto una materia grave (contra los mandamientos), se cometen con pleno conocimiento y consentimiento deliberado. Sin embargo, para una más profunda y progresiva conversión, será bueno que también te arrepientas y confieses tus pecados veniales. A continuación tienes un cuestionario (que incluye virtudes y defectos) para ayudarte a examinar tu conciencia.

II. Oraciones

Primer Mandamiento

¿Tengo a Dios por encima de todo y trato de aumentar mi fe y mi amor a Dios? ¿He admitido en serio dudas contra las verdades de la fe? ¿He negado alguna verdad de fe? ¿He recibido indignamente algún sacramento? ¿He leído, visto o divulgado alguna publicación contraria a la fe católica? ¿He desesperado de mi salvación o he abusado de la confianza en Dios para pecar tranquilamente? ¿He hablado irreverentemente de las cosas y personas sagradas? ¿He practicado la superstición, el espiritismo y cosas semejantes?

Segundo Mandamiento

¿He blasfemado? ¿He pronunciado palabras injuriosas contra Dios, la Virgen María, los santos o las cosas sagradas, incluso delante de otros? ¿He dejado de cumplir culpablemente algún voto o promesa? ¿He pronunciado el santo nombre de Dios sin respeto e irreverentemente? ¿He jurado con mentira o sin necesidad?

Tercer Mandamiento (Mandamiento de la Iglesia)

¿He santificado el domingo, asistiendo consciente y devotamente a la celebración de la Eucaristía y guardando el descanso sagrado? ¿Dedico el domingo a la familia, a obras de caridad, a cultivarme espiritual y humanamente? ¿Acepto con docilidad lo que me enseña la Iglesia? ¿Cumplo sus mandamientos?

Cuarto Mandamiento

¿Honro a mis padres con el amor, el respeto y la obediencia, o los maltrato y hago sufrir con mi conducta, mi soberbia, mi egoísmo o malos tratos? ¿Ayudo a mis padres en sus necesidades, enfermedad, ancianidad? ¿He reñido con mis hermanos, no me hablo con alguno de ellos, les tengo envidia o les he dado mal ejemplo? Los padres habrán de preguntarse si tratan bien a sus hijos, les dan ejemplo, cuidan de su formación cristiana... Y los esposos, si toman en serio el amor conyugal.

Quinto Mandamiento

¿Tengo odio, rencor o enemistad con alguien? ¿He deseado algún mal a mi prójimo? ¿He tratado mal a alguien con envidia, ira, desprecio, burla? ¿He escandalizado a otros, induciéndolos al mal? ¿He causado algún mal físico a otros? ¿He quitado la vida a alguien, en todos los sentidos? ¿He abortado o colaborado en aborto o eutanasia? ¿He conducido imprudentemente el coche o la moto? ¿He atentado contra mi vida? ¿Me he dejado llevar de la gula? ¿He tomado drogas, o alcohol en exceso? ¿He corregido evangélicamente al prójimo, para que evite los peligros físicos o espirituales?

Sexto y Noveno Mandamiento

¿Me he entretenido en pensamientos, deseos o recuerdos impuros? ¿He guardado debidamente la vista y demás sentidos? ¿He cometido -o deseado- alguna acción impura: solo o con otros, de distinto o del mismo sexo, parientes, consagrados, menores de edad? ¿Me he puesto en peligro consciente de pecado: diversiones, lecturas, espectáculos, páginas indecentes de internet? ¿Tengo amistades peligrosas? ¿Guardo la debida castidad en el noviazgo o en el matrimonio?

Séptimo y Décimo Mandamiento

¿He robado alguna cosa o cantidad de dinero? ¿Lo he devuelto? ¿Cumplo fielmente mis deberes sociales: impuestos, seguros, votaciones, etc.? ¿Me tomo en serio el precepto divino del trabajo, que para algunos se concreta en el estudio? ¿Reacciono como cristiano contra abusos e injusticias que perjudican a los más débiles? ¿He apoyado programas, de acción social o política, inmorales y anticristianos? ¿Contribuyo con mis bienes a las necesidades de la Iglesia y de los pobres?

Octavo Mandamiento

¿He mentido? ¿He reparado el daño derivado de mis mentiras? ¿He criticado a otros, descubriendo faltas graves? ¿He violado la intimidad de otros: correspondencia, conversaciones, secretos? ¿He hecho juicios temerarios contra el prójimo? ¿Los he comunicado a otra persona? ¿He rectificado ese juicio erróneo? ¿He calumniado a otros atribuyéndoles algo que es falso? ¿He reparado o estoy dispuesto a reparar esa calumnia? ¿Soy consciente de que, por encima de las diferencias ideológicas o políticas que dividen, está el amor cristiano que ama al adversario?

Examen de conciencia para la confesión

Te ayudará a hacer bien la confesión leer despacio las preguntas que van a continuación. Puedes hacer también el examen por tu cuenta, recordando con sinceridad, delante de Dios, lo que has hecho después de tu última confesión.

Oración antes del examen

Señor mío y Dios mío!, creo firmemente que estás aquí. Te pido la gracia de examinar sinceramente y conocer con verdad mi conciencia descubriendo todos mis pecados y miserias; dame la fortaleza de confesarlos con toda fidelidad y verdad para merecer ahora tu perdón y la gracia de la perseverancia final. Por Jesucristo Nuestro Señor. Amén.

Recuerda cuánto tiempo hace que te confesaste, si cumpliste penitencia y si te olvidaste o dejaste de decir por vergüenza algún pecado grave. Repasa a continuación las siguientes preguntas:

1. ¿He dudado o negado las verdades la fe católica?
2. ¿He practicado la superstición o el espiritismo?
3. ¿Me he acercado indignamente a recibir algún sacramento?
4. ¿He blasfemado? ¿He jurado sin necesidad o sin verdad?
5. ¿Creo todo lo que enseña la Iglesia Católica?
6. ¿Hago con desgana las cosas que se refieren a Dios?
7. ¿He faltado a Misa los domingos o días festivos? ¿He cumplido los días de ayuno y abstinencia?
8. ¿He callado en la confesión por vergüenza algún pecado mortal?
9. ¿Manifiesto respeto y cariño a mis padres y familiares?
10. ¿Soy amable con los extraños y me falta esa amabilidad en la vida de familia?
11. ¿He dado mal ejemplo a las personas que me rodean? ¿Les corrijo con cólera o injustamente?
12. ¿Me he preocupado de la formación religiosa y moral de las personas que viven en mi casa o que dependen de mí?
13. ¿He fortalecido la autoridad de mi cónyuge, evitando reprenderle, contradecirle o discutirle delante de los hijos?
14. ¿Me quejo delante de la familia de la carga que suponen las obligaciones domésticas?
15. ¿Tengo enemistad, odio o rencor contra alguien?
16. ¿Evito que las diferencias políticas o profesionales degeneren en indisposición, malquerencia u odio hacia las personas?
17. ¿He hecho daño a otros de palabra o de obra?
18. ¿He practicado, aconsejado o facilitado el grave crimen del aborto?
19. ¿Me he embriagado, bebido con exceso o tomado drogas?
20. ¿He descuidado mi salud? ¿He sido imprudente en la conducción de vehículos?
21. ¿He sido causa de que otros pecasen por mi conversación, mi modo de vestir, mi asistencia a algún espectáculo o con el préstamo de algún libro o revista? ¿He tratado de reparar el escándalo?

II. Oraciones

22. ¿He sido perezoso en el cumplimiento de mis deberes? ¿Retraso con frecuencia el momento de ponerme a trabajar o a estudiar?
23. ¿He aceptado pensamientos o miradas impuras?
24. ¿He realizado actos impuros? ¿Solo o con otras personas? ¿Del mismo o distinto sexo? ¿Hice algo para impedir las consecuencias de esas relaciones?
25. Antes de asistir a un espectáculo o de leer un libro, ¿me entero de su calificación moral?
26. ¿He usado indebidamente el matrimonio? ¿Acepto y vivo conforme a la doctrina de a Iglesia en esta materia?
27. ¿He tomado dinero o cosas que no son mías? ¿He restituido o reparado?
28. ¿He engañado a otros cobrando más de lo debido?
29. ¿He malgastado el dinero? ¿Doy limosna según mi posición?
30. ¿He prestado mi apoyo a programas de acción social y política inmorales y anticristianos?
31. ¿He dicho mentiras? ¿He reparado el daño que haya podido seguirse?
32. ¿He descubierto, sin causa justa, defectos graves de otras personas?
33. ¿He hablado o pensado mal de otros? ¿He calumniado?
34. ¿Soy ejemplar en mi trabajo? ¿Utilizo cosas de la empresa en provecho propio, faltando a la justicia?
35. ¿Estoy dispuesto a sufrir una merma en mi reputación profesional antes de cometer o cooperar formalmente en una injusticia?
36. ¿Me preocupo de influir - con naturalidad y sin respetos humanos- para hacer más cristiano el ambiente a mi alrededor? ¿Sé defender a Cristo y a la doctrina de la Iglesia?
37. ¿Hago el propósito de plantearme más en serio mi formación cristiana y mis relaciones con Dios?

Acaba con el acto de contrición: Señor mío, Jesucristo...

Acto de contrición (I)

Dios mío, me arrepiento de todo corazón de todos mis pecados y los aborrezco, porque al pecar, no solo merezco las penas establecidas por ti justamente, sino principalmente porque te ofendí, a ti sumo Bien y digno de amor por encima de todas las cosas. Por eso propongo firmemente, con ayuda de tu gracia, no pecar más en adelante y huir de toda ocasión de pecado.
Amén

Acto de contrición (II)

Señor mío Jesucristo, Dios y hombre verdadero, Creador, Padre y Redentor mío. Por ser Vos quien sois, Bondad infinita, y porque os amo sobre todas las cosas, me pesa de todo corazón haberos ofendido. También me pesa porque podéis castigarme con las penas del infierno.

Ayudado de tu divina gracia propongo firmemente nunca más pecar, confesarme y cumplir la penitencia que me fuere impuesta.
Amén

Oración para después de la confesión

Gracias, oh Padre Celestial, gracias infinitas os doy, por el inmenso beneficio que acabáis de concederme. Habéis purificado mi pobre alma con la Sangre preciosísima de vuestro divino Hijo, mi buen Salvador. Os ofrezco esta mi confesión y mi penitencia en unión con todos los actos de penitencia que hicieron todos los santos y en especial la de nuestro Señor Jesucristo, su santísima Madre y San José, pidiendo a vuestra bondad paternal que os dignéis aceptarlos y hacerlos meritorios para mi eterna salvación. Lo que haya podido faltar a la sinceridad de mi preparación, a mi contrición y a la acusación de mis pecados, lo pongo todo en el Corazón adorable de mi buen Jesús, tesoro infinito de todo bien y de todas las gracias.

Os ofrezco, oh Padre Eterno el Corazón de vuestro divino Hijo, con todo su infinito amor, todos sus sufrimientos y todos sus méritos para digna satisfacción de mis pecados. Madre dulcísima de Jesús, María, acordaos que sois también mi madre, Mi pobre alma os fue encomendada por Jesús mismo. En la cruz fue Él quien me os dio por Madre. Obtenedme, pues, oh tierna Madre, la gracia de sacar de este santo sacramento todos los frutos que Jesús quiere que yo alcance. Alcanzadme, oh amabilísima Madre, por los dolores que sufristeis al ser separado de Jesús, vuestro divino Hijo, un amor ardiente y fiel a Jesús. ¡Muestra que eres mi Madre!

Ángel de mi guarda, mi dulce compañía; mis santos patronos y todos los ángeles y santos de Dios, interceded por mí y alcanzadme la gracia de cumplir fielmente con mis propósitos. Así sea.

M: Oraciones de Sanación

Oración de sanación
(Padre Marcelino Iragui)
I En el seno materno

Te ofrezco, Señor, la etapa prenatal de mi existencia.
"Tú, Señor, me has tejido en el vientre de mi madre;
te doy gracias por tan grandes maravillas:
prodigios son tus obras" (Sal 139,14).
Y ahora, Jesús, ayúdame a volver en mi recuerdo
a los comienzos de mi vida y a revivir contigo
todas las experiencias que ya desde el seno materno
me marcaron negativamente.
Te presento a mis padres
al momento preciso de mi concepción,
para que Tú los bendigas,
y santifiques la nueva vida que a través de ellos creaste.
Si existía algún fallo en sus relaciones mutuas,
algún conflicto personal o interpersonal,
sánales, Señor, y líbrame a mí de las consecuencias del mismo.
Divino Salvador, vete recorriendo
con tu mirada de amor
y llenando con tu gracia sanadora cada momento,
cada día, cada mes que yo pasé en el seno materno.
Si acaso mi vida quedó marcada por el miedo,
rechazo, ansiedad, tristeza, inseguridad, angustia...
líbrame, Señor, de esos sentimientos nocivos
desde su misma raíz.
Limpia mi espíritu de todo lo que no esté en armonía
con tu propio Espíritu de amor, alegría y paz.
Te doy gracias, Jesús, porque lo estás haciendo ya;
porque tu Espíritu está inundando lo más profundo de mí ser,
renovando mi vida desde sus orígenes.

II Oración del parto

Te ofrezco, Señor, el día de mi nacimiento,
dándote gracias por haber nacido con vida.
Haz que yo pueda sentir ahora tu presencia real
y la de tu Madre bendita
en las circunstancias más difíciles,
que marcaron mi nacimiento.
Cuando llega la hora de dejar
la seguridad del seno materno
y yo me resisto, Tú estás muy cerca.
Tú me ayudas a vencer mis miedos,
y me alientas a aventurarme
confiadamente a un mundo desconocido.
¡Cuántas veces volverá a repetirse
esa experiencia a lo largo de mi vida, hasta
encontrarme contigo en la casa del Padre!
Gracias por todo ello, Señor.
Acaso mi nacimiento fue muy difícil
y mi vida estuvo en peligro,
dejando en mí una secuela de angustia y miedo.
Acaso mi nacimiento puso en peligro la salud
y la vida de mi madre, cargándome a mí de culpabilidad.
Acaso mis padres esperaban otra cosa:
un niño y no una niña, o viceversa;
un bebé de más peso y mejor apariencia...
Hasta hoy he sufrido las consecuencias
de su desencanto, sintiendo que algo en mí no estaba bien.
Te pido, Jesús, que por un rato contemples
mi pequeña figura en las manos benditas de tu Madre y mía.
Eso bastará para ahuyentar toda mentira de mí,
para sanarme de todos mis traumas y llenarme de gozo y de paz.

III Oración de la adolescencia

Te ofrezco, Jesús, los recuerdos
y las experiencias de mi infancia.
Bendice a mis padres.
Recompensa como Tú sabes
los sacrificios que hicieron por mí.
Y sánales de toda herida que yo les causé
cuando no supe responder
a su amor y honrarles como debía.
A veces necesitaba la atención,
cuidado y amor de mi madre;
pero ella no estaba allí. Tú sabes por qué.
Acaso mi mamá no era capaz de darme todo
lo que yo anhelaba en mi infancia.
Ten presente, Señor, este gran vacío en mi vida,
para que Tú lo vayas llenando
hasta desbordar con el amor de la mejor de las madres:
con ese amor incondicional, gratuito, tierno y constante,
que sólo una madre puede regalar.
Lléname también con la seguridad
de que nada ni nadie podrá separarme
de ese amor, o de esa madre.
A veces necesitaba la presencia de mi Padre,
deseaba sentarme en su rodilla,
o sentir sus brazos fuertes que me alzaban en alto;
pero tampoco él estaba allí, o no tenía tiempo para mí.
Una zona importante de mi ser ha quedado vacía.
Hoy te la presento para que tu gran amor
de Padre la llene del todo.
Hazme comprender y sentir que para Ti
yo soy una persona importante,

interesante, valiosa, pues ves reflejada
en mí tu propia imagen,
y me has destinado a compartir
contigo una eternidad feliz.
Gracias, Señor, por mis hermanos
y otras personas que forman parte de mi vida;
te presento a cada uno de ellos
por su nombre, para que Tú los bendigas.
Si existió, o existe un conflicto
serio en nuestras relaciones mutuas,
Tú estás aquí para reconciliarnos y sanarnos,
y para crear nuevos vínculos de amistad verdadera.
Bendito seas, Señor, porque así lo estás haciendo.

IV Oración del tiempo actual

Jesús, mi Salvador, te presento los años de mi niñez y juventud.
Bendice a mis amigos y educadores.
En tu nombre quiero perdonar sinceramente a los que me rechazaron,
ridiculizaron o hirieron, y en particular...
Hazme recordar sin amargura alguna de las escenas más dolorosas de mi pasado, para poder vivirlas de nuevo junto a Ti, mi amigo fiel, comprensivo y fuerte.
Tu presencia lo convierte todo en gracia; todo lo que Tú tocas lo sanas, lo llenas de amor y esperanza.
Que mis experiencias pasadas hagan de mí una persona más madura, más comprensiva con los jóvenes, y más tolerante con todos.
Gracias, Jesús, porque Tú estás cambiando mi vida.

Oración de un hombre enfermo
(Cardenal Cushing)

Necesitaba paz, y Él me llevó aparte, a una penumbra donde tener nuestras confidencias. Lejos del tráfago en el que, todos los días, me afanaba y preocupaba cuando me creía hábil y fuerte.

Necesitaba paz, aunque al principio, me rebelé. Pero suave, muy suavemente, Él sostuvo mi cruz, y, dulcemente, me susurró cosas espirituales. Mi cuerpo estaba débil, pero mí espíritu voló a una altura jamás soñada cuando me creía fuerte y feliz. Suavemente me amó y arrebató lejos.

Oración desde la enfermedad

Dios de bondad y de amor, la enfermedad me ha visitado, me ha alejado de mi trabajo y de mi familia, me ha llenado de dolor y sufrimiento. Es una experiencia dura, mi Señor, una realidad difícil de aceptar, algo para lo que no estaba preparado. Siguiendo el ejemplo del Santo Padre Pío, quiero agradecerte por mi enfermedad, quiero aceptarla como una oportunidad que me das de conocer mi fragilidad y la precariedad de la vida, y como un remedio para librarme del orgullo. Ahora veo lo mismo que antes, pero con nuevos ojos, puedo vislumbrar la realidad detrás de la apariencia, puedo descubrir que en realidad lo que tengo y soy, no me pertenece absolutamente.

Estoy aprendiendo a depender de los demás, a hacer cada vez menos por mis propios medios, a callar, a llorar en silencio, a agradecer.

Estoy descubriendo qué es la soledad y la angustia, pero también redescubro el afecto, el amor, la amistad.

Dios mío, aunque me cuesta te digo una vez más: hágase tu voluntad, en la tierra como en el cielo! Te ofrezco mis sufrimientos y los uno a los de tu Hijo Jesucristo y a los de tu siervo fiel el Santo Padre Pío. Te ruego por todos que me ayudan y por todos los que sufren como yo.

Oración del enfermo

¡Oh Dios!, de mi debilidad y mi fortaleza, de mi tristeza y de mi alegría, de mi soledad y compañía, de mi incertidumbre y esperanza. En la noche de mi enfermedad me pongo en tus manos de Padre: Alumbra esta oscuridad con un rayo de tu luz, abre una rendija a mi esperanza, llena con tu presencia mi soledad.

Señor, que el sufrimiento no me aplaste, para que también ahora sienta el alivio de tu amor y sea agradecido a la generosidad de cuantos sufren conmigo. Amén.

Oración para momentos de depresión

Que tu nombre sea bendito eternamente Señor Dios mío. Ha llegado a mí esta depresión, que me humilla y me hace sufrir. No logro alejarla de mi mente. Necesito refugiarme en Ti por medio de la oración, para que me ayudes y cambies en bienes mis males.

Señor: tengo aflicción y mi corazón sufre, porque esta depresión me acosa mucho. ¿Y qué diré amado Padre Celestial? El combate arrecia. "Sácame triunfante de esta hora" (Jn. 12,27). "Más para esto llegué a esta hora" (Jn.12). Para que Tú seas glorificado cuando ya haya sufrido profunda humillación y reciba luego liberación de parte de Ti. "Líbrame Señor en tu misericordia" (Salmo 39) porque yo pobre y miserable" ¿qué haré y a dónde iré sin Ti?".

Ayúdame a aceptar con paciencia esta situación y a sacar provecho y madurez de ella. Pero ojalá obtenga de Ti la fortaleza necesaria para resistir hasta que pase la tempestad y nazca de nuevo la calma. Sé muy bien que tu omnipotente mano puede quitarme esta depresión o al menos disminuir su fuerza para que no logre vencerme ni dominarme. Muchas veces me has hecho este gran favor Señor Dios misericordioso: síqueme ayudando.

Pues cuanto más difícil es para mí, tanto más fácil es para Ti cambiar en victorias mis derrotas. Señor, no nos dejes caer en la tentación de la tristeza, y líbranos de todo mal. Amén.

Oración para pedir buen humor

Señor, concédeme una buena digestión y también algo para digerir.

Concédeme la salud del cuerpo y el sentido común necesario para conservarla lo mejor posible.

Concédeme, Señor un alma santa, que no pierda nunca de vista lo que es bueno y puro, que no se asuste a la vista del pecado, sino que encuentre el modo de volver a poner todo en orden.

Dios mío, concédeme el sentido del humor, la gracia de comprender las bromas para que saboree un poco la felicidad de la vida y sepa transmitirla a los demás.

Oración por los enfermos

Te confiamos, Señor, los enfermos, los niños que sufren, los hombres y mujeres incapaces de trabajar, los ancianos, cuyas fuerzas declinan, y también los agonizantes. Dales tu luz y tu fuerza, para que su sufrimiento tenga en la fe un sentido y puedan confiarse en Ti. Líbralos de sus males por tu misericordia. Ten piedad de los que sufren desequilibrio nervioso y haz brillar tu luz en medio de la oscuridad.

Oración de sanación

¡Oh inocencia divina, triunfa sobre mi inocencia crucificada! Devuelve a mi cuerpo, a mi espíritu y a mi alma, salud, curación, aliento y consuelo. Deposita en mí el Espíritu de alabanza, adoración y acción de gracias.

Concédeme y renueva en mí los dones del Espíritu Santo. Guíame hacia una vida de santidad y servicio llena de alegría. Te lo pido en nombre de Jesús, Salvador de la humanidad, y por la intercesión de la Virgen Santa, de los Ángeles y de los Santos. Te lo pido en honor a los Corazones Eucarísticos de Jesús y María, en alabanza y acción de gracias tributadas a la Santísima Trinidad. Amén.

Perdonarme a mí mismo

En tu nombre, Señor Jesús, por el poder del Espíritu Santo, para la gloria del Padre, te pido perdón por todos mis pecados. Me acepto tal cual soy, con mis defectos y limitaciones, y con las cualidades que me has dado. Me amo tal como soy porque Tú, Jesús, me amas con un amor personal y para siempre; me has amado el primero, y nada, sino mi propia infidelidad, podrá separarme del amor que me tienes. Amén.

Liberarme a mi mismo

En tu nombre, Señor Jesús, por el poder del Espíritu Santo, para la gloria del Padre, líbrame de todo miedo, temor, angustia o ansiedad. Jesús, mi Salvador, líbrame por encima de todo, de cualquier forma de odio, orgullo y agresividad, de todo rencor y deseo de venganza. Líbrame de todo sentimiento de culpabilidad, inseguridad e inferioridad. Reconozco humildemente que Tú eres mi único Liberador. Jesús Misericordia confío en Ti.

Bendecirme a mí mismo

Señor Jesús, purifícame en tu Preciosísima Sangre y por el poder del Espíritu Santo. Establece tu señorío sobre todo mi ser. Despójame de todo orgullo, de toda vanidad, de todo lo que obstaculiza la acción de tu Espíritu Santo. Ven y sustitúyelo por tu Espíritu de Humildad y Santidad. ¡Señor Jesús, derrama sobre mí tus bendiciones y tu amor!

N: Acción de Gracias

Acción de gracias después de la comunión

Después de comulgar, procura tener unos minutos para dar gracias.

Acto de fe.
¡Señor mío, Jesucristo!, creo que verdaderamente estás en mí con tu Cuerpo, Sangre, Alma y Divinidad, y lo creo más firmemente que si lo viese con mis propios ojos.

Acto de adoración.
¡Oh, Jesús mío! yo te adoro presente dentro de mí, y me uno a María Santísima, a los Ángeles y a los Santos para adorarte como mereces.

Acto de acción de gracias.
Te doy gracias, Jesús mío, de todo corazón, porque has venido a mi alma.
Virgen Santísima, Ángel de mi guarda, ángeles y santos del cielo, dad por mí gracias a Dios.
Toma, Señor, y recibe mi libertad, mi memoria, mi entendimiento y toda mi voluntad, todo mi haber y mi poseer. Tú me lo diste, a Ti, Señor, lo torno.
Todo es tuyo. Dispón de ello conforme a tu voluntad. Dame tu amor y gracia, que ésta me basta.
Mírame, ¡oh, mi amado y buen Jesús!, postrado en tu presencia; te ruego con el mayor fervor imprimas en mi corazón vivos sentimientos de fe, esperanza y caridad, verdadero dolor de mis pecados y propósito de jamás ofenderte, mientras que yo, con el mayor afecto y compasión de que soy capaz, voy considerando tus cinco llagas, teniendo presente lo que de Ti dijo el santo profeta David: han taladrado mis manos y mis pies y se pueden contar todos mis huesos.

Para vivir alegre, da las gracias

"Sed agradecidos. Sed siempre agradecidos con Dios." (San Pablo)

GRACIAS SEÑOR, por todo cuanto me has dado por los días de sol y los nublados tristes por las tardes tranquilas y las noches oscuras.

GRACIAS, por la salud y la enfermedad por las penas y las alegrías por todo lo que me prestaste y luego me pediste.

GRACIAS SEÑOR, por la sonrisa amable y por la mano amiga por el amor, por todo lo hermoso y por todo lo dulce, por las flores y las estrellas, por la existencia de los niños, de los viejos y de las almas buenas.

GRACIAS, por la soledad, por la compañía. por el trabajo, por las inquietudes, por las dificultades y las lágrimas, y por todo lo que me acercó a TI.

GRACIAS, por haberme conservado la vida y por haberme dado techo, abrigo y sustento.

GRACIAS SEÑOR, por lo que TU quieras darme, yo te pido FE... para mirarte en todo, ESPERANZA para no desfallecer y CARIDAD ... para amarte cada día mas y para hacerte amar de los que me rodean. Concédeme paciencia, humildad, desprendimiento, generosidad, tolerancia y mucho amor para con el prójimo. Que tenga un corazón amable, el oído atento a tus mensajes, las manos abiertas para dar y la mente activa para pensar bien; que siempre esté dispuesto a hacer tu santa voluntad.

DERRAMA SEÑOR TUS BENDICIONES SOBRE TODOS LOS QUE AMO, Y CONCEDE TU PAZ AL MUNDO ENTERO. QUE TU SANTO NOMBRE SEA BENDECIDO HOY PARA SIEMPRE. AMEN. GRACIAS SEÑOR, GRACIAS.

Enséñame, Señor a decir. ¡Gracias!

Enséñame, Señor a decir: ¡Gracias!
gracias en distintos idiomas,
gracias a las distintas personas
pero, sobre todo, Señor,
gracias porque... ¡existes!

Gracias por tu Eucaristía,
gracias por tu Madre,
gracias por todos y cada uno de tus hijos,
mis hermanos,
que día a día colocas junto a mí.

Gracias, en fin, por haberme enseñado
a darte y a dar las gracias.
Junto con todas tus criaturas,
las que te las hayan dado antes que yo
las que no sepan no contesten a tu amor
o las que ni siquiera se hayan enterado.

Deseo desde ahora que mis palabras
sean simple y sencillamente éstas:
¡Gracias! ¡A todos! ¡A Ti, Señor!

Oración gracias Señor por mi Fe

Te damos gracias, Señor, por mostrarnos
que la plenitud de la Verdad la encontramos
en nuestra fé católica.
Te damos gracias por las semillas de Verdad
que tu Espíritu Santo esparce donde quiere.
Te pedimos que muchos puedan llegar
a la plenitud de la Verdad
y te damos gracias por la salvación
que Tú nos has regalado
como un don para todos,
porque tu deseo es que todos nos salvemos.
No merecemos tus gracias, Señor,
pero ya que nos las das
sin mérito de nuestra parte,
queremos aprovecharlas
para dar buenos frutos de salvación
para nosotros mismos y para otros.
Que siempre recordemos
que la aceptación
que hacemos de tus gracias
es también gracia tuya,
pues nada podemos sin Ti.
Amén.

Oración de acción de gracias

I. Dios, omnipotente y misericordioso,
que admirablemente creaste al hombre
y más admirablemente aún lo redimiste,
que no abandonas el pecador,
sino que lo persigues con amor paternal.
   Tú enviaste tu Hijo al mundo,
para destruir con su pasión el pecado y la muerte,
y con su resurrección devolvernos la vida y la alegría.
   Tú has derramado el Espíritu Santo en nuestros corazones,
para hacernos herederos e hijos tuyos.
   Tú nos renuevas con los sacramentos de salvación,
para liberarnos de la servidumbre del pecado,
y transformarnos de día en día, en una imagen,
cada vez más perfecta de tu Hijo amado.
   Te doy gracias por las maravillas de tu misericordia,
canto para Ti,
con nuestra boca, corazón y vida, un cántico nuevo.
   A Ti la gloria, por Cristo en el Espíritu Santo,
ahora y siempre.

II. Padre santo,
Tú nos has reformado a imagen de tu Hijo.
   Concédeme
alcanzar tu misericordia,
y ser testigo de tu amor en el mundo.

III. Realmente es digno y justo
darte gracias siempre y en todo lugar,
   Dios todopoderoso y eterno,
que corriges con justicia y perdonas con clemencia.

En ambas cosas te muestras misericordioso,
porque, cuando castigas,
lo haces para que no perezcamos eternamente,
y cuando perdonas, nos das ocasión de que nos corrijamos.

IV. ¡Oh Dios!, que creas y mantienes toda la claridad.
Tanto has amado al mundo,
que entregaste a tu Hijo unigénito por nuestra salvación.
En su cruz hemos sido redimidos,
vivificados con su muerte,
salvados por su pasión,
glorificados con su resurrección.
Concédeme manifestar
en el corazón la fe,
en las obras, la justicia;
en la conducta, la piedad;
en las costumbres, la rectitud,
y poder conseguir así el premio de la inmortalidad.

V. Señor Jesucristo, rico en perdón,
que quisiste asumir la humildad de nuestra carne,
para dejarnos ejemplo de humildad,
y hacernos constantes en todos los sufrimientos,
haz que conserve siempre todo lo bueno que de Ti he recibido
que cada vez que caiga en pecado,
salga de él por la penitencia.

VI. ¡Oh Dios!, que nos concedes tu gracia,
para que nos convirtamos de injustos en justos,
de desgraciados en felices; lléname de tu fuerza y de tus dones,
y ya que me falta la justificación de la fe,
que no me falte la fortaleza de la perseverancia.

Oración de acción de gracias por la familia

Gracias, Padre bueno, por mi familia.

Gracias por mis mayores que tantas cosas buenas me dejaron: casa, ahorros, formación, trabajo, costumbres, tradiciones…

Gracias, particularmente, por la fe cristiana que también me pasaron.

Gracias por mi mujer, por mi marido, a quién tanto amo, como parte de mi, pero diferente, con quien disfruto en el cuerpo y en el espíritu, con quien hago todos mis planes y con quien comparto alegrías, penas y trabajos, con quien gozo de la vida sencilla de cada día y sueño un mañana mejor, con quien oro y comparto mi fe, con quien participo en la vida comunitaria.

Gracias por nuestros hijos, ¡lo mejor para nosotros y para ti!.

Gracias por la originalidad de cada uno de ellos, por su riqueza, su personalidad y su diferencia que cuidamos con cariño para que lleguen a ser ellos mismos libremente, lo que cada uno está llamado a ser, lo que Tú quieres que sea cada uno de ellos.

Gracias por el misterio de gracia y de vida que discurre por sus cuerpos jóvenes, abiertos al futuro en esperanza.

Y gracias, Señor, por ti mismo, Padre grande y bueno de nuestra familia, constructor de la hermandad grande que formamos todos tus hijos junto con toda la creación, obra maravillosa de tus manos.

Gracias por tu Hijo Jesucristo, Palabra creadora, Salvador que nos manifestó tu amor hasta el extremo, liberador que rompe todas nuestras cadenas.

Gracias, en fin, por tu Espíritu, aliento permanente que nos llama cada día a una concordia limpia y generosa, sobre todo en las horas bajas, en los momentos de cansancio y conflicto, cuando mi familia deja de ser un hogar de acogida y parece convertirse en una cárcel, cuando todo se vuelve oscuro, pero Tú sigues estando ahí como luz y aliento de vida.

Gracias, Padre siempre bueno y eternamente compasivo y misericordioso. Amén.

Oración de acción de gracias y súplica de perdón

Señor y Dios mío te doy gracias, por todos los dones que me has regalado a lo largo de toda la vida y por los favores y todas las gracias que hoy he recibido de tu bondad, así como por todo cuanto de bueno haya hecho, pues sé que cuanto de bueno hay en mí, es obra de tu amor.

Me duele por ello, no haber sabido corresponder como debía, a tu inmenso amor durante este día. Estoy arrepentida de todos mis pecados: de pensamiento, palabra, obra y omisión , con los que hoy haya podido ofenderte y haya ofendido a mi prójimo , pero espero tu perdón, porque creo y confío en tu divina e infinita misericordia.

Propongo con el auxilio de tu gracia no ofenderte más, y procurar en adelante corresponder mejor a la acción de tu gracia y a tu gran bondad para conmigo.

Y ahora, dígnate aceptar Señor la ofrenda que te hago de este día, bendice mi sueño Señor y haz que sea pacífico y tranquilo y concédeme un buen descanso durante toda esta noche, para que renovados mi cuerpo y mi espíritu, me ayude a recuperar las fuerzas, con las que mañana pueda servirte mejor en mis hermanos.

Amén.

Oración de acción de gracias
(Santa Faustina Kowalska)

Oh Jesús, Dios eterno, te doy gracias por tus innumerable gracias y bendiciones. Que cada latido de mi corazón sea un himno nuevo de agradecimiento a Ti, oh Dios. Que cada gota de mi sangre circule para Ti, Señor. Mi alma es todo un himno de adoración a tu misericordia. Te amo, Dios, por Ti mismo (1794).

Gracias, Señor, por la Eucaristía

Gracias Señor, porque en la última cena partiste tu pan y vino en infinitos trozos, para saciar nuestra hambre y nuestra sed... Gracias Señor, porque en el pan y el vino nos entregas tu vida y nos llenas de tu presencia.

Gracias Señor, porque nos amaste hasta el final, hasta el extremo que se puede amar: morir por otro, dar la vida por otro.

Gracias Señor, porque quisiste celebrar tu entrega, en torno a una mesa con tus amigos, para que fuesen una comunidad de amor.

Gracias Señor, porque en la Eucaristía nos haces UNO contigo, nos unes a tu vida, en la medida en que estamos dispuestos a entregar la nuestra...

Gracias, Señor, porque todo el día puede ser una preparación para celebrar y compartir la Eucaristía...

Gracias, Señor, porque todos los días puedo volver a empezar..., y continuar mi camino de fraternidad con mis hermanos, y mi camino de transformación en Ti...

II. Oraciones

O: Oraciones de Reparación

Oración de reparación

Padre Eterno, por las manos de la Virgen de los Dolores
te ofrezco el Corazón Sagrado de Jesús con todo su amor,
todos sus sufrimientos y todos sus méritos:
Para expiar todos los pecados que he cometido hoy y durante
toda mi vida.
Gloria al Padre...

Para purificar el mal que hice y
el bien que hice mal hoy y durante toda mi vida
Gloria al Padre...

Para suplir el bien que he descuidado hacer hoy
y durante toda mi vida.
Gloria al Padre...

Oración de reparación al Santísimo Corazón Eucarístico de Jesús
(para ser rezada a los pies del Sagrario)

Sacratísimo Corazón Eucarístico de Jesús, yo confío inmensamente en Tu Misericordia. Te pido humildemente que me des la fe que necesito para abandonarme a Tu infinita misericordia, porque ya se han agotado mis recursos humanos y ahora solo me cabe volverme con confianza a Tu infinita compasión, porque sé que Tú no desoirás mi súplica. Aquí estoy Señor a tus pies pidiendo con fervor arregles todas mis cosas y problemas, según Tu amor y beneplácito divino, que sé, será lo mejor para mí, concédeme lo que te estoy pidiendo, si es para bien de mi alma. ¡Toma Señor mi problema. ¡Toma, mi corazón!. Yo confío en Ti Corazón Eucarístico de Jesús. ¡Yo Confío en Ti Corazón Eucarístico de Jesús! ¡Yo Confío en Ti Corazón Eucarístico de Jesús!

Hora Santa acto de reparación

Divino Salvador de las almas: cubiertos de confusión nuestros rostros nos arrodillamos en tu presencia soberana, dirigiendo una mirada al solitario Tabernáculo, donde permaneces cautivo de amor, nuestros corazones se conmueven al contemplar la soledad y olvido en que os tienen tus criaturas. ¿Habréis derramado en balde vuestra sangre bendita? ¿Será inútil tanto amor? Pero ya que nos has permitido esta noche unir nuestras reparaciones a las tuyas, y acompañarte en tu Sacramento, donde Tu, que sois el sol del mundo, irradias silenciosamente sobre nosotros a todas las horas la luz de la verdad, el calor del amor divino, la belleza de lo sobrenatural y la fecundidad generosa de todo bien; ya que te has dignado escogernos de entre todos los hombres para gozar de tu compañía y amistad, permítenos por los que no os bendicen o blasfeman de Ti, oh pacientísimo Señor Jesús, adorarte por todos aquellos que os tienen olvidado, e implorar para ellos de la infinita misericordia de tu Corazón indulgencia para sus olvidos y para sus crímenes.

- ¡Oh Jesús! Por nuestros pecados, los de nuestros padres, hermanos y amigos, y por los del mundo entero: **perdón, Señor, perdón.**
- Por las infidelidades y sacrilegios, por los odios y rencores: **perdón, Señor, perdón.**
- Por las blasfemias; por la profanación de los días santos: **perdón, Señor, perdón.**
- Por las impurezas y escándalos: **perdón, Señor, perdón.**
- Por los hurtos e injusticias, por las debilidades y respetos humanos: **perdón, Señor, perdón.**
- Por las desobediencias a la Santa Iglesia: **perdón, Señor, perdón.**
- Por los crímenes de los esposos, las negligencias de los padres y las faltas de los hijos: **perdón, Señor, perdón.**
- Por los atentados contra el Romano Pontífice: **perdón, Señor, perdón.**
- Por las persecuciones levantadas contra los obispos, sacerdotes, religiosos y sagradas vírgenes: **perdón, Señor, perdón.**
- Por los insultos a vuestras imágenes, profanación de los templos, abuso de los Sacramentos y ultrajes al Augusto Tabernáculo: **perdón, Señor, perdón.**
- Por los crímenes de la prensa impía y blasfema, y por las horrendas maquinaciones de las sectas tenebrosas: **perdón, Señor, perdón.**
- Por los justos que vacilan, por los pecadores que resisten a la gracia, y por todos los que sufren: **¡Piedad, Señor, piedad!**

¡Perdón, Señor, y piedad por el más necesitado de vuestra gracia; que la luz de tus divinos ojos no se aparte jamás de nosotros; encadena a la puerta del Tabernáculo nuestros inconstantes corazones; danos a sentir algo del calor divino de tu pecho, y que nuestras almas se derritan de amor y arrepentimiento.
Amén

II. Oraciones

Letanía de reparación a Nuestro Señor en la Eucaristía

Señor, Ten piedad de nosotros.
Cristo, Ten piedad de nosotros.
Señor, Ten piedad de nosotros.
Cristo, óyenos.
Cristo, benignamente óyenos.
(Ten piedad de nosotros)
Dios Hijo, Redentor del mundo,
Santa Trinidad, un solo Dios,
Sagrada Hostia, ofrecida por la salvación de los pecadores,
Sagrada Hostia, anonadada en el altar para nosotros y por nosotros,
Sagrada Hostia, despreciada por los cristianos tibios,
Sagrada Hostia, signo de contradicción,
Sagrada Hostia, entregada a los judíos y herejes,
Sagrada Hostia, insultada por los blasfemos,
Sagrada Hostia, Pan de los ángeles, dado a los animales,
Sagrada Hostia, tirada en el lodo y pisoteada,
Sagrada Hostia, deshonrada por los sacerdotes infieles, Sagrada Hostia, olvidada y abandonada en tus iglesias.
Sé misericordioso con nosotros. Perdónanos, oh Señor.
Sé misericordioso con nosotros. Escúchanos, oh Señor.
(La respuesta es: Te ofrecemos nuestra reparación)
Por el ultrajante desprecio de este maravilloso Sacramento,
Por tu extrema humillación en tu admirable Sacramento,
Por todas las comuniones indignas,
Por las irreverencias de los malos cristianos,
Por la profanación de tus santuarios,
Por los copones deshonrados y llevados a la fuerza,
Por las continuas blasfemias de los hombres impíos,
Por la impenitencia y traición de los herejes,
Por las conversaciones indignas en tus santos templos,

Por los profanadores de tus iglesias, a las que han profanado con sus sacrilegios,
Para que te plazca aumentar en todos los cristianos la reverencia debida a este adorable misterio, te suplicamos, óyenos.
Para que te plazca manifestar el Sacramento de tu amor a. los herejes,
Para que te plazca misericordiosamente recibir esta nuestra humilde reparación.
Te suplicamos, óyenos. Para que te plazca hacer nuestra adoración aceptable a Ti,
Te suplicamos, óyenos.
Hostia Pura; escucha nuestra oración.
Hostia Santa; escucha nuestra oración.
Hostia Inmaculada; escucha nuestra oración.
Cordero de Dios, que quitas los pecados del mundo, perdónanos, oh Señor.
Cordero de Dios, que quitas los pecados del mundo, benignamente óyenos, oh Señor. Cordero de Dios, que quitas los pecados del mundo, ten misericordia de nosotros.
Señor, ten piedad de nosotros. Cristo, ten piedad de nosotros.

V. Mira, oh Señor, nuestra aflicción,
R. Y da gloria a tu Santo Nombre.

Oremos

Señor Jesucristo, que te dignas permanecer con nosotros en tu maravilloso Sacramento hasta el final del mundo, para darle a tu Padre, por la memoria de tu pasión, gloria eterna, y para darnos a nosotros el Pan de vida eterna: concédenos la gracia de llorar, con corazones llenos de dolor, por las injurias que Tú has recibido en este misterio adorable, y por los muchos sacrilegios que cometen los impíos, los herejes y los católicos. Inflámanos con deseo ardiente de reparar todos estos insultos a los que, en tu infinita misericordia, has preferido exponerte antes que privarnos de tu presencia en nuestros altares. Tú, que con Dios Padre y el Espíritu Santo vives y reinas, un solo Dios, por los siglos de los siglos. Amén.

II. Oraciones

P) Oraciones para la Sanación de mi Árbol Genealógico

Novena al Dios de la liberación [1]

Ven Espíritu Santo,
Ven Fuego de Amor,
Ven Luz Eterna,
Ven Espíritu Santo,
Ven Fuerza de lo Alto,
Ven Espíritu Santo,
Ven Divino Consolador,
Ven Espíritu de Verdad,
Libéranos de las tinieblas del pecado y del Maligno,
Libéranos de las trampas del tentador y del atormentador,
Libéranos de las redes del diablo y de los malhechores,
Establécenos en la verdad, Cristo es la Verdad.
Condúcenos por el buen camino, Jesús es el Camino,
Por su Gracia, vivifícanos, Jesús es la Vida.
Comunión viva de Amor del Padre y del Hijo,
Espíritu de auxilio de los creyentes, que vives y reinas,

[1] Esta novena al Dios de las Liberaciones procede del libro Discerner les stratégies diaboliques y triompher de la sorcellerie (Discernir las estrategias diabólicas y vencer la brujería) publicado en Éditions Bénédictines (pp.108 a 128), del Paul-Marie Ms BA.
Imprimatur: Monseñor Murice Konan Kouassi, obispo de Daloa (RCI),18-10-2006.

II. Oraciones

Dios bendito y tres veces Santo por los siglos de los siglos. Amén.

Yo confieso ante Dios todopoderoso y ante vosotros, hermanos , que he pecado mucho de pensamiento, palabra y omisión. Por mi culpa, por mi culpa, por mi gran culpa. Por eso ruego a Santa María, siempre Virgen, a los ángeles, a los santos y a vosotros, hermanos, que intercedáis por mí ante Dios, Nuestro Señor. Amén.

Señor, ten piedad,
Cristo, ten piedad,
Señor, ten piedad.

Creo en Dios Padre, Todopoderoso. Creador del cielo y de la tierra. Creo en Jesucristo, su único Hijo, Nuestro Señor, que fue concebido, por obra y gracia del Espíritu Santo, nació de Santa María Virgen; padeció bajo el poder de Poncio Pilato, fue crucificado, muerto y sepultado, descendió a los infiernos, al tercer día resucitó de entre los muertos, subió a los cielos y está sentado a la derecha de Dios , Padre Todopoderoso. Desde allí ha de venir a juzgar a los vivos y a los muertos. Creo en el Espíritu Santo, la Santa Iglesia católica, la comunión de los santos, el perdón de los pecados, la resurrección de la carne y la vida eterna. Amén.

Padre Nuestro que estás en el cielo, santificado sea tu Nombre; venga a nosotros tu reino; hágase tu voluntad así en la tierra como en el cielo. Danos hoy nuestro pan de cada día; perdona nuestras ofensas, como también nosotros perdonamos a los que nos ofenden; no nos dejes caer en tentación y líbranos del mal. Porque tuyo es el reino, el poder y la gloria por los siglos de los siglos. Amén.

Dios te salve, María, llena de gracia, el Señor es contigo. Bendita tú eres entre todas las mujeres y bendito es el fruto de tu vientre, Jesús. Santa María, Madre de Dios, ruega por nosotros pecadores ahora y en la hora de nuestra muerte. Amén.

Gloria al Padre y al Hijo y al Espíritu Santo.

Como era en un principio, ahora y siempre, y por los siglos de los siglos. Amén.

Oración de Liberación

Nos santiguamos cada vez que nos encontremos con el símbolo ✠. Recordemos que los santos han expulsado al diablo solo con una señal de la Cruz.

También podemos hacer sobriamente gestos espontáneos que nos ayuden a vivir mejor esta oración.

Señor Dios, Padre Todopoderoso, mira con bondad, compasión y misericordia a tu hijo/a y servidor/a : (di tu nombre).

Por la preciosa Sangre de tu divino Hijo Jesucristo, revísteme con tu protección divina y guárdame de las venganzas del príncipe de las tinieblas.

Por tu bondad, dame la fuerza de tu Santo Espíritu e instrúyeme en el combate para que en el Nombre de Jesucristo, mi vida y la de las personas que me has confiado, sean liberadas de las maniobras, influencias y trampas del maligno.

Por tu Espíritu Santo, aumenta mi fe en el Santo Nombre de Jesús para que pueda combatir victoriosamente las maniobras ocultas de las fuerzas del mal en mi vida.

Por tu Espíritu Santo, concédeme perseverancia para que aguante firmemente y combata el buen combate de la fe. Tu que vendrás a juzgar el mundo por el fuego. Amén.

Señor, ten piedad de nosotros.
Cristo, ten piedad de nosotros.
Jesucristo, escúchanos.
Jesucristo, atiende nuestra súplica.
Padre celeste, que eres Dios, ten piedad de nosotros.
Espíritu Santo, que eres Dios y procedes del Padre y del Hijo, ten piedad de nosotros.
Trinidad Santa, que eres un solo Dios, ten piedad de nosotros. Santa María, Santa Madre de Dios, ruega por nosotros.
Santos ángeles custodios y santos arcángeles, todos los coros celestiales, defendednos y guardadnos.
San Gabriel, San Rafael y San Miguel, rogad por nosotros.

II. Oraciones

San Miguel Arcángel, defiéndenos en la batalla. Sé nuestro amparo contra la perversidad y las acechanzas del demonio. Que Dios le reprima, es nuestra humilde súplica. Y tú, Príncipe de la Milicia Celestial, con la fuerza que Dios te ha dado, arroja al infierno a Satanás y a los demás espíritus malignos que vagan por el mundo para la perdición de las almas. Amén.
Y ahora:
¡Oh puertas, levantad vuestros dinteles,
alzaos puertas eternas,
que entre el Rey de la gloria!
¿Quién es el Rey de la gloria?
Es el Señor, el fuerte, el poderoso,
el Señor, el poderoso en el combate.

¡Oh puertas, levantad vuestros dinteles,
Alzaos puertas eternas,
Que entre el Rey de la gloria! (...)
El Señor de los ejércitos, El es el Rey de la gloria (Sal 23, 7-10)
(Pausa y silencio. Acogemos en la fe la presencia del Señor de los combates.)

"Que os castigue el Señor" (Judas 9) Satanás y vosotros, espíritus rebeldes rechazados por Dios, espíritus impuros y persecutores. Amén. Aleluya.

"Que os reprima el Señor". Serpiente y vosotros, espíritus de brujería, magia y esoterismo condenados a la perdición por Dios. Amén. Aleluya.

"Que os reprima el Señor". Satanás y vosotros, fuerzas ocultas y espíritus malhechores que ya habéis sido vencidos por Cristo, espíritus de mentira y enfermedad que nos tentáis y atormentáis. Amén. Aleluya.

"Que os reprima el Señor" enemigos del bien y amigos del mal, espíritus de tinieblas, "Impío es quien el Señor destruirá con el soplo de su boca y aniquilará con la manifestación de su venida" (2 Tes 2,8).Amén. Aleluya.

Que Jesús crucificado, muerto y resucitado os **reprima**, Él *"que canceló la nota de cargo que había contra nosotros, la de las prescripciones con sus cláusulas desfavorables, y la quitó de en medio clavándola en la cruz. Y, una vez despojados los Principados y las Potestades, los exhibió, públicamente, incorporándolos a su cortejo triunfal"*. (Col 2, 14-15). Amén. Aleluya.

Que Jesús crucificado, muerto y resucitado que "Dios ungió con el Espíritu Santo y con poder, y pasó haciendo el bien y curando a todos los oprimidos por el diablo", (Hch 10,38) os **expulse** ✠ de mi corazón y de mi cuerpo, de mi alma y de mi espíritu. Amén. Aleluya.

Qué Jesús crucificado, muerto y resucitado, a quién le ha sido dado todo poder en el cielo y en la tierra (Mt 28,18) y que dijo Y he aquí que yo estoy con vosotros todos los días hasta el fin del mundo *"(Mt 28,20) os **mande** + Él mismo salir inmediatamente de mi vida, mis bienes interiores y exteriores para que mi ser entero, el espíritu, el alma y el cuerpo se conserve sin mancha hasta la venida de nuestro Señor Jesucristo"* (1 Tes 5,23), por el Espíritu Santo. Amén. Aleluya.

Que Jesús crucificado, muerto y resucitado, cuya Sangre y agua han brotado del costado abierto como una fuente de misericordia y liberación para mí, os expulse ✠ **Él** mismo y me arranque para siempre de las redes de vuestros sortilegios maléficos, *"El que ha sido traspasado por nuestras rebeldías, molido por nuestras culpas. Él que soportó el castigo que nos trae la paz y con sus heridas hemos sido curados"*, (Is 53,5).Amén. Aleluya.

Que Jesús crucificado, muerto y resucitado me libere ✠ de toda maldición, cualquiera que sea su procedencia: antepasados y padres, conocido o amigos, mis propios comprometimientos y pecados, Él, el *"Dios de los perdones"* (Neh 9, 17). Pues *"Dios liberador es nuestro Dios"* (Sal 68,21) Amén. Él, en quien el Padre *"nos ha bendecido con toda clase de bendiciones espirituales"* (Ef 1,3), que **rompa** y **retire** ✠ para siempre de mi vida humana y espiritual el yugo de la maldición del pecado, del diablo y de sus secuaces. Amén. Aleluya.

II. Oraciones

Que por el poder del soplo de su boca, el Espíritu Santo, Jesús **rompa** toda atadura y **corte** ☩ toda influencia maligna sobre mi espíritu, mi alma, mi cuerpo y todos mis bienes. Amén.

Que por la omnipotencia del Santo Nombre de Jesús quede **cortado y deshecho** ☩ todo nudo del diablo en mi vida y en mi ser físico y espiritual. Amén.

Que por el Santísimo Nombre elevado por encima de todo nombre, en el Nombre del Padre de las luces y del Espíritu Santo ☩, todo lo que el diablo ha sembrado y construido en mi vida y en mis relaciones **quede echado por la tierra y demolido.** Amén.

Que por el Santo nombre de Nuestro Señor y Salvador Jesucristo sean **destruidos** y **aniquilados** ☩ en las profundidades de la tierra y el polvo, en las alturas de los cielos y los lugares celestes- el sol, la luna y los astros del cielo; en los mares, los ríos y las aguas, en el aire y los vientos, en el fuego y el calor, en los bosques y montes sagrados, en las colinas, montañas y valles, todos los artificios y maleficios de Satanás para dañarnos, *"robar matar y destruir"* (Jn 10,10). Si, el Señor es mi guardián, mi sombra. El Señor está a mi derecha. De día, el sol no me hará daño, ni la luna de noche puesto que está escrito: *"El Señor guarda tus salidas y entradas; desde ahora y por siempre"* (Sal 121, 5-8). Amén.

Que por el Nombre de Jesús, toda pócima y todo veneno del demonio sea **destruido** y **eliminado** ☩ de mí, de mi cuerpo y de mi alma, de mi casa y mi entorno, en el Nombre del Padre ☩ y del Hijo y del Espíritu Santo. Amén.

Que por el Nombre de Jesús, todo pacto y alianza, toda consagración y matrimonio hechos sobre mí y las personas que el Señor me ha confiado, sobre mis bienes temporales y espirituales, por mis familiares vivos o difuntos, amigos o allegados, con o sin mi consentimiento, queden **anulados** y **rotos** ☩ ahora en el Nombre del Hijo y del Espíritu Santo. Amén.

Que todo decreto u orden, que todo objeto, documento escrito y demás cosas que ordenan y sellan esos pactos sean ahora **rotos** y **abolidos** ☩ para siempre en el Nombre de Jesús. Y que sean ahora destruidos ☩ por el fuego del Dios en el mundo espiritual y en el mundo material. Amén.

Que todas las trampas de maligno y sus secuaces sean **desechas** y **aniquiladas** en el Nombre del Padre ☩ y del Hijo y del Espíritu Santo. Amén.

Que los ardides del demonio se vuelvan contra él según la maldición divina, como está escrito: *"Entonces, el Señor dijo a la serpiente: por haber hecho esto, maldita seas entre todas las bestias y entre todos los animales del campo.*

Sobre tu vientre caminarás y polvo comerás todos los días de tu vida", (Gn 3, 14). *En el Nombre del Padre + y del Hijo y del Espíritu Santo. Amén. Aleluya.*

Señor, ten piedad de nosotros.
Cristo, ten piedad de nosotros.
Señor, ten piedad de nosotros,
Santa María, Santa Madre de Dios, ruega por nosotros.
Santa María, Santa Virgen de las vírgenes, ruega por nosotros.
Reina de las vírgenes, ruega por nosotros.
Reina Inmaculada del universo.. ..
Reina concebida sin pecado original...
Reina de los patriarcas y de los profetas...
Reina de los apóstoles,
Reina de los confesores...
Reina de todos los santos...
Reina de los ángeles..
Reina elevada al Cielo...
Reina de la paz...
Reina del santísimo Rosario,
consoladora de los afligidos...
refugio de los pecadores...
salud de los enfermos...
Madre de misericordia...

II. Oraciones

Bajo la protección de tu misericordia nos refugiamos. Santa Madre de Dios. *Atiende nuestras oraciones en la tribulación y libéranos de todo peligro. Tú, María siempre Virgen, gloriosa y bendita.* Amén.

Así pues, quienes quiera que seáis, poderes maléficos y toda la cohorte del infernal enemigo, la Madre Inmaculada de nuestro Señor y Dios, Jesucristo. Nuestra Señora de la Liberación, os ordena ✠ salir inmediatamente de mi vida y de todo aquello que el Señor me ha confiado. Amén. Aleluya.

San José, el justo y castísimo esposo de la Madre del Señor os ordena ✠ desaparecer para siempre de mi vida y no regresar jamás. Amén. Aleluya.

El Arcángel San Miguel y todos los coros de los santos ángeles de Dios que os han derrotado en los cielos os ordenan ✠ alejaros de mí y de los míos para siempre. Amén. Aleluya.

Que el Juez eterno, el Señor Jesucristo, a quien el Padre ha entregado todo juicio disponga ✠ de vuestro destino. Amén. Aleluya.

Augusta Reina de los Cielos y Señora de los Ángeles, que has recibido de Dios el poder y la misión de aplastar la cabeza de Satanás, te pedimos humildemente que envíes las legiones celestes para que, bajo tus órdenes, persigan a los demonios, los combatan ahí donde estén, especialmente en mi vida, repriman su audacia y los arrojen para siempre a los abismos.
Oh buena y tierna Madre, Oh piadosísima Virgen María recuerda que jamás se ha oído decir que ninguno de los que han acudido a vuestra protección, implorando tu asistencia y reclamando tu socorro, haya sido abandonado por ti. Yo animado con esta confianza, a ti también acudo, oh Madre, Virgen de las vírgenes. Y, aunque gimiendo bajo el peso de mis pecados, me atrevo a comparecer ante tu presencia ; no despreciéis, oh Madre de Dios, mis humildes súplicas, antes bien acógelas benigna y atiéndelas favorablemente. Amén.

Señor, ten piedad de nosotros,
Cristo, ten piedad de nosotros,
Señor, ten piedad de nosotros,
Santa María, Madre de Dios, ruega por nosotros.
Santos Miguel, Gabriel y Rafael, rogad por nosotros.
Santos Ángeles custodios, rogad por nosotros
San Juan Bautista, ruega por nosotros.
San José, San Pedro...
San Pablo...
San Juan...
Todos los santos apóstoles del Señor rogad por nosotros.
San Benito, Santo Cura de Ars, Santo Padre Pío.
Todos los santos monjes y sacerdotes,...
Todos los espíritus bienaventurados,
muéstrate favorable, atiende nuestras súplicas Señor.
De todo mal, líbranos Señor.
De toda atadura de pecado...
De los embustes del diablo...
De toda maldad de los malhechores...
De los accidentes e incendios, sortilegios y embrujamientos, escándalos y maleficios,
De las enfermedades, plagas y epidemias...
De la muerte brusca e imprevista,...
De la muerte eterna...
Por el misterio de tu Santa Encarnación, Por el misterio de tu nacimiento,...
Por tu bautismo y tu santo ayuno en el desierto...
Por tu muerte y tu sepultura,...
Por tu santa Resurrección,
Por tu admirable Ascensión, Por la venida del Santo Espíritu, Oh Cristo, escúchanos.
Oh Cristo, atiende nuestra súplica.

Quien quiera que seáis, de donde quiera que vengáis, cualesquiera que

II. Oraciones

sean los motivos por los que me atacáis y me atormentáis, todos los santos y santas de Dios os ordenan ✠ que os alejéis inmediatamente de mí y de todo lo que me pertenece, y no volváis jamás, en forma alguna, para tentarme seducirme, atormentarme o inquietarme, perjudicarme o acosarme. Amén. Aleluya.

"El Señor es mi pastor, nada me falta.
Por prados de fresca hierba me apacienta.
Hacia las aguas de reposo me conduce, y conforta mi alma;...
Aunque pase por valle oscuro, ningún mal temeré.
Tú preparas ante mí una mesa, frente a mis adversarios;
unges con óleo mi cabeza y mi copa desborda.
Sí, dicha y gracia me acompañarán todos los días de mi vida" (Sal. 23,6)

Jesús me ha salvado. Amén. Aleluya.
Porque Dios es fiel y seguro. Quien se apoya en Él en el día de la tribulación no quedará confundido. Amén.

Honor y Gloria a Dios solamente.
Bendigamos al Padre y al Hijo y al Espíritu Santo;
Alabado y ensalzado seas por los siglos.
Santísima Trinidad, te invocamos,
Te alabamos y Te adoramos.
Santísima Trinidad,
Nuestra esperanza, Nuestra salvación, Nuestro honor.
Santísima Trinidad, libéranos,
sálvanos, vivifícanos.
Santo, Santo, Santo es el Señor Dios todopoderoso,
El que era, El que es y El que vendrá...
Santísima Trinidad, a Ti la gloria y el poder.
A Ti la gloria y el poder por la eternidad de los siglos,
Santísima Trinidad, a Ti la alabanza, a Ti la gloria,

a Ti la acción de gracias por los siglos de los siglos.
Dios santo, Dios fuerte, Dios eterno,
ten piedad de nosotros y del mundo entero.

En el Santísimo Nombre de Nuestro Señor y Salvador Jesucristo, que sea expulsado de mí y de todo lo que me pertenece el veneno del maligno, la antigua serpiente, y el de los brujos ☩. Amén.

En el nombre de nuestro Dios y Señor Jesucristo, que sea para siempre expulsado de mi vida todo tipo de tentación, seducción, duda, miedo, pesadumbre, tormento físico y tormento interior que el maligno vierte en mi vida ☩. Amén.

Soy hijo de Dios por la gracia de mi bautismo.
Soy hijo de María por la voluntad de Dios, nuestro Padre.
Soy miembro del cuerpo de Cristo.
Soy templo del Espíritu del Dios vivo.
Soy hijo de la Santa Iglesia de Dios a quien el Hijo de Dios ha prometido que las puertas del infierno no prevalecerán contra ella, pues está escrito:
"Estos harán la guerra al Cordero, pero el Cordero, como es el Señor de los señores y el Rey de Reyes, los vencerá en unión con los suyos, los llamados, los elegidos y los fieles." (Ap 17,14) *Amén. Aleluya.*

Por eso, os **"resisto firmemente en la fe"** en el Santísimo Nombre de nuestro Señor y Salvador Jesucristo ☩, espíritus diabólicos que rondáis buscando a quien devorar y atormentar. Amén. Aleluya.

En el Nombre de Dios de toda gracia y consuelo ☩, que vuestras trampas y redes sean para siempre destruidas por el fuego de Dios, en el Nombre de nuestro Señor y Salvador Jesucristo.

II. Oraciones

Amén.

En el Nombre de nuestro Señor Jesucristo, que quede para siempre destruida toda atadura de tinieblas, cualquiera que sea su origen, que me ate a vosotros. Amén.

Que desaparezca ahora y se desvanezca definitivamente toda influencia maligna que nos haya echado a través de nuestro nombre, sangre o genealogía, en el Nombre del Señor Jesucristo de Nazaret ✞. Amén.

Que por la sangre del Cordero que quita el pecado del mundo sean eliminadas y abolidas para siempre todas las consecuencias de las prácticas idolátricas de mis padres y antepasados ✞. Amén.

Que por la sangre viva y vivificante del Hijo de Dios sea levantada toda maldición heredada de mi familia y de mis numerosos pecados ✞. Amén.

Que por la sangre y el agua del costado abierto del Cordero sean lavadas y reparadas las consecuencias de los pecados graves de mi familia: adulterios, incestos, homosexualidad, pederastia, tráfico de seres humanos, asesinatos, abortos... *(Completa la lista con los pecados graves de tu familia)* ✞. Amén.

Que por la sangre inocente del Cordero vencedor se rompa toda atadura oculta hecha sobre mi nombre, en el Nombre de Jesucristo ✞ Amén.

Que por la sangre sin mácula del Cordero de Dios se rompa toda influencia de los espíritus de muerte sobre mi nombre, en el Nombre de Jesucristo ✞. Amén.

Que se rompa toda alianza oculta contraída por mis padres en la recepción de mi nombre, en el Nombre de Jesucristo ✞. Amén.

Que se deshaga y se rompa toda atadura hecha por los míos sobre mi vida, con o sin mi consentimiento, en el Nombre del Padre ✠, del Hijo ✠ y del Espíritu Santo. Amén.

Que el fuego de Dios queme todo pacto hecho sobre mi persona por mis padres, en el Nombre del Padre ✠, del Hijo ✠ y del Espíritu Santo. Amén.

Por el poder del ✠ Padre ✠, del Hijo ✠ y del Espíritu Santo ✠, Dios de Amor, de Vida y de Luz, que toda manipulación oculta hecha sobre mi persona desde mi concepción hasta el día de hoy quede destruida para siempre. Amén.

Que sean expulsados todo tipo de tinieblas y humos de Satanás introducidos en mi corazón y en mi cuerpo, en mi alma y en mi espíritu, en mis pensamientos, sentimientos y comportamientos a través del sexo y de las escarificaciones, en el Nombre de Jesucristo . Amén.

Que quede definitivamente anulado y roto todo pacto oculto, todo comercio oculto y todo proyecto de brujería sobre mi vida, en el Nombre de Jesucristo. Amén.

Que todo lo oculto haya sido pronunciado sobre mi vida quede destruido, en el Nombre de Jesucristo. Amén.

Que todo lo que ha sido sellado y pactado sobre mi vida, en la tierra y debajo de la tierra, en los bosques y montes, en las aguas y los ríos, en las colinas y los astros, en el fuego y en el aire, sean inmediatamente anulado y destruido, en el Nombre del Padre ✠ y del Hijo ✠ y del Espíritu Santo. Amén.

Jesús, Hijo del Dios vivo, ten piedad de nosotros.
Jesús , ímagen del Padre invisible, ten piedad de nosotros, Jesús, sabiduría eterna, ten piedad de nosotros.

Jesús, esplendor de la luz eterna, ten piedad de nosotros.
Jesús, Verbo de vida,
Jesús Hijo de la Virgen María,
Jesús, verdadero Dios y verdadero hombre,
Jesús, nuestro soberano sacerdote eterno,
Jesús, anunciador del Reino de Dios,
Jesús, médico de las almas y los cuerpos,
Jesús, salud de los oprimidos,
Jesús, consolación de los desamparados,
Jesús, vencedor de Satanás,
Jesús, vencedor de la muerte y del pecado,
Jesús, nuestro Salvador y nuestro Redentor,
Jesús, por tu preciosa sangre, líbranos y libéranos de toda acción diabólica sobre nuestra alma. Amén. Aleluya.
Jesús, por tu preciosa sangre, líbranos y libéranos de toda acción diabólica sobre nuestro espíritu. Amén Aleluya.
Jesús, por tu preciosa sangre, líbranos y libéranos de toda acción diabólica sobre nuestro pensamiento. Amén. Aleluya. Jesús, por tu preciosa sangre, líbranos y libéranos de toda acción diabólica sobre nuestro cuerpo. Amén. Aleluya.
Jesús, por tu preciosa sangre, líbranos y libéranos de toda acción diabólica sobre nuestros sentidos y nuestras emociones. Amén. Aleluya.
Jesús por tu preciosa sangre, líbranos y libéranos de toda acción diabólica sobre nuestra familia y nuestros bienes. Amén. Aleluya.
Jesús, por tu preciosa sangre, líbranos y libéranos de toda acción diabólica sobre nuestro país. Amén. Aleluya.
Jesús por tu preciosa sangre, líbranos y libéranos de toda maldición. Amén. Aleluya.
Jesús, por tu preciosa sangre, líbranos y libéranos de la magia y el espiritismo. Amén. Aleluya.
Jesús por tu preciosa sangre, líbranos y libéranos de todo embrujamiento y maleficio. Amén. Aleluya.

Jesús por tu preciosa sangre, líbranos y libéranos de toda forma de ocultismo. Amén. Aleluya.

Jesús por tu preciosa sangre, líbranos y libéranos de las malas influencias. Amén. Aleluya.

Jesús por tu preciosa sangre, líbranos y libéranos de las dominaciones y ataduras. Amén. Aleluya.

Jesús por tu preciosa sangre, líbranos y libéranos de las malas inclinaciones. Amén. Aleluya.

Jesús por tu preciosa sangre, líbranos y libéranos de nuestros defectos y debilidades. Amén. Aleluya.

Jesús por tu preciosa sangre, líbranos y libéranos de rencores, envidias, celos y calumnias. Amén. Aleluya.

Que el Santo Nombre de Jesús esté desde ahora y para siempre sobre nosotros, en nosotros y alrededor de nosotros. Amén.

Que el Santo Nombre de Jesús esté desde ahora y para siempre en nuestra imaginación y nuestra inteligencia. Amén

Que el Santo Nombre de Jesús esté desde ahora y para siempre a nuestra izquierda y a nuestra derecha para no sucumbir. Amén.

Que el Santo Nombre de Jesús esté en nuestro corazón y en nuestros labios. Amén.

Que el Santo Nombre de Jesús esté en nuestros pensamientos, nuestras emociones y nuestros sentidos. Amén.

Que el Santo Nombre de Jesús esté en nuestras palabras y acciones. Amén.

Que el Santo Nombre de Jesús sea nuestra protección. Amén. Que el Santo Nombre de Jesús nos guarde del desánimo y de la duda. Amén. Aleluya.

En el Nombre de Jesús, proclamo la bendición de Dios en mi vida. Amén. Aleluya.

En el Nombre de Jesús, proclamo la victoria de Dios en mi vida. Amén. Aleluya.

En el Nombre de Jesús, proclamo el Reino de Dios sobre mis enemigos. Amén. Aleluya.

En el Nombre de Jesús, canto la victoria del Señor sobre los que me acosan.

Amén. Aleluya.
En el Nombre de Jesús, el Nombre por encima de todo nombre, alabo la gloria del Padre Eterno, valiente en la batalla sobre Goliat y todos mis adversarios. Amén. Aleluya.
"Amén. Alabanza, gloria, sabiduría, acción de gracias, honor, poder y fuerza a nuestro Dios por los siglos de los siglos. Amén." (Ap 7,12)
"Eres digno, Señor y Dios nuestro de recibir la gloria, el honor y el poder, porque Tú has creado el universo; por tu voluntad, existe y fue creado" (Ap 4,11)
"Al que está sentado en el trono y al Cordero, alabanza, honor, gloria y poder por los siglos de los siglos" (Ap 5,13). Amén.
"Grandes y maravillosas son tus obras,
Señor, Dios Todopoderoso;
Justos y verdaderos tus caminos, Oh Rey de las naciones!
¿Quién no temerá, Señor, y no glorificará tu Nombre?
Porque solo Tu eres santo y todas las naciones vendrán y se postrarán ante Ti, porque han quedado de manifiesto tus justos designios"
No he de morir, viviré y contaré las obras del Señor,
Él que me ha librado de la red del cazador, pues sé que mi Redentor está vivo.
Alabanza al Señor de los vivos. Aleluya.
Él da la victoria a los que lo temen. Aleluya.

Alabanza Trinitaria

(Se reza 5 veces seguidas)

(Inspirada por Santa Gertrudis)

Gloria a Ti,
Dulcísima, nobilísima,
Gloriosa, inmutable e inefable Trinidad.
Santísima y eterna Trinidad,
Indivisible unidad del Padre, del Hijo y del Espíritu Santo. Amén.

Pequeño exorcismo

La oración que sigue es muy eficaz para los que sufren de maleficio o son atormentados por el demonio. Se puede decir cincuenta veces seguidas, como un rosario. El espíritu infernal es vencido por la Preciosísima Sangre de Nuestro Señor Jesucristo. Esta oración que es muy poderosa, de grandísima ayuda sobre todo para las personas bloqueadas por la acción del maligno, que se niega a acudir a un exorcista.

En el nombre ✠ de la Santísima Trinidad, Padre, Hijo y Espíritu Santo, retírate Satanás. Por los méritos de la Preciosísima Sangre de Jesús, por la intercesión del Corazón Inmaculado de María, de San José y de todos los Santos, de San Miguel y de todos los ángeles.

Oración a San José, terror de los demonios
(Papa León XIII)

Esta oración está recomendada para todo tipo de enfermedades. Pero también para alejar al demonio de la impureza y de las tentaciones contra la castidad. Muchos otros malos espíritus no la soportan, especialmente los que se posan sobre la columna vertebral (de las verticales a las lumbares); y también el que provoca la discordia en la pareja.

A ti, bienaventurado San José, acudimos en nuestra tribulación; y, después de invocar el auxilio de tu Santísima Esposa, solicitamos también confiadamente tu patrocinio. Por aquella caridad que con la Inmaculada Virgen María, Madre de Dios, te tuvo unido, y por el amor paterno con que abrazaste al Niño Jesús, humildemente te suplicamos vuelvas benigno los ojos a la herencia que con su Sangre adquirió Jesucristo, y con tu poder y auxilio socorre nuestras necesidades. Protege, oh providentísimo Custodio de la Sagrada Familia, la escogida descendencia de Jesucristo; aparta de nosotros toda mancha de error y corrupción; asístenos propicio, desde el cielo, fortísimo libertador nuestro, en esta lucha con el poder de las tinieblas; y, al igual que en otro tiempo libraste al Niño Jesús del inminente peligro de su vida, así, ahora, defiende la Iglesia Santa de Dios de las asechanzas de sus enemigos y de toda adversidad . Y a cada uno de nosotros protégenos con perpetuo patrocinio para que, a ejemplo tuyo y sostenidos por tu auxilio, podamos vivir santamente, morir piadosamente y alcanzar en el cielo la eterna felicidad. Así sea.

Oración para la sanación física

Señor Jesús, creo que estás vivo y resucitado. Creo que estás realmente presente en el Santísimo Sacramento del Altar y también, de otra manera, en todos los que están aquí y creen en Ti. Te alabo y te adoro, Tú, que eres el Pan Vivo bajado del cielo. Te doy gracias por haber entrado en mí. En Ti habita la plenitud del ser, eres la Resurrección y la Vida; eres, Señor, la salud de los enfermos.

Hoy quiero ofrecerte todos mis males, porque eres el mismo, ayer, hoy y siempre, y estás conmigo siempre y en todas partes. Eres el eterno presente y me conoces. Te pido pues que tengas piedad de mí. Visítame con tu Buena Nueva para que todos reconozcan que vives en tu Iglesia. Haz también que mi fe y mi confianza en Ti se renueven, te lo suplico, Señor Jesús.

Ten piedad de los sufrimientos que padezco en mi cuerpo, mi corazón y mi alma. Ten piedad de mí, Señor bendíceme y haz que recupere la salud. Que la fe crezca en mí y abra para mí las maravillas de tu amor a fin de que ella misma dé también testimonio de tu poder y tu compasión.

Jesús, te pido por el poder de tus Santas Llagas, por tu Santa Cruz y por tu Preciosísima Sangre: cúrame, Señor, sana mi cuerpo, sana mi corazón, sana mi alma. Dame la vida, la vida en abundancia. Te lo pido por la intercesión de la Santísima Virgen María, tu Madre, Nuestra Señora de los Siete Dolores, que permaneció en pie junto a tu Cruz, ella que fue la primera en contemplar tus llagas, ella que nos diste por Madre. ¿Acaso no fuiste Tú quien nos reveló que cargabas con todos nuestros dolores y que por tus Santísimas Llagas hemos sido sanados?

Señor, desde la fe, en este instante, deposito todos mis males ante Ti, y te suplico que me cures completamente. Para gloria de nuestro Padre celeste, te pido también que cures las enfermedades de mi familia y amigos. Hazlos crecer en la fe y la esperanza; haz que recuperen la salud para gloria de tu nombre, a fin de que tu reino se extienda todavía más en los corazones gracias a los signos y prodigios de tu amor.

Todo esto te lo pido, Señor, porque eres Jesús, porque eres el Buen Pastor y porque somos las ovejas de tu rebaño. Estoy tan seguro de tu amor, que, antes incluso de conocer el fruto de mi oración, te digo con confianza: gracias, Jesús, por todo lo que harás por mí y por cada uno de ellos. Gracias por los enfermos que curas en este momento, gracias por aquellos que no dejas de visitar con misericordia.

Oración a Nuestro Señor para obtener la sanación interior.

Señor Jesús, tu has venido a sanar los corazones heridos y atribulados, te ruego que cures los traumas que provocan turbaciones en mi corazón; te ruego, en especial, que cures aquellos que son causa de pecado. Te pido que entres en mi vida, que me cures de los traumas psíquicos que me han afectado en mi tierna edad y de las heridas que han provocado a lo largo de toda mi vida. Señor Jesús, Tú, conoces mis problemas, los pongo todos en tu Corazón de Buen Pastor. Te ruego, en virtud de aquella gran llaga abierta en tu Corazón, que cures las pequeñas heridas que hay en el mío. Sana las heridas de mis recuerdos a fin de que nada de cuanto me ha acaecido me haga permanecer en el dolor, en la angustia, en la preocupación.

Señor, sana todas las heridas que, en mi vida, han sido causa o raíz de pecado. Quiero perdonar a todos los que me han ofendido: mira estas heridas internas que me impiden perdonar. Tú, que has venido a sanar los corazones afligidos, sana el mío. Concédeme la sanación de los dolores que me oprimen al recordar la muerte de las personas queridas. Haz que pueda recobrar la paz y la alegría en la certeza de que eres la Resurrección y la Vida.

Haz de mí un testigo auténtico de tu Resurrección, de tu victoria sobre el pecado y la muerte, y de tu presencia viva en medio de nosotros.

Oración para irradiar a Cristo

¡Oh Jesús! Ayúdame a esparcir tu fragancia
donde quiera que vaya.

Inunda mi alma de tu Espíritu y vida.

Penétrame y aduéñate tan por completo de mí,
Que toda mi vida sea una irradiación de la tuya.

Ilumina por mi medio
y de tal manera toma posesión de mí,
que cada alma con la que yo entre en contacto
pueda sentir tu presencia en mi alma.

Que al verme no me vea a mí,
sino a Ti en mí.

Así resplandeceré con tu mismo resplandor,
Y que mi resplandor sirva de luz para los demás.

Mi luz toda de ti vendrá Jesús,
ni el más leve rayo será mío.
Serás Tú el que iluminarás a otros por mi medio.
Sugiéreme la alabanza que más te agrada,

iluminando a otros a mi alrededor.

Que no te pregone con palabras,
sino con mi ejemplo,
con el influjo de lo que yo lleve a cabo,
con el destello visible del amor,
que mi corazón siente por Ti. Amén.

Oración diaria para pedir perdón

Sangre de Cristo, perdónanos.
Sangre de Cristo, sálvanos.
Sangre de Cristo, purifícanos.
Sangre de Cristo, cúranos.
Sangre de Cristo, libéranos.
Sangre de Cristo, santifícanos.

Haz, Señor, que bañados en
Tu Preciosísima Sangre, quedemos
Limpios de todo pecado y mal
espiritual, psíquico y corporal.
Amén.

3 Padre Nuestros, Avemarías y Glorias..

Oración al corazón de Cristo

Mírame y contémplame, mirar también mi
Corazón rodeado por una corona de espinas,
Que me clavan todos los días los hombres,

La humanidad. Por tantos agravios que recibo
Diariamente en Mi Augusto Sacramento.

Mirar también este corazón que siempre tiene
la llama encendida, la llama de un amor que
Nunca se apaga.

Volver vuestros ojos y vuestra mirada a este
Mi corazón, a esta mi llama de amor, embeber
De este amor que mana de mi corazón
Misericordioso.

Hijos que vuestras miradas y vuestro
Corazón, se abran para que bebáis todos
De este amor.

Mirarme y pedirme por todas las blasfemias
Y sacrilegios que se cometen a diario en
Mi Augusto Sacramento.

Hacedlo rezando: 1 Padre Nuestro, 1 Ave María,
1 Credo, 1 Gloria, para la Santísima Trinidad.

Oración diaria a la Reina de los Ángeles y terror del infierno

Gloriosa Reina del cielo, sublime Señora de los Ángeles, desde el principio Dios os dio la virtud y la misión de aplastar la cabeza de Satanás. Muy humildemente os suplicamos de enviarnos vuestras legiones celestiales para que bajo vuestro mando y por vuestra virtud, repriman a los espíritus malignos, los combatan en todas partes, confundan su osadía y los arrojen al infierno.

Gloriosísima Madre de Dios, enviad vuestros ejércitos invencibles para que nos ayuden en la lucha contra los emisarios del infierno entre los hombres; frustrad los planes de los ateos y confundid a los impíos: concededles la gracia de la luz y la conversión para que con nosotros alaben a la Santísima Trinidad y honren a Vos, nuestra Madre clemente, piadosa y dulce.

Patrona poderosa, que vuestros ángeles protejan vuestras Iglesias y Santuarios en todo el mundo. Que protejan las casas de Dios, los lugares sagrados, las personas y cosas y especialmente la Santísima Eucaristía. Preservarlas de la profanación, del robo, de la destrucción y desacralización.

¡Preservarlas, Señora Nuestra!
Oh Madre celestial, sed asimismo el amparo de nuestras cosas, de nuestras moradas y familias contra la maldad y astucia de nuestros enemigos, visibles e invisibles. ¡Que vuestros santos ángeles habiten en ellas y reine la devoción, paz y gozo en el Espíritu Santo!

¿Quién cómo Dios? ¿Quien cómo Vos, Reina de los Ángeles y Terror del infierno?

Oh clemente, Oh dulce Madre de Dios y Madre Inmaculada del Rey de los Ángeles "que ven continuamente la cara del Padre que está en los cielos" "¡Vos sois para siempre nuestro amor y amparo, nuestra esperanza y nuestra gloria!"

San Miguel, santos Arcángeles, defendednos, protegednos ¡Amén!
Se rezan 3 Ave Marías y 3 Glorias a su Inmaculado Corazón.

Oración para la aspersión de agua bendita y para la unción.

(Se reza antes de marcharse del lugar de la oración).

Por la aspersión de tu Sangre, Señor Jesús, y por la virtud de tu Pasión, lávame de toda mis manchas y purifícame de todo pecado. En el Nombre del Padre, del Hijo y del Espíritu Santo, como era en el principio, ahora y siempre por los siglos de los siglos. Amén.

Santa Gertrudis.

Señor Jesús, Hijo del Dios vivo, por esta unción de aceite santificado por tu Iglesia en el Espíritu Santo, vivifica mi cuerpo y mi alma. Libéralos de las artimañas e intrusiones de las fuerzas de las tinieblas, sánalos de toda enfermedad. Concédeme el auxilio de tu gracia para amarte y servirte mejor, en el Nombre del Padre, del Hijo y del Espíritu Santo. Amén.

P. Paul-Marie

Q: Novena de Navidad

Para rezar esta novena:

- Reza la oración para comenzar.
- Reza la oración de la familia.
- Reza la oración a la Santísima Virgen.
- Reza la oración a San José.
- Lee el día correspondiente.
- Reza la oración al Niño Jesús.
- Canta los gozos.

1-Oración para comenzar

Benignísimo Dios de infinita caridad que nos has amado tanto y que nos diste en tu Hijo la mejor prenda de tu amor, para que, encarnado y hecho nuestro hermano en las entrañas de la Virgen, naciese en un pesebre para nuestra salud y remedio; te damos gracias por tan inmenso beneficio. En retorno te ofrecemos, Señor, el esfuerzo sincero para hacer de este mundo tuyo y nuestro, un mundo más justo, más fiel al gran mandamiento de amarnos como hermanos. Concédenos, Señor, tu ayuda para poderlo realizar. Te pedimos que esta Navidad, fiesta de paz y alegría, sea para nuestra comunidad un estímulo a fin de que, viviendo como hermanos, busquemos más y más los caminos de la verdad, la justicia, el amor y la paz. Amén.

Padre Nuestro...

2-Oración para la familia

Señor haz de nuestro hogar un sitio de tu amor. Que no haya injuria porque Tú nos das comprensión. Que no haya amargura porque Tú nos bendices. Que no haya egoísmo porque Tú nos alientas. Que no haya rencor porque Tú nos das el perdón. Que no haya abandono porque Tú estas con nosotros. Que sepamos marchar hacia Ti en tu diario vivir. Que cada mañana amanezca un día más de entrega y sacrificio. Que cada noche nos encuentre con más amor. Haz Señor con nuestras vidas, que quisiste unir, una página llena de Ti. Haz Señor de nuestros hijos lo que anhelas, ayúdanos a educarlos, orientarlos por tu camino. Que nos esforcemos en el apoyo mutuo. Que hagamos del amor un motivo para amarte más. Que cuando amanezca el gran día de ir a tu encuentro nos concedas el hallarnos unidos para siempre en Ti. Amén.

3-Oración a la Virgen

Soberana María, te pedimos por todas las familias de nuestro país; haz que cada hogar de nuestra patria y del mundo sea fuente de comprensión, de ternura, de verdadera vida familiar. Que estas fiestas de Navidad, que nos reúnen alrededor del pesebre donde nació tu Hijo, nos unan también en el amor, nos hagan olvidar las ofensas y nos den sencillez para reconocer los errores que hayamos cometido.

Madre de Dios y Madre Nuestra, intercede por nosotros. Amén.

4-Oración a San José

Santísimo San José esposo de María y padre adoptivo del Señor, tú fuiste escogido para hacer las veces de padre en el hogar de Nazaret. Ayuda a los padres de familia; que ellos sean siempre en su hogar imagen del padre celestial, a ejemplo tuyo; que cumplan cabalmente la gran responsabilidad de educar y formar a sus hijos, entregándoles, con un esfuerzo continuo, lo mejor de sí mismos. Ayuda a los hijos a tender y apreciar el abnegado esfuerzo de sus padres. San José modelo de esposos y padres intercede por nosotros. Amén.
Padre Nuestro...

5-Oración al Niño Dios

Señor, Navidad es el recuerdo de tu nacimiento entre nosotros, es la presencia de tu amor en nuestra familia y en nuestra sociedad. Navidad es certeza de que el Dios del cielo y de la tierra es nuestro Padre, que Tú, Divino Niño, eres nuestro hermano. Que esta reunión junto a tu pesebre nos aumente la fe en tu bondad, nos comprometa a vivir verdaderamente como hermanos, nos dé valor para matar el odio y sembrar la justicia y la paz. Oh Divino Niño, enséñanos a comprender que donde hay amor y justicia, allí estas Tú y allí también es Navidad.
Amén.
Gloria al Padre....

6-Gozos

- Oh sapiencia suma del Dios soberano que a nivel de un niño te hayas rebajado. Oh Divino Infante ven para enseñarnos la prudencia que hace verdaderos sabios.

Dulce Jesús mío, mi Niño adorado. ¡Ven a nuestras almas! ¡Ven no tardes tanto!

- Niño del pesebre nuestro Dios y Hermano, Tú sabes y entiendes del dolor humano; que cuando suframos dolores y angustias siempre recordemos que nos has salvado.

Dulce Jesús mío, mi Niño adorado. ¡Ven a nuestras almas! ¡Ven no tardes tanto!

- Oh lumbre de oriente sol de eternos rayos que entre las tinieblas tu esplendor veamos, Niño tan precioso, dicha del cristiano, luzca la sonrisa de tus dulces labios.

Dulce Jesús mío, mi Niño adorado. ¡Ven a nuestras almas! ¡Ven no tardes tanto!

- Rey de las naciones Emmanuel preclaro, de Israel anhelo pastor del rebaño. Niño que apacientas con suave cayado, ya la oveja arisca ya el cordero manso.

Dulce Jesús mío, mi Niño adorado. ¡Ven a nuestras almas! ¡Ven no tardes tanto!

- Abrase los cielos y llueva de lo alto bienhechor rocío, como riego santo. Ven hermoso Niño ven, Dios humanado luce hermosa estrella, brota flor del campo.

Dulce Jesús mío, mi Niño adorado. ¡Ven a nuestras almas! ¡Ven no tardes tanto!

Tú te hiciste Niño en una familia llena de ternura y calor humano. Vivan los hogares aquí congregados el gran compromiso del amor cristiano.
Dulce Jesús mío, mi Niño adorado. ¡Ven a nuestras almas! ¡Ven no tardes tanto!

-Del débil auxilio, del doliente amparo, consuelo del triste, luz de desterrado. Vida de mi vida, mi dueño adorado, mi constante amigo mi divino hermano.
Dulce Jesús mío, mi Niño adorado. ¡Ven a nuestras almas! ¡Ven no tardes tanto!

Ven ante mis ojos de ti enamorados, bese ya tus plantas bese ya tus manos. Prosternado en tierra te tiendo los brazos y aún más que mis frases te dice mi llanto.
Dulce Jesús mío, mi Niño adorado. ¡Ven a nuestras almas! ¡Ven no tardes tanto!

Haz de nuestra patria una gran familia; siembra en nuestro suelo tú amor y tú paz. Danos fe en la vida, danos esperanza y un sincero amor que nos una más.
Dulce Jesús mío, mi Niño adorado. ¡Ven a nuestras almas! ¡Ven no tardes tanto!

Ven Salvador nuestro por quien suspiramos, ven a nuestras almas, ven no tardes tanto.

Meditación del día
Día 1. Diciembre 16

Primer día dedicado a la **RECONCILIACION**.
Vamos a afianzar nuestros valores de modo que la Navidad sea lo que debe ser; una fiesta dedicada a la RECONCILIACION. Dedicada al perdón generoso y comprensivo que aprenderemos de un Dios compasivo.
Con el perdón del Espíritu Santo podemos reconciliarnos con Dios y con los hermanos y andar en una vida nueva. Es la buena noticia que San Pablo exclamó en sus cartas, tal como leemos en su epístola a los (Rom 5,1-11.) Vivir la Navidad es cancelar los agravios si alguien nos ha ofendido, y es pedir perdón si hemos maltratado a los demás.
Así, del perdón nace la armonía y construimos esa paz que los ángeles anuncian en Belén: "Paz en la tierra a los hombres que aman al Señor y se aman entre sí". Los seres humanos podemos hacernos daño con el odio o podemos ser felices en un amor que reconcilia. Y esta buena misión es para cada uno de nosotros: ser agentes de reconciliación y no de discordia, ser instrumento de paz y sembradores de hermandad.

Día 2. Diciembre 17

Segundo día dedicado a la **COMPRENSION**.
Comprensión es una nota distintiva de todo verdadero amor.
Podemos decir que la encarnación de un Dios que se hace hombre puede leerse en clave de ese gran valor llamado comprensión. Es un Dios que se pone en nuestro lugar, que rompe las distancias y comparte nuestros afanes y nuestras alegrías. Es gracias a ese amor comprensivo de un Dios padre que somos hijos de Dios y hermanos entre nosotros. Dios, como afirma San Juan nos muestra la grandeza de su amor y nos llama a vivir como hijos suyos. Leer la primera carta de (Jn 3,1-10). Si de verdad actuamos como hijos de Dios no imitamos a Caín si no que "damos la vida por los hermanos", (Jn 3, 16).

Con un amor comprensivo somos capaces de ver las razones de los demás y ser tolerantes con sus fallas.
Si la NAVIDAD nos torna comprensivos es una excelente Navidad.
Feliz Navidad es aprender a ponernos en el lugar de los demás.

Día 3. Diciembre 18

Tercer día dedicado al **RESPETO**.
Una cualidad del amor que nos mueve a aceptar a los otros tal como son.
Gracias al respeto valoramos la gran dignidad de toda persona humana hecha a imagen y semejanza de Dios, aunque esa persona esté equivocada.
El respeto es fuente de armonía porque nos anima a valorar las diferencias, como lo hace un pintor con los colores o un músico con las notas o ritmos.
Un amor respetuoso nos impide juzgar a los demás, manipularlos o querer moldearlos a nuestro tamaño.
Siempre que pienso en el respeto veo a Jesús conversando amablemente con la mujer samaritana, tal como lo narra San Juan en el capítulo cuatro de su Evangelio.
Es un diálogo sin reproches, sin condenas y en el que brilla la luz de una delicada tolerancia
Jesús no aprueba que la mujer no conviva con su marido, pero en lugar de juzgarla la felicita por su sinceridad. Actúa como buen pastor y nos enseña a ser respetuosos si de verdad queremos entendernos con los demás.

Día 4. Diciembre 19

El cuarto día dedicado a la **SINCERIDAD**.
Una cualidad sin la cual el amor no puede subsistir, ya que no hay amor donde hay mentira. Amar es andar en la verdad, sin máscaras, sin el peso de la hipocresía y con la fuerza de integridad.
Sólo en la verdad somos libres como lo anunció Jesucristo: (Jn 8, 32). Sólo sobre la roca firme de la verdad puede sostenerse una relación en las crisis y los problemas.
Con la sinceridad nos ganamos la confianza y con la confianza llegamos al entendimiento y la unidad.
El amor nos enseña a no actuar como los egoístas y los soberbios que creen que su verdad es la verdad.
Si la Navidad nos acerca a la verdad es una buena Navidad: es una fiesta en la que acogemos a Jesús como luz verdadera que viene a este mundo: (Jn 1, 9.) Luz verdadera que nos aleja de las tinieblas nos mueve a aceptar a Dios como camino, verdad y vida. Ojalá nuestro amor esté siempre iluminado por la verdad, de modo que esté también favorecido por la confianza.

Día 5. Diciembre 20

Quinto día dedicado al **DIALOGO**.
Toda la Biblia es un diálogo amoroso y salvífico de Dios con los hombres. Un diálogo que lleva a su culmen y su plenitud cuando la palabra de Dios que es su Hijo, se hace carne, se hace hombre, tal como lo narra San Juan en el primer capítulo de su Evangelio.
De Dios apoyado en la sinceridad, afianzado en el respeto y enriquecido por la comprensión, es el que necesitamos en todas nuestras relaciones.
Un diálogo en el que a diario "nos revistamos de misericordia, bondad, humildad, mansedumbre y paciencia". (Col 3, 12.) El diálogo sereno que brota de un sincero amor y de un alma en paz es el mejor aguinaldo que nos podemos dar en Diciembre. Así evitamos que nuestra casa sean lugares vacíos

de afecto en los que andamos dispersos como extraños bajo el mismo techo. Dios nos concede a todos el don de comunicarnos sin ofensas, sin juicios, sin altanerías, y con aprecio que genera acogida y mutua aceptación.
Que esté siempre iluminado por la verdad, de modo que esté también favorecido por la confianza.

Día 6. Diciembre 21

Sexto día para valorar la **SENCILLEZ**.
Sencillez que es la virtud de las almas grandes y de las personas nobles.
Sencillez que fue el adorno de María de Nazaret tal como ella misma lo proclama en su canto de Magníficat.
"Mi Espíritu se alegra en Dios mi Salvador porque ha mirado la humildad de su esclava", (Lc 1, 47 - 48).
Navidad es una buena época para desterrar el orgullo y tomar conciencia de tantos males que acarrean la soberbia. Ninguna virtud nos acerca tanto a los demás como la sencillez y ningún defecto nos aleja tanto como la arrogancia.
El amor sólo reina en los corazones humildes, capaces de reconocer sus limitaciones y de perdonar su altivez.
Es gracias a la humildad que actuamos con delicadeza, sin creernos más que nadie, imitando la sencillez de un Dios que "se despojó de Sí mismo y tomó la condición de siervo" (Flp 2, 6-11). Crecer en sencillez es un estupendo regalo para nuestras relaciones.
Recordemos que en la pequeñez está la verdadera grandeza y que el orgullo acaba con el amor.

Día 7. Diciembre 22

Séptimo día para crecer en **GENEROSIDAD**.

Es la capacidad de dar con desinterés donde al amor le gana la carrera al egoísmo.

Es en la entrega generosa de nosotros mismos donde se muestra la profundidad de un amor que no se agota en las palabras.

Y eso es lo que celebramos en la Navidad: el gesto sin par de un Dios que se da a Sí mismo. Lo destaca San Pablo: "Soberbia también en la generosidad... pues conocéis la generosidad de Nuestro Señor Jesucristo el cual siendo rico, por vosotros se hizo pobre para que os enriquecierais con su pobreza". Es un pasaje bíblico en que el apóstol invita a los corintios a compartir sus bienes con los necesitados, (2Cor 8, 7 — 15.).

Sabemos amar cuando sabemos compartir, sabemos amar cuando damos lo mejor de nosotros mismos en lugar de dar sólo cosas. Tomemos pues, la mejor decisión: dar cariño, afecto, ternura y perdón; dar tiempo y dar alegría y esperanza.

Son los aguinaldos que más valen y no cuestan dinero.

Demos amor, como decía San Juan de la Cruz: "Donde no hay amor pon amor, y sacarás amor".

Día 8. Diciembre 23

Octavo día para afianzar la **FE**.

Una fe que es firme cuando nace una relación amistosa con el Señor.

Una fe que es autentica está confirmada con las buenas obras, de modo que la religión no sea sólo de rezos, ritos y tradiciones. Necesitamos cultivar la fe con la Biblia, la oración y la práctica religiosa porque la fe es nuestro mejor apoyo en la crisis.

Necesitamos una fe grande en nosotros mismos, en Dios y en los demás. Una fe sin vacilaciones como lo quería Jesús (Marcos 1, 1-23). Una fe que ilumina el amor con la fuerza de la confianza, ya que "el amor todo lo cree". (1Cor 13, 7.).

La FE es la fuerza de la vida y sin ella andamos a la deriva. Razón tenía Publio Siro al decir: "El que ha perdido la fe, ya no tiene más que perder".
¡Que bueno que cuidemos nuestra fe como se cuida un tesoro! ¡Que bueno que nos puedan saludar como a la Virgen!: "Dichosa tu que has creído". (Lc 11,45).

Día 9 Diciembre 24

Noveno día para avivar la **ESPERANZA** y el **AMOR**.
El amor y la esperanza siempre van de la mano junto con la fe. Por eso en su himno al amor nos muestra San Pablo, "que el amor cree sin límites y espera sin límites". (1Cor 1, 3-7.).
Una fe viva, un amor sin límites y una esperanza firme son el incienso, el oro y la mirra que nos dan ánimo para vivir y coraje para no decaer.
Es gracias al amor que soñamos con altos ideales y es gracias a la esperanza que los alcanzamos.
El amor y la esperanza son las alas que nos elevan a la grandeza, a pesar de los obstáculos y los sin sabores.
Si amamos a Dios, nos amamos a nosotros mismos y amamos a los demás, podemos lograr lo que sugiere San Pedro en su primera carta: "Estad siempre dispuestos a dar razón de vuestra esperanza. Con dulzura, respeto y con una buena conciencia". (Pe 3, 15-16.).
Si encendemos la llama de la esperanza y el fuego del amor, su luz radiante brillará en el nuevo año después de que se apaguen las luces de la Navidad.

Capítulo III

DEVOCIONES A LA PRECIOSA SANGRE DE CRISTO

Ofrenda de Las Santas Llagas
por Santa Brígida

LOS SIETE DERRAMAMIENTOS DE LA PRECIOSA SANGRE DE JESÚS
Santa Brígida, Suecia (1302-1373)

Promesas
- "Las personas que recitaren cada día, durante doce años, siete Padre Nuestros y siete Ave Marías, con las oraciones indicadas tendrán las siguientes Gracias:
- No irán al Purgatorio. Yo las contaré en el número de los Mártires, como si hubiesen derramado su sangre por la Fe.
- Yo conservaré en estado de gracia a tres miembros de su familia...
- Los miembros de su parentela hasta la cuarta generación, serán preservados del infierno."

† Por la señal de la Santa Cruz.† De nuestros enemigos,† líbranos, Señor, Dios nuestro.

† En el Nombre del Padre, y del Hijo, y del Espíritu Santo. Amén.
El Credo

Oración Inicial
¡Oh, mi Jesús! Recitaré siete veces la Oración del Padre Nuestro, unido (a) al Amor con el cual Tú lo has santificado y hecho perfecto en Tu Corazón. Recibe estas oraciones de mis labios y hazlas perfectas, a fin de que ellas puedan procurar a la Santísima Trinidad la misma gloria y la misma alegría que Tú Le has dado por esta Oración en la Tierra.
Que este amor se difunda en Tu Humanidad Divina, para la glorificación de Tus Santas Llagas y de la Preciosa Sangre que has derramado. Amén.

1º Derramamiento

La Circuncisión del Niño Jesús

En Tu Inocente Estación
Tu Pura Sangre Sagrada
principió a ser derramada
con la cruel Circuncisión.
Dueño de mi corazón,
mi Jesús, mi Redentor.
R: Ten piedad de mí, Señor,
por esa Sangre vertida.
Suspende, Dios de mi vida,
Tu Justicia y Tu Rigor.
Dulce Jesús de mi alma,
Misericordia, Señor.

Padre Eterno, por las Manos Inmaculadas de María y del Divino Corazón de Jesús, yo Te ofrezco las primeras Heridas, los primeros Dolores y la primera Sangre que Tu Hijo Jesús ha derramado, en reparación de los extravíos de mi juventud, y de los del mundo entero. Amén.
Padre Nuestro, Ave María y Gloria.

2º Derramamiento

El Sudor de Sangre en la Agonía en el Huerto

Afligido y angustiado
has estado en Tu Oración,
Sangre en el Huerto has Sudado:
hasta la tierra ha llegado
lo copioso del Sudor.
**R: Ten piedad de mí, Señor,
por esa Sangre vertida.
Suspende, Dios de mi vida,
Tu Justicia y Tu Rigor.
Dulce Jesús de mi alma,
Misericordia, Señor.**

Padre Eterno, por las Manos Inmaculadas de María y del Divino Corazón de Jesús, yo Te ofrezco los intensos Sufrimientos de Tu Hijo Jesús durante Su Agonía en el Huerto y cada Gota de Su Sudor de Sangre, en reparación de mis durezas de corazón, y de las del mundo entero. Amén.
Padre Nuestro, Ave María y Gloria.

3º Derramamiento

La Flagelación de Nuestro Señor Jesucristo

En una columna atado,
y con terrible fiereza,
de los Pies a la Cabeza,
con azotes destrozado,
se ve Tu Cuerpo Llagado,
por el bien del pecador.
**R: Ten piedad de mí, Señor,
por esa Sangre vertida.
Suspende, Dios de mi vida,
Tu Justicia y Tu Rigor.
Dulce Jesús de mi alma,
Misericordia, Señor.**

Padre Eterno, por las Manos Inmaculadas de María y del Divino Corazón de Jesús, yo Te ofrezco las innumerables Llagas, los crueles Sufrimientos y la Preciosa Sangre derramada en la Flagelación de Tu Hijo, Jesús, en reparación de mis pecados de la carne, y de los del mundo entero. Amén.
Padre Nuestro, Ave María y Gloria.

4º Derramamiento

La Coronación de Espinas

Con penetrantes espinas,
coronaron Tu Cabeza,
y mis culpas con fiereza
rompen Tus Sienes Divinas,
abriéndose así las minas
del Tesoro de Tu Amor.
**R: Ten piedad de mí, Señor,
por esa Sangre vertida.
Suspende, Dios de mi vida,
Tu Justicia y Tu Rigor.
Dulce Jesús de mi alma,
Misericordia, Señor.**

Padre Eterno, por las Manos Inmaculadas de María y del Divino Corazón de Jesús, yo Te ofrezco las Llagas, las Torturas y la Preciosa Sangre de la Sagrada Cabeza de Tu Hijo, Jesús, derramada en la Coronación de Espinas, en reparación de mis pecados de orgullo y soberbia, y de los del mundo entero. Amén.
Padre Nuestro, Ave María y Gloria.

5º Derramamiento

La Cruz a Cuestas

Llegas con la Cruz a cuestas
al Calvario, y con presteza
Te quitaron con violencia
la vestidura sagrada;
la Carne salió pegada
a la túnica interior.
R: Ten piedad de mí, Señor,
por esa Sangre vertida.
Suspende, Dios de mi vida,
Tu Justicia y Tu Rigor.
Dulce Jesús de mi alma,
Misericordia, Señor.

Padre Eterno, por las Manos Inmaculadas de María y del Divino Corazón de Jesús, yo Te ofrezco la Llaga del Hombro, los inmensos Dolores y la Preciosa Sangre derramada por Tu Hijo, Jesús, en Su Camino al Calvario, en reparación de mis pecados de rebeldía y desobediencia a Tus Mandamientos, y de los del mundo entero. Amén.
Padre Nuestro, Ave María y Gloria.

6º *Derramamiento*

La Crucifixión de Jesús

Tus Sagrados Pies y Manos
con duros clavos clavaron,
y en alto Te levantaron,
en el árbol de la Cruz,
quedando, mi Buen Jesús,
sangrando como raudales.
**R: Ten piedad de mí, Señor,
por esa Sangre vertida.
Suspende, Dios de mi vida,
Tu Justicia y Tu Rigor.
Dulce Jesús de mi alma,
Misericordia, Señor.**

Padre Eterno, por las Manos Inmaculadas de María y del Divino Corazón de Jesús, yo Te ofrezco a Tu Divino Hijo, Jesús, clavado y luego alzado en la Cruz, las Sagradas Llagas de Sus Manos y Pies, la Preciosa Sangre que derramó por nosotros, Su extrema Pobreza y Su entera Obediencia, todos los tormentos de Su Alma y de Su Cuerpo, Su Muerte Redentora, y la renovación de Su Calvario en todas las Misas de la Tierra, en reparación de las desobediencias a los Votos y a las Reglas Monásticas, y en expiación de mis pecados, y de los del mundo entero. Amén.
Padre Nuestro, Ave María y Gloria.

7º Derramamiento

El Costado de Jesús Traspasado por la Lanza

Un atrevido soldado
aún mirándote ya Muerto,
con una lanza Te ha abierto
Tu Santísimo Costado.
Agua y Sangre ha derramado
para bien del pecador.
R: Ten piedad de mí, Señor,
por esa Sangre vertida.
Suspende, Dios de mi vida,
Tu Justicia y Tu Rigor.
Dulce Jesús de mi alma,
Misericordia, Señor.

Padre Eterno, dígnate admitir, por las necesidades de la Santa Iglesia, y en reparación de todos los pecados del mundo, la Preciosa Sangre brotada de la Llaga del Corazón de Tu Hijo, Jesús. Sé para nosotros Propicio y Misericordioso.
Sangre Preciosa de Jesús, última Divina Sustancia de Su Sagrado Corazón, lávanos de nuestros pecados conocidos y desconocidos. Agua del Costado de Cristo presérvanos de los castigos merecidos, y extingue para nosotros y para las Santas Almas, las llamas del Purgatorio. Amén.
Padre Nuestro, Ave María y Gloria.

Novena a la Preciosísima Sangre de Jesús

¿Cómo rezar esta novena?

1. Nos ponemos en presencia de Dios. Rezamos el Pésame, pidiendo perdón por nuestros pecados y pidiendo un arrepentimiento sensato.
2. Decimos las intenciones por las que rezamos la novena.
3. Rezamos la Oración inicial para todos los días.
4. Rezamos y leemos lo correspondiente a cada día.
5. Se puede rezar el Rosario de la Preciosísima Sangre.
6. Rezar la Oración final para todos los días.

Oración Inicial para todos los Días

Los Santos del Apocalipsis cantan fervorosamente: "Con tu Sangre has comprado para Dios gentes de toda tribu, lengua, pueblo y nación; has hecho de ellos una dinastía sacerdotal, que sirve a Dios y reina sobre la tierra".

Nosotros ahora nos unimos a este clamor celestial, y en la comunión del Espíritu con todos los santos de la tierra, y venerando esa Sangre divina que nos rescató del poder de las tinieblas y nos trasladó al reino de la luz, rendimos culto reverente a Dios, como pueblo sacerdotal que somos.
Cristo Jesús, Cordero de Dios, que nos has salvado con tu sangre, ¡te alabamos!,¡te bendecimos!, ¡te adoramos!,¡te damos gracias rendidas!, Y te pedimos la salvación de todos los que nos hemos lavado en tu Sangre Sagrada. Amén.

Oración Final para todos los Días

Alma de Cristo, santifícame. Cuerpo de Cristo, sálvame. Sangre de Cristo, embriágame. Agua del Costado de Cristo, lávame. Pasión de Cristo, confórtame. ¡OH buen Jesús, óyeme! Dentro de tus llagas, escóndeme. No permitas que me aparte de ti. Del enemigo malo, defiéndeme. En la hora de mi muerte, llámame. Y mándame ir a ti, para que con tus santos te alabe, por los siglos de los siglos. Amén, Aleluya, Amén.

Oraciones para cada día

Día 1. ¡Dichosos los que lavan sus vestiduras en la Sangre del Cordero!

Palabra de Dios. "¡Dichosos los que lavan sus vestiduras en la Sangre del Cordero!" (Apocalipsis 22:14).

Reflexión: ¿Debe espantarnos el pecado? Sí; porque es el mal de los males, que lleva consigo la separación de Dios y la condenación eterna. Dios nos ofrece su perdón, pero nosotros podemos desoír la llamada del Espíritu, que nos invita siempre a la conversión y a la perseverancia. ¿Y si yo he pecado? Podría anidar en mi alma cualquier sentimiento, menos el de la desesperación. Porque tengo un Salvador que pagó por mí y me llama de nuevo a su amor. Confío en la Sangre de Cristo, que me ha limpiado de toda mancha. Señor Jesús, ¡gracias por tu bondad! No quiero pecar más en adelante. Lo que quiero es amarte cada vez más con todo mi corazón.

Padrenuestro

Las lágrimas de mis ojos ahora son el cantar de un alma que, arrepentida, no sueña más que en amar.

Oración. Oh Dios, que nos pides el amor de nuestro corazón, concédenos la gracia de vivir siempre en el amor a Jesús y obtener por su Sangre nuestra salvación eterna. Por Jesucristo nuestro Señor Amén.

Día 2. Salvados por la Preciosísima Sangre

Palabra de Dios. "Tenemos, hermanos, una confianza jubilosa de entrar en el santuario del Cielo por virtud de la Sangre de Jesús" (Hebreos, 10:19).

Reflexión: Dios nos infundió en el Bautismo la esperanza, junto con la fe y el amor. Llego al Cielo por lo méritos de la Sangre de Cristo. A ellos uno mi esfuerzo, para corresponder con mis obras a lo que El hizo por mí. Mi vida, para conseguir la salvación, debe ser digna de la Sangre que me compró. Por eso, debo trabajar siempre mi salvación con "temor y temblor", como nos dice San Pablo. Miedo a Dios, no; porque El es Fiel y me salva; sino miedo a mi debilidad o malicia, porque yo puedo fallar a Dios. Pero, ¡confianza! Porque Jesús y yo juntos lo podemos todo.

Padrenuestro

Cielo azul, cielo estrellado, Cristo tus puertas abrió. ¡Ati voy, por ti suspiro, Patria de mi corazón!

Oración. Oh Dios, que nos has redimido con la Sangre preciosa de tu Hijo, conserva en nosotros la acción de tu misericordia para que podamos conseguir sus frutos eternos. Por Jesucristo nuestro Señor. Amén.

Día 3. Satanás, vencido por la Preciosísima Sangre

Palabra de Dios. "Ellos vencieron al dragón por la fuerza de la Sangre del Cordero y en virtud del testimonio que dieron, pues despreciaron sus vidas hasta morir por él" (Apocalipsis 12: 9-1 l).

Reflexión: ¿Qué significa mi vida cristiana? Es lucha: contra el dolor, que podría desesperarme; contra el cansancio, que podría rendirme en el camino; contra los que atentan mi fe y mi virtud, que exigen mi testimonio; contra mi contra el pecado, que podría hacerme perder a Dios... Pero tengo en mis manos la fuerza del mismo Cristo. El luchó contra Satanás y el pecado hasta la sangre, y con su Sangre nos da la victoria a nosotros. ¿Puedo yo acobardarme y ceder ante el enemigo, si cuento con la fuerza de la gracia de Cristo?...

Padrenuestro

La vida es de los valientes, de los que saben luchar. Con Cristo, que va delante, ¿Me puedo yo acobardar?...

Oración. Oh Dios, que en la Sangre de Jesús, derramada valiente y generosamente en la cruz, nos das la fuerza contra todos los enemigos. Haz que por ella me mantenga yo siempre fiel a ti. Por Jesucristo nuestro Señor.

Día 4. Somos Iglesia por la Preciosísima Sangre

Palabra de Dios. "El Espíritu Santo os ha constituido vigilantes, para que apacientes la Iglesia de Dios, que él se adquirió con su propia Sangre" (Hechos 20:28).

Reflexión: Lo que dice San Pablo a los pastores de la Iglesia vale para todos nosotros, porque todos somos Iglesia por la cual Cristo derramó su Sangre. ¿Puedo desentenderme yo de la Iglesia? ¿Puedo aceptar los ataques de que es objeto? ¿Puedo ver despreciada su verdad? ¿Puedo tolerar la desobediencia a sus Pastores? ¿Puedo mirar sin horror a los que abandonan con peligro grave su salvación? ¿Puedo dejar de trabajar en una u otra obra de apostolado, tal como lo exigen mi Bautismo y Confirmación? Si no trabajo por la Iglesia, estoy traicionando a la Sangre con que Cristo se la adquirió...

Padrenuestro

Oración. ¡Oh, Iglesia Santa y católica, todo mi amor para ti! Tú sabes que sólo anhelo en tu regazo sobrevivir. Oración. Señor Jesucristo, hazme vivir en tu Iglesia, Esposa tuya que adquiriste con tu Sangre. Que por ella trabaje, en ella viva y en ella sobreviva. Tú, que vives y reinas por los siglos de los siglos Amén.

Día 5. ¡Bebed mi Preciosísima Sangre!

Palabra de Dios. "¡Bebed, pues ésta es mi sangre!" (Mateo 26: 27-28). "El cáliz de la bendición que consagramos, ¿no es comunión con la Sangre de Cristo?". "Cuantas veces coméis este pan y bebéis este cáliz, proclamáis la muerte del Señor hasta que él vuelva" (I Corintios 10:16; 11:26).

Reflexión: ¿En qué hago consistir yo mi devoción a la Sangre de Cristo? En oraciones, ciertamente. Pero jamás podré buscar otro punto en que centrar esa mi devoción como la Eucaristía. Recibo la Sangre de Cristo en la Comunión. En la Comunión me comunica la Sangre divina toda su fuerza. En la Comunión me aseguro para siempre el fruto de la salvación que Cristo me ganó al derramar su Sangre por mí. ¿Comulgo todas las veces que puedo y de la mejor manera que puedo?...

Padrenuestro

Eres bebida del Cielo, eres vino embriagador. Eres amor y alegría, ¡Cáliz de la salvación!

Oración. Señor Jesucristo, hazme beber con ansia tu Sangre, Vino Nuevo del Reino, y prenda de las delicias que me embriagarán en la Patria celestial. Amén.

Día 6. Asperjados con la Preciosísima Sangre

Palabra de Dios. "Os habéis acercado a Jesús, que nos ha rociado con una sangre que habla más elocuentemente que la de Abel" (Hebreos 12: 23-24).

Reflexión: ¿Qué pedía a gritos la sangre de Abel? ¡Venganza! "La sangre de tu hermano grita a mí desde la tierra", de Dios a Caín. Pero la Sangre de Cristo clama mucho mejor: "¡Padre, perdónalos!"... La Sangre de Jesús nos da la paz con Dios y derriba todo muro que nos divide a los hombres, porque "todo lo pacificado con la sangre de su cruz". Entonces, ¿Somos dignos de Cristo cuando anida un rencor en nuestro corazón? ¿Somos como el Jesús de la cruz, si, no perdonamos nosotros de verdad?... ¿Podemos beber la Sangre de Cristo en la Comunión, si, no rebosamos amor a todos?....

Padrenuestro

Sangre de Jesús, que gritas: ¡Perdón, oh Padre, perdón!" Di, ¿qué quieres de nosotros?... ¡Qué sea perdonador!

Oración. Señor Jesucristo, que nos mandas a perdonar generosamente hasta el peor de nuestros enemigos. Infúndeme tú mismo amor a fin de que, amando sin distinción a todos, merezca tú perdón y tú gracia. Amén.

Día 7. Jesucristo, sálvanos con tu Preciosísima Sangre

Palabra de Dios. "Vi el cielo abierto. Y el que se llama desde siempre El Verbo de Dios, estaba cubierto con un manto lleno de sangre" (Apocalipsis 19: 12-13).

Reflexión: Jesucristo, el Hijo de Dios, aparece en el Cielo como un militar triunfador. Se empapó de sangre, en la suya, y ahora ostenta las propia, luchando contra el enemigo condecoraciones ganadas en una guerra a vida o muerte. Ha vencido en toda la línea. "El príncipe de este mundo ha sido echado fuera". Y llega el día en que "todos sus enemigos estarán colocados como escabel de sus pies"... ¿Me doy cuenta a qué me llama el Señor? El Cielo no es para cobardes, sino para los esforzados que, como Jesús, saben enfrentarse cada día, hasta la sangre, en la lucha contra el mal.

Padrenuestro

Por tú Espíritu, Señor, danos valor en la lucha, danos la victoria; victoria sobre la muerte danos la Gloria futura.

Oración. Señor Jesucristo, que nos dijiste que el Reino de los Cielos lo arrebatan únicamente los valientes. Dame el esfuerzo que necesito para ir contigo hasta el Calvario a fin de subir desde él al Cielo. Amén.

Día 8. Lavados del pecado con la Preciosísima Sangre

Palabra de Dios. "Estos son los que han lavado y blanqueado sus vestiduras en la Sangre del Cordero. Por eso están ante el trono de Dios" (Apocalipsis 7:14).

Reflexión: Hemos de contar con el pecado como una triste realidad de nuestra vida. Heredamos de nuestros padres Adán y Eva una naturaleza dañada, y nuestra malicia a veces, y nuestra debilidad siempre, nos llevan a ofender a Dios de muchas maneras. ¿Quién pondrá remedio a esta dolorosa condición nuestra?¡Gracias sean dadas a nuestro Señor Jesucristo, que con su Sangre nos ha librado de tan lastimosa condición! Dios nos pide solamente arrepentimiento, conversión, reconciliación con El mediante los Sacramentos. Y, eso sí, lucha valiente para no hacer nunca las paces con el pecado.

Padrenuestro

¡Qué divino tesoro, Jesús, me has dado en tu Sangre! ¡Límpiame de toda mancha, para ser como te agrada!...

Oración. Señor Jesucristo, amador de los pecadores, que somos todos. Derrama sobre mí la abundancia de los méritos de tú Sangre, para que, con limpieza de corazón, vea siempre a Dios en todas las cosas. Amén.

Día 9. Sangre de Jesús, salvación eterna.

Palabra de Dios. "Tenemos un Pontífice excelso, Jesús, que ha penetrado los cielos -con su propia sangre -y está siempre vivo para interceder por los que por él se llegan a Dios" (Hebreos 4:14, 19:12, 7:25).

Reflexión: Una última mirada a la Sangre de Cristo. ¿Qué nos ha merecido Jesús con ella? Nada menos que la Gloria deDios, la misma con la que Dios es infinitamente dichoso, la que tiene el mismo Jesucristo glorificado a la derecha del Padre. Y ante este su Padre está repitiendo continuamente: "Quiero que donde yo estoy estén también los míos que Tú me diste". Ya que para esto se adelantó: "Voy a prepararos un lugar" Nuestro destino es el Cielo, que no es propio de almas débiles, sino de los espíritus más grandes, que no se contentan sino con Dios.

Padrenuestro

Como Esteban, entreabierto veo el Cielo, Señor. ¿Cuándo podré estar contigo? ¡Hoy lléname de tu Presencia!

Oración. Señor Jesucristo, autor, guía y consumador de la fe, que vas al frente de los que caminan hacia la Patria. Hazme seguir fielmente tus pisadas para conseguir ese Cielo que me tienes prometido y preparado. Amén."En su gran amor, Dios me ha liberado por la Sangre que su Hijo derramó y ha perdonado mis pecados"(Efesios 1, 7)

III. Devociones a la Preciosa Sangre de Cristo

Letania a la Sangre de Cristo

El Papa Juan XXIII pidió que se extendiera cada día más el Culto a la Preciosísima Sangre de Jesucristo. El mismo Papa que mandó inscribir en el Ritual de la Iglesia esta letanía nos mandaba también añadir, antes de la reserva del Santísimo Sacramento, la alabanza: ¡Bendita sea su preciosísima Sangre! ¿Por qué?... Esa Sangre por la que fuimos salvados merece una devoción especial. Además, es un reconocimiento agradecido al amor de Jesucristo, que no ahorró ningún sufrimiento a fin de ganarse el amor de nuestros corazones.

Señor Jesucristo, que con tú Sangre limpias el pecado del mundo y nos mereces la salvación.¡Sálvanos ahora y siempre!

Señor, ten piedad de nosotros.
Señor Jesucristo, ten piedad de nosotros.
Señor, ten piedad de nosotros.
Señor Jesucristo, óyenos.
Señor Jesucristo, escúchanos.
Dios, Padre celestial, ten piedad de nosotros.
Dios, Hijo, Redentor del mundo, ten piedad de nosotros.
Dios, Espíritu Santo, ten piedad de nosotros.
Sangre de Cristo, Sangre del Unigénito del Padre Eterno: Sálvanos.
Sangre de Cristo, Sangre del Verbo Encarnado: Sálvanos.
Sangre de Cristo, corriendo a la tierra en la agonía: Sálvanos.
Sangre de Cristo, brotando en la flagelación: Sálvanos.
Sangre de Cristo, emanando en la coronación de espinas: Sálvanos.
Sangre de Cristo, derramada en la Cruz: Sálvanos.
Sangre de Cristo, el precio único de nuestra salvación: Sálvanos.
Sangre de Cristo, sin la cual no hay perdón: Sálvanos.
Sangre de Cristo, en la Eucaristía bebida y baño de las almas: Sálvanos.
Sangre de Cristo, río de Misericordia: Sálvanos.
Sangre de Cristo, vencedora de los demonios: Sálvanos.

Sangre de Cristo, fortaleza de los mártires: Sálvanos.
Sangre de Cristo, fuerza de los confesores: Sálvanos.
Sangre de Cristo, que engendra vírgenes: Sálvanos.
Sangre de Cristo, constancia de los tentados: Sálvanos.
Sangre de Cristo, alivio de los enfermos: Sálvanos.
Sangre de Cristo, consuelo de los que lloran: Sálvanos.
Sangre de Cristo, esperanza de los que hacen penitencia: Sálvanos.
Sangre de Cristo: alivio de los moribundos: Sálvanos.
Sangre de Cristo, paz y dulzura de los corazones: Sálvanos.
Sangre de Cristo, prenda de la Vida Eterna: Sálvanos.
Sangre de Cristo, que libera a las almas del lago del Purgatorio: Sálvanos.
Sangre de Cristo, dignísima de toda gloria y honor: Sálvanos.
Cordero de Dios, que quitas los pecados del mundo: Perdónanos, Señor.
Cordero de Dios, que quitas los pecados del mundo: Escúchanos, Señor.
Cordero de Dios, que quitas los pecados del mundo: Ten Misericordia de nosotros.
Señor, Tú nos redimiste en tu Sangre, e hiciste de nosotros un Reino para Dios y Padre tuyo.

Oremos:
Omnipotente y Sempiterno Dios, que constituiste a tu Unigénito Hijo Redentor del mundo y quisiste aplacarte con su Sangre; te suplicamos nos concedas que de tal modo veneremos el precio de nuestra Redención, que por su virtud seamos preservados en la tierra de los males de la vida presente, ¡para que gocemos en el Cielo de su fruto eterno! Por el mismo Cristo Nuestro Señor. Amén.

Capítulo IV

SALMOS

Salmos para Orar

Benedictus

Bendito sea el Señor, Dios de Israel, porque ha visitado y redimido a su pueblo, suscitándonos una fuerza de salvación en la casa de David, su siervo, según lo había predicho desde antiguo por la boca de sus santos profetas.

Es la salvación que nos libra de nuestros enemigos y de la mano de todos los que nos odian; realizando su misericordia que tuvo con nuestros padres, recordando su santa alianza y el juramento que juró a nuestro padre Abraham.

Para concedernos que, libres de temor, arrancados de la mano de los enemigos, le sirvamos con santidad y justicia, en su presencia, todos nuestros días.

Y a ti, niño, te llamarán profeta del Altísimo, porque irás delante del Señor a preparar sus caminos, anunciando a su pueblo la salvación, el perdón de los pecados.

Por la entrañable misericordia de nuestro Dios, nos visitará el sol que nace de lo alto, para iluminar a los que viven en tinieblas y en sombra de muerte, para guiar nuestros pasos por el camino de la paz.

Magnificat

Proclama mi alma la grandeza del Señor, se alegra mi Espíritu en Dios, mi salvador; porque ha mirado la humillación de su esclava.

Desde ahora me felicitarán todas las generaciones, porque el Poderoso ha hecho obras grandes por mí: su nombre es santo, y su misericordia llega a sus fieles de generación en generación.

El hace proezas con su brazo: dispersa a los soberbios de corazón, derriba del trono a los poderosos y enaltece a los humildes, a los hambrientos los colma de bienes y a los ricos los despide vacíos.

Auxilia a Israel, su siervo, acordándose de la misericordia -como lo había prometido a nuestros padres- en favor de Abraham y su descendencia por siempre.

SALMO 6
Oración en peligro de muerte

Señor, no me corrijas con ira,
no me castigues con cólera.

Misericordia, Señor, que desfallezco,
cura, Señor, mis huesos dislocados.
Tengo el alma en delirio,
y tú, Señor, ¿hasta cuándo?

Vuélvete, Señor, libera mi alma,
sálvame por tu misericordia.
Porque en el reino de la muerte nadie te invoca,
y en el abismo, ¿quién te alabará?

Estoy agotado de gemir,
de noche lloro sobre el lecho,
riego mi cama con lágrimas.
Mis ojos se consumen irritados,
envejecen por tantas contradicciones.

Apartaos de mí los malvados,
porque el Señor ha escuchado mis sollozos;
el Señor ha escuchado mi súplica,
el Señor ha aceptado mi oración.
Que la vergüenza abrume a mis enemigos,
que avergonzados huyan al momento.

SALMO 8
Gloria del Creador y dignidad del hombre

¡Señor, Dios nuestro,
que admirable es tu nombre en toda la tierra!

Ensalzaste tu majestad sobre los cielos.
De la boca de los niños de pecho
has sacado una alabanza contra tus enemigos
para reprimir al adversario y al rebelde.

Cuando contemplo el cielo, obra de tus dedos,
la luna y las estrellas que has creado.
¿Qué es el hombre para que te acuerdes de él,
el ser humano, para mirar por él?

Lo hiciste poco inferior a los ángeles,
lo coronaste de gloria y dignidad;
le diste el mando sobra las obras de tus manos.

Todo lo sometiste bajo sus pies.
Rebaños de ovejas y toros,
y hasta las bestias del campo,
las aves del cielo, los peces del mar
que trazan sendas por el mar.
¡Señor, Dios nuestro,
que admirable es tu nombre en toda la tierra!

SALMO 21
Gritos de muerte y de gloria

Dios mío, Dios mío,
¿por qué me has abandonado?
A pesar de mis gritos,
mi oración no te alcanza.
Dios mío, de día te grito,
y no respondes;
de noche, y no me haces caso.
Porque tú eres el Santo
y habitas entre las alabanzas de Israel.

En ti confiaban nuestros padres;
confiaban, y los ponías a salvo;
a ti gritaban, y quedaban libres;
en ti confiaban, y no los defraudaste.
Pero yo soy un gusano, no un hombre,
vergüenza de la gente, desprecio del pueblo;
al verme, se burlan de mí,
hacen visajes, menean la cabeza:
"Acudió al Señor, que lo ponga a salvo;
que lo libre si tanto lo quiere".
Tú eres quién me sacó del vientre,
me tenías confiado en los pechos de mi madre,
desde el seno pasé a tus manos,
desde el vientre materno tú eres mi Dios.
No te quedes lejos,
que el peligro está cerca
y nadie me socorre.

Me acorrala un tropel de novillos,
me cercan toros de Basán;
abren contra mí las fauces
leones que descuartizan y rugen.
Estoy como agua derramada,
tengo los huesos descoyuntados;
mi corazón, como cera,
se derrite en mis entrañas;
mi garganta está seca como una teja,
la lengua se me pega al paladar;
me aprietas contra el polvo de la muerte.

Me acorrala una jauría de mastines,
me cerca una banda de malhechores;

me taladran las manos y los pies,
puedo contar mis huesos.
Ellos me miran triunfantes
se reparten mi ropa,
echan a suerte mi túnica.

Pero tú, Señor, no te quedes lejos;
fuerza mía, ven corriendo a ayudarme.
Líbrame a mí de la espada,
y a mi única vida de la garra del mastín;
sálvame de las fauces del león;
a este pobre, de los cuernos del búfalo.

Contaré tu fama a mis hermanos,
en medio de la asamblea te alabaré.
"Los que teméis al Señor, alabadlo;
linaje de Jacob, glorificadlo;
temedlo linaje de Israel;
porque no ha sentido desprecio ni repugnancia
hacia el pobre desgraciado;
no le ha escondido su rostro;
cuando pidió auxilio, lo escuchó".
Él es mi alabanza en la gran asamblea
cumpliré mis votos delante de sus fieles.
Los desvalidos comerán hasta saciarse,
alabarán al Señor los que lo buscan.
¡Viva su corazón por siempre!

Lo recordarán y volverán al Señor
hasta de los confines del orbe;
en su presencia se postrarán
las familias de los pueblos,
porque del Señor es el reino,
él gobierna a los pueblos.
Ante él se postrarán los que duermen en la tierra,
ante él se inclinarán los que bajan al polvo.
Me hará vivir para él,
mi descendencia lo servirá;
hablarán del Señor a la generación futura,
contarán su justicia al pueblo que ha de nacer:
"Todo lo que hizo el Señor".

SALMO 22
El pastor – anfitrión

El Señor es mi pastor, nada me falta:
en verdes praderas me hace recostar;
me conduce hacia fuentes tranquilas
y repara mis fuerzas;
me guía por el sendero justo,
por el honor de su nombre.
Aunque camine por cañadas oscuras,
nada temo, porque tú vas conmigo;
tu vara y tu cayado me sosiegan.

Preparas una mesa ante mí,
enfrente de mis enemigos,
me unges la cabeza con perfume,
y mi copa rebosa.
Tu bondad y tu misericordia me acompañan
todos los días de mi vida,
y habitaré en la casa del Señor
por años sin término.

SALMO 23
¿Quién puede subir al monte del Señor?

Del Señor es la tierra y cuanto la llena,
el orbe y todos sus habitantes:
él la fundó sobre los mares,
él la afianzó sobre los ríos.

¿Quién puede subir al monte del Señor?
¿Quién puede subir al monte sacro?
El hombre de manos inocentes y puro corazón,
que no confía en los ídolos
ni jura con engaño.
Ese recibirá la bendición del Señor,
le hará justicia el Dios de salvación.
Esta es la generación que busca al Señor,
que busca tu rostro, Dios de Jacob.

¿Portones?, alzad los dinteles,
que se alcen las puertas eternas:
va a entrar el Rey de la gloria.

¿Quién es el Rey de la gloria?
El Señor, héroe valeroso,
el Señor valeroso en la batalla.

¿Portones?, alzad los dinteles,
que se alcen las puertas eternales:
va a entrar el Rey de la gloria.
¿Quién es ese Rey de la gloria?
El Señor, Dios del universo
él es el Rey de la gloria.

SALMO 26
Comunión con Dios

El Señor es mi luz y mi salvación,
¿a quién temeré?
El Señor es la defensa de mi vida,
¿quién me hará temblar?

Cuando me asaltan los malvados
para devorar mi carne,
ellos enemigos y adversarios,
tropiezan y caen.
Si un ejército acampa contra mí,
mi corazón no tiembla;
si me declaran la guerra,
me siento tranquilo.

Una cosa pido al Señor,
eso buscaré;
habitar en la casa del Señor
por los días de mi vida;
gozar de la dulzura del Señor,
contemplando su templo.
Él me protegerá en su tienda
el día del peligro;
me esconderá en lo escondido de su morada,
me alzará sobre la roca.

Y así levantaré la cabeza
sobre el enemigo que me cerca;
en su tienda sacrificaré
sacrificios de aclamación:
cantaré y tocaré para el Señor.

Escúchame, Señor,
que te llamo;
ten piedad, respóndeme.

Oigo en mi corazón:
"Buscad mi rostro".
Tu rostro buscaré, Señor.
No me escondas tu rostro.
No rechaces con ira a tu siervo,
que tú eres mi auxilio,
no me deseches, no me abandones,
Dios de mi salvación.
Si mi padre y mi madre me abandonan,
el Señor me recogerá.
Señor, enséñame tu camino,
guíame por la senda llana,
porque tengo enemigos.
No me entregues a la saña de mi adversario,
porque se levantan contra mí testigos falsos,

que respiran violencia.

Espero gozar de la dicha del Señor
en el país de la vida.

Espera en el Señor, sé valiente,
ten ánimo, espera en el Señor.

SALMO 29
Dios salva de la muerte

Te ensalzaré Señor porque me has librado
y no has dejado que mis enemigos se rían de mí.

Señor, Dios mío, a ti grité,
y tú me sanaste.
Señor, sacaste mi vida del abismo,
me hiciste revivir cuando bajaba a la fosa.

Tañed para el Señor, fieles suyos.
Celebrad el recuerdo de su nombre santo;
su cólera dura un instante;
su bondad, de por vida;
al atardecer nos visita el llanto;
por la mañana, el júbilo.

Yo pensaba muy seguro:
"No vacilaré jamás".

Tu bondad, Señor, me aseguraba
el honor y la fuerza;
pero escondiste tu rostro,
y quedé desconcertado.
A ti, Señor, llamé, supliqué a mi Dios:

"Qué ganas con mi muerte,
con que yo baje a la fosa?
¿Te va a dar gracias el polvo,
o va a proclamar tu lealtad?
Escucha, Señor, y ten piedad de mí;
Señor, socórreme".

Cambiaste mi luto en danzas,
me desataste el sayal
y me has vestido de fiesta;
te cantará mi alma sin callarse.
Señor, Dios mío, te daré gracias por siempre.

SALMO 30
Dios, refugio seguro

A ti ,Señor, me acojo:
no quede yo defraudado,
tú, que eres justo, ponme a salvo,
inclina tu oído hacia mí;
ven aprisa a librarme,
sé la roca de mi refugio,
un baluarte donde me salve,
tú que eres mi roca y mi baluarte;
por tu nombre dirígeme y guíame:
sácame de la red que me han tendido,
porque tú eres mi amparo.

A tus manos encomiendo mi Espíritu:
tú, el Dios leal, me librarás;
tú aborreces a los que veneran ídolos inertes,
pero yo confío en el Señor,
tu misericordia sea mi gozo y mi alegría.
Te has fijado en mi aflicción,
velas por mi vida en peligro;
no me has entregado en manos del enemigo,
has puesto mis pies en un camino ancho.
Piedad ,Señor, que estoy en peligro;
se consumen de dolor mis ojos,
mi garganta y mis entrañas.
Mi vida se gasta en el dolor,
mis años en los gemidos;
mi vigor decae con las penas,
mis huesos se consumen.

Soy la burla de todos mis enemigos,
la irrisión de mis vecinos,
el espanto de mis conocidos:
me ven por la calle y escapan de mí.
Me han olvidado como a un muerto,
me han desechado como a un cacharro inútil.
Oigo el cuchicheo de la gente,
y todo me da miedo;
se conjuran contra mí
y traman quitarme la vida.

Pero yo confío en ti, Señor;
te digo: "Tú eres mi Dios".
En tus manos están mis azares:
líbrame de mis enemigos que me persiguen;
haz brillar tu rostro sobre tu siervo,
sálvame por tu misericordia.
Señor, no quede yo defraudado
tras haber acudido a ti;
queden defraudaos los malvados,

y bajen llorando al abismo,
enmudezcan los labios mentirosos,
que profieren insolencias contra el
justo, con soberbia y con desprecio.

Qué bondad tan grande, Señor,
reservas para los que te temen,
y concedes a los que a ti se acogen
a la vista de todos.
En el asilo de tu presencias los escondes
de las conjuras humanas;
los ocultas en tu tabernáculo,
frente a las lenguas pendencieras.

Bendito sea el Señor, que ha hecho por mí
prodigios de misericordia
en la ciudad amurallada.
Yo decía en mi ansiedad:
"Me has arrojado de tu vista";
pero tú escuchaste mi voz suplicante
cuando yo te gritaba.

Amad al Señor, fieles suyos;
el Señor guarda a sus leales,
y a los soberbios los paga con creces.
Sed fuertes y valientes de corazón
los que esperáis en el Señor.

SALMO 32
Himno al Dios fuerte y bueno

Aclamad, justos, al Señor,
que merece la alabanza de los buenos.
Dad gracias al Señor con la cítara,
tocad en su honor el arpa de diez cuerdas;
cantadle un cántico nuevo,
acompañando los vítores con bordones.
Que la palabra del Señor es sincera,
y todas sus acciones son leales;
él ama la justicia y el derecho,
y su misericordia llena la tierra.

La palabra del Señor hizo el cielo;
el aliento de su boca, sus ejércitos;
encierra en un odre las aguas marinas,
mete en un depósito el océano.
Tema al Señor la tierra entera,
tiemblen ante los habitantes del orbe:
porque él lo dijo, y existió;
él lo mandó y todo fue creado.

El Señor deshace los planes de las naciones,
frustra los proyectos de los pueblos;

pero el plan del Señor subsiste por siempre;
los proyectos de su corazón, de edad en edad.
Dichosa la nación cuyo Dios es el Señor,
el pueblo que él se escogió como heredad.

El Señor mira desde el cielo,
se fija en todos los hombres.
Desde su morada observa
a todos los habitantes de la tierra:
él modeló cada corazón
y comprende todas sus acciones.

No vence el rey por su gran ejército,
no escapa el soldado por su mucha fuerza;
nada valen sus caballos para la victoria,
ni por su gran ejército se salvan.
Los ojos del Señor están puestos en quien lo teme,
en los que esperan su misericordia,
para librar sus vidas de la muerte
y reanimarlos en tiempo de hambre.

Nosotros aguardamos al Señor:
él es nuestro auxilio y escudo;
con él se alegra nuestro corazón,
en su santo nombre confiamos.
Que tu misericordia, Señor, venga sobre nosotros
como lo esperamos de ti.

SALMO 37
Petición de ayuda y de perdón

Señor, no me corrijas con ira,
no me castigues con cólera.

Tus flechas se me han clavado,
tu mano pesa sobre mí.
No hay parte ilesa en mi carne
a causa de tu furor;
no tienen descanso mis huesos
a causa de mis pecados.

Mis culpas sobrepasan mi cabeza,
son un peso superior a mis fuerzas.
Mis llagas están podridas y supuran
por causa de mi insensatez;
voy encorvado y encogido,
todo el día camino sombrío.
Tengo las espaldas ardiendo,
no hay parte ilesa en mi carne;
estoy agotado, deshecho de todo;
rujo con más fuerza que un león.
Señor mío, todas mis ansias están en tu presencia,

no se te ocultan mis gemidos;
siento palpitar mi corazón,
me abandonan las fuerzas,
y me falta hasta la luz de los ojos.

Mis amigos y compañeros
se alejan de mí,
mis parientes se quedan a distancia;
me tienden lazos los que atentan contra mí,
los que desean mi daño me amenazan de muerte,
todo el día murmuran traiciones.
Pero yo, como un sordo, no oigo;
como un mudo, no abro la boca;
soy como uno que no oye
y no puedo replicar.

En ti, Señor, espero,
y tú me escucharás, Señor, Dios mío;
esto pido: que no se alegren por mi causa;
que, cuando resbale mi pie,
no canten triunfo.

Porque yo estoy a punto de caer,
y mi pena no se aparta de mí:
yo confieso mi culpa,
me aflige mi pecado.

Mis enemigos están vivos y son poderosos,
son muchos los que aborrecen sin razón,
los que me pagan males por bienes,
los que me atacan cuando procuro el bien.

No me abandones, Señor;
Dios mío, no te quedes lejos;
ven aprisa a socorrerme,
Señor, Dios mío, mi salvación.

SALMO 40
Oración de un enfermo abandonado

Dichoso el que cuida del pobre;
en el día aciago lo pondrá a salvo el Señor.
El Señor lo guarda y lo conserva en vida,
para que sea dichoso en la tierra,
y no lo entrega a la saña de sus enemigos.
El Señor lo sostendrá en el lecho del dolor,
calmará los dolores de su enfermedad.

Yo dije."Señor, ten misericordia,
sáname, porque he pecado contra ti".

Mis enemigos me desean lo peor:
"A ver si se muere y se acaba su apellido"
El que viene a verme habla con fingimiento,
disimula su mala intención,
y, cuando sale afuera, la dice.
Mis adversarios se reúnen a murmurar contra mí,
hacen cálculos siniestros:
"Padece un mal sin remedio,
se acostó para no levantarse".

Incluso mi amigo, de quien yo me fiaba,
que compartía mi pan,
es el primero en traicionarme.

Pero tu, Señor, apiádate de mí;
haz que pueda levantarme,
para que yo les de su merecido.

SALMO 45
Dios está con nosotros

Dios es nuestro refugio y nuestra fuerza,
poderoso defensor en el peligro.
Por eso no tememos aunque tiemble la tierra,
y los montes se desplomen en el mar.
Que hiervan y bramen sus olas,
que sacudan a los montes con su furia:
el Señor del universo está con nosotros,
nuestro alcazar es el Dios de Jacob.

Un río y sus canales alegran la ciudad de Dios,
el Altísimo consagra su morada.
Teniendo a Dios en medio, no vacila;
Dios lo socorre al despuntar la aurora.
Los pueblos se amotinan, los reyes se rebelan;
pero él lanza su trueno y se tambalea la tierra.
El Señor del universo está con nosotros,
nuestro alcázar el Dios de Jacob.
Venid a ver las obras del Señor,

las maravillas que hace en la tierra:
pone fin a la guerra hasta el extremo del orbe,
rompe los arcos, quiebra las lanzas,
prende fuego a los escudos.
"Rendíos, reconoced que yo soy Dios.
Más alto que los pueblos,
más alto que la tierra".

El Señor del universo está con nosotros,
nuestro alcázar es el Dios de Jacob.

SALMO 50
Miserere

Misericordia, Dios mío, por tu bondad,
por tu inmensa compasión borra mi culpa,
lava del todo mi delito,
limpia mi pecado.

Pues yo reconozco mi culpa,
tengo siempre presente mi pecado.
Contra ti, contra ti solo pequé,
cometí la maldad en tu presencia.
En la sentencia tendrás razón,
en el juicio resultarás inocente.
Mira, en la culpa nací,
pecador me concibió mi madre.
Te gusta un corazón sincero,
y en mi interior me inculcas sabiduría.

Rocíame con el hisopo: quedaré limpio;
lávame: quedaré más blanco que la nieve.
Hazme oír el gozo y la alegría,
que se alegren los huesos quebrantados.
Aparta de mi pecado tu vista,
borra en mí toda culpa.

Oh Dios, crea en mí un corazón puro,
renuévame por dentro con espíritu firme.
No me arrojes lejos de tu rostro,
no me quites tu Santo Espíritu.
Devuélveme la alegría de tu salvación,
afiánzame con espíritu generoso.

Enseñaré a los malvados tus caminos,
los pecadores volverán a ti.
Líbrame de la sangre, oh Dios,
Dios, Salvador mío,
y cantará mi lengua tu justicia.
Señor, me abrirás los labios,
y mi boca proclamará tu alabanza.
Los sacrificios no te satisfacen:
si te ofreciera un holocausto,
no lo querrías.

El sacrificio agradable a Dios
es un espíritu quebrantado;
un corazón quebrantado y humillado,
tú, oh Dios, no lo desprecias.

Señor, por tu bondad, favorece a Sión,
reconstruye las murallas de Jerusalén:
entonces aceptarás los sacrificios espirituales,
ofrendas y holocaustos,
sobre tu altar se inmolarán novillos.

SALMO 85
Oración para tiempos de aflicción

Inclina tu oído, Señor, escúchame,
que soy un pobre desamparado;
protege mi vida, que soy un fiel tuyo,
salva, Dios mío, a tu siervo, que confía en ti.

Piedad de mí, Señor,
que a ti te estoy llamando todo el día;
alegra el alma de tu siervo,
pues levanto tu alma hacia ti, Señor,
porque tú, Señor, eres bueno y clemente,
rico en misericordia con los que te invocan.

Señor, escucha mi oración,
atiende a la voz de mi súplica.
En el día del peligro te llamo,
y tú me escuchas.

No tiene igual entre los dioses,
ninguno como tú, Señor,
ni hay obras como las tuyas.
Todos los pueblos vendrán
a postrarse en tu presencia, Señor;
bendecirán tu nombre:
"Grande eres tú, y haces maravillas;
tú eres el único Dios".

Enséñame, Señor, tu camino,
para que siga tu verdad;
mantén mi corazón entero
en el temor de tu nombre.
Te alabaré de todo corazón, Dios mío;
daré gloria a tu nombre por siempre,
por tu gran piedad para conmigo,
porque me salvaste del abismo profundo.

Dios mío, unos soberbios se levantan contra mí,
una banda de insolentes atenta contra mi vida,
sin tenerte en cuenta a ti.

Pero tú, Señor,
Dios clemente y misericordioso,
lento a la cólera, rico en piedad y leal,
mírame, ten compasión de mí.

Da fuerza a tu siervo,
salva al hijo de tu esclava.

Dame una señal propicia,
que la vean mis adversarios y se avergüencen,
porque tú, Señor, me ayudas y consuelas.

SALMO 87
Lamento y oración en la aflicción

Señor, Dios Salvador mío,
día y noche grito en tu presencia,
llegue hasta ti mi súplica,
inclina tu oído a mi clamor.

Porque mi alma está colmada de desdichas,
y mi vida está al borde del abismo;
ya me cuentan con los que bajan a la fosa,
soy como un inválido.
Estoy libre, pero camino entre los muertos,
como los caídos que yacen en el sepulcro,
de los cuales ya no guardas memoria,
porque fueron arrancados de tu mano.

Me has colocado en el fondo de la fosa,
en las tinieblas y en sombras de muerte;
tu cólera pesa sobre mí,
me echas encima todas tus olas.

Has alejado de mí a mis conocidos,
me has hecho repugnante para ellos;
encerrado, no puedo salir,
y los ojos se me nublan de pesar.
Todo el día te estoy invocando, Señor,
tendiendo las manos hacia ti.
¿Harás tú maravillas por los muertos?
¿Se alzarán las sombras para darte gracias?
¿Se anuncia en el sepulcro tu misericordia,
o tu fidelidad en el reino de la muerte?
¿Se conocen tus maravillas en la tiniebla,
o tu justicia en el país del olvido?
Pero yo te pido auxilio, Señor;
por la mañana irá a tu encuentro mi súplica.

¿Por qué, Señor, me rechazas
y me escondes tu rostro?
Desde niño fui desgraciado y enfermo,
me doblo bajo el peso de tus terrores,
pasó sobre mí tu ira,
tus espantos me han consumido:
me rodean como las aguas todo el día,
me envuelven todas a una;
alejaste de mí amigos y compañeros:
mi compañía son las tinieblas.

SALMO 90
Seguridad bajo la protección divina

Tú que habitas al amparo del Altísimo,
que vives a la sombra del Omnipotente,
di al Señor:"Refugio mío, alcázar mío,
Dios mío, confío en ti".

Él te librará de la red del cazador,
de la peste funesta.
Te cubrirá con sus plumas,
bajo sus alas te refugiarás:
su verdad es escudo y armadura.
No temerás el espanto nocturno,
ni la flecha que vuela de día,

ni la peste que se desliza en las tinieblas,
ni la epidemia que devasta a mediodía.
Caerán a tu izquierda mil,
diez mil a tu derecha;
a ti no te alcanzará.
Nada más mirar con tus ojos,
verás la paga de los malvados,
porque hiciste del Señor tu refugio,
tomaste al Altísimo por defensa.

No se acercará la desgracia,
ni la plaga llegará hasta tu tienda,
porque a sus ángeles ha dado órdenes
para que te guarden en sus caminos.
Te llevará en sus palmas,
para que tu pié no tropiece en la piedra;
caminarás sobre áspides y víboras,
pisotearás leones y dragones.

"Se puso junto a mí; lo libraré;
lo protegeré porque conoce mi nombre;
me invocará y lo escucharé.
Con él estaré en la tribulación,
lo defenderé, lo glorificaré.
Lo saciaré de los largos días
y le haré ver mi salvación."

SALMO 117
Acción de gracias al Salvador de Israel

Dad gracia al Señor porque es bueno,
porque es eterna su misericordia.
Diga la casa de Israel:
eterna es su misericordia.
Diga la casa de Aarón:
eterna es su misericordia.
Digan los que temen al Señor:
es eterna su misericordia.

En el peligro grité al Señor,
y el Señor me escuchó poniéndome a salvo.
El Señor está conmigo: no temo;
¿qué podrá hacerme el hombre?
El Señor está conmigo y me auxilia,
veré la derrota de mis adversarios.
Mejor es refugiarse en el Señor
que fiarse de los hombres,
mejor es refugiarse en el Señor
que fiarse de los jefes.

Todos los pueblos me rodeaban,
en el nombre del Señor los rechacé;
me rodeaban como avispas,
ardiendo como fuego en las zarzas;
en el nombre del Señor los rechacé.

IV. Salmos

Empujaban y empujaban para derribarme,
pero el Señor me ayudó;
el Señor es mi fuerza y mi energía,
él es mi salvación.

Escuchad: hay cantos de victoria
en las tiendas de los justos:
"La diestra del Señor es poderosa,
la diestra del Señor es excelsa".
No he de morir, viviré
para contar las hazañas del Señor.
Me castigó, me castigó el Señor,
pero no me entregó a la muerte.

Abridme las puertas de la salvación,
y entraré para dar gracias al Señor:
los vencedores entrarán por ella.
Te doy gracias porque me escuchaste
y fuiste mi salvación.
La piedra que desecharon los arquitectos
es ahora la piedra angular.

Es el Señor quién lo ha hecho,
ha sido un milagro patente.
Este es el día que hizo el Señor:
sea nuestra alegría y nuestro gozo.
Señor, danos la salvación:
Señor, danos prosperidad.

Bendito el que viene en el nombre del Señor,
os bendecimos desde la casa del Señor.
El Señor es Dios, él nos ilumina.
Ordenad una procesión con ramos hasta los ángulos del altar.
Tú eres mi Dios, te doy gracias;
Dios mío, yo te ensalzo.
Dad gracias al Señor porque es bueno, porque es eterna su misericordia.

SALMO 120
El guardián de Israel

Levanto mis ojos a los montes
¿de dónde me vendrá el auxilio?
El auxilio me viene del Señor,
que hizo el cielo y la tierra.

No permitirá que resbale tu pié,
tu guardián no duerme;
no duerme ni reposa
el guardián de Israel.
El Señor te guarda a su sombra,
está a tu derecha;
de día el sol no te hará daño,
ni la luna de noche.
El Señor te guarda de todo mal,
él guarda tu alma,
el Señor guarda tus entradas y salidas,
ahora y por siempre.

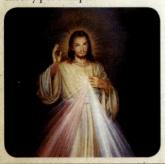

SALMO 121
Saludo a Jerusalén

¡Qué alegría cuando me dijeron:
"Vamos a la casa del Señor"!
Ya están pisando nuestros pies
tus umbrales, Jerusalén.

Jerusalén está fundada
como ciudad bien compacta.
Allá suben las tribus,
las tribus del Señor,
según la costumbre de Israel,
a celebrar el nombre del Señor;
en ella están los tribunales de justicia, en el palacio de David.

Desead la paz a Jerusalén:
"Vivan seguros los que te aman,
haya paz dentro de tus muros,
seguridad en tus palacios".
Por mis hermanos y compañeros,
voy a decir:"La paz contigo".
Por la casa del Señor, nuestro Dios,
te deseo todo bien.

SALMO 122
La mirada hacia Dios

A ti levanto mis ojos,
a ti que habitas en el cielo.
Como están los ojos de los esclavos

fijos en las manos de sus señores,
como están los ojos de la esclava
fijos en las manos de su señora,
así están nuestros ojos
en el Señor, Dios nuestro,
esperando su misericordia.

Misericordia, Señor, misericordia,
que estamos saciados de desprecios;
nuestra alma está saciada
del sarcasmo de los satisfechos,
del desprecio de los orgullosos.

SALMO 123
Acción de gracias por la liberación

Si el Señor no hubiera estado de nuestra parte
que lo diga Israel,
el Señor no hubiera estado de nuestra parte
cuando nos asaltaban los hombres,
nos habrían tragado vivos:
tanto ardía su ira contra nosotros.
Nos habrían arrollado las aguas,
llegándonos el torrente hasta el cuello;
nos habrían llegado hasta el cuello
las aguas impetuosas.
Bendito el Señor,
que no nos entregó
en presa a sus dientes;
hemos salvado la vida como un pájaro
de la trampa del cazador:
la trampa se rompió,
y escapamos.
Nuestro auxilio es el nombre del Señor,
que hizo el cielo y la tierra.

SALMO 126
Abandono en la providencia

Si el Señor no construye la casa,
en vano se cansan los albañiles;
si el Señor no guarda la ciudad,
en vano vigilan los centinelas.
Es inútil que madruguéis,
que veléis hasta muy tarde,
que comáis el pan de vuestros sudores:
¡Dios lo da a sus amigos mientras duermen!

La herencia que da el Señor son los hijos;
su salario, el fruto del vientre:
son saetas en manos de un guerrero
los hijos de la juventud.
Dichoso el hombre que llena
con ellas su aljaba:

no quedará derrotado cuando litigue
con su adversario en la plaza.

SALMO 137
Acción de gracias por la ayuda divina

Te doy gracias, Señor, de todo corazón,
porque escuchaste las palabras de mi boca;
delante de los ángeles cantaré para ti;
me postraré hacia tu santuario,
daré gracias a tu nombre:
por tu misericordia y tu lealtad,
porque tu promesa supera a tu fama.
Cuando te invoqué, me escuchaste,
acreciste el valor en mi alma.

Que te dan gracias, Señor, los reyes de la tierra,
al escuchar el oráculo de tu boca;
canten los caminos del Señor,
porque la gloria del Señor es grande.
El Señor es sublime, se fija en el humilde,
y de lejos conoce al soberbio.
Cuando camino entre peligros, me conservas la vida;
extiendes tu mano contra la ira de mi enemigo,
y tu derecha me salva.
El Señor completará sus favores conmigo.
Señor, tu misericordia es eterna,
no abandones la obra de tus manos.

SALMO 138
El hombre ante Dios

Señor, tú me sondeas y me conoces.
Me conoces cuando me siento o me levanto,
de lejos penetras mis pensamientos,
distingues mi camino y mi descanso,
todas mis sendas te son familiares.
No ha llegado la palabra a mi lengua,
y ya, Señor, te la sabes toda.
Me estrechas detrás y delante,
me cubres con tu palma.
Tanto saber me sobrepasa,
es sublime, y no lo abarco.
¿Adónde iré lejos de tu aliento,
adónde escaparé de tu mirada?
Si escalo al cielo, allí estás tú,

si me acuesto en el abismo, allí te encuentro,
si vuelo hasta el margen de la aurora,
si emigro hasta el confín del mar,
allí me alcanzará tu izquierda,
me agarrará tu derecha.
Si digo:"Que al menos la tiniebla me encubra
que la luz se haga noche en torno a mí",
ni la tiniebla es oscura para ti,
la noche es clara como el día,
la tiniebla es como luz para ti.

Tú has creado mis entrañas,
me has tejido en el seno materno.
Te doy gracias porque me has plasmado portentosamente,
porque son admirables tus obras:
mi alma lo reconoce agradecida,
no desconocías mis huesos.
Cuando, en lo oculto, me iba formando,
y entretejiendo en lo profundo de la tierra,
tus ojos veían mi ser aún informe,
todos mis días estaban escritos en tu libro,
estaban calculados antes que llegase el primero.
¡Qué incomparables encuentro tus designios,
Dios mío, qué inmenso es su conjunto!
Si me pongo a contarlos, son más que arena,
si los doy por terminados, aún me quedas tú.
¡Ojalá mataras, oh Dios, a los malvados!
Apártense de mi los sanguinarios,
pues hablan de ti dolosamente,
y tus adversario cuchichean en vano.
¿No odiaré a quienes te odian, Señor?,
¿no detestaré a quienes se levantan contra ti?
Los odio con odio sin límites,
los tengo por enemigos.

Sondéame, oh Dios, y conoce mi corazón,
ponme a prueba y conoce mis sentimientos,
mira si mi camino se desvía,
guíame por el camino eterno.

Cánticos de los 3 Jóvenes (Dn 3,57-88.56)

Criaturas todas del Señor, bendecid al Señor, ensalzadlo con himnos por los siglos.
Ángeles del Señor, bendecid al Señor; cielos, bendecid al Señor.

Aguas del espacio, bendecid al Señor; ejércitos del Señor, bendecid al Señor.
Sol y luna, bendecid al Señor; astros del cielo, bendecid al Señor.

Lluvia y rocío, bendecid al Señor; vientos todos, bendecid al Señor.
Fuego y calor, bendecid al Señor; fríos y heladas, bendecid al Señor.

Rocíos y nevadas, bendecid al Señor; témpanos y hielos, bendecid al Señor.
Escarchas y nieves, bendecid al Señor; noche y día, bendecid al Señor.

Luz y tinieblas, bendecid al Señor; rayos y nubes, bendecid al Señor.
Bendiga la tierra al Señor, ensálcelo con himnos por los siglos.

Montes y cumbres, bendecid al Señor; cuanto germina en la tierra, bendiga al Señor.

Manantiales, bendecid al Señor; mares y ríos, bendecid al Señor.
Cetáceos y peces, bendecid al Señor; aves del cielo, bendecid al Señor.

Fieras y ganados, bendecid al Señor, ensalzadlo con himnos por los siglos.
Hijos de los hombres, bendecid al Señor; bendiga Israel al Señor.

Sacerdotes del Señor, bendecid al Señor; siervos del Señor, bendecid al Señor.
Almas y espíritus justos, bendecid al Señor; santos y humildes de corazón, bendecid al Señor.

Ananías, Azarías y Misael, bendecid al Señor, ensalzadlo con himnos por los siglos.
Bendigamos al Padre y al Hijo con el Espíritu Santo, ensalcémoslo con himnos por los siglos.

Bendito el Señor en la bóveda del cielo, alabado y glorioso y ensalzado por los siglos.

Capítulo V

DIVINA VOLUNTAD

Oraciones en la Divina Voluntad
(Sierva de Dios - Luisa Piccarreta)

1. Consagración a la Divina Voluntad

Oh Voluntad Divina y Adorable, heme aquí ante la inmensidad de Tu luz, que Tu Bondad eterna me abra la puertas y me haga entrar en ella, para formar mi vida toda en Ti, Divina Voluntad.

Así pues postrado ante Tu luz, yo, él más pequeño entre todas las criaturas: entro, Oh adorable Voluntad, en el pequeño grupo de los hijos de Tu Fiat supremo.

Postrado en mi nada, invoco y suplico a Tu luz que me revista y eclipse todo lo que no te pertenece, de modo que ya no mire ni comprenda, ni viva sino en Ti, Voluntad Divina.

Esta será pues, mi vida, el centro de mi inteligencia, la raptora de mí corazón y de todo mi ser. En mí corazón no quiero que tenga más vida el querer humano; lo arrojare fuera de mí, y así formare el nuevo edén de paz, de felicidad y de amor. Con ella seré siempre feliz; tendré una fuerza única y una santidad que todo santifica y conduce a Dios.

Aquí postrado invoco la ayuda de la Sacrosanta Trinidad para que me admita a vivir en el claustro de la Divina Voluntad y así regrese en mí aquel orden primero de la creación tal y como fue creada la criatura.

Madre Celestial, Reina y Soberana del Fiat Divino, tómame de la mano e introdúceme en la luz del Divino Querer. Tú serás mi guía, mi tierna Madre y me enseñarás a vivir y a mantenerme en el orden y en el recinto de la Divina Voluntad. Soberana Celestial a Tu Corazón Inmaculado consagro todo mi ser. Tú me ensenaras la doctrina de la Divina Voluntad y yo pondré toda mi atención en escucharte. Extenderás tu manto sobre mí, para que la serpiente infernal no se atreva a penetrar en este sagrado edén para seducirme y hacerme caer en el laberinto del querer humano.

Corazón de mi sumo bien Jesús, tú me darás tus llamas para que incendien, me consuman y me alimenten, para formar en mí la vida del supremo querer.

San José, tú serás mi protector, el custodio de mí corazón y tendrás las llaves de mi querer en tus manos. Celosamente custodiaras mi corazón y nunca más me lo darás, para estar así seguro de no salirme jamás de la Voluntad de Dios.

Ángel custodio mío, guárdame, defiéndeme, ayúdame en todo, para que mi edén pueda florecer y ser el instrumento que atraiga a todos los hombres al reino de la Divina Voluntad.

2. Los giros en la Divina Voluntad

Giro de la Creación

En la Divina Voluntad, yo entro en Vos Jesús y me transformo en Vos Jesús. Durante esta fusión entro en la vida de cada hombre, desde Adán hasta el último hombre y uno mi oración a cada uno de ellos. Uno también mi oración a todo lo que sigue:
1. Al sol y a todos los cuerpos celestes del universo.
2. A cada fotón de energía y de la luz de todos los astros del universo que han existido, existen y existirá.
3. A cada planta que ha existido, existe y existirá.
4. A cada flor que ha existido, existe y existirá.
5. A cada brizna de hierba y a cada hoja, que ha existido, existe y existirá.
6. A cada gota de agua que ha existido, existe y existirá.
7. A cada molécula de aire que ha existido, existe y existirá.
8. A cada animal, pájaro, pez e insecto que ha existido, existe y existirá.
9. A cada movimiento de cada criatura que ha existido, existe y existirá.
10. A cada sonido emitido por cada criatura que ha existido, existe y existirá.
11. A cada molécula de la Creación que ha existido, existe y existirá.
12. A cada respiración de cada criatura que ha existido, existe y existirá.
13. A cada latido de cada criatura que ha existido, existe y existirá.
14. A cada obra de cada criatura que ha existido, existe y existirá.
15. A cada pensamiento de cada criatura que ha existido, existe y existirá.
16. A cada paso de cada criatura que ha existido, existe y existirá.
17. A cada oración que ha sido, es y será pronunciada.
18. A las reparaciones relacionadas con todo lo que menciono más abajo.
19. Al Fiat de Dios, unido al a todo lo mencionado a continuación.
20. Al Fiat de Luisa unido a todo lo mencionado a continuación.
21. Uno un "te amo con Tu Voluntad" a cada cosa mencionada a continuación.
22. Uno una oración de contrición a cada cosa mencionada a continuación.

23. Uno una oración de intercesión por la conversión de los pecadores a cada cosa mencionada a continuación.
24. A cada cosa mencionada a continuación, uno el deseo que se manifiesta por todo lo que falta a la Gloria de Dios a causa de la voluntad humana.
25. Ofrezco todos los latidos de mí corazón y respiración de hoy por la salvación de las almas.
26. Uno mi oración a cada protón, neutrón y electrón de toda la Creación.
27. Uno mi oración, al viento que sopla y expande el frescor divino.

Giros de la Redención

En la Divina Voluntad, yo entro en Vos Jesús y me transformo en Vos Jesús. Durante esta fusión, entro en la vida de cada hombre, desde Adán hasta el último hombre y uno mi oración a cada uno de ellos. Uno también mi oración a todo lo que sigue:
1. A las respiraciones de Nuestro Señor Jesucristo, Nuestra Señora y San José en la tierra.
2. A los suspiros de Nuestro Señor Jesucristo, Nuestra Señora y San José en la tierra.
3. A los pasos de Nuestro Señor Jesucristo, Nuestra Señora y San José en la tierra.
4. A las miradas de Nuestro Señor Jesucristo, Nuestra Señora y San José en la tierra.
5. A los latidos de corazón de Nuestro Señor Jesucristo, Nuestra Señora y San José en la tierra.
6. A las lágrimas de alegría de Nuestro Señor Jesucristo, Nuestra Señora y San José en la tierra.
7. A las lágrimas de amargura de Nuestro Señor Jesucristo, Nuestra Señora y San José en la tierra.
8. A las oraciones de Nuestro Señor Jesucristo, Nuestra Señora y San José en la tierra.
9. A los pensamientos de Nuestro Señor Jesucristo,

Nuestra Señora y San José en la tierra.
10. A los sufrimientos de Nuestro Señor Jesucristo, Nuestra Señora y San José en la tierra.
11. A cada molécula de carne de Nuestro Señor Jesucristo, Nuestra Señora y San José en la tierra.
12. A cada palabra de Nuestro Señor Jesucristo, Nuestra Señora y San José en la tierra.
13. A cada anhelo de Nuestro Señor Jesucristo, Nuestra Señora y San José en la tierra.
14. A cada partícula de alimento consumido por Nuestro Señor Jesucristo, Nuestra Señora y San José en la tierra.
15. A cada acto de Nuestro Señor Jesucristo, Nuestra Señora y San José en la tierra.
16. A todas las relaciones entre Nuestro Señor Jesucristo, Nuestra Señora y San José durante su vida en la tierra.
17. A cada acto divino realizado por Nuestro Señor Jesucristo y Nuestra Señora durante su vida terrena.
18. A cada acto maternal realizado por Nuestra Señora durante su vida terrenal.
19. A cada molécula de sangre y carne derramada por Nuestro Señor Jesucristo durante su Pasión.
20. A los frutos de la Resurrección, Ascensión y Pentecostés para los cristianos.
21. A la Gloria unida a la vida pública de Nuestro Señor.
22. A todos los sufrimientos ocultos de la Pasión de Nuestro Señor.
23. A todos los actos interiores ocultos de Nuestro Señor.
24. A toda comunicación realizada entre Jesús y los hombres.
25. A toda reacción emotiva producida en las criaturas desde Adán hasta el último hombre al contemplar la Pasión.
26. A toda reacción emotiva producida en las criaturas celestiales al contemplar la Pasión.
27. A las reparaciones por la maldad cometida por los enemigos de Nuestro Señor en la tierra.

V. Divina Voluntad

28. A cada sonido de voz emitido por Nuestro Señor, Nuestra Señora y San José en la tierra.
29. A las reparaciones de los tiempos pasados, presentes y futuros por las burlas sufridas por Nuestro Señor Jesucristo.
30. Al Fiat de María asociado a todo lo mencionado abajo.
31. Al Fiat de Luisa asociado a todo lo mencionado abajo.
32. A los frutos de la oración de Nuestro Señor durante sus noches en la tierra.
33. A las oraciones de todas las criaturas vivientes en la Divina Voluntad que han sido, son y serán.
34. A todos los actos humanos transformados en actos divinos en la Divina Voluntad.
35. A cada muerte mística vivida por Nuestro Señor durante su vida oculta.
36. A cada gota de sangre derramada por Nuestro Señor Jesucristo cuando fue circuncidado.
37. A cada lágrima derramada por Nuestro Señor, Nuestra Señora y San José durante la circuncisión.
38. A todas las vidas divinas formadas por los actos de los hijos de la Divina Voluntad que han sido, son y serán.

Oh Señor Jesús:

39. Yo os digo un "os amo con Vuestra Voluntad" por cada cosa pronunciada a continuación.
40. Pronuncio una oración de contrición por cada cosa mencionada a continuación.
41. Os doy gracias por Vuestro Fiat pronunciado en favor de los hombres.
42. Os ofrezco reparación por el rechazo de Vuestra Voluntad por los hombres que actúan con su propia voluntad.
43. Reclamo un alma por cada latido de mi corazón y respiración en el día de hoy.
44. Que esta oración repare todos los pecados cometidos contra Vos.
45. Honor y Gloria a la Divina Voluntad por cada cosa mencionada arriba.

3. Giro de la Santificación

En la Divina Voluntad, yo entro en Vos Jesús y me transformo en Vos Jesús. Durante esta fusión, entro en la vida de cada hombre, desde Adán hasta el último hombre y uno mi oración a cada uno de ellos. Uno también mi oración a lo que sigue:

1. Al Sacramento del Bautismo y a todas las santas prácticas que tendrían que haber sido observadas, han sido, son y serán observadas.
2. Al Sacramento de la Confirmación y todas las santas prácticas que tendrían que haber sido observadas, han sido, son y serán observadas.
3. Al Sacramento del Matrimonio y a todas las santas prácticas que tendrían que haber sido observadas, han sido, son y serán observadas.
4. Al Sacramento de la Eucaristía y a todas las santas prácticas que tendrían que haber sido observadas, han sido, son y serán observadas.
5. Al Sacramento de la Orden Sacerdotal y a todas las santas prácticas que tendrían que haber sido observadas, han sido, son y serán observadas.
6. Al Sacramento de la Reconciliación y a todas las santas prácticas que tendrían que haber sido observadas, han sido, son y serán observadas.
7. Al Sacramento de la Unción de enfermos y a todas las santas prácticas que tendrían que haber sido observadas, han sido, son y serán observadas.
8. A las intervenciones pasadas, presentes y futuras del Espíritu Santo.
9. A cada palabra de cada Misa que ha sido, es y será celebrada.
10. Al Fiat de María relacionado con todo lo que se menciona abajo.
11. Al Fiat de Luisa relacionado con todo lo que se menciona abajo. Oh Señor Jesús.
12. Asocio un "te amo con Vuestra Voluntad" a cada cosa mencionada a continuación.
13. Asocio una oración de contrición a cada cosa mencionada a continuación.
14. Honor y Gloria a la Divina Voluntad por cada cosa mencionada a continuación.
15. Hago una oración de reparación y contrición por cada aborto que ha

sido, es y será realizado.
16. Reclamo un alma por cada latido de mí corazón y respiración en el día de hoy.
Yo reparo por:
17. Los abusos asociados al Sacramento del Bautismo que han sido, son actualmente y serán cometidos.
18. Los abusos asociados al Sacramento de la Confirmación que han sido, son actualmente y serán cometidos.
19. Los abusos asociados con el Sacramento del Matrimonio que han sido, son actualmente y serán cometidos.
20. Los abusos asociados al Sacramento de la Eucaristía que han sido, son actualmente y serán cometidos.
21. Los abusos asociados con el Sacramento del Orden Sacerdotal que han sido, son actualmente y serán cometidos.
22. Los abusos asociados al Sacramento de la Reconciliación que han sido, son actualmente y serán cometidos.
23. Los abusos asociados con el Sacramento de la Unción de enfermos que han sido, son actualmente y serán cometidos.
24. Las faltas contra los Diez Mandamientos que han sido, son actualmente y serán cometidos.

3. Oración a la Reina Celestial
(Del libro "La Virgen María en el reino de la Divina Voluntad")

Reina Inmaculada, Celestial Madre mía, vengo a tus rodillas maternas, abandonándome, como hijo tuyo querido, en tus brazos, para pedirte con los suspiros más ardientes la gracia más grande: que me admitas a vivir en el reino de la Divina Voluntad.

Madre Santa, Tú que eres la Reina de este Reino, admíteme como hijo tuyo a vivir en el, para que no esté más desierto, sino poblado por tus hijos. Por eso Reina Soberana, a Ti me entrego, para que guíes mis pasos en el reino del Querer Divino, y estrechado a tu mano maternal guíes todo mi ser, para que yo haga vida perenne en la Divina Voluntad.

Tú me harás de Madre, y como a Madre te hago entrega de mi voluntad, para que Tú me la cambies con la Divina Voluntad y así pueda estar seguro de no salir de su Reino. Por eso te ruego que me ilumines, para hacerme comprender que significa "Voluntad de Dios".

4. Acto de reparación completo en el Divino Querer

Dulce Jesús mío, entro en Tu Querer y me postro a los pies de la Majestad Suprema, y en nombre de toda la familia humana, pasada, presente y futura vengo en la inmensidad de este Divino Querer, en el que todas las generaciones están en acto como si fueran un punto solo, en nombre de todos vengo a adorarte, a presentar todos los homenajes que, como a nuestro Creador, todos te debemos.
Vengo a reconocerte, en nombre de todos, como el Creador de todas las cosas, y por todos y por cada cosa creada vengo a amarte, a alabarte a bendecirte, a darte las gracias.
En la Santidad de Tu Querer vengo a sustituir por todos y por cada cosa creada y hasta por las mismas almas perdidas; por todos quiero reparar y por cada ofensa; quiero suplir por todos, amarte por todos, y multiplicándome en Tu Santo Querer en cada criatura, quiero absorberlas todas en mí, para darte en nombre de todas, como si fueran una sola, no solo amor, sino Amor Divino, gloria, reparación, acción de gracias de un modo divino.
En Tu Querer, Amor mío, quiero volar en cada pensamiento de criatura, en cada mirada, en cada palabra, obra, y paso; y luego vengo a depositarlos a los pies de tu Trono, como si todos hubieran sido hechos por Ti; y si alguien me los niega, yo sustituiré por ellos. En el moverse de mis labios te doy el beso de todas las criaturas y con mis brazos te doy, el abrazo de todos: no

hay acto que yo no quiera sustituir. Tu, parece que no estás contento si se me escapa algo de lo que la criatura está obligada a hacer; pero Tu, oh Jesús mío, dulce Vida mía sella con tu bendición mi reparación, y haz que en cada acto que yo haga, se repita, se multiplique y este en continuo acto de volar de la tierra al Cielo, para llevar a tu Trono, en nombre de todos, amor, gloria y reparación divina.

5. Invocaciones a la Divina Voluntad en todas nuestras acciones

"Por eso hija mía, que tu primer acto sea encontrarte con mi Querer: que tu primer pensamiento, tu palpitar, sea encontrarte con el palpitar eterno de mi Querer, para que tú recibas todo mi Amor. Trata de hacer en todo continuos encuentros, para que quedes transformada en mi Querer y Yo en el tuyo, para poder prepararte a que tengas tu último encuentro con mi Voluntad en tu ultima hora; así no tendrás ningún encuentro doloroso después de la muerte"
(Jesús a Luisa Piccarreta, Vol.16, 23 Julio 1923)

Al despertar:

¡Jesús Te amo! Ven, Divina Voluntad, a pensar en mi mente.
¡Jesús Te amo! Ven, divina Voluntad, a circular en mi sangre.
¡Jesús Te amo! Ven, Divina Voluntad, a mirar en mis ojos.
¡Jesús Te amo! Ven, Divina Voluntad, a escuchar en mis oídos.
¡Jesús Te amo! Ven, Divina Voluntad, a hablar en mi voz.
¡Jesús Te amo! Ven, Divina Voluntad, a respirar en mis respiros.
¡Jesús Te amo! Ven, Divina Voluntad, a palpitar en mi corazón.
¡Jesús Te amo! Ven, Divina Voluntad, a moverte en mi movimiento.
¡Jesús Te amo! Ven, Divina Voluntad, a orar en mí y luego ofrece esta oración a Ti mismo como mía, para darte satisfacción por las oraciones de todos y darle al Padre la gloria que deberían darle todas las criaturas.

Al lavarse y al vestirse:

-¡Jesús Te amo! Ven, Divina Voluntad, en mi lavarme y lava mi alma de toda mancha.
-¡Jesús Te amo! Ven, Divina Voluntad, en mi vestirme y vísteme con tu luz.

Al caminar:

-¡Jesús te amo! Ven, Divina Voluntad, a caminar en mis pasos, para ir en busca de todas las criaturas y llamarlas a Ti.

Al trabajar:

-¡Jesús Te amo! Ven, Divina Voluntad, a obrar en mis manos.
-¡Jesús Te amo! Ven, Divina Voluntad, en mi escribir y escribe tu Ley en mi alma.

Al comer:

-¡Jesús Te amo! Ven, Divina Voluntad, en mi comer y aliméntame con tu alimento.

Al sufrir:

-¡Jesús Te amo! Ven, Divina Voluntad, a sufrir en mí sufrir, y mi alma unida a tu Voluntad, sea el crucifijo viviente inmolado por la gloria del Padre.

Al despertar:

Jesús, mi pensamiento piensa en tu Querer y en alas de mí pensamiento te mando los pensamientos de todas las criaturas. En alas de mi mirada, hecha en tu Querer, te envió las miradas de todas las criaturas.

V. Divina Voluntad

En alas de mi voz y de mi lengua, movida en tu Querer, te mando todas las voces de las criaturas.
En alas de mi oración, hecha en tu Voluntad, oh Jesús, quiero mandarte la oración de todos.
En alas de mi trabajo y de mis actos hechos en tu Querer, quiero mandarte loas actos de las criaturas y todos sus trabajos.
En alas de mis pasos dados en tu Querer, quiero hacer volar a Ti todos los pasos de las criaturas.

Al lavarse y al vestirse:

Oh Jesús mío, me visto en tu Voluntad y con esta Voluntad quiero cubrir todas las criaturas, para vestirlas a todas con tu Gracia, y luego tomo tu Querer y todas las bellezas que hay en él, y haciéndolas mías quiero vestir con ellas tu Santísima Humanidad, para defenderte de todas las frialdades y ofensas que te hacen las criaturas. Jesús mío, tu Amor unido al mío quiere darte el amor de todos y la satisfacción por todos.

Al caminar:

Camina en mí, oh Jesús y hazme dar los pasos en tu Voluntad, para ir en busca de todas las criaturas y llamarlas a Ti.

Al Trabajar:

Trabajo en tu Voluntad, y Tu, oh Jesús, haz que tus dedos se muevan en los míos, para que trabajando Tu en mí, te des la reparación por aquellos que no divinizan las obras materiales unidos contigo; y cada movimiento mío sea dulce cadena que forme el nudo para atar a Ti a todas las almas.

Al comer y beber:

Tomo este alimento en tu Voluntad, y Tu, oh Jesús, ven a tomarlo en mí, como si fuera mía tu Voluntad, y así darte prueba de mi amor. Bebo, oh Jesús mío, en tu Voluntad, y bebe Tú también en mí, o sumo Bien mío, para apagar la gran sed que tienes de todas las almas; que Tú puedas hallar en mí abundante bebida, para que luego puedas derramar sobre todos el agua de tu Gracia salvadora.

Al sufrir:

Sufro en tu Voluntad y mi padecer bese al Tuyo; así quiero, oh Jesús mío, darte la satisfacción de tus mismas penas. Mi humanidad sea la cruz y mi alma unida a tu Voluntad sea el crucifijo viviente, que este continuamente ante Ti, para darte la satisfacción que Tu mismo le diste al Eterno Padre.

6. Oración de Ofrecimiento al día

Por la señal de la Santa Cruz, de nuestros enemigos líbranos Señor Dios Nuestro. En el nombre del Padre, del Hijo y del Espíritu Santo.
Siempre Santa e Indivisible Trinidad, Os adoro profundamente, Os amo intensamente, Os doy gracias perpetuamente por todos y en los corazones de todos.
¡Oh Trinidad Santísima! Este nuevo día lo iniciamos en tu presencia, haciendo la señal de la Cruz e invocándote. Que tu bendición renueve en nosotros el don de tu gracia, con la que nos consagraste a Ti en nuestro bautismo, confirme en nosotros el don de tu semejanza, y llame la Vida de tu Voluntad a reinar en nuestras almas. Queremos renovar esta consagración y la total entrega de todo cuanto somos, repitiendo junto con María nuestra Madre: "Hágase en mi según tu Palabra"; y junto con Jesús en el momento de su Encarnación: "Heme aquí Padre, que vengo para hacer tu Voluntad."

V. Divina Voluntad

Pues queremos como Ellos, vivir sólo y siempre en tu Voluntad, y que sea Ella nuestra Vida, nuestro alimento y nuestro Todo.

Oh Buen Jesús, ya que queremos que tu Voluntad sea nuestra Vida, y sabiendo que Ella tiene su reino en tu Humanidad, te pedimos que nos hagas entrar, nos unas y transformes en tu Humanidad, y puesto que sin ti nada podemos, tómanos de tu mano, y ponnos en la inmensidad de tu Voluntad, enséñanos sus secretos, para que la amemos y la poseamos; y reinando en nosotros, todo nuestro obrar sea efecto de tu Santísimo Querer.

Ahora unidos a ti y a María Nuestra Madre en la luz de tu Divino Querer, donde todos y todo se encuentran, queremos cumplir con nuestro primer deber como criaturas, queremos reconocer, acoger y corresponder a tu amor y a tu Voluntad, en sus tantas manifestaciones en la obra de la Creación, Redención y Santificación.

¡Padre! En tu Santo Querer te repetimos: "Te amamos y Gloria a nuestro Creador", por todo cuanto has creado y hecho por nosotros y por todos. "Te amamos, te adoramos, te bendecimos y te agradecemos", por cada uno de nuestros hermanos y hermanas, pasados, presentes, futuros, por cada pensamiento, afecto, y deseo; por cada latido, respiro y movimiento; por cada mirada, palabra y obra; y por todo lo que se ha hecho y se hará.

¡Jesús, Hijo del Padre! En la luz de tu Querer te ofrecemos el beso, la correspondencia de amor, la adoración y la gloria, que todos te debemos por el don de tu Vida y la de María nuestra Madre, por tu Encarnación y tu Nacimiento, por tu Infancia y tu Vida Oculta; por tu Vida Pública: por tus palabras y ejemplos; por tus Milagros y los Sacramentos instituidos; por tu Pasión, Muerte y Resurrección.

¡Espíritu Santo, Amor del Padre y del Hijo!, Te alabamos y agradecemos por el don de la vida y por todas las gracias que has derramado en la Iglesia, dándole vida y santificándola.

Señor, al cumplir este deber de amor, paseando por cada una de tus obras, te pedimos que nos reveles tu Voluntad y amor en todas ellas, y las encierres en nuestro corazón. Queremos llevarlas todas a tu presencia, ofrecértelas, y pedirte junto con ellas a nombre nuestro y de todos, que" Venga tu reino, y

que tu Voluntad se haga en la tierra como en el Cielo".
Señor, queremos también recordar poner nuestro "te amo" y ofrecerte, el perfecto amor, la alegría y la fiesta, que al vivir y obrar en la Unidad de tu Voluntad te dieron nuestros primeros padres Adán y Eva inocentes. Queremos unir nuestros pequeños actos a los suyos, y a los que han hecho y harán, todos los que hacen y viven en tu Adorable Voluntad, pidiéndote que restablezcas en la familia humana el orden primero de la Creación.
Jesús, es nuestra intención y deseo hacer todo en este día, junto contigo y en tu Voluntad, y que todo nuestro ser y todos nuestros actos, pequeños y grandes, naturales y espirituales, sirvan para hacer crecer la Vida de tu Voluntad, en nuestra persona y en tu Iglesia, y sean una oración continua que te repita: "Salva a las almas" y "Venga tu Reino, tu Voluntad se haga como en el Cielo en la tierra".
¡Oh Trinidad Santísima!, Para vivir siempre en tu Voluntad, te pedimos que nos llenes del Espíritu Santo, nos mantengas unidos a Jesús y María, y nos concedes la ayuda y protección de los Santos Ángeles y de todos los Santos. Y ya que a Luisa, "La pequeña Hija de tu Voluntad" le manifestaste las grandes maravillas del "Vivir en tu Querer", concédenos la gracia de imitarla en el amor a Ti y a tu Voluntad, y en su fidelidad y atención a cuanto le enseñabas; haz que como en ella, el vuelo de todos nuestros actos sea continuo en tu Querer. Amén.

7. Oración a Jesús

¡Jesús, Te amo, revélanos al Padre, revélanos su Santísima Voluntad y haz que Ella reine en nosotros como reinaba en Ti!
¡Jesús, Te amo! Ven Divina Voluntad, a pensar en mi mente.
¡Jesús, Te amo! Ven Divina Voluntad, a circular en mi sangre.
¡Jesús, Te amo! Ven Divina Voluntad, a mirar en mis ojos.
¡Jesús, Te amo! Ven Divina Voluntad, a escuchar en mis oídos.
¡Jesús, Te amo! Ven Divina Voluntad, a hablar en mi voz.
¡Jesús, Te amo! Ven Divina Voluntad, a respirar en mi respiración.

¡Jesús, Te amo! Ven Divina Voluntad, a palpitar en mi corazón.
¡Jesús, Te amo! Ven Divina Voluntad a moverte en mi movimiento.
¡Jesús, Te amo! Ven Divina Voluntad, a orar en mí y luego ofrece esta oración a Ti como mía, para satisfacer por las oraciones de todos y para dar al Padre la gloria que deberían darle todas las criaturas.

8. ¡Jesús te amo!
Ven Divina Voluntad y tomá posesión

de mi ser, de mi persona, de mi vida;
de todo lo que soy, de todo lo que tengo, de todo lo que hago;
de mi espíritu, de mi alma, de mi cuerpo;
de mis facultades, de mis sentidos, de mis miembros;
de mi voluntad, de mi inteligencia, de mi memoria;
de mi mente, de mi corazón, de mi respiro;
de mis pensamientos, de mis palabras de mis obras;
de mis ojos, de mis oídos, de mi voz;
de mis movimientos, de mis acciones, de mis pasos;
de mi trabajo, de mi cansancio, de mi descanso;
de mis sentimientos, de mis penas, de mis alegrías;
de la Santa Misa, de los Sacramentos que recibo (o que doy), de mi oración;
de mi pasado, de mi presente, de mi futuro;
de mi vida, de mi muerte y de mi eternidad,
para convertir todo en alabanza perfecta y universal de tu Gloria, en vida de tu Vida, en triunfo de tu Querer.

9. Jesús, Tu Divina Voluntad sea vida en Mí y me revista de Ti

Hoy haré todo por Ti, contigo y en Ti.
En cada instante de mi vida, viva en mi tu Vida entera, tu Muerte y tu Resurrección.

Cúbreme con el manto de tu Vida, de tu Dolor y de tu Amor, para que yo
Te adore en tu Verdad,
Te abrace en tu Inmensidad,
Te posea en tu Omnipotencia.
Te glorifique con tu misma Gloria,
Te alabe con tu Sabiduría,
Te bendiga con la misma voz del Padre.
Te de las gracias con tu Justicia,
Te repare con tus mismos méritos,
Te ame con tu eterno Amor.
En cada instante quiero llenar toda la Creación con mi Amor que Te alaba
y Te da las gracias, toda tu vida de Redentor con mi Amor que Te adora y
Te bendice, toda la obra de la Santificación con mi Amor que Te ama y que
en nombre de todos Te pide el triunfo de Tu Reino.

10. Oración por las Almas del Purgatorio en la Divina Voluntad

A Luisa Piaccarreta, se le apareció su confesor difunto, y le dijo que esta oración lo había ayudado mucho: "Una vez me hiciste un bello sufragio, si supieras el bien que me hiciste, el refrigerio que sentí, los años que desconté".

Entro en el Querer Divino y tomo su poder, la inmensidad de su amor, el valor inmenso de las penas del Hijo de Dios y de todas las cualidades divinas, voy y se las derramo a todas las almas del purgatorio. Y a todas las almas de todos los tiempos, Para que conforme yo se las derrame, ellas reciban el baño del amor que contiene el poder divino, el baño de la belleza, el baño de la sangre de Jesús y de todas las cualidades divinas. Tomo todos los bienes de la Creación, de la Redención, la Vida Divina de Jesús y de Nuestra Madre; sus oraciones, lágrimas, sufrimientos, su sangre, su amor; tomo toda la obra de la Santificación, todas las santas Misas, todas las oraciones de todos los hombres, todos sus sacrificios, y todo lo extiendo en su Querer, Para que se conviertan en actos Divinos. Y todo se los llevo a las almas

V. Divina Voluntad

del purgatorio y a las almas de todos los tiempos, también a los vivos, me arrepiento a nombre de ellas, pido perdón a nombre de ellas, por no haber cumplido su deber de estado, por no estarlo cumpliendo, las faltas de amor que tuvieron, y tienen. Tomo el dolor que tuvo Jesús, por sus pecados para que lo sientan, y pueda ser sufragio para ellas, y para las vivas, para que ese dolor de Jesús, las haga arrepentirse, y yo a nombre de todos me arrepiento y siento el dolor de Jesús, lleno los huecos de amor con la inmensidad de tu amor Divino, y esto lo uno al acto único de Dios, Para que continuamente se derrame sobre ellas. Perdono a todos los que me han lastimado.

En la Divina Voluntad, en nombre de todas las almas del purgatorio, perdono y bendigo a todas las personas que les hicieron daño, y en la Divina Voluntad en nombre de todas las almas del purgatorio, pido perdón y bendigo a todas las personas, vivas o difuntas o animales que las almas del purgatorio, pudieran haber dañado. A nombre de ellas, esas heridas que ellas tienen sánalas, tomamos el milagro de que puedan perdonar, tomo la vida perfecta que Jesús hizo por ellas, y se las ofrezco al Padre, como si ellas hubieran vivido en Divina Voluntad. Y esto lo uno al acto único de Dios para qué; se repita, se repita, se repita.[1]

---

[1] Cf. Luisa Picarreta, La pequeña hija de la Divina Voluntad, Libro del Cielo Volumen 12-93, Marzo 14 1919

Cristo vive en Mí [1]

Oración de Sanación y Liberación a través de la Cruz de Cristo.

Padre celestial, me presento ante el trono de Tu gracia, bañado en la Sangre de Cristo, para pedirte por los méritos de los sufrimientos de Jesús, por sus Santas Llagas y por su Santa Cruz, enviar Tu Espíritu Santo sobre mi cuerpo y mi espíritu para liberarme y sanarme de …

Padre bueno, enséñame a amar, aceptar, vivir y abrazar mi cruz con paciencia, gozo y perseverancia, imitando el ejemplo de Tu Hijo muy amado.

Reparación

Querido Jesús: te pido perdón por todas mis ofensas y las de mundo entero. Beso cada una de tus Santas Llagas y te entrego todo mi corazón, mi alma, y mi mente, para que dispongas de ellos para Tu obra de redención.

Sanación de los cinco sentidos

Jesús, Hijo de Dios vivo:
Te entrego mis cinco sentidos y Te pido que vengas a vivir en mí y restaures

---

[1] Oración inspirada en los escritos *"Las 24 Horas de la Pasión de Cristo"* de la sierva Luisa Piccarreta.

V. Divina Voluntad

Tu imagen divina dentro de mí.

Te ofrezco mis ojos: sana mi forma de ver. Que mis ojos sean Tus ojos para que mires Tu mi cuerpo, mi vida, la creación y a todos los demás con Tus ojos de misericordia y los sanes.

Te ofrezco mis oídos: sana mi forma de escuchar y obedecer. Que mi oído sea Tu oído al escuchar la Palabra del Padre y la voz de los que sufren.

Te ofrezco mi respiro: sana mi forma de vivir. Que mi respiro sea Tu respiro. Que en cada uno de mis respiros resuene un "Te amo, Te adoro, Te bendigo, Te doy gracias" por cada segundo de mi vida y la de todos.

Te ofrezco mi cuerpo: sana mi forma de tocar. Que mis manos sean Tus manos, mi abrazar Tu abrazar y mi aliviar Tu aliviar.

Te ofrezco mi boca: sana mi forma de hablar. Que mi voz sea Tu voz, mi hablar Tu hablar, mi pensar Tu pensar.

Toca mi alma con el don de la compasión para los demás.
Toca mi corazón con Tu coraje y amor infinito para todos.
Toca mi mente con Tu sabiduría, de tal forma que mi boca proclame siempre Tu gloria.

Conclusión:
Jesús mírame con tus ojos de misericordia y manda Tú Santo Espíritu sobre mí. Haz de mi un testigo auténtico de Tu Resurrección, de Tu victoria sobre el pecado y la muerte y de Tu presencia viva en medio de nosotros. Haz que estas palabras se hagan realidad en mi vida:" ya no soy yo quien vive, es Cristo quien vive en mí", (Gal 2,20). Hágase siempre Tu voluntad en mi vida, venga a mí Tu reino. Amén.

Rezar un Jerico

Intención de la oración: Por el Papa Francisco (y al Padre…)
Para que todos los obstáculos caigan ante la Voluntad de Dios.

Se reza durante 7 días:
1. Oración a San Miguel Arcángel
2. Salmo 145
3. Magníficat
4. La oración al Espíritu Santo
5. Último día rezar estas oraciones 7 veces durante todo el día.

1. Oración a San Miguel Arcángel

A través del Sagrado Corazón de Jesús y por la intercesión del Inmaculado Corazón de María, humildemente nos postramos ante Tu Majestad, oh Dios Todopoderoso. Te suplicamos, que nos envíes al Santo Arcángel San Miguel para ayudarnos en nuestra tribulación.

San Miguel, príncipe de la armada celestial, ¡ven a nosotros, te lo suplicamos de todo corazón!

Ponemos bajo tu especial protección al Papa Francisco (y al Padre…) y todo el misterio que Dios le ha confiado, a nosotros mismos y a todos aquellos que participan de él, a nuestras familias, parroquias, nuestro país y al mundo entero.

Que Dios nos conceda muchos santos y sacerdotes.
A través de ellos, Oh Santo Arcángel San Miguel, haz que la Iglesia triunfe y apóyala en la lucha contra el infierno.

Por el poder del Santo Espíritu establece el reinado de Cristo en la misión del Papa Francisco (y del Padre...) y en el mundo para que la paz permanezca para siempre.

V. DIVINA VOLUNTAD

2. Salmo 145 Himno de David

Te ensalzaré, rey mío y Dios mío, bendeciré tu nombre por siempre jamás;
Todos los días te bendeciré, alabaré tu nombre por siempre jamás.

Dios es grande y digno de alabanza, no tiene medida su grandeza.
Una generación ponderará tus obras a la otra, proclamarán tus proezas;

Hablarán del esplendor de tu gloriosa majestad, contarán tus milagros;
Publicarán el poder de tus prodigios y pregonarán tus grandezas;

Divulgarán el recuerdo de tu inmensa bondad, aclamarán tu justicia.

El Señor es tierno y compasivo, paciente y lleno de bondad;
El Señor es bueno con todos, lleno de ternura con todas sus obras.

Te alabarán, Señor, todas tus obras, y tus fieles te bendecirán;
Anunciarán la gloria de tu reino y hablaran de tus proezas,
Explicando a los hombres tus proezas y la gloria deslumbrante de tu reino.

Tu reino es un reino eterno y tu imperio dura por todas las edades.
El señor es fiel a su palabra, leal en todas sus acciones.

El Señor sostiene a todos los que caen, endereza a los que están doblados.
Los ojos de todos están fijos en ti y tú les das a su tiempo la comida;
abres la mano y sacias a placer todos los vivientes.

El Señor es justo en todos sus caminos, leal en todas sus acciones;
El Señor está cerca de los que lo invocan, de los que lo invocan con sinceridad.

El cumple los deseos de sus fieles, escucha su clamor y los libera;
El Señor guarda a todos sus amigos y extermina a todos los malvados.
Mi boca dirá la alabanza del Señor, todos los muertos bendecirán su santo nombre por siempre jamás.

3. *Magníficat*

Proclama mi alma la grandeza del Señor, se alegra mi espíritu en Dios mi Salvador, porque ha mirado la humillación de su esclava.

Desde ahora me felicitarán todas las generaciones porque el Poderoso ha hecho obras grandes por mí. Su nombre es Santo y su misericordia llega a sus fieles de generación en generación.

El hace proezas con su brazo, dispersa a los soberbios de corazón.
Derriba del trono a los poderosos y enaltece a los humildes. A los hambrientos los colma de bienes y a los ricos despide vacíos.

Auxilia a Israel su siervo, acordándose de su santa alianza según lo había prometido a nuestros padres en favor de Abraham y su descendencia por siempre.

Gloria al Padre y al Hijo y al espíritu Santo como era en principio ahora y siempre por los siglos de los siglos. Amén.

4. *Oración al Espíritu Santo*

"¡Ven Espíritu Santo! Ven por la poderosa intercesión del Corazón Inmaculado de María, tu esposa bien amada." (3 veces).

VI. Anexo

Secuencia del Espíritu Santo

Este himno litúrgico es especialmente insoportable para el demonio que provoca dolores de cabeza, fatiga sin motivo y que hace dormitar durante la oración. También es insoportable para el demonio que causa nerviosismo, excita la cólera y suscita discusiones. Tampoco la soportan los espíritus invocados en los maleficios.

Ven, Espíritu Santo, a nuestros corazones
y envía desde el cielo
un rayo de tu luz.

Ven a nosotros, Padre de los pobres,
ven dispensador de dones,
ven luz de nuestros corazones.

Consolador supremo,
dulce huésped de nuestras almas,
apaciguante frescura.

En el trabajo, eres descanso,
en la fiebre, frescura,
en el llanto, consuelo.

Lava lo que está sucio en mí,
con la Sangre de Cristo.
Baña lo que está arido en mi espíritu
con el agua del Costado de Cristo.

Oh luz dichosísima,
ven a inundar hasta lo más íntimo
el corazón de todos tus fieles.

Sin tu poder divino,
nada hay en el hombre,
nada que sea puro.

Sana lo que está herido en mi vida
con las santas Llagas de Jesús.

Suaviza lo que está rígido en mi inteligencia
con tu unción soberana.

Inflama lo que está frío en mi corazón
con la llama de tu amor.

Endereza lo que está extraviado en mi entendimiento
con el esplendor de tu verdad.

A todos los que tenemos fe, y que en Ti confiamos,
danos tus siete dones sagrados.
Danos mérito y virtud.
Danos la salvación eterna.
Danos la alegría eterna. Amén.

Oremos: Espíritu *Santo, mi Señor y mi Dios, Tú eres el* Señor que da la vida, el dispensador de las bendiciones divinas. Manifiesta tu poder en mi ser. Renueva en mí el don de la gracia. Has hecho de mí un hijo de Dios en Jesucristo, el Hijo Unico engendrado. Ven a mí ahora, Espíritu del Señor. Amén.

IMPRIMATUR:

+ Georges Riachi

Archbishop of Tripoli and all the north for the melkite Catolic in Lebanon

Oraciones del Arzobispo Católico de Trípoli Georges Riachi

Oración de reparación

Una religiosa difunta se apareció a su superiora que oraba por ella y le dijo: *"Fui al cielo directamente porque, habiendo recitado todas las noches esta oración, pagué todas mis deudas y fui liberada del purgatorio."*

Padre Eterno, por las manos de la Virgen de los Dolores, te ofrezco el Corazón Sagrado de Jesús con todo su amor, todos sus sufrimientos y todos sus méritos:
Para expiar todos los pecados que he cometido hoy y durante toda mi vida. Gloria al Padre…
Para purificar el bien que hice mal hoy y durante toda mi vida. Gloria al Padre…
Para suplir el bien que he descuidado hacer hoy y durante toda mi vida. Gloria al Padre…

El Padrenuestro de Santa Mechtilde por las almas del purgatorio

Esto sucedió en Suiza, en Einsiedeln, lugar de peregrinación mariana; era invierno, un día de la semana y la iglesia estaba casi vacía; Aloisia rezaba con sus padres. Mirando hacia el altar principal, advirtió la presencia de una religiosa muy mayor, vestida con un hábito muy antiguo, de una época lejana. Se dirigió hacia ella y la religiosa le entregó un pliego de oraciones que introdujo mecánicamente en su bolsillo.

Se produjo entonces algo sorprendente: la puerta de entrada se abrió de repente y Aloisia vio entrar a una inmensa muchedumbre de peregrinos, todos pobremente vestidos, que caminaban con pasos silenciosos, como fantasmas: un río de peregrinos de una longitud casi interminable entraba en la iglesia; había un sacerdote que les indicaba el camino.

La campesina se preguntaba con extrañeza cómo iba a caber esa enorme muchedumbre en la iglesia. A continuación, se giró un corto instante para encender un cirio y, cuando volvió a mirar hacia atrás, la iglesia estaba de nuevo tan vacía como al principio.

Llena de asombro, preguntó a sus padres dónde se había ido toda esa gente. Pero ninguno de los que la acompañaban había observado el desfile de peregrinos y ni visto a la religiosa.

Sin entender lo que sucedía, buscó en su bolsillo el pliego que le había entregado la religiosa; este pliego que tenía entre sus manos le demostraba claramente que en modo alguno había soñado. Contenía una oración que el Señor Jesucristo había enseñado de antaño a Santa Mechtilde, en una de sus apariciones. Era el Padrenuestro de Santa Mechtilde por las almas del purgatorio. Cada vez que Santa Mechtilde recitaba esta oración, veía a legiones de almas del purgatorio subir al cielo.

Padre nuestro que estás en el cielo

Te ruego, oh Padre Celestial, que perdones a las almas del purgatorio, pues ni te amaron ni te rindieron el honor que te es debido, a Ti, su Señor y Padre que por pura gracia las adoptaste como hijos. Al contrario, a causa de sus pecados, te arrojaron de su corazón donde Tú, sin embargo, querías habitar siempre. En reparación de estas faltas, te ofrezco el amor y la veneración que Tu Hijo encarnado te manifestó a lo largo de su vida terrestre y te ofrezco todos los actos de penitencia y reparación que cumplió, y por los cuales borró y expió los pecados de los hombres. Amén.

Santificado sea tu nombre

Te suplico, oh Padre buenísimo, que perdones a las almas del purgatorio, pues no siempre honraron dignamente tu Santo Nombre sino que a menudo lo pronunciaron en vano y se hicieron indignas del nombre de cristiano por su vida de pecado. En reparación de estas faltas, te ofrezco todo el honor que Tu Hijo bien amado rindió a Tu Nombre con sus palabras y sus actos a lo largo de su vida terrestre. Amén.

Hágase tu voluntad en la tierra como en el cielo

Te ruego, oh Padre buenísimo, que perdones a las almas del purgatorio, pues no siempre sometieron su voluntad a la tuya, ni intentaron cumplir Tu voluntad en todo, sino que incluso vivieron y actuaron haciendo solo su voluntad. En reparación de su desobediencia, te ofrezco la perfecta conformidad del corazón lleno de amor de tu divino Hijo con tu santa voluntad y la más profunda de las sumisiones que te demostró obedeciéndote hasta su muerte en la cruz. Amén.

Danos hoy nuestro pan de cada día

Te ruego, oh Padre buenísimo, que perdones a las almas del purgatorio, pues no siempre recibieron el Santísimo Sacramento de la Eucaristía con suficiente anhelo, sino que lo hicieron a menudo sin recogimiento ni amor, incluso indignamente, y hasta omitieron hacerlo. En reparación de todas estas faltas, te ofrezco la eminente santidad y el gran recogimiento de Nuestro Señor Jesucristo, Tu divino Hijo, y el ardiente amor con el que nos hizo este incomparable don. Amén.

Perdona nuestras ofensas como nosotros perdonamos a los que nos ofenden

Te ruego, oh Padre buenísimo, que perdones a las almas del purgatorio todas las faltas de las que se hicieron culpables sucumbiendo a los siete pecados capitales, y también por no haber querido perdonar a sus enemigos. En reparación de todos estos pecados, te ofrezco la oración llena de amor que tu divino Hijo te dirigió a favor de sus enemigos cuando estaba en la cruz. Amén.

No nos dejes caer en la tentación

Te ruego, oh Padre buenísimo, que perdones a las almas del purgatorio, pues a menudo no resistieron las tentaciones ni las pasiones sino que siguieron al enemigo de todo bien y se abandonaron a las concupiscencias de la carne. En reparación de todos estos múltiples pecados de los que son culpables, te ofrezco la gloriosa victoria que nuestro Señor Jesucristo obtuvo sobre el mundo así como su Santísima vida, su trabajo, sus penas, su sufrimiento y su muerte crudelísimos. Amén.

Y líbranos del mal

Y de todos los castigos, en virtud de los méritos de tu Hijo bien amado, y condúcenos, así como a las almas del purgatorio, a tu Reino de Gloria Eterna que se identifica contigo. Amén.

Oración por los difuntos

Nuestro deber de rezar por las almas del purgatorio es tanto más grande cuanto que nos protegen con una eficacia igual a su afecto en nuestra lucha contra el Maligno.

Salmo 129

Desde lo más profundo a ti grito, Señor:
¡Señor, escucha mi clamor!
¡Estén atentos tus oídos
a la voz de mis súplicas!
Si en cuenta tomas las culpas, Señor,

¿Quién, Señor resistirá?
Mas el perdón se halla junto a Ti,
para que seas temido.
Yo espero en el Señor,
mi alma espera en su palabra;
mi alma aguarda al Señor
más que el centinela a la aurora;
más que el centinela a la aurora,
aguarde Israel al Señor.
Porque con el Señor está el amor,
junto a Él abundancia de rescate;
Él rescatará a Israel
de todas sus culpas.

V. Dales, Señor, el descanso eterno y haz brillar sobre ellos la luz perpetua.
R. Que por la misericordia de Dios las almas de los fieles difuntos descansen en paz. Amén.

Credo

Creo en un solo Dios, Padre todopoderoso, creador del cielo y de la tierra, de todo lo visible y lo invisible.

Creo en un solo Señor, Jesucristo, Hijo único de Dios, nacido del Padre antes de todos los siglos; Dios de Dios, Luz de Luz, Dios verdadero de Dios verdadero, engendrado, no creado, de la misma naturaleza del Padre, por quien todo fue hecho; que por nosotros los hombre y por nuestra salvación bajó del cielo, y por obra del Espíritu Santo se encarnó de María la Virgen, y se hizo hombre; y por nuestra causa fue crucificado en tiempos de Poncio Pilato; padeció y fue sepultado, y resucitó al tercer día, según las Escrituras, y subió al cielo, y está sentado a la derecha del Padre; y de nuevo vendrá con gloria para juzgar a vivos y muertos, y su Reino no tendrá fin.

Creo en el Espíritu Santo, Señor y dador de vida, que procede del Padre y del Hijo, que con el Padre y el Hijo recibe una misma adoración y gloria, y que habló por los profetas. Creo en la Iglesia, que es una, santa, católica y apostólica.

Confieso que hay un solo bautismo para el perdón de los pecados. Espero la resurrección de la carne y la vida del mundo futuro. Amén.

Acto de abjuración

Para romper las ataduras maléficas originadas por el contacto con el mundo del ocultismo en general, se recomienda hacer —repitiéndolo varias veces- el acto de abjuración siguiente. Cogemos un crucifijo y trazaremos con él grandes señales de la cruz sobre nosotros diciendo al mismo tiempo: En tu nombre, Jesús, y por los méritos infinitos de tu Sangre derramada en la Pasión, te ruego que rompas toda atadura oculta existente entre las fuerzas del mal y yo. Para ello, renuncio con todas mis fuerzas a Satanás y al pecado. Renuncio en particular a (nombrar según el caso: espíritu de adivinación, de magia, de espiritismo); renuncio a los espíritus de (decir aquí, uno detrás de otro, el nombre de la ciencia oculta, secta, mago o demonio al que nos hemos dirigido) y a todo Espíritu maléfico que ronda a mi alrededor. Que fluya sobre mí, Señor, tu Preciosa Sangre, me libere de toda atadura, me purifique de todo mal y de toda mancha de pecado. Para que, al fin libre, pueda glorificarte ahora y por los siglos de los siglos. Amén.

VI. Anexo

Súplica a Santa Ana

Bondadosísima Santa Ana, madre ideal de la Virgen María, dichosa abuela del Señor Jesucristo, exaltada con alegría por el pueblo cristiano y solicitada por tu santidad, te suplico que me obtengas de Dios el perdón de todos los pecados que he cometido por medio de pensamientos, palabras y omisiones para que, desde lo hondo de una conciencia renovada, pueda germinar la vida nueva a la que aspiro con todas mis fuerzas.

Que el ejemplo de tu vida, oh Santa Ana, me estimule fuertemente a vivir de fe, esperanza y caridad, en el nombre del Señor. Contigo, en la vida y sobre todo en la hora del dolor, quiero unirme a Dios, fuente y meta de todos mis anhelos. ¡Que su palabra sea para mí, como lo fue para ti, luz y fuerza!

Como quiero cantarte mi alabanza y mostrarte mi devoción, con firme confianza recuro a ti e invoco tu protección de la que no dudaré jamás. Imploro pues tu ternura y asistencia. Santa Ana, mi dulcísima esperanza, puesto que nunca has abandonado a los que han puesto en ti su confianza, dígnate consolarme y obtenerme del Altísimo la gracia de (decir la gracia solicitada) que te suplico me concedas.

Por último, Santa Ana, tú que eres tan poderosa, sostenme en mi deseo de multiplicar día tras día los actos de amor y de perdón, a fin de contribuir a la construcción de un mundo nuevo, digno del hombre y del cristiano, y de encender en los corazones de nuestros hermanos la luz de la esperanza en la tierra nueva y los cielos nuevos que Dios nos ha prometido. Amén.

Súplica a San José

Esta oración es muy eficaz para anular las consecuencias de ciertos ritos mágicos que se realizan en misas negras con la específica intención de impedir la liberación de personas que están yendo, desde hace algunos años, a un exorcista. Me pareció decisivo exorcizar la capilla donde hago las oraciones de liberación y su perímetro exterior. Lo hice durante un exorcismo de León XIII, que repetía tres veces seguidas y tres veces por semana,

+ LIBRO DE ORACIONES +

nombrando explícitamente a los demonios que habían sido invocados en las misas negras.
San José, ruega a Jesús que descienda a mi alma para santificarla.
San José, ruega a Jesús que descienda a mi corazón para inflamarlo de caridad.
San José, ruega a Jesús que descienda a mi inteligencia para iluminarla.
San José, ruega a Jesús que descienda a mi voluntad para fortificarla.
San José, ruega a Jesús que descienda a mis pensamientos para purificarlos.
San José, ruega a Jesús que descienda a mis aspiraciones para dirigirlas.
San José, ruega a Jesús que descienda a mis acciones para bendecirlas.
San José, obtén para mí de Jesús amarlo santamente.
San José, obtén para mí de Jesús, imitar tus virtudes.
San José, obtén para mí de Jesús, la verdadera humildad de espíritu.
San José, obtén para mí de Jesús, la dulzura del corazón.
San José, obtén para mí de Jesús, la paz del alma.
San José, obtén para mí de Jesús, el deseo de perfección.
San José, obtén para mí de Jesús, tener un humor equilibrado.
San José, obtén para mí de Jesús, un corazón puro y caritativo.
San José, obtén para mí de Jesús, el amor al sufrimiento.
San José, obtén para mí de Jesús, la ciencia de la vida eterna.
San José, obtén para mí de Jesús, la perseverancia en el bien.
San José, obtén para mí de Jesús, el valor de soportar las cruces.
San José, obtén para mí de Jesús, el desapego de los bienes de este mundo.
San José, obtén para mí de Jesús, permanecer en el recto camino al cielo.
San José, obtén para mí de Jesús, ser preservado de toda ocasión de pecar.
San José, obtén para mí de Jesús, un santo deseo del Paraíso.
San José, obtén para mí de Jesús, la perseverancia final.
San José, haz que mi corazón no deje de amarte y mi lengua de alabarte.
San José, por el amor que tuviste por Jesús, ayúdame a amarlo.
San José, dígnate aceptarme en tu servicio.
San José, me ofrezco a ti: recíbeme y auxíliame.
San José, no me abandones a la hora de mi muerte.
San José, te doy mi corazón y mi alma. Rezar tres Glorias.

VI. Anexo

Consagración al Corazón Inmaculado de María
(Nuestra Señora de Fátima)

¡Oh Corazón Inmaculado de María, Reina del cielo y de la tierra, Madre de Misericordia y refugio de los pecadores, respondiendo al deseo que manifestaste en Fátima, queremos consagrarnos hoy a tu Corazón Inmaculado! Te consagramos todo lo que tenemos, amamos y somos. Tuyos son nuestros cuerpos, nuestros corazones y nuestras almas; tuyos nuestros hogares, nuestro país y todo el género humano. Te consagramos todo lo que está en nosotros y alrededor nuestro.

Nos comprometemos, oh Corazón Inmaculado de María, a profesar valerosamente y en todo tiempo las verdades de nuestra santa fe. Nos comprometemos a cumplir los mandamientos de Dios y de la Iglesia. Queremos, como tú, conservar la virtud de la pureza. Queremos también expiar por los pecados de los hombres.

Reina sobre nosotros, oh dulce Reina. Que por esta consagración de todo nuestro ser estemos siempre, en las pruebas y en la prosperidad, en el dolor y en la alegría, en la enfermedad y en la salud, en la vida y en el momento de la muerte, bajo la protección constante de tu Inmaculado Corazón. Amén.

Oración de liberación
(Ph. Madre)

Jesús, creemos, con toda tu Iglesia, que eres verdaderamente el Hijo de Dios, hecho hombre, muerto y resucitado. Te recibimos en nuestros corazones y en nuestras vidas como nuestro Señor y nuestro Dios.

Prometiste enviarnos un defensor por el que pudiéramos realizar, en tu Nombre, las mismas cosas que Tú. Y sabemos que lo hemos recibido: el Espíritu Santo.

Por eso, confiándonos a tu gran misericordia, nos atrevemos a pedirte la gracia y el auxilio para N... oprimido por los poderes de las tinieblas. Conoces su pecado, conoces sus debilidades. Ves que, por encima de todo, se vuelve hacia Ti para recibir, de tu Amor, la liberación. No puedes sino escuchar su grito de aflicción y venir en su ayuda.

Señor Jesucristo, Tú eres la Resurrección y la Vida. Has sufrido por él, has muerto en la Cruz por él, has resucitado para que tenga la Vida en él y para que los poderes del mal sean reducidos a la impotencia. Jesús, Hijo Único de nuestro Padre, Cordero de Dios que quitas el pecado del mundo, cargando tú con él, libera ahora a N...

Sabes por qué circunstancias el maligno pudo insinuarse en su alma para encerrarle y alejarle de tu Misericordia. Tú, que has vencido la muerte por tu Cruz, derrama tu luz de gloria en medio de esas circunstancias tenebrosas y líbrale de toda complicidad con el mal.

Líbrale de toda influencia de malos espíritus. Cúrale de todo daño que estos hayan podido infligir a su alma o a su cuerpo.

(Aquí se puede hacer un canto de victoria, de alabanza o de adoración).

Por la intercesión de la Santísima y Purísima Virgen María, tu Madre y nuestra Madre, acaba ahora tu obra de liberación en N... y así pueda testimoniar que Tú, Jesús, eres el Camino, la Verdad y la Vida. (Jn 14, 6)

Oración para renunciar a una secta o a una ciencia oculta

Padre celeste, si he creído, estudiado o practicado cualquier cosa que te disguste o sea contraria a tu Palabra, me arrepiento sinceramente.

Te pido perdón por haber participado en esas cosas y me comprometo a no tener ya más relación alguna con ellas. Si tengo libros o accesorios relacionados con ellas, me comprometo a quemarlos inmediatamente.

Renuncio a (nombre de la secta o de la ciencia oculta), te ligo bajo la Sangre de Jesús y te arrojo a las tinieblas para siempre, en nombre de Jesús. Gracias Jesús.

(Repetir a partir de "Renuncio" por cada una de las falsas doctrinas en las que hayamos podido estar implicados).

VI. Anexo

El perdón en el Espíritu Santo

En tu nombre, Señor Jesús, por el poder de tu Espíritu y para la gloria de Dios, Padre tuyo y Padre nuestro, con toda la fe y sinceridad de mi corazón, te pido la gracia de ayudarme a perdonar.

Por mí mismo, no puedo perdonar como Tú lo pides. Por eso, imploro la ayuda de tu amor y el poder de tu Sangre que nos da acceso a tu misericordia. Perdono a todas las personas que me han herido en la forma que sea, consciente o inconscientemente. Perdono en particular a N... todo el mal que ha podido hacerme. Le condono toda deuda hacia mí, sin condición alguna y para siempre.

Te ruego, Señor Jesús, que le bendigas y colmes de tu gracia desde hoy y para siempre. Señor Jesús, Tú que eres Misericordia, pongo mi confianza en Ti. Lléname, te lo ruego, de tu paz y tu alegría, y derrámalas también sobre él/ ella. Te lo pido por los méritos de tus Santas Llagas y de tu Cruz gloriosa. Te doy gracias por todo lo que tu amor me concede hoy, por todo lo que harás mañana por mí y por lo que harás en esta persona a quien perdono. Amén.

Bendecirme a mí mismo

Señor Jesús, purifícame en tu Preciosísima Sangre y por el poder de tu Espíritu Santo. Establece tu señorío sobre todo mi ser. Despójame de todo orgullo, de toda vanidad, de todo lo que obstaculiza la acción de tu Espíritu Santo. Ven y sustitúyelo por tu Espíritu de Humildad y Santidad. ¡Señor Jesús, derrama sobre mí tus Bendiciones y tu Amor!

Letanías de la victoria de la Sangre de Jesús
(de la Madre Basilea Schlink)

Alabo la preciosa Sangre del Cordero de Dios que cura las dolencias de mi cuerpo.

Alabo la preciosa Sangre del Cordero de Dios que cura las dolencias de mi alma.
Alabo la preciosa Sangre del Cordero de Dios que cura las dolencias de mi espíritu.
Adoro la Sangre del Cordero, en su poder de perdón.
Adoro la Sangre del Cordero, en su poder de sanación.
Adoro la Sangre del Cordero, en su poder de purificación.
Adoro la Sangre del Cordero, en su poder de renovación.
Adoro la Sangre del Cordero, en su poder de protección.
Alabo la Sangre de Jesús, que cubre todos mis pecados y me purifica.
Alabo la Sangre de Jesús, que me libera de toda esclavitud. Alabo la Sangre de Jesús, que es más fuerte que mi sangre corruptible.
Alabo la Sangre de Jesús, que me transforma en su imagen. Alabo la Sangre de Jesús, que hace de mí una criatura nueva.

Gloria a la Sangre de Jesucristo, que me libera de los poderes del mal.
Gloria a la Sangre de Jesucristo, que triunfa de mis enemigos.
Gloria a la Sangre de Jesucristo, que me protege de los engaños de Satanás.
Gloria a la Sangre de Jesucristo, que me reviste de la túnica blanca para las bodas del Cordero.
Gloria a la Sangre de Jesucristo, que hace todas las cosas nuevas en mí.
¡Amén! ¡Aleluya!

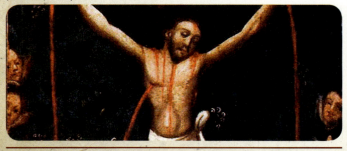

Las cinco claves de la liberación

Preparación para el Sacramento de la Reconciliación

Primera clave: El Arrepentimiento

"Señor Jesús, quiero ser libre. Ven a vivir a mi corazón. Te doy toda mi vida. Me abandono entre tus manos. Quiero que seas el Señor de mi vida. No quiero seguir cautivo de mis pequeñas esclavitudes ni de las grandes. Quiero entregártelas. Doy la espalda a los desórdenes del pecado, del mundo y de los demonios. Me vuelvo hacia Ti, Señor. Decido vivir para Ti, en Ti y Contigo. Ayúdame, Señor. Haz que mi corazón sea agradable al Padre Eterno. Amén."

Arrepiéntete de todo pecado por el que no te has arrepentido todavía:

"Señor Jesús, te pido perdón por (nombra esos pecados). Señor Jesús, te pido perdón por todas mis prácticas ocultas y espiritistas, sobre todo por (nombra esas prácticas)."

Segunda clave: El Perdón

Primer paso: Alabanza

"Señor, tu palabra nos enseña a entrar por tus puertas dando gracias, a estar en tus atrios alabándote. Señor, te celebro y bendigo tu Nombre. Busco tu presencia. Estoy atento para percibirla. Mantengo la mirada en Ti, Jesús, pues eres el apóstol y el sacerdote de mi profesión de fe, conduces mi fe y la llevas a su perfección. Reconozco tu amor y tu poder. Jesús, me identifico contigo. Te he entregado mi vida y ahora mi vida está oculta en Ti. El Espíritu Santo mora en mí. Reconozco que toda persona a la que no he perdonado es un elemento de mi vida que no te he sometido todavía. Señor Jesús, te ruego que me perdones por haber intentado salvarme a mí mismo, por no haber puesto mi confianza en Ti. "Ven Espíritu Santo, embárgame para enseñarme aquello por lo que debo rezar". (Alabanza y oración en silencio).

Segundo paso: Recordar sus palabras

"Señor Jesús, recuerdo tus palabras en la Cruz: Padre, perdónalos porque no saben lo que hacen'. Estas son palabras eternas, que Tú me has dado. Oh Jesús, activa el poder de estas palabras en mí". (Tiempo de oración en silencio).

Tercer paso: El perdón

Una persona cada vez, una ofensa cada vez. Piensa en una persona que te ha hecho daño y piensa también en el daño que te ha hecho. Permítete sentir tu dolor. El perdón produce su efecto profundo perdonando desde el dolor. No niegues el dolor: mira su raíz. (Tiempo de oración en silencio). Cuando sientas el dolor, haz la oración siguiente:

"Padre del Cielo, en el Nombre de Jesús, decido en mi corazón y opto por perdonar a (identifica a la persona) por (identifica la ofensa de forma específica). Libero a (nombre de la persona) de toda deuda hacia mí por lo que me ha hecho. Señor, me perdono a mí mismo en este asunto. Por ello, me arrepiento y me disocio de los no-perdones de mis antepasados. Renuncio a todo espíritu maligno que haya venido a mí y retomo mi vida entre mis manos. En el nombre de Jesús, ordeno a todos los torturadores que me han sido asignados por mi falta de perdón que se alejen inmediatamente. En el Nombre de Jesús, ordeno a (emociones malas[1]) suscitadas por este recuerdo que se vayan, que marchen inmediatamente".

"Padre del Cielo, que tu amor penetre profundamente en mí para liberarme de mi dolor y de mi cárcel, y para que yo sea instrumento de tu amor para los demás". (Tiempo de oración en silencio).

---

[1] *Elije las emociones aplicables a tu caso: no-perdón, resentimiento, venganza, ira, odio, violencia, asesinato, amargura, pena, desprecio, asco, rechazo, condena, tristeza, aversión, frustración, desconfianza, etc.*

¿Deseas perdonar más cosas a esa persona? En caso afirmativo, vuelve al tercer paso. A continuación, ¿deseas perdonar a otra persona? En caso afirmativo, vuelve al tercer paso. En caso negativo, empieza el cuarto paso.

Cuarto paso: Perdonarse a uno mismo

"Padre del cielo, reconozco que me has perdonado y acepto tu perdón. Me sumerjo en tu misericordia. No seré más exigente que Tú hacia mí mismo. Tu Hijo ha pagado el precio completo por mis pecados. Acepto a tu Hijo Jesús como mi Redentor. En el Nombre de tu Hijo Jesús, me perdono (con precisión, enumera todas las cosas por las que te condenas). Estoy de acuerdo con tu misericordia y tu perdón hacia mí. Estoy perdonado. Gracias, Señor. Sé que eres mi Padre y que soy tu hijo amado". (Ora en silencio).

Tercera clave: La Renuncia

Renuncia de forma específica a cada esclavitud o compulsión. Retira públicamente todo compromiso, alianza, acuerdo o pacto con el enemigo. El acto de renuncia es dejar de apegarte a algo, es decidir cortar toda relación con alguien, es abandonar, es renunciar al derecho que tienes sobre algo. De hecho, es retomar el control de tu vida. Cuando estés preparado, haz la siguiente oración:

"Señor Jesús, me abandono entre tus manos. Pongo toda mi confianza en Ti. En el Nombre de Jesús, renuncio a Satanás, a todas sus obras y a todas sus falsas promesas. En el Nombre de Jesús, renuncio al egoísmo, al orgullo, la impureza, la avaricia, al miedo, al rechazo de mí mismo... (enumera las dependencias y esclavitudes a las que renuncias). Gracias Jesús por la victoria que me das sobre mis enemigos. Retomo mi vida entre mis manos. Señor, muéstrame las puertas por las que los demonios han podido penetrar en mí". (Tiempo de oración en silencio).

La orden puede acompañar a cada renuncia.

Prácticas ocultas o espiritistas

"En el Nombre de Jesús, renuncio a todo espíritu maligno que haya venido a mi mientras practicaba (identifica la ciencia oculta o espiritista). Me comprometo a destruir todos los documentos y objetos vinculados a esas prácticas. En el Nombre de Jesús, ordeno a esos espíritus que se vayan inmediatamente". (Haz la misma oración para cada práctica oculta o espiritista. Tiempo de oración silenciosa).

Un demonio[2]

"En el Nombre de Jesús, renuncio a todo espíritu de (nombra el demonio). En el Nombre de Jesús, ordeno a ese espíritu que se marche". (Tiempo de oración silenciosa).

Pecado de familia

"Señor Jesús, tomo consciencia de que la vida con mis padres me ha hecho vulnerable a la influencia de malos espíritus (de ira, violencia, supresión de emociones, culpabilidad. orgullo, control, perfeccionismo, miedo, confusión. etc.). Perdono a (papá, mamá, hermano, etc.) por lo que me ha hecho. Señor, te pido perdón por haberme dejado vencer por (la ira, la violencia, la supresión de emociones, la culpabilidad, el orgullo, el control, el perfeccionismo, el miedo, la confusión, etc.). Hoy renuncio (a la ira, la violencia, la supresión de emociones, la culpabilidad. el orgullo, el control, el perfeccionismo, el miedo, la confusión, etc.) y retomo mi vida entre mis manos. (Tiempo de oración silenciosa).

---

[2] *Detrás de un pecado habitual se suele ocultar un demonio, para tenernos en su cautividad. Nos induce a negar dicho pecado, a justificarlo y a ceder ante él con facilidad, creando dependencia o compulsión. Esta casa que el demonio ha construido en nosotros ha de ser desmontada. Para ello, debes renunciar al pecado, ordenar al enemigo que salga y bendecir a Dios; también se consigue mediante la sanación interior de una historia de aislamiento o de rechazo frente a uno o a los dos padres.*

Rebelión y desobediencia

"Señor Jesús, me he rebelado y he desobedecido a (mi padre, mi madre, una persona de autoridad). Me he dejado llevar por mis amigos y por las malas compañías que frecuentaba. Te pido perdón por mi rebeldía y mis desobediencias. Me perdono a mí mismo. Me aparto de la rebeldía de mis antepasados. Renuncio a toda rebeldía contra una autoridad legítima porque viene de Ti. En el Nombre de Jesús, me aparto del rebelde, Lucifer, y rompo su autoridad sobre mí. Retomo mi vida entre mis manos. Me someto a Ti, Señor Jesús, y a Ti solo". (Tiempo de oración silenciosa).

Adopción

"Señor Jesús, tomo consciencia de que espíritus de rechazo y abandono me atacaron cuando mi madre me entregó en la adopción. En el Nombre de Jesús, perdono a mi madre y a mi padre por haberme dado en adopción. Les libero de toda deuda hacia mí y te ruego que les bendigas. En el Nombre de Jesús, renuncio al rechazo y al abandono. Tú, Señor, me acoges y me amas. En el Nombre de Jesús, ordeno a esos espíritus que se marchen y retomo mi vida entre mis manos". (Tiempo de oración silenciosa).

Maldecirse a uno mismo

"Señor Jesús, tomo consciencia de que determinadas palabras de (mi padre, mi madre, un profesor, etc.) me han hecho daño. Realizo que me he hecho daño a través de mis propios pensamientos y palabras contra mí mismo y mi cuerpo. Señor, perdono a (mi padre, mi madre, un profesor, etc.) por esas palabras negativas hacia mí y te pido perdón por haberlas repetido. Me perdono a mí mismo en este asunto. Renuncio (al miedo, a la incredulidad, a la mentira de que no valgo para nada, de que nunca haré nada bueno, de que estoy lleno de defectos, etc.)". (Tiempo de oración silenciosa).

Un pecado habitual

"Jesús, dijiste: "Todo el que comete pecado es un esclavo" (Jn 8,34).

"Te pido perdón por (una dependencia sexual concreta, el robo, la mentira o cualquier otra mala costumbre). Me perdono a mí mismo esos pecados. En el Nombre de Jesús, renuncio a (una dependencia sexual concreta, el robo, la mentira o cualquier otra mala costumbre). Retomo mi vida entre mis manos." (Tiempo de oración silenciosa).

Lugar frecuentado

"En el Nombre de Jesús, retomo mi vida entre mis manos y no frecuentaré nunca más (un lugar determinado). En el Nombre de Jesús, renuncio a todo Espíritu maligno que haya venido a mí cuando me encontraba en (ese lugar)." (Tiempo de oración silenciosa).

La mentira en la que he creído

"Padre del Cielo, he creído en la mentira de (identifica la mentira). Te pido perdón por haberla creído. Hoy, renuncio a esa mentira, me aparto de las mentiras de mis antepasados y retomo mi vida entre mis manos". (Tiempo de oración silenciosa).

Persona a la que he frecuentado

"En el Nombre de Jesús, retomo mi vida entre mis manos y no volveré a ver más a (la persona). Rompo y renuncio a todo vínculo nefasto con esa persona. En el Nombre de Jesús, renuncio a todo espíritu maligno que haya venido a mí cuando fui hacia (la persona)". (Tiempo de oración silenciosa).

Relaciones sexuales fuera del matrimonio

"En el nombre de Jesús, renuncio a cada vínculo físico y espiritual formado como consecuencia de relaciones sexuales con (nombre de la persona), los rompo y retomo lo que le he entregado con mi consentimiento. Me separo de esa persona y renuncio a toda obligación hacia ella. Retomo mi vida entre mis manos". (Misma oración para cada pareja sexual. Tiempo de oración silenciosa).

Abusos sexuales

"En el Nombre de Jesús, renuncio y rompo cada uno de los vínculos físicos y espirituales formados como consecuencia de relaciones sexuales con (nombre del agresor) y retomo lo que me quitó por (violación, incesto, malos tratos)". (Misma oración para cada agresor sexual. Tiempo de oración silenciosa). (¿Otros recuerdos?)

Cuarta clave: Ordenar Al Enemigo

Se puede realizar esta acción cada vez que se hace una renuncia o después de todas las renuncias.
Di con firmeza y autoridad lo siguiente:
"En el Nombre de Jesús, rompo el dominio de todos los espíritus malignos a los que acabo de renunciar y les ordeno que salgan inmediatamente de mí". (Guarda silencio unos 30 segundos).
¿Qué sucede en ti, qué pensamientos te vienen? Por ejemplo, si te viene el siguiente pensamiento "No va a cambiar nada", renuncia al espíritu de duda e incredulidad, y ordénale que salga de ti. Si te viene un pensamiento sin relación, pregúntate si el Espíritu Santo te está dando una nueva pista de sanación y liberación. Si es así, síguela inmediatamente.
Si sigues sintiendo perturbación, pregúntate a qué atribuirla. ¿Tienes que hacer más renuncias y ordenar al enemigo que salga? Al final de esta etapa, pregúntate si estás mejor, cómo has vivido este tiempo de oración, qué sucede en ti. Si el cambio supone una mejoría en ti, expresa al Señor tu reconocimiento. 'Orad constantemente. En todo dad gracias, pues esto es lo que Dios, en Cristo Jesús quiere de vosotros." (1 Ti 5, 17-18.)

Quinta clave: La Bendición

El trabajo de liberación se completa con dos oraciones.

Primero, invita al Señor a llenarte con Su presencia. Jesús nos advierte del peligro del vacío que queda en nosotros cuando salen los demonios[3]. Invita al Espíritu Santo a llenar el vacío que ha quedado en ti con su luz y su amor. Pídele que inunde con el amor de Dios ese espacio que ha quedado liberado. A continuación, bendícete afirmando tu identidad de hijo de Dios, de discípulo de Jesús, etc. y tu destino que es estar en Dios. Eso es lo que te protegerá contra el regreso de los demonios. Afirma y confirma la misión especial que tiene el Señor para tu vida. No basta con expulsar el miedo: debes hacer la experiencia del amor de Dios. No basta con romper el poder del rechazo: debes saber que Jesús te acepta y recibe. Pide al Espíritu Santo que te bendiga. Sé todo lo específico que puedas frente a tu identidad y a tu destino en Dios.

Declara toda palabra e imagen que te dé el Espíritu Santo. Cuanto más específica sea tu bendición, mayor será su efecto.
Puedes utilizar la ficha de oración "Bendiciones".

Acción de gracias

Da gracias al Señor por su bondad y pídele que te guíe. Utiliza tu libertad en el Señor para hacer el bien, para amar a alguien en su Nombre. Da gracias al Señor con tus propias palabras. A continuación, reza en silencio.

---

[3] *"Cuando el Espíritu inmundo sale del hombre, anda vagando por lugares áridos, en busca de reposo y, al no encontrarlo, dice: Me volveré a mi casa, de donde salí"... Entonces, va y toma otros siete Espíritus peores que él; entran y se instalan allí, y el final de aquel hombre viene a ser peor que el principio."* (Lc 11, 24-26.)

VI. Anexo

Rosario de Sanación Espiritual y Psicológica [1]

Jesús tiene el poder de actuar por medio de la oración, en nuestra historia, tomando las cargas que nunca le hemos confiado totalmente. El puede poner, a cambio, en nuestro interior una libertad y un gozo interior, llenando nuestra vida de "ríos de agua viva", de nuevas perspectivas y posibilidades. El amor de Dios hecho carne en Cristo quiere y puede transformar, para bien, la vida de cada uno de nosotros. Dios puede transformarnos y sanarnos de diversas maneras. "Pidan y se les dará; busquen y encontrarán; llamen y se les abrirá. Porque todo el que pide, recibe; el que busca, encuentra, y al que llama, se le abrirá, (Mateo 7, 7-8).

Es por eso que, a través del Santo Rosario, orado con el corazón y dejando que ilumine nuestra historia personal, nos abrimos a la restauración que Dios quiera realizar en nuestras vidas.

Preguntas iniciales

Querido hermano o hermana:
Te invito a buscar un lugar en el cual te sientas a gusto para que te abras progresivamente a la presencia de Dios y de María que están junto a ti.
Te animo a invocar al Espíritu Santo con una oración simple.

Reflexiona en silencio sobre estas preguntas:

¿Cómo es tu vida interior en estos momentos de tu vida?

¿Te sientes en paz contigo mismo y con tu historia?, o por el contrario ¿estás experimentando inquietud e inseguridad, a causa de etapas de tu vida que no han sido correctamente cerrados?

---

[1] Del libro del P. Gustavo E. Jamut OMV, *Rosario para pedir una transformación Espiritual y psicológica*

¿Cómo es la relación con las personas que viven junto a ti?

¿Qué lugar ocupa Jesucristo en estos momentos de tu vida y qué pasos estás dando para entregarle el control sobre tu historia, tu psiquis, tus emociones y las relaciones interpersonales?

Respondiendo a estas preguntas queremos aumentar la conciencia sobre la necesidad de recorrer nuestro proceso de transformación espiritual y psicológica. Rezando el rosario meditado tomando de la mano a la Virgen María, pasando por la vida de su Hijo con la misma ternura que ella lo hizo, podemos acrecentar nuestra salud espiritual, emocional, psicológica e interpersonal o social. Así nuestra relación con nosotros mismos, con Dios y con los demás puede mejorar cada día en cualidad, intensidad y profundidad.

La Oración del Rosario de Sanación Espiritual y Psicológica

Comenzamos el rezo de este Santo Rosario y lo hacemos en el Nombre del Padre, del Hijo y del Espíritu Santo, Amén.
Pidamos perdón a Dios por nuestros pecados, junto a la gracia de una conversión más profunda.

Por las veces que nos hemos resistido al crecimiento: **Señor, ten piedad**

Por las veces que hemos tenido temor de madurar: **Cristo, ten piedad**

Por las veces que no hemos confiado en el Señor y le hemos impedido realizar en nosotros su obra: **Señor, ten piedad**

Oración

Dios, que todo lo puedes, ten misericordia de nosotros, perdona nues-

tros pecados y concédenos la gracia de una continua conversión y la vida eterna. Amén.

1º Misterio

En este primer misterio, entregamos a la Virgen María y a Jesús la etapa de la infancia y la niñez que comprende
desde el momento de nuestro nacimiento hasta los cinco años.

Reflexión

El Señor, si se lo permitimos, nos toca y nos abraza todo el tiempo, especialmente durante los momentos de oración, restaurándonos con su amor.

Petición

Te pedimos, Señor, que pongas, en estos primeros cinco añitos de mi vida, todo Tu amor y ternura. Sana cualquier recuerdo doloroso que haya quedado escondido en nuestra memoria inconsciente. Pon Señor, en nuestra vida, todas las energías espirituales, emocionales o biológicas que nos pudieron haber faltado en esta etapa de nuestra vida.

- *Padre Nuestro ...*

1. Virgen María, danos los abrazos que el niño interior, que está en nosotros, está necesitando.
- *Dios te salve, María ...*

2. Virgen María, libéranos de los miedos que tiene el niño interior que aún está en nosotros.
- *Dios te salve, María ...*

3. Padre Dios, danos el amor paterno que el niño interior que está en nosotros está necesitando.
- *Dios te salve, María ...*

4. Espíritu Santo, danos el sentido de la identidad que el niño interior que está en nosotros está necesitando.
- *Dios te salve, María ...*

5. Virgen María, ayúdanos a absorber, como una esponja, todo el amor que Dios tiene por nosotros y que nuestro niño interior está necesitando.
- *Dios te salve, María ...*

6. Señor Jesús, restaura la capacidad de relacionarnos, de quienes hemos crecido en familias en las cuales ha faltado el contacto, la calidez y la manifestación física del amor.
- *Dios te salve, María ...*

7. Señor Jesús, sana cualquier enfermedad en el sistema respiratorio, que pueda haberse producido por falta de contención emocional.
- *Dios te salve, María ...*

8. Señor Jesús, por medio de tu gracia, interactúa con nosotros, como, tal vez, nuestros padres no supieron hacerlo.
- *Dios te salve, María ...*

9. Señor Jesús, trae a nuestra memoria los recuerdos de amor y de alegría de esta etapa de la vida, que quizás hemos olvidado.
- *Dios te salve, María ...*

10. Señor Jesús, sana el recuerdo de cualquier hostilidad o enfermedad, que haya dejado sus secuelas en nosotros.
- *Dios te salve, María ...*

- *Gloria al Padre, al Hijo y al Espíritu Santo ...*

Jaculatoria

Señor, que el niño interior, que hay en nosotros, te alabe y te glorifique hoy y siempre.

2º Misterio

En este segundo misterio, entregamos a la Virgen María y a Jesús la etapa del juego y de la edad escolar que comprende desde los cinco hasta los doce años.

Reflexión

El Señor, quiere entrar contigo en el primer grado escolar y recorrer, junto a ti, todo lo vivido durante el período de la escuela primaria, bendiciéndote con su divina presencia y restaurando, con su amor, esta etapa de tu vida.

Petición

Te pedimos, Señor, que camines a lo largo de estos siete años de vida de la escuela primaria, sanando cualquier sentimiento de inferioridad y trauma que se pudo haber generado en esos años. Sana cualquier recuerdo doloroso producido por burlas o humillaciones que aún hoy bloquean la creatividad, la seguridad y la vida nueva que tú quieres abundantemente para cada uno de nosotros.
Padre Nuestro ...

1. Señor Jesús, restaura y fortalece nuestra voluntad y ayúdanos a moldear en nosotros una sana autonomía.
- *Dios te salve, María ...*

2. Señor Jesús, danos la seguridad y la afirmación paterna que quizá no recibimos suficientemente en esta etapa de la vida.
- *Dios te salve, María ...*

3. Señor Jesús, con tu bendita mano, toca aquellos recuerdos que fueron motivo de vergüenza, que, hasta el día de hoy, siguen bloqueando una parte de nuestra vida.
- *Dios te salve, María ...*

4. Señor Jesús, concédenos la gracia de una libertad centrada en ti, para no ser personas dependientes de los demás ni influenciables.
- *Dios te salve, María ...*

5. Sagrada Familia, sana nuestra memoria familiar, especialmente, si, en esta etapa de la vida, no hubo suficiente amor y armonía entre nuestros padres, o si se separaron. Establece en nosotros un modelo familiar que corresponda al modelo de la familia de Nazaret.
- *Dios te salve, María ...*

6. Señor Jesús, si nuestros padres no supieron ponernos límites o no tuvieron una amorosa y suficiente firmeza sánanos de las consecuencias que esto haya dejado en nuestra vida.
- *Dios te salve, María ...*

7. Si durante esta etapa de la vida, fuimos corregidos con dureza o violencia, y sin la suficiente adaptación a la edad que teníamos, sánanos, Señor, de las consecuencias que eso haya dejado en nosotros.
- *Dios te salve, María ...*

8. Señor, si alguna persona abusó de nosotros de cualquier forma, durante esa etapa de la vida, sánanos de las consecuencias que esto nos haya producido.

- Dios te salve, María ...
9. Señor Jesús libéranos de la culpabilidad y de cualquier otro efecto negativo por habernos burlado o haber perjudicado a otros durante esta etapa de la vida.
- Dios te salve, María ...

10. Niño Jesús, sana toda la edad escolar y la etapa del juego, libéranos de todo miedo originado durante esta etapa. Concédenos la gracia de sentirnos amados y aceptados por ti, desde esta etapa de la vida, y pon, en nosotros, los nuevos comportamientos que estamos necesitando.
- Dios te salve, María ...

- Gloria al Padre, al Hijo y al Espíritu Santo ...

Jaculatoria

Señor, que el niño interior, que hay en nosotros, te alabe y te glorifique hoy y siempre.

3º Misterio

En este tercer misterio, entregamos a la Virgen María y a
Jesús la etapa de la preadolescencia y de la adolescencia
que comprende, aproximadamente, desde los doce hasta los diecinueve años.

Reflexión

El Señor quiere recorrer, junto a ti, todo lo vivido durante este período, y así como resucitó a la hija de Jairo, quiere dar vida a esas áreas de tu personalidad que, por diversas situaciones, pudieron haber quedado como marchitas, agonizantes o muertas.

Petición

Te pedimos, Señor, que abraces y bendigas este período de nuestras vidas, durante el cual, posiblemente, cursamos la escuela secundaria, libéranos de cualquier confusión que arrastramos desde entonces y restaura nuestra identidad de cualquier secuela de esos años.
Ayúdanos a evocar todo lo hermoso y sano que hayamos vivido durante ese tiempo, alabándote y glorificándote por todo ello.
- *Padre Nuestro ...*

1. Sagrada Familia, bendícenos, tocando todos aquellos recuerdos familiares que vienen de la adolescencia. Si, durante esos años, nos faltó tener una buena comunicación con nuestros padres, colma esos vacíos que pudieron haber quedado.
- *Dios te salve, María ...*

2. Señor Jesús, pon, en nosotros, la maduración que, por diversas situaciones, pudo habernos faltado, de manera tal que podamos superar aquellos rasgos de la adolescencia emocional que aún hay en nosotros.
- *Dios te salve, María ...*

3. Señor Jesús, sánanos de los complejos y traumas que provienen de las bromas que nos hicieron durante la adolescencia por el aspecto físico o de la ridiculización por un rasgo de personalidad. Danos la gracia de aceptarnos a nosotros mismos.
- *Dios te salve, María ...*

4. Señor Jesús, te entregamos las comparaciones que nuestros padres hacían con respecto a un hermano o hermana. Te entregamos los rencores que aún perduran y cualquier distanciamiento.
- *Dios te salve, María ...*

5. Señor Jesús, te entregamos la rebeldía adolescente que aún subyace en nosotros en contra de la imagen paterna o materna, lo mismo que la rebeldía hacia toda autoridad.
- *Dios te salve, María ...*

6. Señor Jesús, te entregamos las crisis de fe que proceden de aquella época, la dejadez espiritual y cualquier pecado que haya dejado secuelas en nuestro ser Espiritual o emocional.
- *Dios te salve, María ...*

7. Señor Jesús, te entregamos cualquier situación que nos haya producido vergüenza, retraimiento, miedo o sensación de indignidad y que perdura hasta hoy.
- *Dios te salve, María ...*

8. Señor Jesús, te entregamos nuestra identidad sexual y afectiva, como... (varón o mujer), pidiéndote que nos sanes de cualquier experiencia que haya producido traumas o ataduras en esta área.
- *Dios te salve, María ...*

9. Señor Jesús, ahora abrimos la puerta de la ira y el enojo que arrastramos desde la adolescencia para que te los lleves. Te los entregamos para que se vayan y nunca más nos hagan daño ni a nosotros, ni a los demás.
- *Dios te salve, María ...*

10. Señor Jesús, te damos gracias por todos los recuerdos hermosos que traemos con nosotros de la etapa de la adolescencia. Haz que irradien todo el poder de bendición que ellos contienen, para que despierten, en nosotros, la gratitud y la alabanza.
- *Dios te salve, María ...*

- ***Gloria al Padre, al Hijo y al Espíritu Santo ...***

Jaculatoria

Señor Jesús, que nuestros corazones recuperen la juventud y la alegría, para alabarte y glorificarte con nuestra vida.

4º Misterio

En este cuarto misterio, entregamos a la Virgen María y a Jesús la etapa de la juventud y el comienzo de la edad adulta que comprende, aproximadamente, desde los diecinueve hasta los treinta y cinco años.

Reflexión

El Señor quiere recorrer, junto a ti, todo lo vivido durante el período que comprende la juventud y el inicio de la vida adulta. El quiere enviar su Espíritu sobre todas las elecciones que hiciste durante esos años. Sobre las decisiones correctas y también sobre las equivocadas, para sanarte, así, de las consecuencias de estas últimas.

Petición

Te pedimos, Señor, que abraces y bendigas este período de nuestras vidas, durante el cual, algunos comenzaron a trabajar, otros entraron en la universidad y se recibieron en su profesión. También, para algunos, fue el período en que concretaron su vocación matrimonial, religiosa o sacerdotal. Bendice a todas las personas que conocimos a lo largo de esos años y transforma el recuerdo que tenemos de ese período.
- *Padre Nuestro ...*

1. Señor Jesús, bendice a quienes tuvieron miedo de dejar la etapa adolescente y madurar. Toca a quienes tienen resistencias a crecer y a quienes no han desarrollado la capacidad de aprender de los errores propios y ajenos.

- Dios te salve, María ...

2. Virgen María, ayúdanos a sanar cualquier consecuencia negativa del momento y del modo en que tuvimos que dejar el hogar paterno y materno. Intercede por nosotros para ser liberados de toda sensación de pérdida o de abandono.
- Dios te salve, María ...

3. Toma, Señor, la soledad y la inseguridad al no saber, en ciertas ocasiones, qué camino tomar. Líbranos de miedos y bloqueos, especialmente del miedo al cambio.
- Dios te salve, María ...

4. Virgen María, ponemos, entre tus manos, cualquier pensamiento que conserve ingenuidad infantil o adolescente, pidiendo, de Dios, la gracia de crecer armoniosamente según la edad que tengamos.
- Dios te salve, María ...

5. Ponemos, Señor, entre tus manos, cualquier fracaso afectivo, traición de amigos o pareja que hayamos sufrido. También te entregamos a quienes viven su estado de soltero/ a o separados, con frustración y angustia, para que tú los sanes.
- Dios te salve, María ...

6. Pon, Señor, en el corazón de tus hijos e hijas, la capacidad para desarrollar una sana intimidad con uno mismo, con los amigos, con el cónyuge y con Dios.
- Dios te salve, María ...

7. Señor Jesús, sánanos de las consecuencias de cualquier fracaso universitario o de emprendimientos laborales. Líbranos de bloqueos y transforma el pensamiento de quienes creen que no pueden hacer nada bueno. Mués-

tranos la dirección que debemos seguir.
- *Dios te salve, María ...*

8. Amado Jesús, libéranos de las consecuencias de los pecados cometidos durante la juventud y el comienzo de la edad adulta. Ayúdanos a reparar, según nuestras posibilidades, el daño que hayamos ocasionado a otras personas.
- *Dios te salve, María ...*

9. Libéranos, Señor, de la ira y la culpabilidad ocasionada por decisiones que fueron tomadas por resignación, por miedo o forzados por otras personas. Danos la gracia de renovar, interiormente y de manera personal, madura y consciente, las elecciones de vida actuales.
- *Dios te salve, María ...*

10. Virgen María, sánanos de las rupturas con padres, hermanos o amigos. Toca cualquier trauma que arrastramos desde esta etapa de nuestra vida y concédenos poder mirar todo lo vivido, a través de Jesús, sin dolor, amargura o resentimiento, sino con armonía y paz.
- *Dios te salve, María ...*

- ***Gloria al Padre, al Hijo y al Espíritu Santo ...***

Jaculatoria

Jesús, que el nuevo adulto, que hay en nosotros, te alabe y te glorifique hoy y siempre.

5º Misterio

En este quinto misterio, entregamos a la Virgen María y a Jesús la etapa de la edad adulta y edad adulta mayor desde los treinta y cinco años en adelante.

Reflexión

El Señor quiere recorrer, junto a ti, todo lo vivido durante la vida adulta, hasta llegar al día de hoy.

Esta pudo ser, para algunos, una época de mucha creatividad y de generar proyectos; en cambio, para otros, de estancamiento y hastío.

Tal vez, los adultos mayores pudieron aprovechar la sabiduría de los años, para transmitir sus experiencias y buen humor a las generaciones más jóvenes. O, por el contrario, pudieron quedarse anclados en el pasado y ceder a la desesperanza.

Tanto en los adultos, como en los adultos mayores, el Espíritu Santo puede obrar maravillas transformando el corazón desde el interior, a fin de que libres de la mochila de la culpa, la victimización y el resentimiento, reciban nueva libertad interior, paz y esperanza.

Petición

Te pedimos, Señor, que abraces y bendigas este período de nuestras vidas, poniendo, con tu gracia, una nueva sensación de plenitud.
- *Padre Nuestro ...*

1. Toma, Señor, las máscaras que nos hemos ido colocando a lo largo de los años para agradar a los demás o por temor a ser rechazados. Concédenos contemplarnos en ti y encontrar la verdadera identidad.
- *Dios te salve, María ...*

2. Te entregamos, Señor, toda rigidez y falta de paciencia y misericordia hacia nosotros mismos y hacia nuestros prójimos.
- *Dios te salve, María ...*

3. Te pedimos, Señor, que nos ayudes para que nuestro espíritu mande y guíe el área emocional e intelectual hacia Ti. Te pedimos que nuestro "yo" esté centrado en "Ti"
- *Dios te salve, María ...*

4. Virgen María, te entregamos el corazón de quienes sufren por la partida de los hijos. Concédeles la gracia de poder cortar el cordón umbilical a quienes aún no lo han logrado. Libéralos de todo comportamiento dependiente.
- *Dios te salve, María ...*

5. Señor Jesús, te entregamos todas nuestras caídas y todas las pérdidas que hayamos sufrido. Sánanos y concédenos la aceptación serena de la propia historia, a fin de no vivir lamentando el pasado.
- *Dios te salve, María ...*

6. Te ofrecemos, Señor, el deseo de vivir con integridad y te pedimos ser protegidos de la desesperación ante el deterioro físico, la enfermedad o el miedo a la partida de esta vida.
- *Dios te salve, María ...*

7. Virgen María, sánanos de la angustia por la partida de esta vida de los seres queridos. Siembra, en nuestros corazones, la virtud de la fe y la esperanza.
- *Dios te salve, María ...*

8. Amado Jesús, concédenos la gracia de poder ver y de asumir lo que, con tu ayuda, debemos transformar.
- *Dios te salve, María ...*

9. Señor Jesús, bendice nuestro proceso de "humanización" para alcanzar la plenitud espiritual y física.
- *Dios te salve, María ...*

10. Bendice, Señor, nuestro proceso de "cristificación" en el cual, nos vamos acercando a la perfección humana que tú tuviste como hombre perfecto.
- *Dios te salve, María ...*

- ***Gloria al Padre, al Hijo y al Espíritu Santo***

Jaculatoria

Jesús, que el adulto o el adulto mayor, que hay en nosotros, te alabe y te glorifique hoy y siempre.
- ***Dios te salve, Reina y Madre de Misericordia .***

Por las intenciones del Santo Padre
- **Padre Nuestro ...**
- **Dios te salve, María ...**
- **Gloria al Padre, al Hijo y al Espíritu Santo ...**

Novena de la Redención

Oh Jesús, me rindo a Ti, cuida de todo
De P. DOLINDO RUOTOLO 1882-1970
Un profeta de nuestro tiempo

El 19 de noviembre de 1970, el P. Dolindo murió a la edad de 88 años. El P. Pío dijo una vez sobre este sacerdote de Nápoles, Italia. "El Paraíso entero está en tu alma". Esta novena fue revelada por Jesús al P. Dolindo.

Novena de rendición a Jesús:

Día 1

¿Por qué os preocupáis? Dejadme a Mí el cuidado de todos vuestros asuntos y estaréis en paz. En verdad os digo que todo acto de ciega y verdadera rendición a Mí, produce el efecto deseado y resuelve todas las situaciones más difíciles.

Oh Jesús, me rindo ante Ti, cuida de todo (10 veces).

Día 2

Rendirse no significa preocuparse, estar triste o perder la esperanza. Tampoco significa estar nervioso y pensar en las consecuencias de lo que te preocupa.

Rendirse significa cerrar los ojos del alma plácidamente, rechazar los pensamientos de preocupación y abandonarte a Mi cuidado para que sea Yo el único que actúe.

Oh Jesús, me rindo ante Ti, cuida de todo (10 veces).

Día 3

¡Cuántas cosas hago cuando el alma tan necesitada en lo espiritual y material se vuelve hacia Mi, me mira y me dice: Ocúpate Tú y después, cierra sus ojos y descansa.

En medio del dolor, rezas y me pides que actúe, pero que actúe de la forma que Tú quieres.

No sois enfermos pidiendo al médico que os cure, sois enfermos diciendo al médico lo que debe hacer.

No actuéis así. Rezad como Yo os he enseñado en el Padre Nuestro: "Santificado sea Tu Nombre", esto es, que seas glorificado en mi necesidad.

"Venga a nosotros Tu Reino", esto es, que todo lo que hay dentro de nosotros y en el mundo sea en concordancia con Tu Reino.

"Hágase Tu Voluntad así en la tierra como en el Cielo", esto es, en nuestra necesidad, decide lo que sea mejor para nuestra vida ahora y en la Eternidad.

Si me dices de corazón: "Hágase Tu Voluntad", esto es lo mismo que decir: Tú te ocupas. Entonces Yo intervendré con toda mi omnipotencia y resolveré las situaciones más difíciles.

Oh Jesús, me rindo ante Ti, cuida de todo (10 veces).

Día 4

¿Ves que el mal crece en vez de debilitarse? No te preocupes. Cierra los ojos y dime con fe: "Hágase Tu Voluntad, ocúpate Tú." Te digo que Yo me ocuparé y que intervendré como el médico y realizaré milagros cuando sea necesario. ¿Observas que la persona enferma está empeorando? No te desanimes, cierra los ojos y di "Tú te ocupas de esta situación." Te digo que yo me ocuparé y que no hay medicina más poderosa que mi intervención amorosa. Te prometo esto por mi amor.

Oh Jesús, me rindo ante Ti, cuida de todo (10 veces).

Día 5

Cuando tenga que llevarte por una camino diferente al que ves, te prepararé y te llevaré en mis brazos a la otra orilla. Estarás como los niños que se quedan dormidos en los brazos de su madre. Lo que más daño te hace es tu razón, tus pensamientos, tu preocupación y tu deseo de solucionar por ti mismo lo que te aflije.

Oh Jesús, me rindo ante Ti, cuida de todo (10 veces).

Día 6

Estás intranquilo, quieres juzgarlo todo. Te rindes ante la fuerza humana o, peor - ante los mismos hombres, confiando en su intervención- esto obstaculiza mi acción.

Cuánto deseo que te rindas ante Mi para poder ayudarte.

Cuánto sufro cuando te veo tan inquieto! Satanás intenta hacer justo esto: inquietarte, alejarte de mi protección y lanzarte a las garras de la iniciativa humana.

Confía solo en Mi, ríndete ante Mi en todo.

Oh Jesús, me rindo ante Ti, cuida de todo (10 veces).

Día 7

Yo hago milagros en proporción a vuestra rendición ante Mi y, en la medida que no pensáis en vosotros mismos. Yo derramo gracias extraordinarias cuando estáis en la más profunda pobreza.

Nadie racional, ningún pensador ha obrado milagros jamás, ni siquiera entre los santos.

Dios realiza su trabajo divino en aquél que se rinde ante Él. Así que no pienses más en ello.

Para vosotros es difícil ver el mal y, a la vez confiar en Mi y no pensar en vosotros.

Confiad en Mi SIEMPRE y veréis increíbles milagros en el silencio. Yo cuidaré de todo. Te lo prometo.

Oh Jesús, me rindo ante Ti, cuida de todo (10 veces).

Día 8

Cierra los ojos y déjate llevar por la corriente de Mi gracia; cierra los ojos y no pienses en el presente. Aparta tus pensamientos del futuro de la misma manera que lo harías de la tentación. Descansa en Mi, confía en Mi Bondad y te prometo por Mi Amor que, si me dices: "Tú te ocupas", Yo lo haré, te consolaré, te liberaré y guiaré.

Oh Jesús, me rindo ante Ti, cuida de todo (10 veces).

Día 9

Ora siempre dispuesto a rendirte, así recibirás una inmensa paz y una gran recompensa, incluso cuando te concedo la gracia de la inmolación, arrepentimiento y amor, ¿qué importa entonces el sufrimiento? ¿Te parece imposible para ti? Cierra los ojos y di con toda tu alma: "Jesús, ocúpate Tú". No tengas miedo, Yo me ocuparé de todo y tú bendecirás Mi Nombre humillándote. Mil oraciones no pueden igualarse a un solo acto de rendirse ante Mi. No lo olvides.

No hay novena más eficaz que ésta:

Oh Jesús, me rindo ante Ti, cuida de todo (10 veces).

"Madre, soy tuyo ahora y para siempre,
a través de Ti y contigo quiero pertenecer totalmente a Jesús". Amen.

VI. Anexo

La Coraza de San Patricio (Oración de protección)

La coraza de San Patricio es un poema en gaélico del s.VIII escrito a la manera de los conjuros de protección paganos pero con un claro contenido cristiano.

Hoy te pido Padre Bueno, en el Santísimo Nombre de Jesús y por la fuerza del Espíritu Santo, que nos des la gracia de la invocación de la Santísima Trinidad. Amen.

Hoy te pido Padre Bueno en el Santísimo Nombre de Jesús, que infundas en nuestros corazones la virtud de la encarnación de Cristo y de su bautismo, la virtud de su crucifixión y sepultura, la virtud de su resurrección y ascensión y la virtud de su infinita Misericordia.

Hoy te pido Padre Bueno en el Santísimo Nombre de Jesús, que nos des la fuerza del Amor que se manifiesta en la obediencia de los ángeles, en el servicio de los arcángeles, en las oraciones de los patriarcas, en los anuncios de los profetas, en las predicaciones de los apóstoles, en la fe de los confesores, en la fortaleza de los mártires, en la pureza de las santas vírgenes y de los hombres y mujeres de recto corazón.

Hoy te pido Padre Bueno en el Santísimo Nombre de Jesús, que nos envíes tu Espíritu Santo Paráclito, Amor del Padre y del Hijo, mas brillante que la luz del sol, mas suave que el brillo de la luna, mas resplandeciente que el fuego, mas veloz que el rayo, mas raudo que el viento, mas hondo que la profundidad los océanos, mas firme que la tierra, mas resistente que la roca, mas bello que las estrellas del firmamento.

Hoy te pido Padre Bueno, en el Santísimo Nombre de Jesús, que nos concedes tu Poder para guiarnos, tu Fuerza para sostenernos, tu Sabiduría para amarte sobre todas las cosas, tu Humildad para servirte adecuadamente, tu Ojo para prevenirnos, tu Oído para escucharte, tu Palabra para que nuestras vidas se sometan a tu Ley, tu Mano para guiarnos, tu Pies para seguir a Jesucristo, salvando todo obstáculo que se cruce en nuestra senda. Tu escudo Padre Santo para protegernos, contra las trampas de los demonios, contra las tentación de los vicios, contra las inclinaciones de la naturaleza, contra todos aquellos que perpetran el mal contra nosotros, sea de lejos o de cerca, sea uno, unos pocos o una multitud.

Invoco al Espíritu Santo, Paráclito, a la Inmaculada Virgen Santísima, que tiene potestad para aplastar la cabeza de Satanás, a San Miguel arcángel, y a los santos ejércitos de Dios para que nos protejan.

Yo invoco este día todos estos poderes entre mi y el maligno, contra despiadados poderes que se opongan a mi cuerpo y alma, contra conjuros de falsos profetas, contra las leyes negras de los paganos, contra las falsas leyes de los herejes, contra las obras y astucia de la idolatría, contra los encantamientos de brujas, forjas y hechiceros, contra cualquier conocimiento corruptor del cuerpo y del alma.

Cristo se mi escudo hoy, contra veneno, contra quemaduras, contra sofocación, contra heridas, de tal forma que pueda yo recibir recompensa en abundancia.

Cristo conmigo, Cristo delante de mi, Cristo detrás de mi, Cristo reinando en lo profundo de mi corazón, Cristo reinando en mi voluntad, Cristo reinando en mi mente y en mi lengua, Cristo debajo de mi, Cristo sobre mi, Cristo a mi derecha, Cristo a mi izquierda, Cristo a mi alrededor. Cristo en la anchura, Cristo en la longitud, Cristo en la altura, Cristo en la en el corazón y la mente de todos los hombres que piensan en mi, Cristo en la boca de todos los hombres que hablan de mi, Cristo en todo ojo que me ve, Cristo en todo oído que me escucha. Cristo ayer, hoy y siempre. Amen. A Él la gloria y el poder y el honor y la alabanza y la acción de gracias, por los siglos de los siglos. Amén.

Creo en la Trinidad, tres veces Santa, un solo Dios verdadero, Creador del Universo... Amén.

1. Oraciones de Liberación y Sanación

A- Oraciones de Abjuración

Las dos siguientes oraciones de abjuración conviene rezarlas de forma verbal, a fin de que los demonios conozcan nuestra decisión de cortar toda relación con ellos y nuestra petición a Dios para que destruya cualesquiera ataduras que ellos hayan dejado en nosotros.

Abjuración del racionalismo

Con esta oración se pretende combatir las diversas formas de soberbia en nuestras relaciones con Dios. Se toma el crucifijo y, trazando la señal la cruz, sobre uno mismo al comienzo de cada apartado, se recita durante 30 días, al menos 3 veces al día.

☩ Te ALABO y te BENDIGO, Señor, porque me has dado razón e inteligencia. Te DOY GRACIAS, Señor, por las difíciles pruebas que he vivido, y me arrepiento de haber pensado a veces que me las has enviado para causarme sufrimiento, y porque te he culpado por ello: perdón, Señor, por esos reproches y rebeldías.

Acudo a la intercesión de la Santísima Virgen María, y TE PIDO PERDON, Señor mío y Dios mío, por toda mancha y contaminación que haya en mi mente por ese racionalismo, por la vanidad espiritual y por todo pecado cometido desde mi inteligencia. También te pido perdón, por haber vivido mi fe de mi Iglesia Católica no desde el Corazón, como Tú deseas, sino desde el racionalismo y con tu Gracia, Señor, me perdono también a mí mismo. Pido Perdón Señor a todas las personas a quienes he hecho daño con esta mentalidad: dales, Señor, la Gracia de que me perdonen.

Por mi parte PERDONO, Señor a toda persona e institución que me hayan dañado empujándome a vivir así (cuando se sabe cuáles son la fuentes de las malas influencias, nombrarlas ahora en concreto).

Te quiero entregar, Señor, todo el racionalismo que haya quedado en mi y RENUNCIO a toda rutina, esquema, condicionamiento o habito de vida que he heredado o adquirido en el transcurso de mi existencia y renuncio también a toda norma, estructura, costumbre y comportamientos, que tengan como causa los estudios que he realizado por mi mismo o bien en instituciones, grupos, sectas y todo tipo de comunidades a los que he pertenecido, que no sean de tu agrado.

✠ DECLARO que Jesucristo es el Señor de la Paz y que solo Él me la puede dar. ¡Señor Jesús, te pido que tu paz venga a mi corazón! Igualmente, declaro que Jesucristo es el Señor de la Sabiduría y del conocimiento, y que yo no quiero más conocimiento que el que venga de su Persona.

RENUNCIO a querer saberlo todo, a comprenderlo todo, a controlarlo todo. Renuncio a entender y controlar a Dios solo desde mi pensar, y a buscar la paz y a mirar mi existencia solo desde mis razonamientos, Señor, te pido perdón por todas las veces que he pretendido controlarte y abarcar tu Revelación y tu Providencia conmigo desde mi razón.

Padre Eterno, te ruego que CORTES todas las ataduras de mi ser a esos hábitos racionalistas, que me mantienen a la defensiva ante Ti y me impiden abrir mi corazón a la acción del Espíritu Santo. Ángel de mi guarda, pon esas ataduras a los pies de la Cruz de Nuestro Señor Jesucristo, a Quien pido que DESTRUYA todo obstáculo, impedimento, barrera, resistencia que, consciente o inconscientemente, haya interpuesto – con mi razonar – a la acción del Espíritu Santo.

VI. Anexo

Declaro que Jesucristo es el Señor de mi razón e inteligencia y de todas las áreas de mi vida. BAÑA, Señor Jesús, mi mente, con tu Sangre Preciosa, y cúbrela con tu Amor. Llena con tu Amor los vacíos de mi corazón.

Señor Jesús, RECONSTRUYEME por dentro y SANA por los méritos de tu Preciosa Sangre, todo daño que haya quedado en mi mente, imaginación y pensamientos, en mi creatividad y en mi inteligencia, en mis razonamientos, como consecuencia del espíritu maligno del racionalismo.

AUTORIZO a que tu Santo Espíritu irrumpa sin trabas en mi razón, en mi inteligencia y en mi Corazón, con entera libertad, sin oposición ni resistencia, pues abro mi espíritu a su luz que deseo, anhelo y necesito.[1]

AMEN, AMEN, AMEN.

Abjuración del ocultismo

Oración vocal para romper las ataduras maléficas surgidas de los contactos que se hayan tenido con el mundo del ocultismo en general, de los que se han hablado al tratar la 2da puerta y que cada uno ha de incluir en las líneas de puntos que aparecen en esta oración.
Se toma el crucifijo y con él se traza la señal de la cruz sobre uno mismo al comienzo de cada apartado. El recitado habrá de hacerse durante 30 días, al menos 3 veces al día.

✠ Te ruego Padre Eterno, que por los méritos infinitos de la Preciosísima Sangre de tu Hijo Nuestro Señor Jesucristo, derramada en la Pasión, CORTES toda atadura oculta existente entre las fuerzas del mal y mi persona. Te pido que estas ataduras queden a los pies de la Cruz de Nuestro Señor

---

[1] Javier Luzon Pena, Las Seis Puertas del Enemigo, Experiencias de un exorcista (Editorial ALTOLACRUZ 2017, Pg 193-195)

Jesucristo y que LLENES los vacíos que hayan quedado en mi corazón con vuestro Espíritu, que es Amor.

☩ Para ello, RENUNCIO con todas mis fuerzas a Satanás y al pecado, así como a toda influencia o contaminación del poder de las tinieblas, que haya quedado en mi por causa de (*nombrar aquí de forma concreta los amuletos, hechizos padecidos o practicas de adivinación, magia o espiritismo con las que se contactado con el mundo oscuro*)---

Renuncio también a los espíritus de (*citar aquí expresamente, uno tras otro, el nombre de la ciencia oculta, secta, mago o demonio al que nos hemos dirigido*)---

Así como a todo espíritu maléfico que me acose o ronde a mi alrededor.

TE PIDO PERDON, Señor, por estos nefandos pecados de idolatría y te ruego que, con la fuerza de tu gracia, sanes mi corazón y me perdone a mí mismo y a cuantas personas me han llevado a estas acciones, porque sé que me hicieron un mal cierto.

☩ DECLARO que Jesucristo es el Señor de mi vida, de mi cuerpo y de mi espíritu, y le ruego que sane y reconstruya todo daño que haya quedado en mí como consecuencia de estas acciones; y que reconstruya mi cuerpo y mi espíritu colmando mis vacíos con su Amor. Báñame, Señor, con tu Sangre y cúbreme con tu Amor.

Imploro la intercesión de la Santísima Virgen María, de su virginal esposo san José, la poderosa protección del Arcángel san Miguel y de mi Ángel custodio, para abrirme a la acción del Espíritu Santo en mi vida, a fin de que, libre de toda contaminación y atadura maligna, pueda glorificar al Padre, al Hijo y al Espíritu Santo, ahora y por los siglos de los

siglos.[2]
AMEN, AMEN, AMEN.

B. Oraciones de Protección

Oraciones para romper todo maleficio y debilitar las fuerzas satánicas

Esta oración puede ser recitada por quienes padecen los efectos de algún maleficio o hechizo: "Él es mi Dios y Salvador: confiaré y no temeré porque mi fuerza y mi poder es el Señor, Él fue mi salvación" (Is 12, 2). También está indicada para cuantos han realizado algún maleficio o han estado en contacto con magos, magnetizadores o videntes y/o con el mundo del ocultismo y, en especial con el espiritismo. Hágase siempre la señal de la Cruz donde se indica expresamente. Y después de renovar los compromisos bautismales con la recitación del Credo, se añade:

✠ Padre nuestro que estás en el Cielo, te amo, te alabo, te adoro. Te doy GRACIAS por haberme enviado a tu Hijo Jesucristo para salvarme: Él que es el vencedor del pecado y de la muerte. Te doy gracias también por haber enviado a tu Santo Espíritu que me fortalece, me guía y me santifica. Y te doy gracias María, mi Madre del Cielo, que intercede por mí con los Ángeles y los Santos.

Padre nuestro del Cielo, que el agua que me lavo en el Bautismo remonte el curso del tiempo a través de las generaciones de mi padre y de mi madre para que MI FAMILIA ENTERA SEA PURIFICADA de todos sus pecados y de las maléficas influencias de satanás y de los espíritus malignos.

---

[2] Javier Luzon Pena, Las Seis Puertas del Enemigo, Experiencias de un exorcista (Editorial ALTOLACRUZ 2017, Pg 196-197)

Por mí, por mis padres y por mis antepasados hoy te pido perdón, y también por todas las INVOCACIONES A LOS PODERES OCULTOS hechas en ofensa del santo Nombre de Jesús. Por el poder de este Nombre, declaro hoy que pongo bajo la soberanía del Señor Jesús cuanto me pertenece material y espiritual, y haya estado infestado o sometido a la acción de Satanás y sus secuaces.

¡Oh Padre Eterno! Infunde tu Santo Espíritu en mi corazón e ILUMINA las oscuridades de mi ser donde todavía no alcanza tu luz: muéstrame a toda persona que necesite mi perdón y todo pecado que yo no haya confesado, descubre cuanto en mi vida te ha desagradado y las torpezas que dieron a Satanás la posibilidad de manejar mi espíritu. Te entrego todos mis pecados. Y te doy gracias por tu perdón y por tu amor.

✠ Señor Jesús, al pie de tu Santa Cruz, me arrodillo, y te ruego que LAVES mi corazón con tu Preciosísima Sangre, la que broto de tu Sagrado Corazón y de tus Santas Llagas. Purifícame con esa agua viva y envuélveme en tu Luz.

Señor Jesús, por tu santo Nombre: ✠ ATA a todos los espíritus malignos del aire, del agua, de la tierra, de los abismos y del mundo infernal; ✠ pon también ataduras a todos los emisarios de Satanás que buscan pervertir la belleza y el bien de tu creación; ✠ ordena a todos esos espíritus maléficos que se arrojen inmediatamente a tus pies, sin hacerme daño, para que Tú puedas disponer de mí según tu santa Voluntad.

Señor Jesús, con tu santa Cruz ✠ rompe, ✠ quiebra, ✠ ANULA toda maldición, traición, desviación e influencia de los malos espíritus, toda maldición, bloqueo hereditario, conocido o desconocido, todo encantamiento, sortilegio, trampa, mentira, atadura, obstáculo, predicción y deseo diabólico, así como todo desorden y enfermedad, incluidos los provocados por mis propios pecados y faltas.

VI. Anexo

Señor Jesús, con tu santa Cruz ☩ rompe la transmisión de todo compromiso satánico, de toda promesa, de toda atadura, de todo vinculo de orden espiritual urdido por el infierno. Con tu santa Cruz ☩ CORTA y cercena toda posible atadura y sus consecuencias con astrólogos, adivinos, videntes, médiums, curanderos, quiromantes, jeques, adeptos a la macrobiótica., a la meditación transcendental o a las sectas de Nueva Era, y con cuantos practican ocultismo o adivinación en bolas de cristal, hojas de té, posos de café, líneas de la mano cartas, tarot y toda atadura con espíritus guías, magos, brujos, y todos aquellos que se entregan cualquier forma de magia, vudú, macumba y similares.

En tu Nombre, Señor Jesús, rechazo todas estas prácticas y ruego al Padre que ☩ DESTRUYA todas las consecuencias cuyo origen sea la participación en sesiones de espiritistas o mediúmnicas, consultas de horóscopos, radiestesia (o péndulo), escritura automática y todo tipo de recetas o preparados ocultos (da ' we', kitab, hijab o maleficio), así como toda clase de superstición que no rinda a Jesucristo el honor y la gloria que le son debidos.

☩ ¡Ven Espíritu Santo! ¡Que el fuego de tu Amor inunde mi corazón! SANA las heridas de mi desamor y purifica mi ser de toda mancha maligna. Haz libre mi corazón, regenerado en la intimidad de la Santa y Omnipotente Trinidad.[3]

AMEN, AMEN, AMEN.

---

[3] Javier Luzon Pena, Las Seis Puertas del Enemigo, Experiencias de un exorcista (Editorial ALTOLACRUZ, 2017 Pg 203-205)

C. Oración de Sanación por el Perdón

Oración breve de Sanación por el Perdón

Conviene recitar esta oración por cada una de las personas que se vaya descubriendo con la ayuda del Espíritu Santo, que han influido negativamente en la propia vida, desde el momento de la concepción. Puede ser que ya se las haya perdonado conscientemente, pero es recomendable hacerla también para pedir a Dios que sane las posibles heridas que hayan podido quedar en el inconsciente o en el subconsciente.

✠ Te ALABO y te BENDIGO, Señor, por tu criatura. N------

PERDONO, Señor, a N-------- por todo cuanto me ha ocasionado queja, distancia o rechazo hacia su persona.

Con tu gracia, Señor, ACEPTO a N--------. Lo bendigo y declaro libre e inocente de toda deuda conmigo.

✠ Dale a N--------- Señor, la gracia eficaz para que ME PERDONE por todos los motivos de rechazo o de queja que haya encontrado en mí.

PERDONAME, Señor, por cuanto en mi no ha sido hacia esta persona según tu amor, y ayúdame PERDONARME A MI mismo por todo ello.

✠ Pido a nuestro Señor Jesucristo que corte cualquier ATADURA que el maligno haya dejado en N--------- y en mí como consecuencia de estas acciones y pongo esa atadura a los pies de la Cruz de Cristo. Gracias, Señor.[4]
AMEN, AMEN, AMEN.

---

[4] Javier Luzon Pena, Las Seis Puertas del Enemigo, Experiencias de un exorcista (Editorial ALTOLACRUZ, 2017 Pg 206)

VI. Anexo

Oración de Sanación interior desde el seno materno

Esta oración tiene como objeto pedir a Dios que, por la intercesión de la Madre de su Hijo, sane con la fuerza de su Espíritu las heridas afectivas que se hayan producido en el inconsciente durante la gestación y los primeros meses de vida extrauterina, y aquellas otras que hayan quedado en el subconsciente por los traumas del resto de la vida. Mientras la persona siga padeciendo los efectos de sus heridas interior, conviene que la repita periódicamente, por ejemplo semanalmente.

☩ Santísima Trinidad, os alabo, os adoro y os amo y os declaro mi único Dios y Señor, renunciando a toda servidumbre a los espíritus malignos.

Señor Jesús, TE RUEGO que manifiestes tu amor misericordioso y vengas a curar cuanto necesita ser sanado en mi existencia actual y pasada. Tú me conoces mejor que yo mismo, porque eres más íntimo a mí que yo mismo y, mucho antes de mi concepción, me has amado con un amor único. Mi vida está en tus manos. A tus manos encomiendo, Señor, el instante de mi concepción. Si no fue en un clima de amor, con el deseo de darme vida, sino en la coacción, en el miedo o la violencia, ven a sanarme, Dios de ternura y de bondad.

Que la Virgen Santísima me geste de nuevo en el Espíritu y me libere de toda influencia negativa que produzca en mi desgana de la vida o tendencias autolesivas hasta la muerte. Virgen María, bendíceme en cada etapa de mi crecimiento de embrión y de feto. Pon tus manos en los primeros quince días de gestación, cuando aún no había signos de embarazo y pude sentirme abandonado o inseguro. Expande tu amor en cada repliegue de mi corazón. Las alas heridas que mis padres pudieron causar en mí al conocer mi existencia: sobre todo, la herida del rechazo y sus consecuencias de angustia, inseguridad, opresión, falta de autoestima, y opción de rechazo a la vida.

✞ Señor Jesús, TE RUEGO que cures las heridas del segundo mes de mi gestación. Hazme sentir ¡Oh Dios mío!, cuanto valgo para ti, sobre todo si mi madre experimentó miedos, angustias o traumas cuando me esperaba, si me he sentido no deseado o rechazado por ella o si mi padre tampoco me deseo. Dame la gracia de perdonar a mis padres sabiendo que Tú me has cuidado siempre como a la niña de tus ojos.

Virgen Santísima, sana las heridas del tercer mes de mi gestación, cuando se manifestó mi condición masculina/femenina y se configuro mi sexualidad cerebral, para que con gozo pueda aceptarla y pueda alabar y bendecir a la Trinidad por sus dones, rechazando toda atadura del maligno, si es que mis padres desearon otra condición sexual para mí. Ven a sanar, Madre, las heridas del rechazo de mi identidad.

Madre de Dios, intercede ante el Padre para sanar las heridas que se hayan producido durante el cuarto mes de mi gestación. Sana en mi toda inseguridad, zozobra, miedo o rechazo a una vida extrauterina que pude presentir como dolorosa, si es que hubo desavenencias conyugales entre mis padres, disgustos profesionales, o si en ese tiempo mi madre padeció alguna enfermedad, accidente, o sufrió en exceso por el fallecimiento de un ser querido. Líbrame, Madre santa, de todo espíritu de muerte e influencias malignas que buscaron que fuese una persona pesimista, negativa, apagada o enfermiza.

✞ Señor Jesús, te alabo, te bendigo y te proclamo como mi único Dios y rechazo toda forma de idolatría. Líbrame, Señor, de toda contaminación maléfica, si es que, en el quinto mes de mi gestación o en otros, los míos tuvieron algún contacto con la brujería, ya fuese porque mi madre acudiera a adivinos o curanderos, o bien porque alguien le hubiera hecho algún maleficio. Madre de la Vida intercede ante tu Hijo para liberarme de toda mediumnidad, si en mi vida hubiera alguna conexión con los muertos por causa de anteriores embarazos de mi madre malogrados o sucesos relacionados con la muerte.

Sana, Señor, las heridas del sexto y séptimo mes de mi gestación, cuando el embarazo se hizo más pesaroso a mi madre. ¡Que tu Madre Santísima venga a sanarme y me haga vibrar de alegría en el Espíritu Santo, como hizo con Juan Bautista en el vientre de Isabel!, sobre todo si en ese tiempo me hubiera sentido angustiado o rechazado porque mi madre o no se cuido o no recibió la ayuda que entonces deseaba.

✠ Madre de Dios, líbrame de mis miedos ante el nacimiento. En tus manos pongo los últimos dos meses de mi gestación y ruego que sanes toda herida de opresión, angustia y rechazo, si todo esto me impulso a huir de la vida, a provocar el parto antes de tiempo o bien retrasarlo, o bien a no querer nacer. Del Señor y Dador de Vida alcánzame un amor grande a la existencia, oh ¡Santa Madre!

Señor Jesús, TE RUEGO que sanes las heridas de mi alumbramiento: los traumas físicos y afectivos que me pudieron perjudicar al nacer, cuando hice irrupción en el mundo de los hombres. Por el poder de tu amor y de tu gracia, dame un gran deseo de nacer y renacer en todo instante, sobre todo si el miedo me llevo a intentar ahorcarme con el cordón umbilical o bien a ponerme en mala posición para nacer. Madre de bondad, borra en mi toda contaminación visual, auditiva o sinestésica, y todas las secuelas físicas y psicológicas de las heridas y traumas del aquel momento.

✠ Santísima Trinidad, me recojo ahora unos instantes para acoger y agradeceros la sanación y liberación de las heridas habidas en mi gestación y nacimiento. Gracias Madre, por haber estado allí para recibirme en tus brazos tranquilizadores. Gracias por ponerme en los brazos de tu divino Hijo, que me acogió al igual que abrazaba los niños cuando a Él se acercaban. Gracias por presentarme al Padre, haciéndome saber que soy hijo de Dios muy amado y también deseado, sobre quien se ha derramado el Don de tu Espíritu.

Ahora os presentó también los primeros años de mi infancia: ¡que tu Luz los ilumine! Si por la frialdad de mi padre o mi madre he sufrido, si no me dieron el amor y la seguridad que deberían, si he padecido carencias de afecto o de caricias tranquilizadoras, ¡oh Señor! Envía tu Espíritu de Amor y haz que tu Madre María me envuelva en su brazo, me arrulle y me llene de su ternura. Que Ella me acoja tal como soy, con mis debilidades de niño pequeño, y que Jesús venga a besarme, a bendecirme y a imponerme las manos como hizo durante su vida terrena (cf Mc 10, 13-16).

Señor Jesús, si me he sentido agobiado por un amor demasiado posesivo de mi madre, o bien aplastado por la autoridad de mi padre, sana los recuerdos dolorosos que anidan en mí. Borra también las secuelas de las disputas y tensiones entre ellos que perturbaron mi inocencia de niño y me provocaron el miedo a que se separaran y me abandonaran. De todo corazón, Señor, perdono a mis padres las heridas que sus actos, palabras y obras hayan podido provocar en mí. Y te doy gracias, Señor, por haberme dado la seguridad de que Tú me habrías acogido (Sal 27, 10) y nunca me habrías olvidado (Is 49, 15), si mi padre y mi madre me hubieran abandonado.

☩ Señor Jesús, haz que el Espíritu Santo me colme de amor, me haga dichoso y libre clamando ¡Abba, Papá!, con todo mi ser. Si me he sentido solo, abandonado y rechazado por los míos o por aquellos con los que contaba, por tu amor sanador dame un sentido nuevo de mi dignidad y una sabia estima de mi mismo (Rom 12,13). Se tu mi consuelo allí donde he sentido el desamor de otros.

Sana las heridas de los combates que me han traumatizado o que han provocado que me encierre en mi mismo, levantando barreras frente a los demás. Sáname de las heridas profundas, reprimidas, que han endurecido mi corazón: las envidias hacia quienes eran preferidos a mí en la familia o en el colegio, las rebeldías, las humillaciones, las injusticias, la soledad, la amargura de ser marginado, las burlas, los insultos o las calumnias.

VI. Anexo

Señor Dios omnipotente, libérame de la carga de toda maldición familiar, ancestral o maléfica que pueda esconderse en mis fracasos, enfermedades o frustraciones. Dame una confianza y un valor renovados, para hacer frente a las pruebas de este mundo. Sé que tu amor me sostendrá en los tropiezos y las caídas.

✠ Señor Jesús, dame la gracia de perdonar a aquellos que no me han amado, de liberarlos de toda deuda hacia mí. Sáname de todos los traumas de mi infancia, de los trastornos de la sexualidad, de la inquietud angustiosa, la vergüenza y la culpabilidad. Lava todas las manchas de mi cuerpo y de mi alma y sana las heridas causadas por quienes abusaron de mí, al violar mi integridad física, encadenándome a desviaciones sexuales que hoy impiden tener relaciones sinceras según tu Voluntad. Ayúdame a afirmarme en mi personalidad de hombre o de mujer. ¡Que la Virgen María, Madre Purísima, Inmaculada Concepción, interceda por mí y me sane de todo este tipo de trastornos!

Señor mío Dios mío, TE RUEGO también que sanes las heridas de mi afectividad que están ligadas a experiencias amorosas imposibles o que, por cualquier causa, no podían tener buen fin. Haz que te entregue mis aspiraciones y mis fracasos y que en Tus manos ponga mis relaciones con los demás. Enséñame a abandonarme de corazón en tu Amor, porque solo Tú colmas mi deseo de amar y de ser amado.

✠ Gracias Señor por haberme acompañado durante mi infancia y mi adolescencia, por tu Amor, por tu Luz, por tu Verdad. Perdóname si he llegado a pensar que Tú no me querías o que no estabas presente en mis sufrimientos. Perdona también mis olvidos. Sana mis sentimientos de culpabilidad ante TI pero que no brotan del amor sino del miedo al castigo por mis rebeldías. Y perdona mis rebeliones contra tu Providencia al ver que permitías o tolerabas que murieran, me abandonaran o me engañaran las personas a las que yo más quería.

Perdóname las experiencias destructivas a las que me he entregado mediante la bebida, las drogas o la pornografía. Sáname de las ataduras contraídas a través de las técnicas de concentración mental, búsqueda de soluciones a mis propios problemas en el ocultismo, el espiritismo, o el esoterismo. Invoco tu Preciosa Sangre derramada en la Cruz por mí, para ser perdonando y limpiado de mis pecados. ¡Señor Jesús, que tus Santas Llagas sean el refugio para mi sanación!

☩ ¡Ten misericordia de mi, Señor! Te doy gracias por tu inmenso Amor hacia mí. Restáurame y concédeme una gracia renovada para amar y crecer en tu amor. Que tu Preciosísima Sangre alimente mi corazón, circule por todo mi ser y recorra mi sistema nervioso simpático, parasimpático, consciente, subconsciente, inconsciente, infraconsciente y supraconsciente, mi sistema respiratorio, circulatorio, digestivo, linfático, endocrino, afectivo sexual, inmunológico, epidérmico, óseo, muscular, mis extremidades y órganos internos para que Tú los purifiques, restaures, sanes y liberes de toda mancha maléfica.

Señor Jesús me entrego enteramente a Ti: en cuerpo y alma, memoria, inteligencia y voluntad. Pongo en tus Manos mis ideas, mis sentimientos, mis palabras y obras, mis heridas y fragilidades, mis limites, mis tibiezas, mis durezas de corazón y también los odios y malquerencias que me habitan, y todas mis riquezas ¡Que el fuego de tu Mirada y su Luz hagan de mi existencia un continuo acto de amor hacia Ti con obras de ternura y de paz para todos!

Desde ahora mi pasado y mi futuro quedan en tu Corazón Misericordioso y bajo la llama de Amor del Corazón Inmaculado de María. Mis heridas no serán ya heridas porque tu inmenso amor las sana: serán experiencias para edificar mi futuro temporal y eterno contigo. Acojo esta sanación y liberación que has obrado en mí. ¡Gracias Jesús, por haberme hecho como soy y por haberme salvado!

¡Aleluya![5]

AMEN, AMEN, AMEN.

D. Oraciones de Sanación de ataduras ancestrales

Oración de Sanación Intergeneracional

Esta oración es recomendable una vez por semana, tanto a aquellos que han realizado el proceso de sanación intergeneracional, como para la protección de las personas que colaboran o ayudan en el ministerio de sanación o de liberación, a fin de que su acción resulte eficaz y no les sucedan daños maléficos a ellos mismos.

✠ Santísima Trinidad, Padre, Hijo y Espíritu Santo, Dios único, inmenso, eterno y omnipotente, que inhabitais en nosotros, os alabo, bendigo y proclamo como el único Dios y Señor de mi familia, y os DOY GRACIAS por todos los dones que han llegado hasta mi a través de mis ancestros.

Padre Eterno, me abandono a tu Poder, a tu Misericordia, a tu Amor, y pongo en tus Manos amorosas a todos mis antepasados, para que derrames sobre ellos y sobre mí la gracia de tu Paz. Te pido PERDON por sus pecados y por los míos propios. Renuncio a las malas obras a las que se apegaron las generaciones de mi origen. Te ruego y te pido perdón por cuántos de ellos aun penan en el purgatorio. Y, acogiendo tu perdón, te ruego que rompas las cadenas y las ataduras tejidas por el maligno en ellos y en mí, para que mis hijos no las hereden.

✠ Señor Jesús, por tu Preciosísima Sangre derramada en la Cruz te ruego,

---

[5] Javier Luzon Pena, Las Seis Puertas del Enemigo, Experiencias de un exorcista (Editorial ALTOLACRUZ 2017, Pg 207-213)

Señor, que ROMPAS todas las ataduras causadas por nuestras omisiones de perdón a otros, por las obras injustas, robos, atracos, estafas, suicidios, muertes violentas trágicas y en las guerras. PERDONA los pecados de desviaciones sexuales, lesbianismo, sodomía, bestialidad y masoquismo, onanismo, violaciones y todo género de abusos en este campo. Perdona los pecados de aborto, de las heridas a los hijos, de los divorcios y separaciones, de la infidelidad y de engendramiento fuera del matrimonio. Perdona los pecados del abandono de los padres en la vejez y la necesidad, y de haber impedido a nuestros moribundos el acceso a los sacramentos y a las exequias cristianas. Perdona, en fin a todos mis antepasados los pecados de satanismo, brujería, espiritismo, magia, masonería, tabla Ouija, y acciones de las sectas de Nueva era, y toda convivencia con las prácticas del espiritismo o del ocultismo.

☩ Espíritu de luz y de sabiduría danos el DISCERNIMIENTO y el don de ciencia que nos permita conocer las situaciones de nuestras generaciones pasadas que aun puedan afectar o siguen afectando a nuestra vida personal. Y, en nombre de toda mi estirpe genealógica, te ruego que SANES toda herida que abre puertas a la acción de los espíritus maléficos por las que buscan hacernos daño material o espiritualmente. ¡Que tu Gracia fluya en nosotros de continuo vivificando nuestro existir en la Trinidad Santísima por toda la eternidad![6]

AMEN, AMEN, AMEN.

---

[6] Javier Luzon Pena, Las Seis Puertas del Enemigo, Experiencias de un exorcista (Editorial ALTOLACRUZ, 2017 Pg 229-230)

Las quince Oraciones reveladas por Nuestro Señor a Santa Brígida de Suecia

Por mucho tiempo, Santa Brígida había deseado saber cuántos latigazos había recibido Nuestro Señor durante Su Pasión. Nuestro Señor le revelo lo siguiente: "Recibí en mi Cuerpo cinco mil, cuatrocientos ochenta latigazos; son 5480 azotes. Si quieres honrarlos en verdad, con alguna veneración, decid 15 veces el Padre Nuestro; también 15 veces el Ave María con las siguientes oraciones, durante un año completo. Al terminar el año, habréis venerado cada una de Mis Llagas." (Nuestro Señor mismo le dicto las oraciones a Santa Brígida)

Las Promesas

Nuestro Señor hizo las siguientes promesas a las personas que se dedicaran a rezar estas oraciones devotamente cada día durante un año:

1. Cualquiera que recite estas oraciones, obtendrá el grado máximo de perfección.
2. Quince días antes de su muerte, tendrá un conocimiento perfecto de todos sus pecados y una contrición profunda de ellos.
3. Quince días antes de su muerte, le daré mi precioso cuerpo a fin de que escape del hambre eterna; le daré a beber de mi preciosa sangre para que no permanezca sediento eternamente.
4. Libraré del purgatorio a 15 miembros de su familia (algunas pueden ser del pasado, otras del presente y también del futuro).

5. Quince miembros de su familia serán confirmados y preservados en gracia.
6. Quince miembros de su familia se convertirán.
7. Cualquiera que haya vivido en estado de pecado mortal por 30 años, pero si recita o tiene la intención de recitar estas oraciones devotamente. Yo el Señor le perdonare todos sus pecados.
8. Si ha vivido en su propia voluntad durante toda su vida y está por morir (sin que la persona tenga el conocimiento que está por morir próximamente), prolongaré su existencia para que se confiese bien (confesión de vida).
9. Obtendrá todo lo que pida a Dios y a la Santísima Virgen.
10. En cualquier parte donde esté diciendo las oraciones, o donde se digan, Dios estará presente con su gracia.
11. Todo aquel que enseñe estas oraciones a los demás, ganará incalculable méritos y su gloria será mayor en el Cielo.
12. Por cada vez que se reciten estas oraciones, se ganarán 100 días de indulgencia.
13. Será librado de la muerte eterna, (no se condenara).
14. Goza de la promesa de que será contado entre los bienaventurados del cielo.
15. Lo defenderé contra las tentaciones del mal.
16. Preservaré y guardaré sus cinco sentidos.
17. Lo preservaré de una muerte repentina.
18. Yo colocaré mi cruz victoriosa ante el para que venza sus enemigos (Satanás y sus huestes).
19. Antes de su muerte vendré con mi amada Madre, la Santísima Virgen Inmaculada.
20. Lo recibiré muy complacido y lo conduciré a los gozos eternos. Y habiéndolo llevado allí, le daré de beber de la fuente de mi divinidad; cosa que no haré con los que no hayan recitado Mis oraciones.
21. Se le asegura que será colocado junto al Supremo Coro de los Santos Ángeles.

VI. Anexo

Primera Oración

¡Oh, Jesús mío!, ¡oh, Eterna Dulzura para los que Os amamos!, ¡oh, Gozo Supremo, que supera todo gozo y deseo!, ¡oh, Salvación y Esperanza nuestra!, infinitas pruebas nos habéis dado de que Vuestro mayor Deseo es estar siempre con nosotros, y fue este Sublime Deseo, ¡oh, Bendito Amor!, el que Os llevó a asumir la naturaleza humana. ¡Oh, Verbo Encarnado!, recordad aquella Santa Pasión que abrazasteis por nosotros para cumplir el Divino Plan de Reconciliación de Dios con su criatura. Recordad, Señor, Vuestra Última Cena, cuando rodeado de Vuestros discípulos y después de haberles lavado los pies, les disteis Vuestro Precioso Cuerpo y Sangre. Recordad también cuando tuvisteis que consolarlos al anunciarles Vuestra ya próxima Pasión.

Fue en el Huerto de los Olivos, ¡oh, Señor!, donde se escenificaron los peores momentos de Vuestra Sagrada Pasión: porque fuisteis invadido por la más infinita de las tristezas y por la más dolorosa de las amarguras, que Os llevaron a exclamar, lleno de Horror y de Angustia: "¡Mi Alma está triste hasta la muerte!"... Tres Horas duró Vuestra Agonía en aquel jardín, y todo el Miedo, Angustia y Dolor que padecisteis allí ¡fueron tan grandes! que Os causaron sudar Sangre copiosamente. Aquello escapaba a toda descripción, hasta tal punto que sufristeis más allá que en el resto de Vuestra Pasión, porque ante Vuestros Divinos Ojos desfilaron aquellas terribles visiones de los pecados que se cometieron desde Adán y Eva hasta aquellos mismos instantes, los pecados que se estaban cometiendo en aquellos momentos por toda la faz de la Tierra y los que se cometerían en el futuro, ¡siglos enteros!, hasta la consumación de los Tiempos.

Pero, ¡oh, Amor que todo lo vence!, a pesar de Vuestro Temor humano, así contestasteis a Vuestro Padre: "¡No se haga mi voluntad, sino la Tuya!" E inmediatamente Vuestro Padre envió a aquel Precioso Ángel para confortaros. Tres veces orasteis, y al final llegó Vuestro discípulo traidor, Judas. ¡Cuánto os dolió aquello!

Fuisteis arrestado por el pueblo de aquella nación que Vos mismo habíais escogido y exaltado. Tres jueces Os juzgaron, falsos testigos Os acusaron, cometiendo el acto más injusto de la historia de la Humanidad, ¡condenando a muerte a su Autor y Redentor!, ¡a Aquel que venía a regalarnos la Vida Eterna!

Y os despojaron de Vuestras vestiduras y Os cubrieron los Ojos... E inmediatamente aquellos soldados romanos comenzaron a abofetearos y a llenaros de salivazos. Golpes llovieron contra Vuestro Delicado Cuerpo, y Os retaban a que les dijerais quién era el que Os lo hacía. De repente, aquella Corona de Espinas Os la incrustaron, mutilando Vuestra Cabeza de mala manera, ¡rompiendo Carne, Venas y Nervios! Y para completar la mofa a Vuestra Condición de Rey, Os dieron un cetro: una vulgar caña que colocaron en Vuestras Sagradas Manos.

¡Oh, Sublime Enamorado de nuestras almas!, recordad también cuando Os ataron a la columna. ¡Cómo os flageló aquella gente!... No quedó lugar alguno en Vuestro Maravilloso Cuerpo que no quedara destrozado bajo los golpes de los látigos. Otro cuerpo humano hubiese muerto con menos golpes. La escena era terrible: ¡Huesos y Costillas podían verse! ¡Cuánta furia desatada contra el Hombre-Dios!

¡Oh, Jesús mío!, en memoria de aquellos crueles Tormentos que padecisteis por nosotros antes de la Crucifixión, concededme, antes de morir, un verdadero arrepentimiento de mis pecados, que pueda satisfacer por ellos, haga una santa Confesión, Os reciba en la Santísima Eucaristía y, así alimentada mi alma, pueda volar hacia Vos.

Así sea.

(Padre Nuestro, Ave María y Gloria)

Segunda Oración

¡Oh, Salud y Alimento de mi alma, Libertad Verdadera de ángeles y santos!, ¡Paraíso de Delicias!, recordad el Horror y la Tristeza que sufristeis, camino del lugar donde Os aguardaban una cruz, cuatro clavos y los verdugos, cuando toda aquella turba se apretujaba a Vuestro Paso y Os golpeaba e insultaba impunemente, haciéndoos víctima de las más espantosas crueldades. Pero más Os dolía su ingratitud que los golpes que Os infligían, pues era precisamente por ellos y por todo el Género Humano, que llevabais aquella Cruz sobre Vuestros Hombros destrozados.

Por todos aquellos Tormentos y Ultrajes, y por las blasfemias proferidas en contra de Vos, Os ruego, ¡Oh, Dueño de mi alma!, que me libréis de mis enemigos, visibles e invisibles, y que bajo Vuestra Protección logre tal perfección y santidad que merezca entrar con Vos en Vuestro Reino.

Así sea.

(Padre Nuestro, Ave María y Gloria)

Tercera Oración

¡Oh, Dueño de nuestra existencia!, Vos, que siendo el Creador del Universo, del Cielo y de la Tierra, de ángeles y hombres, a quien nada puede abarcar ni limitar, y que todo lo envolvéis y sostenéis con Vuestro Amoroso Poder, sin embargo Os dejasteis matar por Vuestra Obra Maestra, el Hombre, para justificarlo ante Vos mismo.

Recordad cada Dolor sufrido, cada Tormento soportado por nuestro Amor, cuando los judíos con enormes clavos taladraron Vuestras Sagradas Manos y Pies. ¡Qué espantosa escena se produjo cuando, con indescriptible crueldad, Vuestro Cuerpo tuvo que ser estirado sobre la Cruz para que Vuestras Manos y Pies llegaran hasta los agujeros previamente abiertos en el madero! ¡Con cuánta furia agrandaron aquellas Heridas! ¡Cómo agregaron dolor al Dolor cuando tuvieron que estirar Vuestros Sagrados Miembros violentamente en todas direcciones!, ¡Oh, Varón de Dolores!

Recordad cuando Vuestros Músculos y Tendones eran estirados sin misericordia, Vuestras Venas se rompían, Vuestra Piel Virginal se desgarraba horriblemente y Vuestros Huesos eran dislocados.

¡Oh, Cordero Divino!, en memoria de todo lo ocurrido en la Colina del Gólgota, Os ruego me concedáis la Gracia de amaros y honraros cada día más y más.

Así sea.

(Padre Nuestro, Ave María y Gloria)

Cuarta Oración

¡Oh, Divino Mártir de Amor!, ¡Oh, Médico Celestial!, que Os dejasteis suspender en la Cruz para que por Vuestras Heridas, las nuestras fueran curadas. Recordad cada una de aquellas Heridas y la tremenda debilidad de Vuestros Miembros, que fueron distendidos hasta tal punto que jamás ha habido dolor semejante al Vuestro. Desde la Cabeza a los Pies erais todo Llaga, todo Dolor, todo Sufrimiento; erais una masa rota y sanguinolenta. Y aun así llegasteis, para sorpresa de Vuestros verdugos, a suplicar a Vuestro Padre Eterno, Perdón para ellos diciéndole: ¡Padre, perdónalos, porque no saben lo que hacen!

¡Oh, Cristo Bendito!, en memoria de esta gran Misericordia que tuvisteis -ya que muy bien pudisteis lanzar a todo aquel mundo malvado a los abismos infernales con un solo Acto de Vuestra Poderosa Voluntad-, por aquella tan grande Misericordia que superó a Vuestra Divina Justicia, concededme una contrición perfecta y la remisión total de mis pecados, desde el primero hasta el último, y que jamás vuelva a ofenderos.

Así sea.

(Padre Nuestro, Ave María y Gloria)

Quinta Oración

¡Oh, Jesús!, ¡Oh, Esplendor de la Eternidad!, recordad cuando contemplasteis en la Luz de Vuestra Divinidad las almas de los predestinados, que serían rescatados por los Méritos de Vuestra Sagrada Pasión. También visteis aquella tremenda multitud que sería condenada por sus pecados. ¡Cuánto Os quejasteis por ellos! Os compadecisteis, ¡oh, Buen Jesús!, hasta de aquellos réprobos, de aquellos desafortunados pecadores que no se lavarían con Vuestra Sangre ni se alimentarían con Vuestra Carne Eucarística.

Por Vuestra Infinita Compasión y Piedad, y acordándoos de Vuestra Promesa al buen ladrón arrepentido, al decirle que aquel mismo día estaría con Vos en el Paraíso, ¡oh, Salud y Alimento de nuestra alma!, mostradme esta misma Misericordia en la Hora de mi muerte.

Así sea.

(Padre Nuestro, Ave María y Gloria)

Sexta Oración

¡Oh, Rey muy amado y deseado por mi corazón!, acordaos del Dolor que sufristeis cuando, desnudo y como un criminal común y corriente, fuisteis clavado y elevado en la Cruz. ¡Cómo Os dolió ver que Vuestros familiares y amigos desertaban! Pero allí estaba Vuestra Muy Amada Madre y Vuestro Discípulo Juan, que permanecieron con Vos hasta Vuestro Último Suspiro, no importando que su naturaleza humana desmayando estuviera. Y, para colmo de Vuestro Inmenso Amor por nosotros, nos hicisteis aquel Precioso Regalo: ¡nos disteis a María como Madre! ¡Cuánto Os debemos, Salvador nuestro, por este Sublime Regalo! Solo tuvisteis que decir a María: "¡Mujer, he aquí a tu hijo!", y a Juan: "¡He aquí a tu Madre!"

Os suplico, ¡oh, Rey de la Gloria!, por la Espada de Dolor que entonces atravesó el alma de Vuestra Santísima e Inmaculada Madre, que Os compadezcáis de mí en todas mis aflicciones y tribulaciones, tanto corporales como espirituales, y que me asistáis en cada prueba, especialmente en la Hora de mi muerte.

Así sea.

(Padre Nuestro, Ave María y Gloria)

Séptima Oración

¡Oh, Rey de Reyes!, ¡Fuente de Compasión que jamás se agota!, recordad cuando sentisteis aquella tremenda Sed por las almas, que Os llevó a exclamar desde la Cruz: "¡Tengo Sed!" Sí, no solamente teníais Sed física, sino Sed insaciable por la Salvación de la Raza Humana.

Por este gesto de Amor por nosotros, Os ruego, ¡oh, Prisionero de nuestro amor!, que inflaméis mi corazón con el deseo de tender siempre hacia la perfección en todos mis actos, que extingáis en mí la concupiscencia de la carne y los deseos de placeres mundanos.

Así sea.

(Padre Nuestro, Ave María y Gloria)

Octava Oración

¡Oh, constante Dulzura nuestra!, ¡Oh, Deleite diario de nuestro espíritu!, por el sabor tan amargo de aquella hiel y vinagre que Os dieron a probar en lugar de agua, para aplacar Vuestra Sed física, Os suplico que aplaquéis mi sed por Vuestra Vivificadora Sangre y mi hambre por Vuestra Redentora Carne, ahora y siempre, y que no me falten en la Hora de mi muerte.

Así sea.

(Padre Nuestro, Ave María y Gloria)

Novena Oración

¡Oh, Jesús, Virtud Real y Gozo del alma!, acordaos del Dolor que sentisteis, sumergido en un Océano de Amargura, al acercarse la Muerte. Insultado y ultrajado por Vuestros verdugos, clamasteis en alta voz que habíais sido abandonado por Vuestro Padre Celestial, diciéndole: "Dios mío, Dios mío, ¿por qué me has abandonado?" Por aquella Angustia que padecisteis en aquellos momentos finales de Vuestra Pasión, Os ruego, ¡oh, nuestro Salvador!, que no me abandonéis durante los terrores y dolores de mi muerte.

Así sea.

(Padre Nuestro, Ave María y Gloria)

Décima Oración

¡Oh, Jesús!, que sois Principio y Fin de todo lo creado, Virtud, Luz y Verdad, acordaos de que por causa nuestra fuisteis sumergido en un Abismo de Penas, sufriendo Dolor en todo Vuestro Santísimo Cuerpo. En consideración a la enormidad de tanta Llaga que Os hicimos los hombres, enseñadme a guardar por puro amor a Vos todos Vuestros Mandamientos, que son Camino de Vuestra Ley Divina, amplio y agradable para aquellos que Os aman.

Así sea.

(Padre Nuestro, Ave María y Gloria)

Undécima Oración

¡Oh, Jesús mío, Abismo Insondable de Misericordia!, Os ruego, en memoria de Vuestras Heridas, las cuales penetraron hasta la Médula de Vuestros Huesos y hasta lo más profundo de Vuestro Ser, ¡que me apartéis para siempre del pecado!, ¡que no Os ofenda más! Reconozco con bochorno que soy un miserable pecador y que Os he ofendido ¡tantas veces! que temo que Vuestra Divina Justicia me condene.

No obstante, acudo presuroso a Vuestra Misericordia Infinita para que me escondáis urgentemente en Vuestras Preciosas Llagas. Y así, ocultado de Vuestro indignado Rostro, pueda Vuestro Amante Corazón una vez más lavar mis culpas con Vuestra Sangre Liberadora. De esa forma, Redentor nuestro, Vuestro Enojo e Indignación cesarán de inmediato. ¡Gracias, Señor!

Así sea.

(Padre Nuestro, Ave María y Gloria)

VI. Anexo

Duodécima Oración

¡Oh, Jesús, Eterna Verdad, Símbolo de la Perfecta Caridad y de la Unidad!, Os suplico que Os acordéis de aquella multitud de laceraciones, de aquellas horribles Heridas que Os hicimos la Humanidad pecadora que queríais salvar. Estabais hecho un guiñapo humano, enrojecido por Vuestra propia Sangre. ¡Qué inmenso e intenso Dolor padecisteis en Vuestra Carne Virginal por Amor a nosotros!, ¡oh, Dulzura Infinita! ¿Qué podéis hacer que no hayáis ya hecho por nosotros? Nada falta, todo lo habéis cumplido.

Ayudadme, ¡Oh, Señor!, a tener siempre presente ante los ojos de mi espíritu un fiel recuerdo de Vuestra Pasión, para que el Fruto de Vuestros Sufrimientos se vea continuamente renovado en mi alma y para que Vuestro Amor se agrande en cada momento más y más en mi corazón, hasta que llegue aquel Feliz Día en que Os vea en el Cielo y sea Uno con Vos, que sois el Tesoro y Suma Total de todo gozo y bondad.

Así sea.

(Padre Nuestro, Ave María y Gloria)

Decimotercera Oración

¡Oh, Dulce Consuelo de mi alma, Maravilloso Liberador, Rey Inmortal e Invencible!, recordad cuando, inclinando Vuestra Adorable Cabeza, toda desfigurada por los golpes, la Sangre y el polvo del camino, exclamasteis: "Todo está consumado"... Toda Vuestra Fuerza, mental y física, se agotó completamente.

Por este Gran Sacrificio y por las Angustias y Tormentos que padecisteis antes de morir, Os ruego, ¡oh, Buen Jesús!, que tengáis Misericordia de mí en la Hora de mi muerte, cuando mi mente esté tremendamente perturbada y mi alma sumergida en inquietudes y angustias. Que no tema nada, que Os tenga a Vos a mi lado y dentro de mi ser.

Así sea.

(Padre Nuestro, Ave María y Gloria)

Decimocuarta Oración

¡Oh, Doliente Jesús!, ¡oh, incomprensible Segunda Persona de la Trinidad, Esplendor y Figura de Su Esencia!, recordad cuando con gran Voz entregasteis Vuestra Alma a Vuestro Padre Celestial, diciéndole: "¡Padre, en Tus Manos encomiendo mi espíritu!" Vuestro Cuerpo estaba despedazado y Vuestro Corazón destrozado, pero Vuestras Entrañas de Misericordia quedaron abiertas para redimirnos. Así expiraste, ¡oh, Amor Infinito!

Por Vuestra Dolorosa Muerte Os suplico, ¡oh, Rey de Santos y Ángeles!, que me confortéis y ayudéis a resistir al mundo con sus errores, a Satanás con sus perfidias y a la carne con sus vicios, para que así, muerto a los enemigos de mi alma, viva solamente para Vos. Por eso Os ruego, ¡oh, Dulce Redentor y Salvador!, que a la Hora de mi muerte recibáis mi pobre alma desterrada, que regresa a Vos.

Así sea.

(Padre Nuestro, Ave María y Gloria)

Decimoquinta Oración

¡Oh, Vencedor de la Muerte!, ¡Vid Verdadera y Fructífera!, recordad aquel torrente de Sangre que brotó de cada Parte de Vuestro Bendito Cuerpo, igual que la uva exprimida en el lagar.

Desde el lugar de la Flagelación y a través de las calles de Jerusalén, por toda aquella Vía Dolorosa hasta la Colina Sagrada, Vuestra Sangre derramada escribía las Bellas Páginas de la Historia del Corazón que más nos ama...¡El Vuestro! Recordad cómo la Tierra, agradecida pero a la vez espantada, recibía Vuestra Preciosa Sangre. Toda la Naturaleza, de horror temblaba, y los cielos se estremecían; los Ángeles y hasta los demonios se sorprendían ante ¡aquella increíble escena! ¡Todo un Dios moría! ¿Qué era aquello? ¿Qué sucedía? Aquel primer Viernes Santo, ¡oh, Jesús!, ¡abríais el Cielo para la Humanidad pecadora!

Por tres largas Horas Vuestro Cuerpo colgó de la Cruz. Presentabais un aspecto doliente, triste, todo lleno de Dolor. Vuestra Sangre: aún manando, recorriendo aquella que ya se había secado, que ya se había coagulado. Y a todo esto se adhirió el polvo y la tierra del camino....

Qué tristeza y dolor padecieron María y Juan al contemplar Vuestros Cabellos y Barbas, que ahora daban la impresión de que estaban compuestos de alambres, llenos de Sangre y de tierra. Vuestros Oídos y Nariz, tupidos estaban de Sangre. ¡Hasta Vuestros Ojos y Boca sangraban! En verdad que todos Vuestros Sentidos fueron atrozmente atormentados.

Así inclinasteis la Cabeza y entregasteis Vuestro Espíritu.... Entonces vino Longinos y perforó Vuestro Costado, con tanta violencia que la punta de la lanza casi sale por el otro Costado. Vuestro Corazón, Os lo desgarraron, ¡oh, Jesús!, ese Corazón que ¡tanto nos ama! Y de allí brotó Sangre y Agua, hasta no quedar en Vuestro Cuerpo gota alguna. Vuestro Cuerpo era cual bulto colgado, como un haz de mirra elevado en lo alto de la Cruz. La muy fina y delicada Carne Vuestra fue destrozada, la Sustancia de Vuestro Cuerpo fue marchitada, y disecada la Médula de Vuestros Huesos. Fue entonces que el Sol y las estrellas negaron su luz, hubo terremotos, y la Naturaleza y los Elementos dieron amplio testimonio de que Aquel que negaron ¡era el Hijo de Dios!

Por esta Amarga Pasión y por la Efusión de Vuestra Divina Sangre, Os suplico, ¡oh, Dulcísimo Jesús!, que recibáis mi alma cuando esté sufriendo en la agonía de mi muerte.

¡Oh, Maravillosa Realidad, escándalo para los infieles, Gozo indescriptible para los que Os amamos!, ese Vuestro Infinito Sacrificio pagó el Rescate, y al resucitar y ascender gloriosamente al Cielo ¡dejasteis bien abiertas las Puertas para aquellos que quisieran seguiros! ¡Oh, Señor!, por Vuestra Amarga Pasión y Preciosa Sangre Os ruego traspaséis mi corazón para que mis lágrimas de amor, adoración y penitencia sean mi alimento noche y día. Haced que me convierta totalmente a Vos, que mi corazón sea Vuestro perpetuo Lugar de Reposo, que mis conversaciones Os sean siempre agradables, y que al final de mi vida merezca que grabéis, ¡oh, Dios de Amor!, el Sello de Vuestra Divinidad en mi alma, para que tanto el Padre como el Espíritu Santo Os vean bien reproducido en mí y poder así ser contado entre Vuestros Santos para que Os alabe para siempre por toda la Eternidad.

Así sea.

(Padre Nuestro, Ave María y Gloria)

Oración final

¡Oh, Dulce Jesús!, herid mi corazón a fin de que mis lágrimas de amor y penitencia me sirvan de pan, día y noche. Convertidme enteramente, ¡oh, mi Señor!, a Vos. Haced que mi corazón sea Vuestra Habitación Perpetua y que mi conversación Os sea agradable. Que el fin de mi vida Os sea de tal suerte loable que, después de mi muerte, pueda merecer Vuestro Paraíso y alabaros para siempre en el Cielo con todos Vuestros Santos.

Amén.

Sea por siempre bendito y alabado Jesús, que con Su Sangre nos redimió. (Tres veces).

Novena a María Desatadora de Nudos

Padre Juan Ramón Celeiro
Fiesta: 8 de Diciembre, día de la Inmaculada Concepción.

Como rezar la novena:
Hacer la señal de la cruz.
Rezar el acto de contrición
Hacer la Suplica
Rezar las tres primeras decenas del Santo Rosario
Rezar las meditaciones de cada día de la novena
Rezar las ultimas dos decenas del Santo Rosario
Oración a María Desatadora de Nudos

*Hacer una novena por cada nudo que se le pide a la Virgen que desate.

Acto de Contrición

Jesús mi Señor y Redentor: Yo me arrepiento de todos los pecados que he cometido hasta hoy, y me pesa de todo corazón, porque con ellos he ofendido a un Dios tan bueno. Propongo firmemente no volver a pecar y confío en que, por tu infinita misericordia, me has de conceder el perdón de mis culpas y me has de llevar a la vida eterna. Amen.

Suplicas e intenciones a Nuestra Señora Desatadora de Nudos

Santa María, Madre de Dios. Tu que, con valor de mujer y de madre, dijiste a Dios, "Que se haga tu voluntad", contágianos de esa fuerza, la fuerza de tu Fe y de tu amor.

María, hoy vengo a Ti, lleno de dolor, a llorar mis penas en los brazos de una Madre que siempre escucha, que todo lo soporta que todo lo cree.

VI. Anexo

Cree en mi, Madre mía, cree en mi dolor y en mi angustia; que no haría una madre por su hijo, que no harías Tu, María, Madre mía por mi. Tan solo pido me escuches, lleguen a Tu mis suplicas, las eleves hacia tu Hijo bien amado, y que El interceda por mi.

Que yo también pueda decir: "señor que se haga tu voluntad", dame, María, la capacidad para aceptar los designios que el Señor tenga para conmigo.

María, guíame, protégeme, desata la maraña de mis problemas, solo Tu libras, María, solo Tu desatas, solo Tú y Tu Hijo pueden librarme de la opresión con que vivo, de la cual soy consciente que solo nosotros los hombre somos los que nos tropezamos en el diario caminar y somos los que nos enredamos en los lazos del orgullo, de la soberbia, de la incomprensión, de la falta de caridad y solidaridad.

Por eso recurro a Ti, María, mi Madre, para que me libres y desates los nudos que impiden que seamos felices y estemos mas cerca de Tuyo y de Tu Hijo.

Para que con la oración persistente dobleguemos los duros corazones y podamos elevarnos hacia un mundo mas generoso.

María escucha mi ruegos…

Oración

Santa María, llena de la presencia de Dios, durante los dias de tu vida aceptaste con humildad la voluntad del Padre, y el maligno nunca fue capaz de enredarte con sus confusiones.

Ya junto a tu Hijo intercediste por nuestras dificultades y, con toda sencillez y paciencia, nos diste ejemplo de cómo desenredar la madeja de nuestras vidas. Y al quedarte para siempre como Madre nuestra, pones orden y haces mas claros los lazos que nos unen al Señor.

Santa María, Madre de Dios y Madre nuestra. Tu que con corazón materno desatas los nudos que entorpecen nuestra vida, te pedimos que recibas en tus manos: (nombrarlo si es posible)............ y que los libres de las ataduras y confusiones con que nos hostiga el que es nuestro enemigo.

Por tu gracia, por tu intercesión, con tu ejemplo, líbranos de todo mal, Señora Nuestra, y desata los nudos que impiden nos unamos a Dios para que, libres de toda confusión y error lo hallemos en todas las cosas, tengamos en El puesto nuestros corazones y podamos servirle siempre en nuestros hermanos.

Amen.

María desatadora de nudos ruega por nosotros.

MEDITACIONES DIARIAS

Día Primero: María nueva Eva

Santa María, dame perseverancia en mi amor a Dios, que acuda a El, no solamente en los momentos difíciles, que aprenda también a darle gracias tanto por lo que recibo y veo como también por lo que no llego a ver.

María, Virgen pura desata este nudo que te presento (nombrarlo si es posible) ...

Contemplemos a María, solo Ella con su Hijo, es capaz de desatar los nudos del mal, ya que ella es la mujer que da luz a quien aplastara la cabeza de la serpiente (Gen 3, 15): la única capaz de reconstruir el camino entre lo humano y lo divino, pues ella es la virgen que trae al mundo al Emmanuel, "Dios con nosotros" (Is 7, 14).

Día Segundo: María, llena de gracia

Madre Nuestra, te pido me ayudes a ser puro de corazón, en mi amor a Dios y a mis hermanos. Haz que se borre de mi corazón todo vestigio de egoísmo y orgullo.

María, Virgen pura desata este nudo que te presento (nombrarlo si es posible) ...

Meditemos como María desata los nudos de nuestras esclavitudes al proclamar que no ella no es sino la "esclava de su Señor" (Lc 1,38). Ella desata los nudos de la enemistad ya que siempre fue la amiga inmaculada de Dios, llena de gracia desde su concepción (Lc 1,28).

Día Tercero: María, sierva del Señor

Santa María, Mediadora y Madre Nuestra, enséñame a valorar los bienes terrestres en función de los bienes del Cielo. Que con sacrificio sepa seguir los pasos de tu Hijo y de esta manera alcance el Reino de los Cielos.

María, Virgen pura desata este nudo que te presento (nombrarlo si es posible) ...

Observemos como María es capaz de deshacer los nudos de la desconfianza y también los nudos de la muerte; pues ella creyó en "que se cumplirían las cosas que le fueron dichas de parte del Señor" (Lc1, 45) y en ella, por obra del Espíritu Santo, es engendrado el Hijo de Dios, dador de Vida (Lc 1,35).

Día Cuarto: María bendita entre todas las mujeres

Santa María, Madre de Dios, te pido me inspires en mis oraciones al Padre Celestial, que su Misericordia cubra mis seres queridos, y a todos cuanto amo.

María, Virgen pura desata este nudo que te presento (nombrarlo si es posible) ...

Contemplemos como María es capaz de desatar los nudos de la tristeza, del triunfalismo y del orgullo, pues toda su vida se ha estremecido lleno de alborozo por su Salvador (Luc 1, 47): al dar a luz a Jesús, lo envolvió en sus panales, lo acostó en su pesebre y lo presento a los pastores de Belén (Lc 2,7.16.

Día Quinto: la fe de María

Santa madre del Señor, enséñame con tu sencillez a amar la vida y todo cuanto me rodea. Madre generosa y esposa ejemplar, haz que como Tu, tenga un amor incondicional hacia los demás.

María, Virgen pura desata este nudo que te presento (nombrarlo si es posible) ...

Meditemos como María, que canto al Todopoderoso, que "dispersa a los soberbios y eleva a los humildes", es capaz de desatar los nudos de la vanidad y del espíritu de dominación (Lc 1,51-52); y también los nudos de la ambición y de la riqueza. Ella glorifica a Dios quien "a los hambrientos colma de bienes y a los ricos envía sin nada" (Lc 1,53).

Día Sexto: María, asociada a la misión de Cristo

María, protectora nuestra, ayúdame a soltar la complicada madeja de problemas que yo mismo me impongo en la vida, y concédeme la gracia de amar a nuestro Señor Jesucristo, Tu hijo, por sobre todas las cosas.

María, Virgen pura desata este nudo que te presento (nombrarlo si es posible) ...

Meditemos como María es capaz de desatar los nudos de la pobreza, del sufrimiento, de la fuga y del exilio. Ella es la mujer fuerte, que los vivió personalmente (Mt 2, 13-15); así como los nudos de la duda y de la incertidumbre, y aunque no comprendió cuando Jesús le anuncio que debía consagrarse a las cosas de su Padre, "ella meditaba esos hechos en su corazón" (Lc 2, 49-51).

Día Séptimo: María, la primera que escucha y guarda la palabra de Dios en su corazón

Amadísima Virgen María, enséñame a amar como Tu amaste a Jesús. Que mi entrega a Él y a mis hermanos sea siempre libre, generosa, desinteresada como lo hizo el Señor.

María, Virgen pura desata este nudo que te presento (nombrarlo si es posible) ...

Meditemos como María deshace los nudos que impiden la unión de la familia pues en su casa de Nazaret Ella fue esposa y madre (Lc 2, 51); y como esposa y madre de carpinteros, desata los nudos del desempleo y del ocio (cf. Mt 13,55: Mc 6,3).

Día Octavo: María Mediadora de todas las gracias

María, Tu que deshaces todos los nudos, fiel servidora de los intereses del Señor, que el amor por el prójimo me habite constantemente como prueba de mi amor a Dios. Ayúdame a comprender que no es posible amar a Dios sin amar a mis hermanos.

María, Virgen pura desata este nudo que te presento (nombrarlo si es posible) ...

Meditemos, como María desata los nudos de la orfandad y del abandono, pues en la Cruz, Jesús nos dijo a todos" he aquí a tu Madre" (cf. Jn 19, 27). Ella también suelta los nudos de la desunión entre cristianos pues, unida íntimamente en la oración a los apóstoles y a otras mujeres, espero con ellos al Espíritu Santo, prometido por Jesús resucitado. (Hch 1, 14).

Día Noveno: María Madre de Dios y Madre nuestra

María, madre mía, te ruego que deshagas el ovillo de mis problemas. Guíame en mi tarea de ser cada día mensajero de la palabra del Señor, que con mi ejemplo diario logre conducir hacia El a quienes no tiene fe.

María, Virgen pura desata este nudo que te presento (nombrarlo si es posible) ...

Contemplemos a María reina de los Apóstoles quienes recibieron de Jesús la misión de absolver en Su nombre: "Todo aquello que desates en la tierra será desatado en el cielo" (cf. Mt 18). Pidámosle al Señor que desate los nudos que nos impiden vivir gozosos, recordándonos que debemos hacer" lo que Jesús nos diga" (Jn 2, 3-5).

Oración a San José (I)
(por el Papa Francisco)

San José, hombre de silencio,
tú que en el Evangelio no has pronunciado ninguna palabra,
enséñanos a ayunar de las palabras vanas,
a redescubrir el valor de las palabras que edifican, animan, consuelan, sostienen.
Hazte cercano a aquellos que sufren a causa de las palabras que hieren,
como las calumnias y las maledicencias,
y ayúdanos a unir siempre los hechos a las palabras. Amén.

Oración a San José (II)
(por el Papa Francisco)

Salve, custodio del Redentor
y esposo de la Virgen María.
A ti Dios confió a su Hijo,
en ti María depositó su confianza,
contigo Cristo se forjó como hombre.
Oh, bienaventurado José,
muéstrate padre también a nosotros
y guíanos en el camino de la vida.
Concédenos gracia, misericordia y valentía,
y defiéndenos de todo mal. Amén.

Índice

Índice

	Nº Página
INTRODUCCIÓN	
Papa Francisco nos anima	I
Motivaciones para un renovado impulso misionero	II
A. El encuentro personal con el amor de Jesús que nos salva	III
B. El gusto espiritual del pueblo	V
C. La acción misteriosa del Resucitado y Su Espíritu	IX
Conclusión: La fuerza misionera de la intercesión	XII
Amoris Laetitia «La alegría del amor»	XIV
I. El amor, símbolo de las realidades íntimas de Dios	XIV
II. Individualismo y disminución demográfica	XV
III. La mirada puesta en Jesús: Vocación en la familia	XVII
IV. El amor en el matrimonio	XVIII
V. Amor que se vuelve fecundo	XX
VI. Algunas perspectivas pastorales	XXII
VII. Fortalecer la educación de los hijos	XXV
VIII. Acompañar, discernir e integrar la fragilidad	XXVI
IX. Espiritualidad matrimonial y familiar	XXVI
Conclusión: Oración a la Sagrada familia	XXII
Laudato Si'	XXVIII
Oración por nuestra tierra	XXXIV
Oración cristiana con la creación	XXXIV
Fratelli tutti	XXXVI
Año de la fe por el Papa Francisco	2
Reflexiones del Santo Padre sobre la Eucaristía en el Año de la Fe	7
I. CONOCIMIENTOS BÁSICOS CRISTIANOS	**11**
Mandamientos de la ley de Dios	12
Mandamientos de la Santa Madre Iglesia	12
Las Bienaventuranzas	13
Los Sacramentos	13
Los siete Dones del Espíritu Santo	13

ÍNDICE

Frutos del Espíritu Santo	14
Las tres Virtudes Teologales	14
Las cuatro Virtudes Cardinales	14
Las catorce Obras de Misericordia	14
Los siete Pecados Capitales	14

II. ORACIONES — 15

A) Oraciones Básicas — 16

Señal de la Cruz	16
Padre nuestro	16
Ave María	16
Gloria	16
Gloria *(Misa)*	16
Credo de los Apóstoles	17
Credo de Nicea	17
Ángelus	18
Regina Caeli	18
María, Madre de Gracia	19
Oración de Fátima	19
Oración de la parroquia	19
Oraciones del Rosario	20
Letanía Lauretana	22
Salve	23
Yo confieso	24
Acto de fe	24
Acto de esperanza	24
Acto de caridad	24
Descanso eterno	24
Comunión Espiritual	25
Octavario por la unidad de los cristianos	25
Oración por las vocaciones	26
Oración de los jóvenes	27

Oración por los sacerdotes	27
Vía Crucis:	28
1. Vía Crucis *(Card. Ratzinger 2005)*	28
2. Vía Crucis Eucarístico	56
3. Vía Crucis *(Madre Teresa de Calcuta)*	86
4. Vía Crucis de la Divina Misericordia	101
5. Vía Crucis y camino de Sanación	104
B) Orar con el Padre	**110**
Padre mío *(Charles de Foucauld)*	110
El Rosario del Padre	110
Letanías del Padre	112
C) Orar con el Hijo	**114**
Jesús hazme pan para los demás	114
Entrega a Cristo Jesús *(P. Marcelino Iragtli)*	115
Oración de purificación	116
Rosario de las llagas de Jesús	117
Rosario de Jesús	118
Oración a Jesús crucificado	118
Adoración de las llagas de Cristo	119
C.1) Oraciones al Sagrado Corazón de Jesús	**120**
Oración al Divino Corazón de Jesús	120
Acto de confianza al Sagrado Corazón de Jesús	120
Oración ante una imagen del Sagrado Corazón de Jesús	121
Ofrecimiento de obras al Corazón de Jesús	121
Consagración al Sagrado Corazón de Jesús de S. Caludio de la Colonbiére	122
Novena al Sagrado Corazón de Jesús	123
Novena al Sagrado Corazón de Jesús *(S. Pío de Pitrelcina)*	124
Letanías al Sagrado Corazón de Jesús	125

ÍNDICE

Oración por los Sacerdotes al Sagrado Corazón de Jesús	127
Consagración al Sacratísimo Corazón Eucarístico de Jesús	128

C.2) Adoración al Santísimo — 129

Aclamaciones al Santísimo Sacramento	129
Oración de la familia delante del Santísimo Sacramento del Altar	129
Quince minutos en compañía de Jesús Sacramentado	131
Otras Devociones Eucarísticas:	134
Estación al Santísimo Sacramento	134
Manera popular de hacer la Estación al Santísimo	136
- Oración para la visita al Santísimo	137
- Indulgencias para la visita al Santísimo	138
- Acto para la Comunión Espiritual	138
Actos de adoración y acción de gracias delante del Santísimo Sacramento	138
Oración para rezar ante el Santísimo Sacramento	140
La oración que se hace sencillez	140
Reflexiones de San Pío de Pietrelcina	141
Reflexión de Madre Teresa de Calcuta	142
Irradiando a Cristo *(Madre Teresa de Calcuta)*	144
Reflexión de Santa Teresita de Lisieux	145
Vengan a mí en el Santísimo Sacramento	146
San José Adorador de Jesús	147

C.3 Oraciones a la Divina Misericordia — 148

Devoción a la Divina Misericordia	
Palabras de Jesús a la beata Faustina	148
La Hora de la Misericordia	150
Oraciones para rezar a «La Hora de la Misericordia»	150
Coronilla a la Divina Misericordia	151
Letanías Divina Misericordia	152

563

Alabanzas Divina Misericordia	155
Novena a la Misericordia Divina	157
D) Orar con el Espíritu	**160**
Invocación al Espíritu Santo	160
Secuencia del Espíritu Santo	160
Himno al Espíritu Santo	160
Oración al Espírtu Santo *(Cardenal Mercier)*	162
Invocación a María Santísima para obtener el Espíritu Santo	162
Oraciones para implorar el Espíritu Santo	163
Novena al Espíritu Santo	165
Rosario del Espíritu Santo	169
Letanías del Espíritu Santo	171
Acto de Donación y de Consagración al Espíritu Santo	173
E) Orar con María	**174**
Oración Santa Madre Virgen del Carmen	174
Bendita sea tu pureza	175
Bajo tu protección	175
Memorare. El Acordaos	175
Credo Mariano del Cristiano	176
Oración del adorador a la Virgen	177
Acto de Consagración a María	178
La devoción de las tres Avemarías	178
Oración a María que desata nudos	179
Rosario al Inmaculado Corazón de María	180
Letanía del Inmaculado Corazón de María	181
Oración por medio del Corazón de María	183
A Nuestra Señora del Sagrado Corazón	183
Consagración individual al Corazón Inmaculado de María *(según San Luis María de Montfort)*	183

ÍNDICE

Septenario de los Dolores	**184**
Rosario de las Lágrimas y Sangre	**186**
Corona franciscana de los siete gozos	**187**
La oración de la entrega	**190**
La oración hecha "sí" a Dios	**191**
Novena a la Inmaculada Concepción	**192**
Mes de María	**198**

F) Orar con los Ángeles — **220**

Ángel de Dios	**220**
Al ángel de la guarda	**220**
Novena al ángel de la guarda	**222**
Oración a San Miguel Arcángel	**225**
Novena a San Miguel Arcángel	**225**
La oración de Consagración a San Miguel Arcángel	**228**
La oración a San Miguel Arcángel *(según Papa León XIII)*	**228**
Letanías a San Miguel Arcángel	**230**
Letanías a San Rafael Arcángel	**232**
Letanías a San Gabriel Arcángel	**235**

G) Orar con los Santos — **238**
G.1) Orar con San Juan Pablo II — **238**

Oración por las vocaciones	**238**
Consagración al Sagrado Corazón de Jesús	**239**
Letanías de Cristo, Sacerdote y Víctima *(J.P.II)*	**239**
Oración por los sacerdotes	**243**
Novena de San Juan Pablo II	**244**

G.2) Orar con Madre Teresa de Calcuta — **254**

Tengo sed de Ti	**254**
Novena a Madre Teresa de Calcuta	**249**
Oración a la Madre Teresa de Calcuta	**265**

G.3) Oraciones varias — 266

Oración de San Juan María Vianney	266
Oración para rezar en todo momento *(San Ignacio de Loyola)*	267
Alma de Cristo *(San Ignacio de Loyola)*	267
Oración de entrega *(San Ignacio de Loyola)*	267
Oración para pedir sabiduría *(Santo Tomás de Aquino)*	268
Oración franciscana por la paz	269
Oración de San Ambrosio para preparar la Misa y la Comunión	270
Oración de Santo Tomás de Aquino para preparar la Misa y la Comunión	271
Oración por la santificación de los sacerdotes *(Santa Teresita del Niño Jesús)*	272
Dolores y gozos de San José *(Los siete domingos)*	272
Novena a San José	274
Novena de los 24 Glorias a Santa Teresita del Niño Jesús	276
Novena al Padre Pío de Pietrelcina	276
Letanía de los santos *(larga)*	282
Letanía de los santos *(breve)*	287
Oración de Santo Tomás de Aquino para después de comulgar	289
Oración de Santa Marta	289

H) Orar con y por el Papa — 290

Oración franciscana por el Papa Francisco	290
Oración de los cinco dedos	291

I) Orar con la familia — 294

Oración por la familia	294
Oración a la Sagrada familia	294
Oración de los esposos	295
Oración de los novios	296
Consagración de la familia al Corazón Inmaculado de María	297

ÍNDICE

J) Orar por las almas del purgatorio — **298**
Oración por las almas del purgatorio — 298
Preces por los difuntos — 298
Oración a San Nicolás de Tolentino — 300
Oración de San Agustín por las almas del purgatorio — 300
Oración para las almas del purgatorio — 301
Oración por los difuntos — 302
Oración al fallecimiento de un ser querido — 304
Oración por nuestros seres queridos — 304
Oración de recomendación del alma a Cristo — 305
Cien Réquiem — 305
Rosario de la Milagrosa por las almas del Purgatorio — 307
Rosario de los difuntos — 309
Novena por las almas del purgatorio — 310

K) Oraciones de liberación — **316**
Rosario de liberación — 316
Plegarias para la liberación — 316
Oración antes del ministerio — 316
Oración de perdón en el Espíritu Santo — 318
- Oración de protección — 319
- Oración para cubrirse con la Sangre de Cristo y protegerse de todo ataque y represalia — 321
- Oración de renuncia — 322
- Para la liberación y la sanación interior — 324
- Oración para la sanación de recuerdos — 325
- Oración de liberación por el Espíritu de bendición — 327
- Oración contra los asaltos del demonio — 328
- Oración contra todos los males diabólicos — 329
- Oración cotidiana a la Reina de los ángeles y terror del infierno — 330
- Oración después del ministerio — 331
Letanías de nuestra señora de la liberación — 332

L) Sacramento de la confesión — **336**
- Para hacer una buena confesión — 336
- Examen de conciencia para la confesión — 339
- Acto de contricción *(I)* — 342
- Acto de contricción *(II)* — 342
- Oración para después de la confesión — 343

M) Oraciones de Sanación — **344**
- Oración de Sanación *(P. Marcelino Iragui)* — 344
- Oración de un hombre enfermo *(Cardenal Cushing)* — 348
- Oración desde la enfermedad — 348
- Oración del enfermo — 349
- Oración para momentos de depresión — 350
- Oración para pedir buen humor — 351
- Oración por los enfermos — 351
- Oración de sanación — 352
- Perdonarme a mi mismo — 352
- Liberarme a mi mismo — 353
- Bendecirme a mi mismo — 353

N) Acción de gracias — **354**
- Acción de gracias después de la Comunión — 354
- Para vivir alegre, da gracias — 355
- Enséñame, Señor a decir: ¡Gracias! — 356
- Oración Gracias Señor por mi Fe. — 357
- Oraciones de acción de gracias — 358
- Oración de acción de gracia por la familia — 360
- Oración de acción de gracias y súplica de perdón — 361
- Oración de acción de gracias *(Santa Faustina Kowalska)* — 362
- Gracias, Señor, por la Eucaristía. — 362

ÍNDICE

O) Oraciones de reparación — 364
Oración de reparación — 364
Oración de reparación al
Santísimo Corazón Eucarístico de Jesús — 364
Hora Santa acto de reparación — 365
Letanía de reparación a Nuestro Señor en la Eucaristía — 367

P) Oraciones para la Sanación de mi árbol genealógico — 370
Oración de liberación — 372
Alabanza Trinitaria — 385
Pequeño exorcismo — 386
Oración a San José, terror de los demonios — 386
Oración por la sanación física — 387
Oración a Nuestro Señor
para obtener la sanación interior — 388
Oración para irradiar a Cristo — 389
Oración diaria para pedir perdón — 390
Oración al corazón de Cristo — 390
Oración diaria a la reina de los ángeles
y terror del infierno — 391
Oración para la aspersión de agua bendita y para la unción — 393

Q) Novena de Navidad — 395
Meditación del día — 400

III. DEVOCIONES A LA PRECIOSA SANGRE DE CRISTO — 405
Ofrenda a Las Santas Llagas — 406
Novena a la Preciosísma Sangre de Jesús — 414
Letanía a la Sangre de Crsito — 425

IV. SALMOS — 428
Benedictus — 428

Magnificat	428
Salmo 6 - Oración en peligro de muerte	429
Salmo 8 - Gloria del Creador y dignidad del hombre	429
Salmo 21 - Gritos de muerte y de gloria	430
Salmo 22 - El pastor - anfitrión	432
Salmo 23 - ¿Quién puede subir al monte del Señor?	432
Salmo 26 - Comunión con Dios	433
Salmo 29 - Dios salva de la muerte	434
Salmo 30 - Dios, refugio seguro	435
Salmo 32 - Himno al Dios fuerte y bueno	436
Salmo 37 - Petición de ayuda y de perdón	437
Salmo 40 - Oración de un enfermo	438
Salmo 45 - Dios está con nosotros	439
Salmo 50 - Miserere	440
Salmo 85 - Oración para tiempos de aflicción	441
Salmo 87 - Lamentación y oración en la aflicción	442
Salmo 90 - Seguridad bajo la protección divina	443
Salmo 117 - Acción de gracias al Salvador de Israel	444
Salmo 120 - El guardián de Israel	444
Salmo 121 - Saludo a Jerusalén	446
Salmo 122 - La mirada hacia Dios	446
Salmo 123 - Acción de gracias por la liberación	447
Salmo 126 - Abandono en la providencia	447
Salmo 137 - Acción de gracias por la ayuda divina	448
Salmo 138 - El hombre ante Dios	448
Cánticos de los 3 jóvenes *(Dn 3,57-88.56)*	450

V. DIVINA VOLUNTAD — 451

Oraciones en la Divina Voluntad	452
- 1. Consagración a la Divina Voluntad	452
- 2. Los giros en la Divina Voluntad	454
- 3. Oración a la Reina Celestial	459

- 4. Acto de reparación completo en el Divino Querer	**460**
- 5. Invocaciones a la Divina Voluntad en todas nuestras acciones	**461**
- 6. Oración al Ofrecimiento al día	**464**
- 7. Oración a Jesús	**466**
- 8. ¡Jesús te amo! Ven Divina Voluntad y tomá posesión	**467**
- 9. Jesús, Tu Divina Voluntad sea vida en Mí y me revista de Ti	**467**
- 10. Oración por las Almas del Purgatorio en la Divina Voluntad	**468**
Cristo vive en Mí	**470**
Rezar un Jerico	**472**
- 1. Oración a San Miguel Arcángel	**472**
- 2. Salmo 145 Himno de David	**473**
- 3. Magníficat	**474**
- 4. Oración al Espíritu Santo	**474**
VI. ANEXO	**475**
Secuencia del Espíritu Santo	**475**
Oración de reparación	**477**
El Padrenuestro de Santa Mechtilde por las almas del purgatorio	**477**
Oración por los difuntos	**480**
Salmo 129	**481**
Credo	**481**
Acto de abjuración	**482**
Súplica a Santa Ana	**483**
Súplica a San José	**483**
Consagración al Corazón Inmaculado de María	**484**
Oración de liberación	**484**
Oración para renunciar a una secta o a una ciencia oculta	**486**

El perdón en el Espíritu Santo	**487**
Bendecirme a mí mismo	**487**
Letanías de la victoria de la Sangre de Jesús	**487**
Las cinco claves de la liberación	**489**
- 1º Clave: Arrepentimiento	**489**
- 2º Clave: El Perdón	**489**
- 3º Clave: La Renuncia	**491**
- 4º Clave: Ordenar al Enemigo	**495**
- 5º Clave: La Bendición	**495**
Rosario de Sanación Espiritual y Psicológica	**497**
La oración del Rosario de Sanación Espiritual y psicológica	**498**
- 1º Misterio	**499**
- 2º Misterio	**501**
- 3º Misterio	**503**
- 4º Misterio	**506**
- 5º Misterio	**508**
Novena de la Redención	**512**
La Coraza de San Patricio *(Oración de protección)*	**517**
1. Oraciones de Liberación y Sanación	**519**
- A- Oraciones de Abjuración	**519**
- B- Oraciones de Protección	**523**
- C- Oración de Sanación por el Perdón	**526**
- D- Oraciones de Sanación de ataduras ancestrales	**533**
Las quince Oraciones reveladas por Nuestro Señor a Santa Brígida de Suecia	**535**
Novena a María Destadora de Nudos	**550**
Oración a San José (I)	**558**
Oración a San José (II)	**558**

INFORMACIÓN DE LA FUNDACIÓN MISIÓN RUAH

Nombre ofiial de la Organización:
Misión Ruah

Dirección:
Calle 8200 NW 41st. Suite 200
Miami, Florida
Código postal. 33166
USA

Información de Contacto
Número de WhatsApp:
+1(956) 977-0022

Dirección de la Fundación:
Calle 8200 NW 41st. Suite 200
Miami, Florida
Código postal. 33166
USA

Detalle de la cuenta:
Nombre de la cuenta: Mision Ruah

Bank of America
Número de cuenta: 8981 1402 8371
Routing number: 026009593 (para transferecias)

Swift:
BOFAUS6S (transferencias en otras monedas)
BOFAUS3N (transferencias en dólares)

Dirección del banco:
Calle 13730 SW 8TH
Miami, Florida 33184
EEUU

Página web de la Fundación Misión Ruah
https://missionruahfoundation.org

Tienda Misión Ruah
https://www.ruahstore.org

missionruahfoundation.org

 @missionruah

 mission_ruah

 @MissionRuah